"信毅教材大系"编委会

主　　任	卢福财
副 主 任	邓　辉　王秋石　刘子馨
秘 书 长	廖国琼
副秘书长	宋朝阳
编　　委	刘满凤　杨　慧　袁红林　胡宇辰　李春根
	章卫东　吴朝阳　张利国　汪　洋　罗世华
	毛小兵　邹勇文　杨德敏　白耀辉　叶卫华
	尹忠海　包礼祥　郑志强　陈始发
联络秘书	方毅超　刘素卿

信毅教材大系・会计学系列

高级财务管理（第二版）

Advanced Financial Management

张绪军 主编

复旦大学出版社

总 序

世界高等教育的起源可以追溯到1088年意大利建立的博洛尼亚大学,它运用社会化组织成批量培养社会所需要的人才,改变了知识、技能主要在师徒间、个体间传授的教育方式,满足了大家获取知识的需要,史称"博洛尼亚传统"。

19世纪初期,德国教育家洪堡提出"教学与研究相统一"和"学术自由"的原则,并指出大学的主要职能是追求真理,学术研究在大学应当具有第一位的重要性,即"洪堡理念",强调大学对学术研究人才的培养。

在洪堡理念广为传播和接受之际,英国教育家纽曼发表了《大学的理想》的著名演说,旗帜鲜明地指出"从本质上讲,大学是教育的场所","我们不能借口履行大学的使命职责,而把它引向不属于它本身的目标"。强调培养人才是大学的唯一职能。纽曼关于《大学的理想》的演说让人们重新审视和思考大学为何而设、为谁而设的问题。

19世纪后期到20世纪初,美国威斯康星大学查尔斯·范海斯校长提出"大学必须为社会发展服务"的办学理念,更加关注大学与社会需求的结合,从而使大学走出了象牙塔。

2011年4月24日,胡锦涛总书记在清华大学百年校庆庆典上指出,高等教育是优秀文化传承的重要载体和思想文化创新的重要源泉,强调要充分发挥大学文化育人和文化传承创新的职能。

总而言之,随着社会的进步与变革,高等教育不断发展,大学的功能不断扩展,但始终都围绕着人才培养这一大学的根本使命,致力于不断提高人才培养的质量和水平。

对大学而言,优秀人才的培养,离不开一些必要的物质条件保障,但更重要的是高效的执行体系。高效的执行体系应该体现在三个方面:一是科学合理的学科专业结构;二是能洞悉学科前沿的优秀的师资队伍;三是作为知识载体和传播媒介的优秀教材。教材是体现教学内容与教学方法的知识载体,是进行教学的基本工具,也是深化教育教学改革,提高人才培养质量的重要保证。

一本好的教材,要能反映该学科领域的学术水平和科研成就,能引导学生沿着正确的学术方向步入所向往的科学殿堂。因此,加强高校教材建设,对于提高教育质量、稳定教学秩序、实现高等教育人才培养目标起着重要的作用。正是基于这样的考虑,江西财经大学与复旦大学出版社达成共识,准备通过编写出版一套高质量的教材系列,以期进一步锻炼学校教师队伍,提高教师素质和教学水平,最终将学校的学科、师资等优势转化为人才培养优势,提升人才培养质量。为凸显江财特色,我们取校训"信敏廉毅"中一前一尾两个字,将这个系列的教材命名为"信毅教材大系"。

"信毅教材大系"将分期分批出版问世,江西财经大学教师将积极参与这一具有重大意义的学术事业,精益求精地不断提高写作质量,力争将"信毅教材大系"打造成业内有影响力的高端品牌。"信毅教材大系"的出版,得到了复旦大学出版社的大力支持,没有他们的卓越视野和精心组织,就不可能有这套系列教材的问世。作为"信毅教材大系"的合作方和复旦大学出版社的一位多年的合作者,对他们的敬业精神和远见卓识,我感到由衷的钦佩。

王 乔

2012年9月19日

前　言

近年来，我国经济环境发生了较大变化，资本市场改革取得显著成效，财务管理理论研究取得了长足的进展。为了适应经济环境和财务管理发展、变化的要求，满足高级财务管理课程教学的需要，我们对《高级财务管理》(2015年版)进行了修订。

本次修订的基本思路是根据新的法规政策进行补充、修改，体现财务管理新的理论与实务发展，增强案例的时效性。主要修订内容包括以下四个方面。

(1) 更新、补充了新的政策法规和理论成果。结合最新的资本市场的法律法规、企业价值评估的方法、企业业绩评价的模式，对原书相应的内容进行了更新；结合财务管理实践的发展和教学的新要求，修订完善了教材中的相关理论、方法。

(2) 调整了教材的内容。重新编写了第一章企业价值管理和第二章公司治理与财务治理，删除了首次公开发行与再融资的相关内容，增加了金融衍生工具与风险管理。

(3) 优化了教材体例，更新了数据资料。广泛采纳教师和同学们的建议，减少了对识记类概念的阐述，增加了对发散问题的思考。结合财务管理教学内容和方法的更新及提升学生分析问题能力的需要，对第一版教材中的数据进行了更新，对各章导入案例进行了更换，使其与章节内容更匹配。

(4) 针对教材写作及出版过程中的文字表述及计算等方面的错误及不准确的内容，进行了全面复查与修订。

本书由张绪军任主编。各章的编写分工如下：第一章由李宇雯编写；第二章由陈映娣编写；第三章、第六章由张绪军编写；第四章、第八章由张可编写；第五章、第九章由刘剑民编写；第七章由罗璇编写；第十章由严宽编写。全书由张绪军统稿。

在教材修订时，我们参考了许多前辈和同人的研究成果，在此表示诚挚的谢意。尽管我们已尽了最大努力，但由于水平所限，书中难免存在缺点和错误，恳请读者批评指正。

目 录

第一章　企业价值管理 …………………………………… 001
　　学习目的和要求 …………………………………………… 002
　　第一节　企业与企业价值 ………………………………… 002
　　第二节　企业价值评估 …………………………………… 007
　　第三节　公司市值管理 …………………………………… 012
　　本章小结 …………………………………………………… 019
　　复习思考题 ………………………………………………… 019

第二章　公司治理与财务治理 …………………………… 020
　　学习目的和要求 …………………………………………… 020
　　第一节　公司治理 ………………………………………… 020
　　第二节　财务治理 ………………………………………… 035
　　本章小结 …………………………………………………… 042
　　复习思考题 ………………………………………………… 042

第三章　财务战略管理 …………………………………… 043
　　学习目的和要求 …………………………………………… 043
　　第一节　财务战略概述 …………………………………… 043
　　第二节　财务战略规划 …………………………………… 049
　　第三节　财务战略实施策略 ……………………………… 060
　　第四节　财务战略控制 …………………………………… 065
　　本章小结 …………………………………………………… 069
　　复习思考题 ………………………………………………… 070

第四章　企业并购财务管理 ……………………………… 071
　　学习目的和要求 …………………………………………… 071
　　第一节　企业并购概述 …………………………………… 071
　　第二节　并购支付方式与融资方式 ……………………… 081
　　第三节　并购税务安排 …………………………………… 087

第四节　企业并购的财务评价 …………………………… 092
本章小结 ………………………………………………… 096
复习思考题 ……………………………………………… 097

第五章　企业财务制度设计 …………………………… 098

学习目的和要求 ………………………………………… 098
第一节　企业财务制度设计概述 ……………………… 098
第二节　企业财务制度设计的目标和原则 …………… 102
第三节　企业财务管理体制设计 ……………………… 108
第四节　企业专项财务制度 …………………………… 112
本章小结 ………………………………………………… 120
复习思考题 ……………………………………………… 121

第六章　业绩管理 ………………………………………… 122

学习目的和要求 ………………………………………… 122
第一节　业绩评价概述 ………………………………… 122
第二节　业绩评价的演进 ……………………………… 128
第三节　业绩评价体系的设计 ………………………… 133
第四节　业绩的综合评价 ……………………………… 136
本章小结 ………………………………………………… 147
复习思考题 ……………………………………………… 148

第七章　金融衍生工具与风险管理 …………………… 149

学习目的和要求 ………………………………………… 149
第一节　衍生工具与风险管理概述 …………………… 149
第二节　衍生工具与商品价格风险管理 ……………… 154
第三节　衍生工具与汇率风险管理 …………………… 161
第四节　衍生工具与利率风险管理 …………………… 168
本章小结 ………………………………………………… 182
复习思考题 ……………………………………………… 183

第八章　财务危机管理 …………………………………… 184

学习目的和要求 ………………………………………… 184
第一节　财务危机概述 ………………………………… 184
第二节　财务危机管理系统 …………………………… 191

第三节　财务危机预警系统 ················· 194
　　第四节　财务危机的处理 ··················· 206
　　本章小结 ······························· 211
　　复习思考题 ····························· 211

第九章　企业集团财务管理 ················· 212
　　学习目的和要求 ························· 212
　　第一节　企业集团财务管理概述 ··············· 212
　　第二节　企业集团财务管理体制 ··············· 223
　　第三节　企业集团母子公司财务控制的体系 ········· 230
　　本章小结 ······························· 235
　　复习思考题 ····························· 236

第十章　国际财务管理 ····················· 237
　　学习目的和要求 ························· 237
　　第一节　国际财务管理概述 ················· 237
　　第二节　国际企业筹资管理 ················· 241
　　第三节　国际企业投资管理 ················· 253
　　第四节　国际企业营运资金管理 ··············· 262
　　第五节　国际企业税收管理 ················· 269
　　本章小结 ······························· 274
　　复习思考题 ····························· 275

参考文献 ······························· 276

第一章　企业价值管理

> **引导案例**
>
> ZX有限责任公司是一家成立于2013年的光学科技企业,2016年取得高新技术企业的认定。因增资需要,公司拟对其股东权益2018年12月31日的市场价值进行评估,评估范围为全部资产与负债。评估基准日资产负债表上列示的资产及负债、2014—2018年营业收入如表1-1、表1-2所示。
>
> **表1-1　评估基准日被评估单位资产及负债情况**　　金额单位:人民币万元
>
> | | 项目 | 账面价值 |
> |---|---|---|
> | 1 | 流动资产 | 15 594.77 |
> | 2 | 非流动资产 | 11 593.17 |
> | 3 | 其中:固定资产 | 7 604.49 |
> | 4 | 无形资产 | 3 582.21 |
> | 5 | 长期待摊费用 | 358.56 |
> | 6 | 递延所得税资产 | 47.91 |
> | 7 | **资产总计** | **27 187.94** |
> | 8 | 流动负债 | 4 450.40 |
> | 9 | 非流动负债 | |
> | 10 | **负债总计** | **4 450.40** |
> | 11 | **所有者权益** | **22 737.54** |
>
> **表1-2　2014—2018年营业收入**　　金额单位:人民币万元
>
> | 项目/年份 | 2014年 | 2015年 | 2016年 | 2017年 | 2018年 |
> |---|---|---|---|---|---|
> | 营业收入 | 446.04 | 1 787.18 | 5 108.7 | 9 665.72 | 14 711.14 |
> | 增长率 | | 300.68% | 185.85% | 89.20% | 52.20% |

企业价值是现代财务理论体系的起点和核心,企业管理的终极目标是企业价值最大化。那么,企业价值的表现形式有哪些?评估企业价值时的考虑因素有哪些?上述情形下,该企业价值能否合理确定?本章将对企业性质、企业价值评估以及公司市值管理进行阐述。

学习目的和要求

本章阐述了企业性质、企业价值及公司市值管理的相关理论,重点介绍了企业价值评估的方法和公司市值管理的模式和策略。通过本章的学习,应能够理解企业性质、企业价值和公司市值管理的内涵,熟练掌握企业价值评估具体方法及其应用条件,根据公司市值管理的目标选择相应的市值管理模式和策略。

第一节 企业与企业价值

一、企业的性质

企业通常被定义为具有能力生产产品或提供服务并能获取利润的实体。马克思认为企业首先以生产单位存在着,人们的交易方式及其变化是适应生产活动的需要进行的,把企业看作追逐剩余价值的机体,即"人格化的资本"[①]。企业具有自然属性,是一种具有更高劳动生产效率的经济单位,是人类进入资本主义社会之后,所形成的用以取代家庭和手工作坊而从事生产和流通活动的基本经济单位;同时,企业具有社会属性,是资本家通过雇佣工人,榨取剩余价值,获得垄断地位的经济组织。

古典经济学家对企业性质的讨论主要以分工为主线,探讨分工对企业生产效率的影响。此时的企业被描述成一种生产函数,是将资本、劳动力等生产要素组合在一起的一种组织,其效率源于劳动的分工与合作。新古典经济学则在此基础上进一步深化了企业作为一种生产函数的含义,认为企业是一个专业化的生产单位,是一个只有壳而没有任何内容的"黑箱",是一个自动转换器,是一个只要投入一定量生产要素,就一定能生产出一定量产品的工程体系。

因此,新古典经济学的厂商理论可以用以下两个函数表示:

$$Q = Q(L, K) \tag{1-1}$$

$$MAX^{\pi} = R(Q, P) - C(Q) \tag{1-2}$$

式(1-1)表示企业的投入产出系统,即在既定的生产技术条件下,要素投入与产出关系的组合。式(1-2)表示企业利润最大化的目标,即在完全竞争与充分信息的条件下,企业所

---

① 马克思恩格斯全集(第四十九卷)[M]. 人民出版社,1982:231.

能够达到的最大利润。可见,为了论证"看不见的手"的原理,新古典经济学家把企业抽象为完全相同的最优生产者,这一抽象是非现实的,其目的仅仅是论证价格调节的有效性,并没有科学解释企业存在的内涵及性质。

罗纳德·科斯(Ronald Coase)并未沿用新古典经济学的理论视角去理解企业的性质,在《企业的性质》中,科斯对企业为什么而存在的理由进行了说明,也因此开创了现代企业理论。科斯认为,人们可以通过市场交易的方式实现预测,如果认定不确定性是导致企业出现的前提条件,那就需要增加其他考虑因素才能完善在该前提条件下的企业理论,这个新增加的因素就是交易成本。为此,科斯也进一步从节约交易成本的视角出发,认为企业与市场之间是一种相互替代的关系,企业的存在既可以替代交易费用,也可以替代市场机制。也就是说,在科斯看来,企业能够节约市场中的交易成本,所以企业是一种替代市场的经济组织。

那么,科斯为什么能提出与传统学说不一样的理论呢?据科斯本人的说法,这是因为他当年在美国"跑工厂"时,发现企业的生产要素一部分是直接生产,另一部分是从其他企业购买而来。企业所需的生产要素越多,企业就越需要从其他企业购买,这时企业签订的契约也就越多。于是,科斯发现其实利用市场的价格机制配置资源是有代价的,这个代价就是在市场中订立交易契约所耗费的成本,即"交易成本"。不过,科斯认为企业能够大幅节约这些市场中的"交易成本",他认为企业内部的资源配置并非以价高者得的方式来分配,而是以企业家的权威和命令来实现的。企业这种自上而下的资源配置机制恰恰能够节约上述市场交易过程中的信息成本、谈判成本和保护成本。

企业又是如何产生的呢?科斯认为,市场交易成本的存在决定了企业的存在,即市场在运行的过程中会发生大量的交易费用,如市场组织生产过程中的"信息成本"与"谈判成本"等,这些高额的成本费用会影响市场利润的获取,而企业正是为了弥补这一市场的缺陷而出现的。在一定情况下,企业可以借助行政权威关系而降低市场的交易费用,将一系列的市场交易费用纳入企业,企业也就作为市场的替代形式而产生了。企业的存在实质上是作为一种生产组织的存在,其一体化的组织效率能比市场中的分工节省更多的交易费用,创造更大的财富。总结来说,科斯认为企业是一种凭借其行政权威关系而更能节省交易费用的垂直一体化生产组织。科斯虽然推翻了古典经济学和新古典经济学的企业生产函数理论,但依然坚持新古典经济学的边际分析方法,他只是把交易成本的概念引入资本配置的问题,却得到了和传统经济理论不一样的结论,并引起了一场影响深远的经济学革命。

桑福德·格罗斯曼(Sanford Grossman)和奥利弗·哈特(Oliver Hart)在坚持契约论的基础上,通过引入"不完全契约"概念将企业性质理论推进了一步。他们将契约分为完全契约和不完全契约,并且认为市场的交易是一个不完全契约。但是,由于契约的不完全性,市场买卖双方的权利和义务无法得到及时的界定,没有详细规定的剩余权利一般都由相对重要的一方行使。为此,他们认为企业的本质实际上是以一种特别契约的形式存在。阿门·阿尔奇安(Armen Alchian)和哈罗德·德姆塞茨(Harold Demsez)在坚持契约论的基础上,对企业性质进行了进一步的延展,并将研究重点从企业与市场的关系分析转向企业内部的管理分析。他们认为:① 企业本质上是一种"团队生产"方式;② 企业与市场的区别在于企业能够获得一种额外的收益,即"合作收益";③ 由于团队成员的贡献无法精准地衡量,容易产生偷懒行为。为了保证整个团队的生产效率,防止内部成员的偷懒行为,就必须让部分成员专门从事监督其他成员的工作，监督者还必须掌握修改契约条款及指挥其他成员的权力，同时也必须是团队固定投入的所有者。这里的企业性质则可以解释为，企业是一种综合了生产要素所有者目标的一系列契约的组合。

人力资本理论的兴起对企业性质理论构成了较大的冲击。周其仁通过引入"人力资本产权"概念对契约论进行了深刻分析，将企业的本质看作人力资本与非人力资本的特别契约，并且企业契约中包含着对人力资本的利用。与周其仁不同的是，焦斌龙通过引入"合作收益"概念来解释企业产生的原因。他认为，在独立的商品形式的人力资本出现之前，社会生产的效率是比较低的。企业的出现为物质资本与人力资本的市场结合提供了场所，二者的结合可以带来一定的合作收益。主张人力资本论的另一位学者丁栋虹曾试图运用异质型人力资本理论来分析企业的性质。他认为，人力资本可以区分为异质型和同质型，而企业本质上是异质型人力资本主导的组织，此时的企业有五个方面的基本性质，即存在的异质性、企业家主导性、自然人产权界定的前提性、横向不可比性和成长的上限性。此时的企业性质则可以表述为企业是一种不同于（同质型人力资本）市场的组织。

最近一些学者指出，科斯及其后的新制度经济学者所确定的企业的两方面的性质，没有注意到一个更为重要的问题，即企业的根本使命在于创造财富。当一个企业的价值低于其清算价值，它会失去盈利能力的基础，不能创造财富，那么这个企业也就没有存在的必要了。企业性质的能力理论由伊迪丝·彭罗斯（Edith Penrose）开辟，之后又由悉尼·温特（Sidney Winter）等其他学者加以拓展，他们以"能力"为基本分析工具，试图对企业的本质、边界及长期竞争优势的源泉等问题做出解释，同时还阐述了企业需要具有作为一个生产组织的核心知识与能力，才能够创造出更多的财富。企业的能力理论具体体现在：① 企业本质上是一个能力集合体。企业存在的意义与价值在于它们各自背后的能力，这些能力才是企业竞争力的具体体现。② 核心能力是企业长期竞争优势的源泉，是决定企业绩效的关键因素。核心能力是一种难以被模仿和替代的能力。这些核心知识与能力是企业长期积累和发展的结果，它是企业在竞争中赢得胜利的关键因素。③ 企业的边界由企业的能力决定，企业的成长由企业能力的提高和扩张引起。企业能够通过提高自身的能力来推动企业自身的成长与发展。④ 企业能力呈现出一种动态的不均衡状态，企业的目标也随着外部与内部环境的不断变化而持续地积累。在这里我们可以确定企业的一种性质，即企业是一种具有核心知识与能力，能够创造财富的组织体。

二、企业的价值

（一）价值

价值是人类对于自我本质的维系与发展，是人类一切实践要素的本体，包括任意的物质形态。价值包含人的意识与生命的双重发展，包含人与外在自然的统一发展。《资本论》中的价值概念特指交换价值，即资本关系下的本质。马克思曾说，价值就是凝结在商品中无差别的人类劳动，即产品价值。马克思还将价值分为使用价值（某个物品使用的价值）和交换价值（可交换其他商品的价值）[①]。因此，物品的效用、物品的劳动耗费以及该物品在市场上

---

① 马克思恩格斯全集（第四十六卷下册）[M]．人民出版社，1975：507．

的稀缺性与可替代性,就构成了物品价值的内涵。

价值是人类抽象劳动的结晶这一论断,决定了商品的价值量要用它所包含的劳动量来计量。商品的价值量由两部分构成,一部分是商品生产者的劳动力耗费,另一部分是生产者的具体劳动。但无论哪一种,决定商品价值量的社会必要劳动时间都随劳动生产力的变动而变动。不过,价值的最终实现还必须依靠财富的创造,必须依靠某种特定的生产组织,因此,企业的生产才是价值的源泉。价值的评估必须与企业联系在一起才能更加完整。

(二) 企业价值

1. 企业价值的内涵

伴随着产权理论和产权市场的发展,企业价值逐渐被理论界所关注。美国的管理学者首次提出了企业价值的概念,从而引起了众多学者关于企业价值的讨论。默顿·米勒(Merton Miller)和弗兰科·莫迪利安尼(Franco Modiglian)首次从资本结构出发,将企业价值定义为企业的市场价位,即企业的价值是企业股票的市场价值与企业债务的市场价值之和。斯图尔特·迈尔斯(Stewart Myers)从企业价值由企业未来获利能力决定的角度出发,认为在持续经营的假设下,企业的价值由公司现有的资产价值和未来投资机会的现值构成。由于各个学者的研究出发点不同,对企业价值的定义也存在着差异。但从现实意义来看,企业价值即企业本身的价值,是企业有形资产和无形资产价值的市场评价,是指持续经营企业的价值。相对来说,企业价值是动态的,而企业清算时的价值是静态的。

2. 企业价值的形式

从财务管理的角度来看,企业价值具有多种不同的表现形式。客观来说,每一种价值形式都有其合理性与有效性。

(1) 账面价值。账面价值是指按照会计核算的原理和方法反映计量的企业价值。采用账面价值对企业进行评价是指以会计的配比原则和历史成本原则为计量依据,按照权责发生制的要求来确认企业价值。比如为确定普通股东的净值,应将优先股的价值从净值总额中扣除,以确定属于普通股东的净值。账面价值可以直接根据企业的报表资料取得,具有客观性强、计算简单、资料易得等特点,但账面价值仍有自身的局限性,它与企业创造未来收益的能力之间的相关性很小或者根本不相关,这与企业价值的内涵不相符合。

(2) 内在价值。内在价值又称内涵价值、投资价值等,一般是指企业预期未来现金流收益以适当的折现率折现的现值。其价值大小取决于专业分析人士对未来经济景气程度的预期、企业生命周期阶段等因素,由于大多数因素取决于专业人士的职业判断,所以存在一定的主观性。但扩大到管理学领域,企业价值也可以定义为企业遵循价值规律,通过以价值为核心的管理,使所有与企业利益相关者均能获得满意的回报的能力。一般投资者在对企业债券、股票等进行投资时,使用内涵价值作为决策依据。

(3) 市场价值。市场价值是指企业在市场上出售所能够取得的价格。市场价值通常不等于账面价值,其价值大小会受市场供需状况的影响,并通过投资者对企业未来获利能力的预期形成市场评价。正如马克思提出的价格与价值的关系,市场价格由内涵价值决定,是内涵价值的表现形式,企业的市场价格围绕其内涵价值上下波动,完美的情况是市场价格等于内涵价值。但由于市场信息不完全等诸多因素的影响，企业的市场价值通常会偏离其内涵价值，这种偏离程度一般由市场状况决定。

（4）持续经营价值。持续经营是企业赖以存在的前提，也是会计的重要假设之一。持续经营价值是指在持续经营条件下公司的价值。投资者一般将其与生产终止时的资产价值进行对比，用以分析企业的经营状况。持续经营价值强调的是有形资产及可识别的无形资产营运价值，一般等同于盈利能力价值，用以估计企业未来每年平均产生的盈利。

（5）清算价值。清算价值是指企业由于破产清算或其他原因，要求在一定期限内将企业或资产变现，在企业解散清算时将企业资产部分或整体变现出售的价值。企业清算时，既可整体出售企业，也可拆零出售单项资产，采用的方式以变现速度快、收入高为原则。企业在倒闭时清算的是企业的有形资产及可识别的无形资产的净变现价值。

（6）重置价值。重置价值是指市场上重新建立与之具有相同的规模、技术水平、生产能力的企业需要花费的成本。重置成本又分复原重置成本与更新重置成本。复原重置成本是指根据现实市场价格，按照与评价资产相同的材料和设计标准、制造工艺，重置一个功能完全相同的资产所要耗费的成本。更新重置成本是按照现实的市场价格，使用更为先进的材料、设计工艺，建造与原有资产具有相同功能的全新资产所需要的成本。通常来说，重置成本是指更新重置成本。

综上所述，企业价值的本质实际上为内在价值，即企业预期未来现金流收益以适当的折现率折现的现值。但内在价值难以精确表示，所以通常用企业的公平市场价值（fair market value）代表。在财务决策中，主要使用市场价值和内涵价值作为判断依据。账面价值虽然不能代表企业价值，但它时常能提供我们所能得到的最好的信息，是企业价值评估的第一步。重置成本则常常被用来与市场价值比较，反映企业的竞争力。

3. 企业价值的影响因素

企业价值是兼顾短期利益和长远利益的集合，受诸多因素的影响。为了正确评价和有效提升企业的价值，必须对影响企业价值的因素进行深入分析。

（1）未来增值能力。企业价值最大化在一定程度上也是未来增值能力的最大化。当企业未来的收益或者利润能够达到最大时，企业才有可能实现价值最大化，从而充分满足所有股东、债权人的利益。

（2）企业风险。企业风险的大小也会影响企业的价值。一般来说，从技术上讲，折现率的选择可以评价企业风险的大小，折现率反映了投资者对企业经营收益的最低要求，是企业选择投资项目的重要标准。在其他条件不变时，折现率越低，企业价值就越高，而折现率越高，企业价值也就越低。

（3）企业战略决策。企业经营者的战略决策会影响企业的价值。企业采取的战略决策有利于企业发展，会对企业价值起增值作用；企业采取的战略决策对公司发展产生不利影响，会降低企业的价值。

（4）企业存续期。在企业价值评价中，企业存续期是一个关于技术性的决定因素，目前通常采用分段方式来确定企业存续期。当企业在整个存续期内有理想的现金流量，企业的价值就可以满足企业所有索偿权持有人的需求。

（5）其他影响因素。在现实的企业评估中，除上述基本影响因素之外，还会考虑整体经济和金融环境、该企业所在行业的前景、股东分布和投票权，以及企业重要领导人事变动。

第二节 企业价值评估

一、企业价值评估的内涵

企业价值评估是企业上市、投资、并购和内部价值管理等经济活动,以及各市场参与主体认识企业价值大小必不可少的环节。关于企业价值评估的研究最早可以追溯到 20 世纪初的资本价值论。1906 年,欧文·费雪(Irving Fisher)在《资本与收入的性质》中完整地论述了收入与资本的关系以及价值的源泉问题,为现代企业价值评估的发展奠定了基石。进入 20 世纪 70 年代后,企业价值评估理论获得了新的发展,企业价值评估的内涵也在不断完善。

企业价值评估是伴随价值管理的需要和市场经济的发展而日益发展起来的,其内涵也逐渐丰富与完善。作为资产评估学的一个分支,它既遵循资产评估的一般原则,也拥有自己独特的理论方法。一般来说,企业价值评估被定义为由资产评估师按照特定的目的,依据相关法律,运用科学的方法,对企业的整体价值、股东全部权益价值或者股东部分权益价值等进行分析、估算并发表专业意见的行为和过程。对企业的价值评估是建立在价值管理和价值分析的基础之上,对企业进行的整体价值评估。

二、企业价值评估的程序

(一)确定评估的目的和对象

评估的目的和对象是企业价值评估首先要确定的内容。每家企业评估的目的不尽相同,估值可能是为了价值投资、新股上市、并购重组或者公司价值管理等。评估的对象包括被评估资产的范围和数量以及资产的权益。因此,在评估开始时应当事先确定好评估的目的和对象。

(二)确定评估的基准日

评估的基准日能够准确地反映企业评估价值的时点定位,一般选择某一个结算期的终止日。价值评估则以基准日为起点,开启价值评估的整个流程。

(三)制定详细的评估计划

在进行企业价值评估的工作之前,评估人员应当为价值评估制定详尽的工作计划,具体内容应当包括整个工作的人员组成及项目的具体分工、信息资料的收集(企业内部信息及外部信息)、现场勘察、工作进程的安排等。

(四)对资料信息进行整理与分析

对所收集到的资料运用科学的方法,加以归纳、分析和整理,并对企业缺失的部分信息进行补充和完善,运用会计分析和财务分析的方法分析所收集到的信息。

(五)选择合适的方法对价值进行评估

资产评估人员执行企业价值评估业务,应当根据评估对象、价值类型、资料收集情况等相关条件,分析收益法、市场法和成本法三种资产评估基本方法的适用性,恰当选择一种或多种企业评估的基本方法。

（六）讨论和调整评估值

在对企业的价值进行评估之后，可以通过控制权溢价或折价调整法对企业的价值评估结果进行调整和纠正，并对最终的价值结论进行确认。

（七）评估报告的内容与披露

资产评估师应当在执行必要的企业价值评估程序后，根据相关评估准则和指导意见出具评估报告。在评估报告中，资产评估师应当披露必要信息，使评估报告使用者能够合理解释评估结论。

三、企业价值评估的方法

（一）收益法

收益法也称收益现值法、收益还原法，是从未来收益的角度评估企业的价值，将被评估资产的未来预期收益折算成现值，借以确定企业价值的一种评估方法。如果从现值角度来考虑企业的价值，那么企业价值即未来收益的折现值。企业价值评估的对象就是企业未来的获利能力，收益法即以企业获利能力为基准进行评估的方法。因此，有些学者把收益法作为企业价值评估的首选方法。

用公式表示如下：

$$企业价值 = \sum_{t=1}^{n} \frac{CF_t}{(1+k)^t} \tag{1-3}$$

其中：n 表示企业的持续期；k 表示贴现率；CF 表示企业的现金流量。

上述企业现金流量的折现模型可以分为以下三种具体的情况。

1. 零增长模型

由式(1-3)可知：

$$企业价值 = \sum_{t=1}^{n} \frac{CF_t}{(1+k)^t} \tag{1-4}$$

当企业未来的现金流量零增长，即企业的现金流量为一个常数时，其企业的价值可以按永续年金现值的公式进行计算：

$$企业的价值 = \frac{CF}{k} \tag{1-5}$$

例如，假定某公司在未来无限时期的现金流量为 100 万元，该公司的必要收益率为 10%。则此公司的企业价值为 1 000 万元(100÷10%)。

2. 固定比率增长模型

假设公司的未来现金流量以一个固定的增长率 g 增长，那么未来第 t 期的预计现金流量应为 $CF_t = CF_{t-1}(1+g)$。这种企业一般处于一个上升期，盈利能力逐年增长，它的计算模型一般称为固定比率增长模型，又称戈登模型，该模型的表达式具体如下：

$$企业的价值 = \frac{CF_0(1+g)}{k-g} \tag{1-6}$$

例如,假定某公司第一年的现金流量为100万元,该企业的现金流量增长率为2%,市场利率为10%,则该企业的价值为1 250万元[100÷(10%－2%)]。

3. 非固定比率增长模型

实际上在现实生活中,影响企业获利能力的因素十分复杂,导致企业的盈利情况很难呈现出零增长或固定增长。有些企业的现金流量可能连续几年保持不变,有时又连续几年保持固定比率增长,对于这种情况一般采用非固定增长模型对企业价值进行估计。在这一模型下,一般将现金流分成两个部分,第一部分为无规律增长下的现金流的现值,第二部分为从 t 时点起现金流以固定增长率增长下的现值。因此,该模型通常表示如下:

$$企业的价值 = \frac{CF_1}{(1+k)} + \frac{CF_2}{(1+k)^2} + \cdots + \frac{CF_{t-1}(1+g)}{k-g} \cdot \frac{1}{(1+k)^t} \quad (1-7)$$

运用收益法进行企业价值评估,需要注意三个问题。

(1) 确定预测期。之所以要明确预测期是因为预测期是有限的,而不是无限的。从预测的准确性和必要性角度考虑,预测期通常为5～10年。明确预测期后,现金流量现值可以用简化模型估算连续价值。

表1-3 企业价值评估表

	期 间	企业现金净流量/万元	折现系数/10%	企业现金净流量现值/万元
经营价值	明确预测期间			
	2012年	150	0.909	136.35
	2013年	160	0.826	132.16
	2014年	180	0.751	135.18
	2015年	220	0.683	150.26
	2016年	260	0.621	164.46
	2017年	300	0.565	169.5
	2018年	360	0.513	184.68
	2019年	350	0.467	163.45
	2020年	390	0.426	166.14
	明确预测期后	企业现金净流量在2020年年末的现值	6 000	0.426	2 556
	合计	3 958.18		
非经营投资价值	200.00			
企业价值	4 158.18			

(2) 确定企业的现金流量。企业的现金流量可以表示为企业在一定时期内生产经营的财务成果,它能以多种形式展现,如利润总额、净利润、经营现金净流量和息税前利润等。企业选择以哪种形式的收益作为企业的现金流量,会直接影响对企业价值的判断。

(3) 确定折现率。折现率的大小将直接影响对企业未来收益风险的判断。折现率的高低主要取决于企业资本成本的水平。为了与现金流量的定义保持一致,折现率应当反映所有资本提供者按照各自对企业总资本的相对贡献而加权的资本机会成本。由于企业的经营存在不确定性因素,所以提前对企业未来收益进行风险判断是非常重要的。只有正确的折现率才能准确反映企业现金流的风险,价值评估的结果才能准确。

(二) 市场法

市场法是指在市场交易中找一个或几个与被估价企业相同或者类似的参照物企业,通过分析和比较被估价企业的几个重要指标,并在此基础上进行修正和调整,从而确定被评估企业的价值。市场法假设存在一个支配企业价值的主要变量,市场价值与该变量的比值,各企业之间是可以比较的。在应用市场法进行企业价值评估时,选择什么样的企业作为参照物对评估结果起着决定性作用。参照物企业一般应与被评估企业具有相似的现金流量以及相近的经营风险或财务风险,这样对公司进行分析对比才会更加有意义。同时,另一个比较重要的因素是对评估系数的选择与计算,评估系数有市净率、市盈率、普通股每股市价等。

市场法的基本模型如下:

$$V(目标公司)/X(目标公司) = V(可比公司)/X(可比公司) \tag{1-8}$$

其中:V 表示价值指标的数值;X 表示可观测变量的数值。

1. 市盈率法

市盈率法的基本公式如下:

$$可比企业的市盈率 = \frac{普通股每股市价}{普通股每股盈利}$$

$$目标企业的价值 = 可比企业的市盈率 \times 目标企业的盈利 \tag{1-9}$$

采用市盈率法进行企业价值评估具有如下优点:① 市盈率法比较直观,其结果易于计算并且方便获取;② 市盈率法在现实业务中运用较为广泛,能够作为公司风险性、成长性等特征的代表。但它也存在以下缺点:① 在网络、通信等行业的快速发展下,运用传统的市盈率法并不能准确地反映公司的内在价值;② 对于经营业绩波动比较大的企业,市盈率法通常不够准确;③ 对于亏损的企业,市盈率根本没有意义。

2. 市净率法

市净率法的基本公式如下:

$$市净率 = \frac{普通股每股市价}{普通股每股净资产}$$

$$目标企业的价值 = 可变企业平均市净率 \times 目标企业的净资产 \tag{1-10}$$

采用市净率法进行企业价值评估的时候,主要强调以历史成本原则为计量来确认企业的价值。其优点是报表的资料可以直接获得,而且具有客观性强、计算简单、资料易得等特点。缺点包括:① 账面价值容易被管理当局所操控,具有一定的主观性,使得不同企业、同一企业不同时期的资料缺乏可比性;② 财务报表中的数据代表的是一种过去的价值,它与企业创造未来收益的能力之间的关系较小,单纯依靠财务报表数据对企业价值进行评估不够准确;③ 忽视了企业内在的一些价值驱动因素。

3. 市销率法

市销率法的基本公式如下:

$$收入乘数 = \frac{普通股每股市价}{普通股每股销售收入} \quad (1-11)$$

$$目标企业的市场价值 = 可比企业平均收入乘数 \times 目标企业的销售收入 \quad (1-12)$$

这种方法是用每股市价比上每股销售收入,进而计算出收入乘数。在这里,销售收入被看作自变量,这样可以免受不同企业会计政策的影响,也不容易受到个人主观因素的影响,因而更加客观公正。但这种方法的使用范围较为受限,只能运用于一些销售成本率比较低或者销售成本率比较相似的行业。

(三) 成本法

成本法也称资产基础法,是指在合理评估企业各项资产价值和负债的基础上确定评估对象价值的评估思路,使用这种方法所获得的企业价值实际上是对企业账面价值的调整。使用成本法进行企业价值评估的基本思路大致如下:首先要以资产负债表为基础,确定需要评估企业的范围;然后对评估对象进行重置;最后以各单项资产及负债的现行公允价格替代其历史成本。成本法一般适用于新设企业、投资经营企业或控股公司,又或者是非持续经营的企业。

成本法的使用有其特有的优点。成本法对企业进行估值时具有一定的客观性,它从企业资产的构成出发,分别评估各部分资产的价值,最终加总计算出企业的总价值。尤其当被评估公司缺乏财务数据时,使用成本法对企业来说可能是最客观、最准确的评估方法。但是,成本法在使用过程中还存在着较多不完善的地方:① 成本法会影响企业价值评估的准确性;② 成本法必须建立在构成企业价值的所有资产的价值均包括在内的基础之上,否则成本法所计算出的企业价值不够真实;③ 成本法很难全面地估计资产的经济性贬值;④ 成本法很难估计创造性劳动的具体价值;⑤ 成本法很难满足企业财务决策的需要。在日常实践活动当中,相较于市场法和收益法,成本法还存在很多需要改善的地方,因而也没有成为企业价值评估中的主流方法。

(四) 超额收益模型

超额收益模型最早是在 20 世纪 80 年代由埃德加·爱德华兹(Edgar Edwards)提出的,1995 年菲利普·贝尔(Philip Bell)和詹姆士·欧森(James Ohlson)对这个模型进行了完善。超额收益模型基于市盈率对收益增长进行定价,通过利用利润表中的收益信息对企业进行估值,实质上是将高于正常收益的价值加到收益资本化的价值之上。该模型认为企业价值是将资本化的收益价值和超额收益创造的价值进行加总。也就是说,它认为可以将企业的价值看作资产的市值加上企业的商誉。

当认为预期收益创造的价值等于目前权益的账面价值时,具体表达式如下:

$$企业价值 = B_0 + \sum \left[(ROE_j - r) \times B_{j-1} / (1+r)^j \right] \quad (1-13)$$

其中:B_0 和 B_{j-1} 分别为企业权益当前的和第 $j-1$ 年的账面价值;ROE_j 为第 j 年的实

际收益率；r 为第 j 年的预期收益率。

若将式(1-13)中的超额收益创造分为第 n 年以前超额收益创造的价值和第 n 年时超额收益创造的价值高于账面值的部分，则公式可以进一步变形如下：

$$企业价值 = B_0 + \sum[(ROE_j - r) \times B_{j-1}/(1+r)^j] + (P_n + B_n)/(1+r)^n$$
(1-14)

运用超额收益增长模型对企业进行价值评估时，可以减少预测的工作量，使评估过程更为简便。这是因为超额收益模型承认了会计信息的作用，认为当会计信息能够大致反映企业的市值时，就只需要评估企业超额收益所创造的价值，而企业获得超额收益的能力又是有限的，这在一定程度上减少了预算的工作量。

第三节 公司市值管理

一、公司市值管理的内涵与意义

（一）公司市值管理的内涵

市值是市场价值的简称，又称市场资本总额，是指一项资产在市场交易中的价格，它是市场交易双方谈判后都能接受的价格。市场价值还可以表示为股票的发行数量与股票价格的乘积。市值并非一个固定的数值，它会在每个交易日随股票价格的波动而增减。经济学上的价值规律认为，市场价值与内在价值有着密切的联系。在有效市场的前提下，资产能够反映市场上所有公开的信息，此时的市场价值会等于内在价值；如果市场并非完全有效，市场价值在一定时间段内就不会等于内在价值。

关于市值管理的概念众说纷纭，对市值管理理论的研究最早可以追溯到 20 世纪。市值管理理论的演进可以从价值理论的演进入手，从企业经营目标来看主要经历了股东价值最大化、利益相关者价值最大化和进步价值最大化阶段。进入 21 世纪后，人们发现公司价值管理除了股东价值管理、利益相关者价值管理外，还存在另一种发展路径，即企业价值管理，至此，价值管理研究重心完成了从创造价值、实现价值向经营价值的转变。

第一届中国上市公司市值管理论坛对市值管理的内涵进行了定义，所谓市值管理，是指公司基于公司市值的信号，综合运用多种科学、合规的价值经营方法和手段，以达到公司价值创造最大化、价值实现最优化的战略管理行为。市值管理就是要使价值创造最大化、价值实现最优化和价值经营最优化，最终实现股东价值最大化。这一定义对市值管理的内涵有了更为清晰与完整的解释，也给市值管理理论指明了新的发展方向。我国股权改革后，随着市场的发展，投资者的行为已变得更为理性，非理性的投资所造成的损失也逐渐减少，但我国仍处于社会主义发展的初级阶段，很多机制并不完善。公司仅仅依赖市场的手段来提高市值远远不够，还应通过市值管理来提高市值，实现公司价值。这说明了市值管理在公司经营过程中的重要作用。随着经济的不断发展，市值管理的内涵也被不断丰富与完善，现在许多学者认为市值管理是指公司建立一种长效组织机制，致力于追求公司价值最大化，并通过与资本市场保持准确、及时的信息交互传导,维持各关联方之间关系的相对动态平衡,在公司力所能及的范围内设法使公司股票价格服务于公司整体战略目标的实现。

市值管理在公司治理中具有十分重要的意义,因此,在理解公司市值管理的内涵时,还需要从以下四个方面着手讨论。

(1) 市值管理是公司建立在一种长效组织机制上的管理。公司的市值管理并非一种短期的、临时性管理,而是基于一个组织机制的长效、持久的管理。在这一基础上,公司致力于为股东追求财富,为公司创造价值,并通过与资本市场保持长期稳定的信息沟通,维持与各关联方的关系,以帮助公司整体战略目标的实现。

(2) 市值管理是注重价值链的管理。市值管理就是使得公司股票价格在合理范围内达到最佳的商业手段,它的核心内容是实现企业价值最大化。公司在发展过程中注重企业的价值链管理,采取各式各样的管理方式为企业创造价值,争取投资者对公司文化的认同,使市值充分反映公司的价值,在一定程度上有利于促进企业内部的管理,实现企业的长足发展。

(3) 市值管理区别于价格管理。市值管理并不是价格管理,更不是一味地追求企业市场价值的最大化,而是将市值与价值进行匹配。当市值与价值出现不等的情况时,需要通过经营好市值,避免出现市值过度偏离于价值的情况。市值之所以不是简单的价格管理,是因为影响市值大小的因素并不是股票的价格,而是企业的盈利能力、偿债能力、战略构想等。所以说,市值管理并非单纯的价格管理。

(4) 市值管理即将成为上市公司的一种固定管理机制。市值是上市公司投资价值的具体体现,是上市公司内部价值与外部价值的有机结合。上市公司为实现自身长远、稳定的发展,适应全球化经济发展的规律与趋势,必须要从提升公司的市值出发,提高自身的竞争力,获得投资者的认可与投资,使股价能够充分反映公司的价值。

(二) 公司市值管理的意义

1. 公司市值管理有利于提升经营业绩,提高公司实力

市值是指一家公司的市场价值,公司市值的大小能够反映其内在价值。一般来说,公司的业绩水平和市值水平呈正相关关系,即公司当年的业绩水平越高,其股票价格也就相对越高。因此,公司加强对市值的管理有利于提高企业的经营业绩,扩大经营范围,提高公司的实力。

2. 公司市值管理有利于降低公司再融资成本,提升公司竞争力

一般来说,良好的市值管理能够帮助公司获得投资者的认可,可以从银行获得较高额度的授信,融资成本较低,也有利于企业进行直接融资,市值好的企业容易获得较高的信用评级,有利于企业在资本市场进行再融资,降低再融资成本。公司的成本下降,利润率提高,此时公司的市值也会随之提高。公司拥有较高的市值,代表了广大投资者对公司的认可,公司的知名度也会提升,对企业的谈判地位和议价能力都有帮助。公司市值与品牌价值相辅相成,互相促进,形成良性循环。

3. 公司市值管理有利于加强公司的抗风险能力

公司市值管理不到位容易导致公司股票价格被低估或者高估。当股价被高估时,因其严重偏离内在价值,可能潜伏着股价大幅下跌的风险。当股价被低估时,企业的内在价值无法得到有效的体现,同行业的竞争者可以通过较低的价格对公司进行恶意收购。公司可以

通过有效的市值管理来降低上述风险,使用合理的资本运作手段。当公司股价较高时,可以通过发行股票的方式来收购其他公司,整合各类资源;当公司股价较低时,可以通过购入市场上的股份来稳定市值,增强其他投资者对公司的信心。此外,当公司的股价能够健康、持续地稳定在一个较高的水平时,意味着广大投资者对公司业绩和产品的认可,可以帮助公司提高利润,防范财务风险。

4. 公司市值管理有利于提升公司的实力和持续发展能力

在有效资本市场中,公司的市值可以反映其内在价值。公司可以应用公司经营和资本运作的方法为公司业绩打好基础,为股价未来的上涨做好铺垫。公司还可以通过有效的市值管理,整合行业资源,兼并、收购同行业内具有一定发展前景的企业,进一步扩大自身规模,促进股东财富的增值,以合理的成本增发股票或进行并购,从而提高其在行业的地位和可持续发展的能力。

二、公司市值管理的目标与内容

(一)公司市值管理的目标

一般而言,公司市值管理的目标主要有两个:一方面,公司的管理者秉承持久发展的理念,以合理、合规、合法的科学管理方式,希望能为公司创造价值,带来财富;另一方面,公司管理者应该科学、合理地运用综合性的管理方法,提高公司的股价,使公司的股价能够为公司实现整体战略目标提供支持,并期望能为股东创造最大的价值,实现公司价值最大化。

总之,公司市值管理的目标并不仅仅局限于提升公司的市值、股价,还包括创造价值、实现价值,提升公司的整体价值,完善公司的治理结构,提升公司的经营理念,建立新的经营管理思维模式。

(二)公司市值管理的内容

公司市值管理是一项系统的战略管理工程,其希望在提升公司的内在价值时,也可以提高公司的市场价值。市值是公司综合实力的象征,也是公司战略资源拥有程度的体现,良好的市值能为公司创造良好的融资环境,使其在竞争中获得更大的优势。公司管理者希望通过市值管理活动,能为企业创造价值、实现价值并最终带来持久经营价值。否则,即使公司在短期内赢得了市值的大幅度增长,若无法继续经营并保持价值,虚增的市值也终将成为经济泡沫。所以,公司应当加强商品市场和资本市场之间的联系,利用市值管理来建立一种长效的组织机制,实现股东价值最大化,为公司获取长久的利益。综上所述,公司的市值管理主要包括三个环节,即价值创造活动、价值实现活动和价值经营活动。需要注意的是,这三个环节是紧密联系不可分割的。总之,科学、合规的市值管理是每个公司都应该掌握的必修课。

1. 价值创造活动

价值创造是公司市值管理的核心内容,即在公司创造价值的基础上逐步达到价值的实现。公司需要从各个维度提升自己企业的经营业绩,夯实价值创造的基本功,打造出属于自己的独特价值,也需要建立公司与市场之间的互动机制,利用投资者关系管理,真实、完整、准确地披露公司信息,发挥企业和市场的价值。价值创造还是公司利用商品创造价值的一个环节,该环节一共可以分为三个阶段。第一个阶段是资金的准备阶段。公司为了开展生产经营活动需要做好一系列生产资料的准备活动,包括货币资本、人力资本等。第二个阶段是生产阶段。此时,公司会利用之前准备的生产资料,进行一系列的生产活动。在这一阶段中实现了生产资料到商品的转换,公司也能够获得商品的价值提升。第三个阶段是销售阶段,此时公司将已生产好的商品送进市场中进行销售,通过消费者的购买获得货币资本。此阶段是商品资本到货币资本的转换阶段,为下一个阶段的价值循环做好准备。

2. 价值实现活动

价值实现活动是市值管理的目的,是公司与市场之间互动的过程,是指公司在价值创造的基础上,进一步发现、认识公司价值,从而达到市场价值体现公司所创造的价值的目的。价值实现的环节一般包括两个部分。第一个部分是价值创造的最后一个阶段,即通过商品的销售来换取货币资金,实现资本的回收。第二个部分是让公司的内在价值在资本市场上获得认可。如果没有价值实现这一环节,价值创造将会失去意义,企业也无法实现自身价值的最大化。所以公司需要重视企业与市场之间的互动机制,通过投资者关系管理,向市场揭示公司的价值,争取投资者对公司价值的认知和认同。公司还应该将自身价值创造的连续性和持续性传递给市场,让市场对企业的真实价值能够做出合理恰当的评判。

3. 价值经营活动

价值经营是市值管理中的重要环节。它是指公司在经历价值创造、价值实现环节后,通过运用充分的资本运作手段,进一步提升和维持公司的价值和市值,使公司的发展更为持久。在价值创造和价值实现的基础上,公司应该依据国家的宏观经济政策、资本市场的具体情况以及投资者的偏好,通过整合市场的相关资源,利用价值经营活动来寻求更大范围的发展空间,以进一步提升企业的内在价值,实现股东价值最大化。需要注意的是,公司在价值经营过程中,首先要弄清决定和影响企业价值的因素,理解公司价值和市场价格之间的互动机制,明确影响公司价值的关键因素,并努力改善这些因素在价值经营活动中的作用。

由上可见,在公司市值管理中,价值创造是市值管理的核心及关键内容,是价值实现和价值经营的基础。价值实现是市值管理的目的,是将企业的内在价值转化为市场价值的过程,是市场对企业创造价值活动的检验。价值经营是市值管理的最后一环,也是市值管理的最高境界,是充分实现企业价值和有效维护股东权益的重要手段。

三、公司市值管理的模式与策略

(一) 公司市值管理的模式

公司市值管理的模式主要分为两个部分,即内在价值管理模式和外在价值管理模式。内在价值管理模式又分为打造核心竞争力的管理、公司治理机制的管理、管理层股权激励机制的管理及公司品牌价值的管理;外在价值管理模式又可以分为与投资者关系的管理、与监督者关系的管理以及与媒体关系的管理。

1. 公司内在价值的管理模式

(1) 打造核心竞争力的管理。核心竞争力即能够为企业带来比较竞争优势的资源,以及资源的配置与整合方式。它是公司内部的知识汇总,是企业能够长期获得竞争优势的能力。美国学者哥印拜陀·普拉哈拉德(Coimbatore Prahalad)和加里·哈默(Gary Hamel)认为:首先,核心竞争力应该有助于公司进入不同的市场,它应成为公司扩大经营的能力基础;其次,核心竞争力对创造公司最终产品和服务的顾客价值贡献巨大;最后,公司的核心竞争力应该是难以被竞争对手复制和模仿的。核心竞争力一般由三个方面构成,分别是技术能力、管理能力,以及新理论、新经验的学习率和传递速度。公司应该如何提高核心竞争力呢?首先,应对公司的主营业务进行准确的定位和选择。公司管理者应该明确自己的主营业务,选择好主打产品和主攻市场。其次,要持续强化主营业务。有些公司总是希望能够拓展新的业务,寻找新的利润增长点,但实际经营表明:公司越简单,经营效率才会越高;公司越精益求精,就越能获得超额利润。最后,要进行主营业务的发展和创新。公司要获得竞争优势和长足的发展就需要进行创新。通过发展主营业务和创新来增强公司的竞争力应基于公司产业战略,与公司的发展战略是相辅相成的。

总之,公司的核心竞争力是一面镜子,映射着公司的发展现状与发展前景,更是公司管理层管理水平和经营能力的现实反映。打造核心竞争力是公司内在价值管理的重要手段,这种管理方式实质上是以创造公司价值为基础来提升公司市值的管理模式。

(2) 公司治理机制的管理。治理机制即为实现资源配置的有效性,所有者对公司的经营管理和绩效进行监督、激励、控制和协调的一整套制度安排,它反映和决定了公司的发展方向和业绩的各参与方之间的关系。能对企业的市场价值产生积极影响的公司治理应该符合以下条件:能够增加股东的回报;股市需要有效率,这样股价才会有意义。公司治理机制的管理会影响公司对社会资本的吸纳能力,持续提高和改善企业的管理水平、战略执行能力,强化投资者对上市公司的信心。因此,治理机制越完善、管理能力越强的公司,越会被投资者看好,该公司的股票溢价能力就越强,市值也就会越高。

良好的公司治理机制在现代企业中有着十分重要的意义,它不仅是企业重要的制度框架,更是企业提高决策科学性、增强竞争力和提高经营业绩的必要条件。一个有着良好公司治理机制的公司,会给投资者带来极大的投资信心,从而降低公司的融资成本,促进公司健康持久发展。

(3) 管理层股权激励机制的管理。股权激励一般是指股份制公司针对企业管理层提出的一种长效的激励机制,是公司赋予管理层的一种权利。有了这种权利,管理层可以利用股东的身份参与公司的决策,分享公司的利润。股权激励机制能够有效地提高管理层工作的积极性和工作效率,因为此时管理层的身份发生了变化,不再只是单纯的员工,而是企业的决策者和经营者,企业的经济效益与他们的回报直接挂钩。在这种机制下,管理者会为了获取切身利益而更加关注公司的长远发展,这是一个双赢的局面。

以我国为例,由于我国与股份制企业有关的法律法规的出台,管理层股权激励机制被极大地完善,实施股权激励的企业也越来越多。尤其是2010年开始,实施管理层股权激励机制的公司数量越来越多。我国目前采用的最普遍的股票激励机制主要有两种,即限制性股票模式和股票期权模式。限制性股票模式主要是指公司在一定前提下授予管理者数量不等的公司股票作为奖励,但股票是不能够随便出售。这种模式在我国公司股权激励机制中较常使用,也深受企业的欢迎。股票期权模式是指企业采取的一种更为有效的激励机制,它是公司给予被激励员工的一种权利,这种权利使公司管理层可以在约定的时间内按照合同约定好的价格购买公司的股票,并且这种模式可以从根本上增加公司所有者的权益,使其获得额外的利润。

为完善企业管理层股权激励机制,可以从以下方面着手:健全企业股票管理的机制,可以减少企业员工的持股比例,规定管理层的持股比例;合理调整激励股权的定价;合理降低股权激励的门槛。通过上述措施，公司能够完善自身股权激励机制，提高公司的内在市场价值。

（4）公司品牌价值的管理。品牌是企业与消费者的无形纽带，它的价值判断包括知名度、认知度、认可度、美誉度、忠诚度等。公司的品牌价值是品牌管理要素中最为核心的部分，也是公司区别于同类竞争品牌的重要标志。进行公司品牌价值的管理，在一定程度上有利于增强公司的自主创新能力，提高企业的竞争力，促进整个公司科技体系的搭建。为此，公司应当通过强化自身的品牌效应、创新品牌文化以及加强品牌信誉度等手段，完善公司的品牌价值管理体系，打造优质、长寿的品牌。公司实施市值管理，是期望构建一个集公司有形资产和无形资产于一体的价值衡量体系，用更全面的价值指标来评价经营管理层的业绩。这在一定程度上会增强企业的自主创新意识和品牌意识，加大公司的研发力度，从而推动科技体系的建设。

2. 公司外在价值的管理模式

（1）与投资者关系的管理。公司要处理好与各投资者的关系，实现良性互动。公司管理层在做好提升公司内在价值的基础上，应通过各种手段来减少投资者与公司间的信息不对称问题，并进行投资者价值管理，提高公司的市值。实质上，与投资者关系的管理是实现公司价值最大化的重要途径。在履行法定信息披露义务的同时，还需要明确公司的潜在投资者，了解他们的投资偏好，以促进新的投资者和公司的合作，充分实现公司的价值，这是管理与投资者的关系的核心。

（2）与监督者关系的管理。公司既有内部监管机构，也有外部监管机制。处理好与监督者的关系是公司正常运行的要求。在处理与监督者的关系时需要注意以下两点：一是根据有关法律法规和证券交易所股票上市规则，及时、准确地披露公司信息；二是公司需要不断追踪证券监管部门的最新动态，依据有关政策及时做出相应的调整。

（3）与媒体关系的管理。公司在创造完价值之后，需要通过有关媒体来向投资者传递企业的各种信息。因此，公司根据需要传递的各种信息与媒体进行密切配合非常必要。在这一过程中，公司向媒体传递真实信息，媒体向社会大众披露信息。此时，公司与媒体之间若能保持一种良好的合作关系，将会有利于公司的发展及其市值的提高。在与媒体合作时，公司应当注意加强与财经媒体的良好合作关系，引导媒体的正向报道。

（二）公司市值管理的手段

1. 股权激励

代理成本的存在在一定程度上会影响公司的治理，还可能对公司的市场价值产生消极影响。因此，对公司的管理层进行股权激励，可以使管理层与股东要求的价值趋于一致，提高公司管理层的积极性，从根本上解决投资者和管理者之间的利益分歧，有利于提高公司的管理效率，从而增加公司的市值。加强经理层的股权激励机制，将有助于完善公司的市值管理，促进企业价值的提升。

2. 资本运作

资本运作是指利用市场法则，通过资本本身的技巧性运作或资本的科学运动，实现价值增值、效益增长的一种经营方式，是公司市值管理的重要手段。公司市值管理的方式主要有股份回购、大股东增持、大股东承诺不减持、并购重组、反周期操作等。

（1）股份回购。股份回购是指公司按照一定的程序购回发行或流通在外的本公司股份的行为。当公司的股价被低估时，进行股份回购可以以较低的成本达到减资或调整股本的目的。通过股份回购可以向投资者传递公司股价被低估的信号，从而增强投资者的投资信心。可见，公司能够利用股份回购的手段，对股票市场的供求关系进行合理调节，从而达到增强投资者信心、提升股价和维护公司形象的目的。

（2）大股东增持。大股东增持是指大股东通过买入二级市场的流通股对公司的市值进行管理的一种方法。当公司的股价较低的时候，可以通过大股东在股票市场上购买大量公司的股票，从而维持和提升公司的股价。大股东增持的手段一方面向投资者传递了公司股价被严重低估的信号，另一方面也反映了大股东对公司发展有信心。所以，大股东增持是公司市值管理的重要手段。

（3）大股东承诺不减持。大股东承诺不减持是指公司的大股东承诺在一定时期内不减持公司的股票。这一行为在一定程度上能够给投资者带来信心，从而促使公司股价上涨。例如，中国第一家全流通公司三一重工，其主要的控股股东三一集团曾发表公告承诺将某日解禁上市流通的股份自愿继续锁定两年，两年内股价不翻番、不减持。消息一出，三一重工开盘就出现了涨停的迹象，并带动了整个A股市场。可见，大股东不减持体现了股东对公司未来发展的信心，给市场以积极的信号，从而提升股价，提高公司的市值。

（4）并购重组。并购重组是指两个以上的公司合并、组建新公司或相互参股。它往往同广义的兼并和收购是同一意思，泛指在市场机制作用下，企业为了获得其他企业的控制权而进行的产权交易活动。并购重组这一方式能从根本上改变公司的资产价值、治理体系、股权结构，是公司价值变动的重要因素。之所以采取并购重组的方式，其目的之一是获得先进的技术与人才，吸引新的投资者进入企业，实现公司业务的扩张。有学者认为，并购重组产生的经营协同效应与财务协同效应，在一定条件下可以使并购公司与目标公司的核心能力交互延伸，从而提高企业的竞争力，进一步提高企业的市值。

（5）反周期操作。反周期是指经济周期中产出、收入和就业等经济变量与经济波动状况呈相反的方向变动。反周期操作一般表现为在市场看好的情况下，积极扩张股权，进一步放大市值，而在市场持续低迷的情况下，大规模进行企业兼并收购，获得对方的股权。中信证券是反周期操作运用的典型范例，它曾用四年多的时间，实现公司总市值增长近15倍的传奇，速度之快令同行业望尘莫及。可见，反周期操作是市场经济状况波动较大时公司重要的市值管理手段与策略。

（三）股东关系管理

股东对公司的市值有重大影响，与股东维持积极主动的关系主要包括恰当地披露信息和妥善处理危机两方面。

1. 恰当地披露信息

资本市场上目前依然存在着信息不对称的问题。信息披露是每个公司应尽的义务和责任，股东关系管理的本质也是改善信息不对称，使股东对公司的基本情况和战略决策有更为清晰的认识和了解。研究发现，公司信息披露得越充分，公司的管理水平越高，公司的价值也就越大。因此，向股东恰当地披露公司信息，可以减少信息不对称的问题，增强投资者对企业价值的判断与认识，进而提高公司的价值。

2. 危机公关

公司在接受社会监督的时候，难免会存在负面的新闻，使得公司的股价发生一定的波动。此时,公司能否主动、有效地化解危机,会对公司股票价格、公司形象、股东信任度产生非常重要的影响。因此,当公司出现负面报道时,公司管理者应当主动承担责任,积极化解危机,正确处理好与股东之间的关系,这是公司市值管理的重要手段。

本章小结

首先,本章从企业的自然属性与社会属性相统一的本质特征出发,分析了企业的三种性质,即企业是由于凭借其有效的(完全理性与充分信息下的决策)行政权威关系而更能节省交易费用的一种垂直一体化生产组织,企业是综合了各生产要素所有者目标的一系列契约的组合,企业是一种具有核心知识与能力、能为各生产要素所有者创造财富的资产组合。其次,结合价值内涵的探讨,揭示了企业价值的内涵,并归纳总结了企业价值的各种形式,包括账面价值、内在价值、市场价值、持续经营价值、清算价值和重置价值。在介绍企业价值评估理论的基础上,本章还对当前几种主要的企业价值评估方法进行了系统的阐述,如收益法、市场法、成本法、超额收益模型等。最后,探讨了公司市值管理的问题,公司市值管理的目标并不仅仅局限于提升公司的市值、股价,还包括创造价值、实现价值,提升公司的整体价值,完善公司的治理结构,提升公司的经营理念,建立新的经营管理思维模式。公司市值管理主要包括三个部分,即价值创造活动、价值实现活动和价值经营活动;公司市值管理的模式主要分为两种,即内在价值管理模式和外在价值管理模式。内在价值管理模式又分为打造核心竞争力的管理、公司治理机制的管理、管理层股权激励机制的管理及公司品牌价值的管理;外在价值管理模式又可以分为与投资者关系的管理、与监督者关系的管理以及与媒体关系的管理。公司市值管理的手段有股权激励和资本运作(股份回购、大股东增持、大股东承诺不减持、并购重组、反周期操作)。

复习思考题

1. 讨论企业的几种性质。
2. 价值的具体内涵是什么?
3. 描述企业的各种价值形式,并讨论它们相互之间的关系。
4. 企业价值评估要评估什么价值?为什么?
5. 影响企业价值的因素主要有哪些?
6. 企业价值评估的程序有哪些?
7. 如何使用收益法?其有何优缺点?
8. 运用收益法进行企业价值评估,需要注意哪些问题?
9. 如何使用市场法?其有何优缺点?
10. 什么是公司市值管理?讨论其具体内涵。
11. 如何理解公司市值管理的意义?
12. 公司市值管理具体有哪些模式?
13. 进行公司市值管理的手段有哪些?

第二章 公司治理与财务治理

> **引导案例**
>
> 美国国际商业机器(IBM)公司从1984年左右开始由兴转衰,由年盈利66亿美元演变到1992年亏损达49.7亿美元,时任董事长兼首席执行官约翰·埃克斯(John Akers)被迫下台。新上任的路易斯·格斯特纳(Louis Gerstner)对公司进行了大刀阔斧的改革,包括更换2/3的高层经理人员,将公司原来的分权管理改为强调各部门资源、技能和思想的更大程度的共享。公司开始出现转机,1996年,盈利约60亿美元。
>
> 公司治理结构的完善对IBM公司的发展及其财务状况有着重要意义。什么是公司治理?公司治理产生的根本原因是什么?董事会约束、激励机制等公司治理机制如何在IBM公司运营中发挥作用?本章将重点阐述公司内部治理机制、公司外部治理机制、财务决策机制、监督机制和激励机制。

学习目的和要求

本章阐述了公司治理和财务治理的相关概念,对公司治理的内外部治理机制以及财务治理的决策、监督、激励机制等进行了深入探讨。通过本章的学习,应在理解公司治理产生原因的基础上掌握内部和外部治理机制以及两者之间的关系,了解财务治理及其与公司治理之间的联系,掌握相关财务决策机制、监督机制和激励机制。

第一节 公 司 治 理

公司治理问题源于公司所有权及经营权的分离以及由此产生的代理关系问题。在商品经济不断发展的过程中,企业的规模不断扩大,以至于当所有者自己的经营不再具有效率时,两权分离就成了必然的选择。两权分离一方面提高了企业的运营效率,降低了社会交易成本,促进了社会经济的发展,另一方面也产生了代理风险,从而产生代理成本。企业所有者与经营者所追求的目标不同,前者追求企业整体价值的最大化,后者则追求自身的利益,经营者有可能为了自身的利益而不选择最有利于提升企业价值的方案,从而损害企业所有者的利益。此外,企业所有者之间也会因为利益分配问题而产生冲突,从而产生公司控股股东利用公司的控制权对中小股东进行利益侵占,或者控股股东联合高管一同对中小股东进行利益侵占的行为。

基于这些代理问题,如何设置企业内部的组织架构及权力配置,以构建高效率的运作体系,并在相关者之间公平合理地分配利益,管控利益背后的风险,就成了公司治理研究的主要问题。

一、公司治理的内涵

对于公司治理的定义,学术界、企业界进行了大量的研究,但是对公司治理的理解各有不同,不同的学者和组织给出了不同的定义。

鲍勃·特里克(Bob Tricker)认为,公司治理本身并不关注企业的运行,而是给企业提供全面的指导,监控管理者的行为,以满足超过企业边界的利益主体的合理预期。

罗伯特·蒙克斯(Robert Monks)和尼尔·米诺(Nell Minow)在其《监督监督者——二十一世纪的公司治理》中提到,公司治理的焦点是参与决定公司发展方向和绩效的各相关利益主体之间的关系。因此,核心在于如何在不妨碍企业家创新动力的情况下,利用公司权利实现服务对象的利益。

美国学者玛格丽特·布莱尔(Margaret Blair)将公司治理划分为狭义和广义两种。狭义的公司治理主要聚焦于股东所有权和管理者经营权分离而可能导致的管理者对股东利益的损害问题,因此狭义的公司治理就是公司股东为确保投资收益在董事会决策中权利的安排方式。广义的公司治理则可以归纳为一种法律、文化和制度性安排的有机整合。公司不仅对股东,而且要对更多利益相关者的预期做出反应,包括经理、雇员、债权人、顾客、政府和社区等。这些多元的利益必须协调,以实现公司长期的价值最大化。因此,广义的公司治理被视为一种利益相关者价值观。

南开大学李维安指出,公司治理是通过一套正式或非正式的、内部或外部的制度或机制来协调公司与利益相关者之间的利益关系,以保证公司决策的科学化,从而最终维护各方面利益的一种制度安排。公司治理的目标不仅是股东利益的最大化,而且还要保证公司决策的科学化,从而保证公司各方面的利益相关者利益最大化。因此,公司治理的核心和目的是保证公司科学决策,而利益相关者的相互制衡只是保证公司科学决策的方式和途径。

吴敬琏认为,公司是由一个公司治理结构来统治和管理的。所谓公司治理结构,是指由所有者、董事会和高级执行人员即高级经理人员三者组成的一种组织结构。在这种结构中,上述三者之间形成一定的制衡关系。通过这一结构,所有者将自己的资产交由公司董事会托管;公司董事会是公司的最高决策机构,拥有对高级经理人员的聘用、奖惩以及解雇权;高级经理人员受雇于董事会,组成在董事会领导下的执行机构,在董事会的授权范围内经营企业。

钱颖一教授站在内部公司治理的角度给公司治理下定义,她认为,公司治理结构是一套制度安排,用来支配若干在企业中有重大利害关系的团体,包括投资者、经理、工人之间的关系,并从这种安排中实现各自的经济利益。公司治理结构应考虑如何配置和行使控制权,如何监督和评价董事会、经理人员和职工,以及如何设计和实施激励机制。

经济合作与发展组织(Organization for Economic Co-operation and Development, OECD)在《公司治理原则》中给出了一个有代表性的定义,公司治理结构是一种据以对公司进行管理和控制的体系。公司治理结构明确规定了公司各个参与者的责任和权利分布,如董事会、经理层、股东和其他利益相关者。

从以上定义可以看出,公司治理是个多角度、多层次的概念。从公司治理体系及其当前的发展趋势来看,广义上的公司治理更加符合当前对公司治理的需求,即公司治理是通过一整套制度来明确公司治理各个主体之间的权、责、利,通过外部及内部机制来协调公司与所有利害相关者之间的利益关系,并在此基础上实现公司价值的最大化的公司制度框架。这里的利害相关者不仅包括公司内部的股东、董事会、监事会、经理层等权力制衡方,还包括外部的供应商、债权人、消费者、政府等有着利益平衡关系的团体和个人。

二、公司治理框架(或模式)

公司治理模式是指对相同或类似的公司治理外在表现形式的概括。由于各国的政治、经济、文化、法律等背景不同,在不同的国家形成了不同的公司治理模式。如今国际上有三种较为典型的公司治理模式,即外部控制主导型的英美公司治理模式、银行的外部主导和双层内部主导的日德公司治理模式,以及韩国和东南亚国家的家族控股治理模式。我国在经济转型和企业单一所有制结构趋于多元化的影响下,形成了独特的公司治理模式,根据公司所有权及控制权可以分为国家控制型及法人控制型两类。

(一)英美公司治理模式——外部控制主导

1. 背景

英国和美国是经历了长期的自由放任的资本主义市场经济而发展起来的,现代市场经济成熟发达,证券市场高度发达,强调经济主体的自由以及个人主义,与此相适应,形成了保护这种自由主义的分散化股权融资体制。特别是 1929 年金融危机后,这些国家认为经济垄断是导致经济危机的重要原因,而 1933 年美国《格拉斯-斯蒂格尔法案》规定,投资银行和商业银行必须分开,商业银行只能经营短期贷款和政府债券,不能经营 7 年以上的长期贷款,也不得从事股票和证券业务,这就限制了银行参与公司治理的行为,使得公司的长期资金主要来源于证券市场,资产负债率低,一般在 35%~40%,而且高度发达的证券市场以及反垄断传统使得股权资本中的股权极为分散。

2. 特点

(1)内部治理结构。公司内部治理结构主要由股东会、董事长和经理层组成。股东会是最高权力机关,但由于英美股权分散,日常决策难以进行,股东会就将公司最高的决策权委托给董事会(一部分大股东或有权威的人)来行使,董事会向股东会负责,两者是委托代理关系。经理层负责执行董事会的决策和具体的日常管理。首席执行官(chief executive officer,CEO)是公司政策执行机构的最高负责人,通常由董事长兼任。董事会下设立各委员会以协助决策,主要包括执行委员会、任免委员会、报酬委员会、审计委员会等,英美公司中不设监事会,监督职能由董事会下属内部审计委员会负责。

(2)对经营者的控制。英美国家公司股权高度分散,而监督是一种公共品,实施监督可以为公司带来利益但却需要自己付出一定代价,这就容易导致股东之间"搭便车"(不付成本而坐享他人之利的投机行为),对经营者的激励和约束就成了公司治理机构需要解决的首要问题,高度发达的证券市场对此发挥了巨大作用。一方面,由于股权高度分散,股东人数过多,"以手投票"的成本太高时,股东便选择"以脚投票",即当公司业绩差的时候,股东在证券市场上卖出股票,引起公司股票价格的大幅下跌,同时资本市场上的机会主义者在股价跌到一定程度时就会对其接管重组,这便形成了收购接管机制对经营者进行约束;另一方面,对经营者的经理股票期权计划也会形成激励机制,为经营者努力工作提供动力。

(3) 机构投资者的作用越来越大。一直以来,美国机构投资者对所投资公司的经营管理持消极的态度,当公司业绩不好时,他们会通过证券市场卖掉股票,但是股票的大量抛出必然会引起市场的动荡,从而使得股票价格下跌,导致机构投资者的损失。因此,美国机构投资者开始关注公司的经营,从而在公司治理中发挥着越来越积极的作用。

(4) 对投资者利益及信息披露的保障。一直以来,英美对于投资者利益及信息披露都十分重视,并不断建立健全相关法律法规。如美国《1933年证券法》确立了公司发行时的信息披露义务。英国《示范公司章程》规定了董事会和董事的权利与义务,以保护股东权利。2002年,美国通过了《萨班斯-奥克斯利法案》,该法案的全称是《2002年上市公司会计改革与投资者保护法案》,法案的第一句话即"遵守证券法律以提高公司披露的准确性和可靠性,从而保护投资者及其他目的"。

(二) 日德公司治理模式——银行的外部主导和双层内部主导

1. 背景

日本和德国在第二次世界大战中战败,国内资源匮乏,资金短缺,证券市场不发达,而且为了在短期内恢复经济,适应战后经济迅速发展的局面,企业融资便只能依赖银行等金融机构,故银行在公司治理中起决定性作用,并且企业资产负债率较高。德国在历史上曾是空想社会主义和工人运动极为活跃的国家,深受共产主义思想的影响,工人在企业中有着重要的地位,而日本深受儒家文化的影响,强调家族观念、以人为本,因此日德公司治理模式都特别强调员工参与治理,更加强调共同主义,具有强烈的群体意识。

2. 特点

(1) 银行是公司的主要股东。德日两国的银行处于公司治理的核心地位。在经济发展过程中,银行深深涉足其关联公司的经营事务,形成了颇具特色的主银行体系。

日本的主银行是公司的最大债权人,但日本法律禁止银行持有任何公司5%以上的股份,所以必然不是最大股东,但由于交叉持股及债权人身份,主银行能够及时、准确地获得公司的经营信息,从而对公司实行积极、有效、严密的监督。日本的主银行制是一个多面体,主要包括三个基本层面:一是银企关系层面,即企业与主银行之间在融资、持股、信息交流和管理等方面结成的关系;二是银银关系层面,即银行之间基于企业的联系而形成的关系;三是政银关系,即政府管制当局与银行业之间的关系。这三层关系相互交错、相互制约,共同构成一个有机的整体,或称为以银行为中心的、通过企业的相互持股而结成的网络。

德国银行在成为主要债权人的同时,还能自己持有股票,或成为大股东,因而德国银行凭借这些身份对公司的经营决策有着决定性的权利。但德国公司更依赖大股东的直接控制,由于大公司的股权十分集中,大股东有足够的动力去监控经理阶层。另外,由于德国公司更依赖内部资金融通,所以德国银行不像日本银行那样能够通过控制外部资金来源对企业施加有效的影响。

(2) 法人持股或法人交叉持股。法人持股(特别是法人相互持股)是德日公司股权结构的基本特征,这一特征在日本公司中尤其突出。第二次世界大战后,日本在解散财阀的过程中,出现了财阀系大银行,法人持股比重急剧上升。1964年,日本加入经济合作与发展组织,为阻止资本市场开放后外国公司对日本企业的吞并,日本政府推行资本自由化政策,从市场购进股份再出售给稳定的股东,从而大大促进了持股的法人化。至此,法人股份制成为日本占主导地位的企业制度。据统计,1949—1984年,日本个人股东的持股率从69.1%下降为26.3%,而法人股东的持股率则从15.5%上升为67%,到1989年,日本个人股东的持股率下降为22.6%,法人股东持股率则进一步上升为72%。

法人相互持股有两种形态:一种是垂直持股,如丰田、住友公司,它们通过建立母子公司的关系,达到密切生产、技术、流通和服务等方面相互协作的目的;另一种是环状持股,如三菱公司、第一劝银集团等,其目的是相互建立起稳定的资产和经营关系。然而,相互持股带来了企业的集团化和系列化,彼此的依赖性加强,一家企业的失误也有可能给整个集团或系列带来不良后果。

(3)德国的双层内部主导。德国股份公司采用双层制董事会,即监事会和董事会分别行使监督权和业务决策权。监事会对董事会的工作进行监督,并提出具体意见;董事会负责管理公司的日常经营业务,并代表公司同外界打交道。董事会对监事会负责,定期报告公司经营状况。监事会拥有最终的决策权,由股东会直接选举产生。监事会决定董事会的人选和政策目标,监督董事会的工作,并在必要时召集股东会。股东会、监事会和执行董事会分设,决策者与执行者相互独立,有利于发挥监事会对公司经营者的有效监督作用。

(4)日本的公司治理结构。在日本模式中,董事会成员通常是从公司雇员经过长期的努力提升上来的,对公司的经营现状非常了解,因此,董事会重点是做出战略性和经营性决定,就相当于董事会和高层经营人员组成的执行机构合二为一,决策者与执行人员合二为一。对董事会的监督主要通过法定监事进行外部监督,法定监事不能同时是公司的董事或雇员。

(三)韩国和东南亚的家族控股治理模式

1. 背景

在东南亚国家,华人在外国资本的夹缝中求生,只能依靠家族成员,自身既是所有者又是经营者。韩国政府把第二次世界大战后没收的日本统治时期的公营企业和日本人的私人企业以较低价格出售,许多家族企业借此起家。思想上,韩国和东南亚地区深受儒家文化的影响。儒家文化重视家庭亲缘关系,注重和谐,这种家族观念引入企业,便形成了企业的家族性,并在企业运营过程中形成了由家族成员共同治理企业的家族治理模式。

2. 特点

(1)企业所有权和经营管理权主要由家族成员控制,企业决策家长化。在韩国和东南亚国家,企业所有权和经营管理权由有血缘关系及有亲缘、姻缘关系的家族成员共同控制,受儒家伦理道德的影响,企业重大决策也由家族中的家长做出判断,尽管许多家族企业进行了股权的不断稀释,但企业的控制器也一定掌握在家族成员手中。

(2)来自银行的外部约束弱。东南亚地区证券市场基础薄弱,家族企业融资除了依靠家族内部,主要依赖银行,而政府对企业涉足银行业的限制弱,所以为了方便资金融通,大多数企业都涉及银行业,属于家族的银行对同属于家族的系列企业基本上是软约束。

(3)政府对企业的发展制约较大。在东南亚,华人家族企业常常需要采取与政府及政府的公营企业合作等形式来搞好和政府的关系。在韩国,凡家族企业的经营活动符合国家宏观经济政策和产业政策要求的,政府会在金融、财政、税收等方面给予各种优惠政策进行引导和扶持;反之,政府会给予限制。因此,在韩国和东南亚国家,家族企业的发展都受到了政府的制约。

（4）企业员工管理家庭化。韩国和东南亚国家深受儒家文化的熏陶，不仅把儒家关于"和谐"和"泛爱众"的思想用于家族成员的团结上，而且还推广应用于对员工的管理，在企业中创造和培育一种家庭式的氛围，使员工产生归属感和成就感，提高了企业经营管理者与员工之间的亲和力和凝聚力，保证了企业顺利、和谐地发展。

三、公司治理的外部治理机制

根据公司治理的广义定义，公司治理分为内部治理机制和外部治理机制两部分。本质上讲，公司治理的外部治理机制是以竞争为主线的外在制度安排，其治理载体是市场体系；内部治理机制的基本特征是以产权为主线的内在制度安排，主要内容为产权的合理配置以及由此决定的利益激励机制，其治理载体就是公司本身。

（一）证券市场的治理

广义上的证券市场指的是所有证券发行和交易的场所（或是交易关系的综合）。它是包括证券投资活动全过程在内的证券供求交易网络和体系，在筹集资金、积累财富、合理配置资源、提升企业价值、分散风险、促进产业结构调整等方面有着不可替代的功能。就一国经济而言，证券市场既反映和调节了货币资金的运动，又对整个经济的运行具有重要而深远的影响，是一个国家经济、金融运行的"指示器"和"晴雨表"。

1. 我国证券市场监管与西方成熟市场监管的差异

无论是西方成熟的规范市场还是正在发育中的我国证券市场，都需要遵守"公开、公平、公正"的基本监管原则，然而各国证券市场的各个方面和各个环节通常不存在唯一绝对的规范。就实质来说，我国证券市场监管与成熟市场监管相比，具有三个层面的差异。

（1）监管任务与重点不同。在成熟市场，政府监管的主要任务是清除市场经济制度本身所无法逾越的那些障碍，如垄断和操纵行为、信息失灵所导致的内部性问题等，而我国证券市场作为一个新兴市场，政府除履行监管职能外，还要多履行一个发展职能，而且这是政府的优先事项。证券市场发展职能有两层含义：一是指政府对证券市场的制度创新和培育，同时，积极地为保证证券市场发展而营造宏观经济环境；二是指政府有意识地更加关注与证券市场相联系的其他社会经济层面，我国证券市场的监管制度选择面临更严格的约束条件。

（2）政府干预呈现逐步弱化趋势。随着市场机制的逐步确立，政府对于证券市场的发展职能将逐步弱化，而规范职能将相对增强。中国证券市场已取得长足发展，逐渐走向成熟，国内证券市场的监管也逐步步入规范化的轨道，市场化进程的演进必然要求政府逐步淡化过多的直接干预，从而促使市场机制更有效地发挥作用。

（3）监管目标与理论的侧重要求。从成熟市场的发展过程和监管历史来看，保护投资者利益始终是西方国家政府监管的基本宗旨。围绕这一宗旨，西方政府相对地更偏重对以下监管目标的关注：市场主体之间的公平竞争和公平待遇；垄断、操纵、欺诈行为和内幕交易的克服，以及投资者利益的保护；投资风险的分散；信息完全性和市场信息效率；投资者的信心。

我国证券市场监管则表现出政府干预的明显倾向。我国证券市场中的政府及监管部门更广泛、更直接、更具体地干预和介入证券市场,这有社会、经济、政治、体制等方面的内在原因。由于我国证券市场的特殊性,我国证券市场监管者一般优先考虑资本形成量、现代企业机制的构建、过度投机的抑制、证券市场的外部效应、投资者理性及其培育等方面。

2. 我国证券市场监管机制

证券市场失灵问题存在的必然性和经济社会对证券市场正常作用的客观需要决定了监管存在的必要性。由于证券市场失灵的存在,政府理应积极介入证券市场。但政府在处理与证券市场的关系上,关键是要在市场失灵和政府失灵之间实现均衡,计算政府自由放任和政府干预之间的成本。

证券监管制度的最优选择在于:在满足一国政府在一定历史条件下对各项效果指标的既定目标或既定偏好的前提下,追求监管制度的总执行成本最低。证券监管的成败关键在于政府的设计妥当与否。或许某些问题的确是由监管失灵或者说是由政府失灵造成的,但这并不是放松管制的理由。如果在政府的管制设计和实施方面存在问题,需要做的不是减少或否定管制,而是调整和改善管制。

3. 完善证券市场,促进公司治理

信息披露、保证股东权益、防治内部交易和有效实施法律制度对证券市场公司治理结构的维护及执行有着重要的作用。通过信息披露可以提高运营透明度,影响投资决策,建立高标准的治理结构,促进监管制度与公司治理制度的不断完善。要完善我国证券市场,促进公司治理可从四个方面来考虑。

(1) 完善信息披露制度,加强证券监管。建立完善的信息披露制度,可以减少经营者与所有者之间的信息不对称,保障外部投资者公平获取信息的权利。大力加强证券监管,规范上市公司的信息披露行为;大力加强投资者教育,引导投资者树立理性投资理念。

(2) 优化上市公司股权结构。要实现上市公司股权结构的多元化,消除证券市场的分割状态,公布上市公司收购兼并实施细则。

(3) 完善证券市场的激励约束功能。首先,全面实行股票发行核准制和退出机制市场化;其次,出台相关制度和措施,实现退出机制的规范化和制度化;最后,要推进市场退出机制的国际化,建立符合国际惯例的市场退出制度。

(4) 发挥机构投资者在公司治理结构中的积极作用。在规范现有证券投资基金的同时,大力发展不同类型、所有制和投资理念的投资者,改变机构投资者与公司治理的成本收益严重不对称的状况,建立激励与风险对称的法人治理结构,使之成为能对风险和收益做出灵敏反应的市场主体。

(二) 信贷市场的治理

1. 我国商业银行公司治理

信贷是指以偿还和付息为条件的价值运动形式,通常包括银行存款、贷款等信用活动。信贷市场是信贷工具的交易市场,是商品经济发展的产物。信贷市场上的市场主体分为信贷资金的供给者和信贷资金的需求者,信贷市场的主要功能就是在信贷资金的供给者与需求者间融通资金。

信贷市场的资金供给者包括商业银行、非银行金融机构及企业,其中,商业银行是主要的资金供给者,是信贷市场上最活跃的成分,所占的交易量最大,采用的信贷工具最多,对资金供求与利率的波动影响也最大。信贷资金的需求者主要是企业、个人和金融机构。中央银行根据国民经济发展的需要,在信贷市场上通过准备金率、贴现率、再贷款等货币政策工具来调控信贷市场的规模与结构,发挥着宏观调控的作用;金融监管部门对银行等金融机构信贷业务的合法合规性进行监控,防范化解金融业务风险。

2. 我国商业银行公司治理结构的缺陷

在我国信贷市场上,国有商业银行占据了多数的市场份额。然而,国有商业银行虽然经过公司改造,但几乎没有现代公司治理的气息,而股份制商业银行虽然具有现代公司制度的外壳,但治理和管理水平与市场经济国家现有水平相距甚远。相较于国外商业银行治理结构,可以看出我国商业银行公司治理结构的缺陷。

(1) 治理目标单一。从政治经济学角度来分析,我国商业银行公司治理首要目标应当是社会整体利益最大化,其次才是效益最大化,但事实却恰恰相反。

(2) 组织结构不合理。长期以来,我国政府几乎都是国有独资商业银行产权的唯一主体,在股份制商业银行中,绝大多数也是国有股占控股地位。产权高度集中,政府的干预和影响力大,如董事及经理的人选很大程度上受政府影响,这些都不利于商业银行市场化和商业化经营,不利于建立现代企业制度。

(3) 激励机制不合理。一是"内部人控制"现象比较明显,即经理人员及员工对国有银行资产事实上的控制权和支配权使得经理层和员工有机会合谋运用银行的资产为局部和个人牟取利益。二是对广大员工的薪酬激励、职位激励机制不合理,公正性不足,透明度低,广大员工参与公司治理的积极性不高。三是对国有商业银行的实际经营状况难以进行清晰有效的考核和评估,国有商业银行的收入水平基本上是事前确定的,与业绩水平的相关程度不明显,难以形成有效的激励。

(4) 信息披露机制不健全。金融信息的正确、及时披露是强化市场约束、增强商业银行经营透明度、保护客户权益的重要手段。但我国商业银行信息披露几乎没有适当的规范可遵循,我国的商业银行基本上没有进行过公开的信息披露,信息披露基础十分薄弱,不利于对利害关系人权益的保障。

3. 完善我国商业银行公司治理

(1) 健全相关法律法规以确保公司制度的健全及贯彻执行。确保公司治理活动的顺利进行,仅仅依靠内部调节是远远不够的,还需要法律制度的强制规范,优化公司内部治理及运行,完善公司治理的外部环境。

(2) 完善信息披露制度。当前银行在信息披露秩序方面的缺失,导致相关信息难以全面、及时、准确地传达给所有相关者,造成信息不对称,这不利于利益相关者确定未来对商业银行应采取何种态度。

(3) 完善内外部监督机制。为保证我国商业银行公司治理的规范、高效,保障相关利益者的权利,确保商业银行未来长期顺利发展,应当对审计监督机制给予充分重视,弥补现有董事和监事制度的不足。

(4) 逐步调整优化股权结构。有的股份制商业银行大股东持股过多,应适当减持,以便能吸收更多中小投资者,特别要引导具有现代银行管理经验的国际战略投资者参股,逐步实现股权结构的国际化,同时,吸引更多的中小投资者也有利于商业银行市场化和商业化经营。

(5) 建立有效长期的激励和约束制度。加强透明度建设,将管理者和员工的行为与银行的经营成果紧密结合,并据此建立起董事、经理的薪酬与公司绩效和个人业绩相联系的激励约束机制,以鼓励工作人员勤勉尽责。

(三) 机构投资者的治理

机构投资者是指用自有资金或从分散的公众手中筹集的资金专门进行有价证券投资活动的法人机构。和普通的个人投资者相比,机构投资者具有专业化、组织化和规范化的特点。机构投资者一般具有较为雄厚的资金实力,而且在投资决策运作、信息搜集分析、上市公司研究、投资理财方式等方面都配备有专门部门,由证券投资专家进行管理,而为了降低投资风险,机构投资者在投资途中也会进行投资组合。因此,从理论上讲,机构投资者的投资行为相对理性化,投资规模相对较大,投资周期相对较长,从而有利于证券市场的健康稳定发展。此外,机构投资者是一个具有独立法人地位的经济实体,投资行为受到多方面的监管,相对来说,也就较为规范。

机构投资者起源于美国,在20世纪80年代以前,美国机构投资者都是充当被动投资者的角色,若不满于公司业绩或管理层的经营作风,则直接在股票市场出售该公司股票以示不满,即"以脚投票",而后来机构投资者开始积极投入公司的内部治理。

我国证券市场尚在发展过程中,系统性风险占据了风险的大部分,甚至达到了80%左右,分散化投资对于规避风险的作用十分有限,致使机构投资者抵御风险的能力十分薄弱,而且我国基金产品种类少,风格大致相同,这些都不利于机构投资者对基金进行投资,在公司治理中发挥作用。为完善机构投资者的运营环境机制,促进其发展,应当主要从以下四个方面入手。

(1) 强化市场基础,为机构投资者的发展创造有利环境。要进一步加强市场基础性建设,完善市场功能,提高市场运行效率,循序渐进地推进公司债券、金融衍生产品的发展,进一步提高监管水平,从根本上保护投资者的合法权益。

(2) 推动各类机构投资者的协调发展。进一步调整和优化机构投资者的结构,改变证券投资基金发展较快但企业年金、社保基金等机构发展相对滞后的局面。不断完善各项政策制度,鼓励和引导以养老金为代表的长期机构投资者进入资本市场,形成多元化、多层次、相互竞争的专业化机构投资者队伍。

(3) 加强机构投资者监管和风险防范,推动产品的业务创新。要加强对机构投资者行为的监管,推动建立科学、高效的风险控制和风险管理制度,完善机构投资者激励的约束机制。

(4) 循序渐进地扩大对外开放,不断增强机构投资者在开放环境下的竞争实力,学习和借鉴成熟市场机构投资者的投资理念、投资环境、投资机能,促使我国机构投资者走向大而强、强而优,在竞争合作中走向成熟。

四、公司治理的内部治理机制

公司治理结构指的是内部治理结构,又称法人治理结构,是根据权力机构、决策机构、执行机构和监督机构相互独立、权责明确、相互制衡的原则来实现对公司的治理。治理结构由股东会、董事会、监事会和管理层组成,它们依据法律赋予的权利、责任、利益相互分工,并相互制衡。

(一) 股东权利制度

股东会是指由全体股东组成的决定公司经营管理的重大事项的机构,是公司的最高权力机构。

1. 股东会的权利

根据《中华人民共和国公司法》(以下简称《公司法》),有限责任公司和股份有限公司股东会的权力一致,股东会依法享有以下权力:

(1) 决定公司的经营方针和投资计划;
(2) 选举和更换非由职工代表担任的董事、监事,决定有关董事、监事的报酬事项;
(3) 审议批准董事会的报告;
(4) 审议批准监事会或者监事的报告;
(5) 审议批准公司的年度财务预算方案、决算方案;
(6) 审议批准公司的利润分配方案和弥补亏损方案;
(7) 对公司增加或者减少注册资本作出决议;
(8) 对发行公司债券作出决议;
(9) 对公司合并、分立、变更公司形式、解散和清算等事项作出决议;
(10) 修改公司章程;
(11) 公司章程规定的其他职权。

2. 股东会会议

股东会会议分为定期会议和临时会议。定期会议是指依据法律或者公司章程的规定,在一定时间内必须召开的股东会会议。定期会议应当依照公司章程的规定按时召开,其内容多为选举董事、变更公司章程、宣布股息、讨论增加或者减少公司资本、审查董事会提出的营业报告等。临时会议是指在必要的时候,根据法定事由或者根据有权人员的提议而临时召开的股东会会议,是相对于定期会议而言的。《公司法》第40条规定,代表1/10以上表决权的股东、1/3以上的董事、监事会或者不设监事会的公司的监事提议召开临时会议的,应当召开临时会议。

有限责任公司设立董事会的,股东会会议由董事会召集,董事长主持;董事长不能履行职务或者不履行职务的,由副董事长主持;副董事长不能履行职务或者不履行职务的,由半数以上董事共同推举一名董事主持。有限责任公司不设董事会的,股东会会议由执行董事召集和主持。董事会或者执行董事不能履行或者不履行召集股东会会议职责的,由监事会或者不设监事会的公司的监事召集和主持;监事会或者监事不召集和主持的,代表1/10以上表决权的股东可以自行召集和主持。

3. 股东投票制度

股东会会议由股东按出资比例行使表决权,而在表决时一般都要求经过出席会议的多数表决权通过,学术界称此为多数决规则。我国现行《公司法》规定,股东大会作出决议,必须经出席会议的股东所持表决权过半数通过,但是,股东会会议作出修改公司章程、增加或者减少注册资本的决议,以及公司合并、分立、解散或者变更公司形式的决议,必须经代表2/3以上表决权的股东通过。

(1) 一股一票制。一股一票制基于公平与效率的原则,是指股东依其持有股份数享有与其股份数同等数量的股票权。但随着经济发展和管理事项的日益复杂化,原有的一股一票制度已经不再适应新形势的需要,由此产生了更多更加灵活的投票方式。

(2) 累计投票制度。若采用累计投票制度,在选举董事会或监事人选时,股东所持的每一股份都拥有与当选的董事和监事总人数相等的投票权,股东既可以用所有的投票权集中选举一人,也可分散选举数人,最后按照得票多少决定当选的董事和监事。此举目的是防止在董事会和监事会选举中,董事和监事的代表完全被第一大股东所控制。

(3) 同股不同权制度。在同股不同权制度中,公司股票分高、低两种投票权:高投票权的股票每股具有 2~10 票的投票权,称为 B 类股,主要由管理层持有,普遍为创始股东及其团队;低投票权由一般股东持有,1 股只有 1 票或甚至没有投票权,称为 A 类股。作为补偿,高投票权的股票一般流通性较差,一旦流通出售,即从 B 类股转为 A 类股。双重股权结构有利于成长性企业直接利用股权融资,同时又能避免股权过度稀释,造成创始团队丧失公司话语权,保障此类成长性企业能够稳定发展。

(4) 利用一致行动人协议和委托投票制。一致行动人是指投资者通过协议、其他安排,与其他投资者共同扩大其所能够支配的一个上市公司股份表决权数量的行为或者事实的人。投票权委托类似于一致行动人协议,创始股东可以通过其他与其签订的投票权委托来实现公司的控制权。

4. 中小股东保护制度

中小股东是一个相对概念,一般来说,中小股东有如下特征:持有公司股份的比例相对小,与大股东相比,差距悬殊;分布广泛,难以集中,沟通困难;主要活跃在证券市场,对公司事务持有"理性冷漠"的消极态度;无法对公司形成有效影响,处于弱势地位,实际上受控股股东的支配。

对中小股东权利的保护是公司治理的核心。根据公司运作过程中资本多数表决原则,股东具有的表决能力与所持的股份成正比。事实证明,在我国,公司大股东压制中小股东的现象经常发生,大股东可能通过在公司内部的权力,达成对自己有益的决策,侵害普通公众投资者的权益,掏空公司资产。

在资本多数表决原则下,各国通过实体法或程序法对中小股东的特殊保护不断加强,主要包括累计投票制度、股东表决权排除制度、少数股东话语权、少数股东有权直接对多数股东提起诉讼等方法和措施。

(二) 董事会制度

根据《公司法》的相关规定,董事会是由董事组成的,对内掌管公司事务、对外代表公司的经营决策和业务执行机构;公司设董事会,由股东(大)会选举。董事会是公司的核心治理机构,是股东会的代表和委托人。董事会代表全体股东的利益,因此,能否保证董事会的独立性,使其公平、公正、公开地代表所有股东的声音,这是董事会能否发挥其作用的关键。

1. 董事会的职责

作为股份公司权力机构的执行机构及企业的法定代表,董事会具有决策和监督的职责。我国《公司法》第 46 条规定,董事会对股东会负责,行使下列职权:

(1) 召集股东会会议,并向股东会报告工作;
(2) 执行股东会的决议;
(3) 决定公司的经营计划和投资方案;
(4) 制订公司的年度财务预算方案、决算方案;
(5) 制订公司的利润分配方案和弥补亏损方案;
(6) 制订公司增加或者减少注册资本以及发行公司债券的方案;

（7）制订公司合并、分立、解散或者变更公司形式的方案；

（8）决定公司内部管理机构的设置；

（9）决定聘任或者解聘公司经理及其报酬事项，并根据经理的提名决定聘任或者解聘公司副经理、财务负责人及其报酬事项；

（10）制定公司的基本管理制度；

（11）公司章程规定的其他职权。

2. 董事会的模式及机构设置

各国公司的董事会机构设置不尽相同，常见机构包括以下七种。

（1）审计委员会。这一委员会一般以独立董事为主，主要负责提议聘用、更换或解聘负责审计的会计师事务所，监督内部审计制度及其实施，审核财务信息及其披露，检查会计政策、财务状况和财务报告程序等。

（2）风险管理委员会。其主要负责对公司信用、市场、操作等方面的风险控制、管理和监督，定期对风险及管理状况进行评估，审核重大固定资产投资、资产处置、资产抵押或对外担保等。

（3）关联交易控制委员会。其主要是在金融系统中的公司设置，旨在控制金融机构间的关联交易，以避免损害中小股东的利益。

（4）战略委员会。战略委员会主要对公司的经营目标和中长期发展规划进行研究并提出审议意见，定期对公司经营发展规划的实施情况和重大投资方案的执行情况进行检查、监督和评估等。

（5）提名与薪酬委员会。其主要职能是提名有能力的人来担当董事职位，审查目前董事会的组成和董事会成员的资格，并确定高级管理人员的薪酬，制定对管理人员的激励制度等。

（6）执行委员会。其主要由执行董事与非董事的高级经理人员组成，是董事会的常务机关，在董事会休会期间代表董事会行使权利。

（7）公共政策委员会。其作用主要是跟政府部门打交道，游说政府制定有利于公司发展的政策。

英美公司的董事会属于单层制董事会，即没有设置独立的监事会，其公司结构只有股东大会和董事会，其监督职能由董事会履行。其中，董事会负责讨论并决定公司的经营方针和战略，决定重大的财务与人事问题。单层制的董事会由执行董事和独立董事组成。美国设有独立董事负责日常的监督事务，在必要时甚至能对公司的人事安排做出重大调整。董事会下设主要（或全部）由独立董事组成的薪酬委员会、审计委员会、提名委员会等多个委员会。所以，美国公司的董事会实际上集经营权与监督权于一体。

德国公司的公司治理模式为双层制，即公司的业务执行职能和监督职能相分离，并成立与之相对应的两种管理机构——执行董事会和监督董事会。监督董事会是执行董事会的上层机关，处于较高地位，具有聘任、监督和在必要时解聘执行董事会成员的权力。监督董事会成员不得兼任执行董事会成员，且由劳资双方共同组成。

日本公司的公司治理结构由股东会、董事会、监事会组成，董事会集业务执行与监督职能于一身，但同时又设有专门从事监督工作的监事会，即采用双层制公司治理模式。同时，日本模式中，董事会成员通常是由公司雇员经过长期的努力提升上来的，对公司的经营现状十分了解,故董事会重点是做出战略性和经营性决定,决策者与执行人员合二为一。

我国公司的董事会兼具英美模式单层制董事会和德日模式双层制董事会的特征。我国在兼设董事会与监事会的同时,董事会下还设立次级专门委员会,强化董事会职能。

3. 独立董事制度

独立董事是独立的非执行董事的简称,指在经济利益和人身关系上与公司和高级经理层没有重要关系、具有完全独立意志、代表公司全体股东和公司整体利益的董事会成员,其作用在于防止控股股东及管理层的内部控制,损害公司整体利益。

独立董事具有独立性、客观性及公正性。其中,独立性代表该董事不存在可能妨碍其进行独立客观判断的关系,故对于独立董事的聘任,各国都有相关规定。我国《关于在上市公司建立独立董事制度的指导意见》规定,有以下任何情况之一的人不得担任独立董事:

(1) 在上市公司或者其附属企业任职的人员及其直系亲属、主要社会关系(直系亲属是指配偶、父母、子女等,主要社会关系是指兄弟姐妹、岳父母、儿媳女婿、兄弟姐妹的配偶、配偶的兄弟姐妹等);

(2) 直接或间接持有上市公司已发行股份1%以上或者是上市公司前十名股东中的自然人股东及其直系亲属;

(3) 在直接或间接持有上市公司已发行股份5%以上的股东单位或者在上市公司前五名股东单位任职的人员及其直系亲属;

(4) 最近一年内曾经具有前三项所列举情形的人员;

(5) 为上市公司或者其附属企业提供财务、法律、咨询等服务的人员;

(6) 公司章程规定的其他人员;

(7) 中国证监会认定的其他人员。

独立董事作为外部董事,要求其能够在公司中起到监督和制衡的作用,最大限度地保护中小股东乃至整个公司的利益,而独立董事的职权是其发挥作用的关键。独立董事的职权包括一般职权和特别职权。

(1) 一般职权是全体董事都享有的职权,其中知情权与依赖权尤为重要。

(2) 特别职权则是普通董事所没有的,主要包括以下特权:① 重大关联交易确认权;② 独立聘请外部审计机构和咨询机构权;③ 召开临时股东大会提请权;④ 聘用或解聘会计师事务所的提议权;⑤ 公开向股东征集投票权;⑥ 董事提名、任免权;⑦ 高级管理人员聘任、解聘权;⑧ 公司董事、高级管理人员的薪酬决定权。对上述事项经1/2以上独立董事同意后方可提交董事会讨论。

理论上说,独立董事的作用在于监督和制衡,但由于种种因素的干扰,独立董事也并不能完全发挥作用,渐渐可能演变成漠然董事、花瓶董事、人情董事等,所以,充分发挥独立董事的作用已成为公司治理内部结构制度完善的重要之处。

(三) 监事会制度

《公司法》规定,监事会由股东(大)会选举的监事以及公司职工民主选举的监事组成,是对公司的业务活动进行监督和检查的法定必设和常设机构。监事会是公司的常设机构,具有独立性,它依法产生并行使监督的职责,是公司的监督机构。股东人数较少或者规模较小的有限责任公司,可以设1~2名监事,不设监事会。

监事会由股东会选举产生或由职工民主选举产生,具有业务监督权、财务检查权、股东会或股东大会会议召集权和解任董事提案权,与此相应,也具有忠实与勤勉义务、持股报告义务、亲自履行义务、向检察机关举报义务等。

1. 监事会与董事会在公司治理中的安排

国际上,监事会的设置分为三种。

(1) 以美国为代表的单层制治理模式。公司内部不设置监事会,董事会兼任监督及决策职能,其中监督职能由独立于管理层的独立董事发挥,通过独立董事构成的审计委员会、提名委员会及报酬委员会来履行监督职能。

(2) 以德国为代表的双层制治理模式。公司内部设立监事会,且其权力在董事会之上。这种模式下,监事与董事不能兼任,从而使监督权与执行权分开,而且监事会具有任命和监督董事会成员的权利。

(3) 以日本为代表的平行结构治理模式。公司内部设立监事会,监事会与董事会为平行结构。这种模式下,董事会大多由执行董事构成,故董事会同时具有决策与执行的职能。由股东大会选举法定审计人或监事,对董事及经理进行监督。

我国公司监事会采用的是类似日本模式的复合结构,但《公司法》要求股份公司必设监事会,而监事会要求有职工代表,职工代表由职工选举,股东代表由股东大会选举,这一点又和德国模式相似。

2. 独立监事制度

独立监事是指那些与公司、管理层不存在任何影响其客观独立判断之利害关系的外部监事。独立监事制度与独立董事制度的名称不同,但精神和宗旨是一样的,旨在通过维护监督主体行使监督权的独立性来保证监督的客观性与公正性。判断监事是否"独立"主要考虑是否存在以下利害关系:① 与该公司或该公司关联企业的雇佣关系;② 与该公司或该公司关联企业的经济利益关系;③ 与该公司或该公司关联企业的高级管理人员的私人关系或经济利益关系。只要存在以上三种关系之一,这样的监事就不是真正意义上的独立监事。另外,如果一开始具备独立监事资格,但后来在履行监督职责过程中与公司或管理层产生了影响其做出独立客观判断之利害关系,这样的监事也不是真正意义上的独立监事。要保证独立监事的独立性,独立监事必须是外部监事,但外部监事并不一定是独立监事,因为其可能与公司、管理层存在利害关系而不具独立性。

(四) 高层管理者激励制度

公司治理源于商品经济不断发展中所有权与经营权分离而带来的一系列问题,经理也源于此,并扮演着委托-代理关系中代理人的角色。经理是公司的日常经营管理和行政事务的负责人,由董事会决定聘任或者解聘,负责统筹和规划公司的业务经营,制定公司的经营策略并有效地执行,并协调公司经营过程中各个部门之间的沟通和衔接,使各部门的员工更有效率地工作。

总经理的主要职权包括:① 主持公司的生产经营管理工作,组织实施董事会决议;② 组织实施公司年度经营计划和投资方案;③ 拟订公司内部管理机构设置方案;④ 拟订公司的基本管理制度;⑤ 制定公司的具体章程;⑥ 提请聘任或者解聘公司的副总经理、财务负责人;⑦ 决定聘任或者解聘管理人员(应由董事会决定聘任或者解聘的除外);⑧ 行使董事会授予的其他职权。与之相应,公司高级管理人员(指经理层)应当遵守法律、行政法规和公司章程,对公司负有忠实义务和勤勉义务,不得利用职权获取贿赂或者其他非法收入,不得侵占公司的财产。

内部人控制是两权分离后公司治理层和管理层信息不对称的产物,指在公司所有者和经营者发生利益冲突的情况下,公司经理人同时掌握了实际的经营管理权和控制权,在公司的经营、战略决策中过度体现自身利益,并依靠所掌握的权力架空所有者,使公司所有者利益蒙受损害的现象。内部人控制现象是公司治理的一大重点,治理层与经理层之间的利益冲突无法完全消除,但可以采取一定措施来缓和,甚至实现两者利益的趋同。

1. 经理的激励制度

经理人的报酬可以分为五个部分,即基本工资或薪水、短期激励、长期激励、福利以及特殊报酬。基本工资或薪水即一般所说的经理人的底薪,它满足了经理人的最低生活要求,在经理人报酬的构成中属于最基本的组成部分,但它所占的比重并不大。福利包括基本福利、对经理的收入保障计划以及非财务福利,基本福利包括医疗保障、退休后的基本待遇等,收入保障计划是公司为了留住管理人才所制定的福利政策,而非财务福利包括公司给予高层管理者的汽车使用权、俱乐部会员资格等。特殊报酬则主要包括公司解雇经理人时所支付的遣散费、对优秀的经理人继续签约留在公司工作的合约维持奖金等。

短期激励制度是公司以年度、季度或月度作为考核时间范围,对经理人的工作绩效进行评价后实施不同程度的激励措施的制度。其基本原理是实现经理个人目标与公司经营目标的趋同,以加强经理人与股东之间的委托-代理契约关系,典型做法是将短期激励与公司的利润总额、销售利润率或资产回报率等相联系。短期激励制度实施一个循环的时间周期不会超过一年,是通过对经理过去的工作进行评价而实施的激励措施。

长期激励机制是企业的所有者激励经营管理者与员工共同努力,使其能够稳定地在企业中长期工作并着眼于企业的长期效益,通过一定的未来利益来约束和激励员工和高级人员的一项企业管理制度。其主要方式有基于现金和基于股票两种,公司会按照激励计划所确定的具体形式,给予这些管理者规定数额的股票或者在未来某个时点分享公司业绩的权利,由于长期激励机制对于赠予或执行的时机有限制,故相当于将经理人个人的经济利益以期权的方式与公司未来业绩进行捆绑,从而实现经理人目标与公司所有者目标之间的统一。

2. 经理约束机制

在公司治理的过程中,除了对高层管理者实施激励措施,约束措施也是必不可少的。

(1) 经理人市场约束机制。经理人市场约束机制实质上是经理人的竞争选聘机制,它的基本功能在于克服由于信息不对称而产生的逆向选择问题。一方面,竞争选聘可以选择德才兼备的经理人,同时也给选错经理人的公司一个重新选择的机会;另一方面,实力与待遇不符的经理人也可以在这种竞争中找到与自己能力相匹配的岗位,实现人力资源的重新配置。一个健全经理人市场的"记忆"功能会对其未来发展道路产生影响,故而也是经理人市场机制约束经理人投资行为的一个重要手段。

(2) 相关法律及公司章程对经理人的约束。我国相关法律法规及各公司的章程是对经理人最直接的外部约束,它强制经理人在经营管理的过程中尽力尽责,若有违反,可对其进行相应的惩处,以示警醒。

(3) 其他市场对经理人的约束。在竞争激烈的现代产品市场中,经理人必须付出努力以使公司获得良好的业绩,否则若公司业绩不佳甚至被市场淘汰,经理人不但会丢失职位、收入,其在其中所付出的努力也付诸东流,可能导致人力资本贬值,这对于经理人来说也是一大威胁。

第二节 财务治理

一、财务治理的内涵

公司治理源于两权分离而产生的问题,因而公司治理机制是为保护投资者利益而做出的一系列制度安排。公司治理机制分为外部治理机制和内部治理机制,其中,内部治理机制是公司治理体系的核心和灵魂,也是公司控制的直接工具。外部治理机制的作用必须通过内部治理机制才能影响企业的具体决策,公司绩效的改变最终依赖于内部治理机制的作用。

财务治理机制是内部治理机制在财务权力安排上的具体表现,是内部治理机制的核心。其核心在于决策权、监督权的分配与激励制度的安排,在公司财务管理方面表现为财务决策权和财务监督权的安排以及管理层激励制度。

二、财务决策机制

决策机制是公司治理的核心机制,关注决策权力在公司各治理主体之间的分配格局。决策机制包含企业全部资源配置的决策权,公司开展经营活动的过程其实就是其运用和行使各种权力调配企业全部资源的过程。财务决策权力泛指体现在资金运动和财产上的各种权力,是一种最基本、最主要的权力,公司的各种经营活动最终都会通过资金和资产的相互交换或转移完成并在赋权上有所体现。

(一)财务决策权力分层安排

公司财务决策机制关注的是决策权力在公司内部的分配格局,其理论基础是决策活动分工和层级制决策。公司内部治理结构由股东会、董事会、监事会和经理层组成,由此形成相应的决策分工形式和决策权分配格局,因而公司财务决策实质上是层级制决策,这是权力的分立和制衡的结果。

在公司治理层面有三个层次:第一层次的决策是股东会的决策,这是公司最高权力机构的决策,属于出资者财务范畴;第二层次的决策是董事会决策,是公司常设决策机构的决策;第三层次的决策是经理层决策,经理层是公司决策的执行者。在这三层决策主体之间又存在多个授权关系:第一是股东会对董事会的授权,将企业的经营决策权授权给董事会;第二是董事会对董事长的授权,授权董事长在董事会闭会期间执行一定金额内的决策事项;第三是董事会对专业委员会的授权,董事会根据决策事项的性质和专业素质要求的不同,将不同的决策建议权、初审权或者决定权授权给专业委员会;第四是董事会对以总经理为代表的经理层的授权,主要是对公司的营运业务的决策权。

在这三级决策主体中,董事会是核心决策主体。公司的经营管理决策需要一定的专业知识和企业家才能,而且两权分离的目的本来就是把资本委托给专业人才进行管理,股东过多的干预会影响公司经营的效率,故将股东大会作为决策机构不合理。在我国,由于"内部人控制"现象严重、经理市场尚未成熟等原因,公司还不能实施将绝大部分决策权限赋予

CEO或总经理一人的制度。因此,将董事会作为核心决策主体,这是基于我国目前外部市场对公司治理制约作用不强的情况的一个现实选择。

(二)财务决策权力分类安排

从经营者理财来看,斯图尔特·梅叶斯(Stewart Myers)把企业资产分为当前业务和增长机会,董事会对企业增长机会负责,经理层对当前业务负责。

影响企业增长机会的决策权力包括企业的战略调整、控制性资本收支决策事项、批准财务预算和会计制度等,这些决策权限必须掌握在董事会手中。

董事会作为战略管理层负责公司的战略调整,其责任是从股东的角度、公司未来盈利能力增长的角度对公司现行战略与发展提出疑问。当市场环境发生变化时,董事会能够对现有战略的有效性进行评价,将已选择的战略方向的结果和其他能够减少风险、提高未来持续盈利能力的战略方案进行比较,及时调整战略,这样的董事会才能够正确地履行战略决策层的职能。

资本性收支变化决策权具体表现为对内投资、对外投资和资产处置、出售对外投资等资本运作行为,这些投资行为形成的相应资产表现为企业未来的增长机会,并且企业要基于增长管理的考虑决定企业的资本结构,合理安排投资所需的资金。投资决策是公司治理层面最重要、最关键的决策内容。

相应地,董事会将与当期业务盈利相关的具体管理事项授权经理层,这些影响企业当前业务的事项主要是经理层在既定的战略下对企业资产具体周转效率的管理和销售的拓展,这样以经理层为核心的企业管理系统就主要为企业当期业务的盈利能力负责,在行业风险和市场竞争没有巨大变化时,当期业务的盈利能力应该呈稳步增长,因而董事会可以一个当期业务为单元,作为对经理层进行评价、考核和续聘的依据。

(三)投资决策授权安排

投资决策属于企业的战略规划,决定企业未来的增长和回报,是财务决策中重要内容。投资决策权在各级财务治理主体之间的权力分配和决策程序安排如下:① 财务投资决策权力应该在公司治理的基础上,根据投资决策内容、性质,由股东大会、董事会、经理层和监事会分享。股东大会拥有投资最终决策权,董事会具有实际投资决策权,经理层具有投资决策执行权或是在董事会授权范围内的投资决策权,监事会则对投资的决策过程和实施过程进行监督。其中,如何安排股东大会和董事会之间在最终投资决策权和实际投资决策权上的制衡关系,是治理结构安排的关键。② 由股东大会批准后,董事会下设投资决策委员会,或者在董事会成员中安排一定比例的独立董事,以提高投资决策效率,平衡股东之间在投资决策上的分歧。

1. 股东大会授权董事会

为提高公司的决策效率,股东大会给董事会一定形式的授权,如一定金额内的投资决策权、企业重组权、增资扩股权等,若运用得当,可提高上市公司的决策效率,提高公司应对瞬息万变的市场竞争环境的能力,这种授权范围在实务中通常是在公司章程中或董事会议事规则中予以明确。

2. 董事会下属投资委员会

为了提高投资决策的科学、有效性,许多公司设立了负责投资方面的委员会,是对董事会负责的非常设议事机构,在董事会领导下开展工作,主要研制重大发展战略与投资项目。

该委员会的提案交由董事会审议决定。目前我国投资战略委员会的定位大致有两种类型。

（1）咨询顾问型投资委员会。按照公司治理结构的制度设计，董事会下设立的投资战略委员会是对董事会负责、对出资人负责的咨询性质的机构，不是决策性质的机构，最终决策要由董事会或者股东大会做出。

（2）顾问与决策结合型投资委员会。相对于单纯的智囊议事机构，这种战略投资委员会的显著特点是通过一定的授权制度，合理地配置公司长期投资决策权限，使董事会的工作效率大大提高。

3. 董事会授权总经理

在投资决策过程中，总经理负有更多事前审议和事后执行决策、监督报告的职责。公司投资项目决策应建立可行性研究制度。公司投资管理部门将项目可行性报告等有关资料提交公司经理办公会审议并提出意见，在总经理权限内的经总经理办公会审议后即可实施，否则提交董事会审议。投资项目通过后，总经理确定项目执行人和项目监督人，并执行和跟踪检查项目实施情况。在实施过程中，总经理应当根据董事会或者监事会的要求，及时报告相关重大事项：① 公司生产经营条件或环境发生重大变化；② 公司投资项目执行及资金运用情况；③ 投资项目实施过程中可能引发重大诉讼和仲裁的事项。项目完工后，还要负责按有关规定进行项目审计。

（四）投资决策程序控制

投资具有相当大的风险，一旦决策失误，就会严重影响企业的财务状况和现金流量，甚至会使企业走向破产。因此，投资决策必须从公司战略方向、项目风险、投资回报比、公司自身能力与资源分配等方面加以综合评估，筛选出成功可能性最大的项目并制定实施计划，应当制定投资决策程序与规则。重大投资决策的基本程序包括四个基本步骤。

1. 投资项目的提出

应该以公司总体战略为出发点对公司的投资战略进行规划。依据公司的投资战略来对各投资机会加以初步分析，初步确定所投资行业的行业成长性、竞争情况、投资方向以后，在设计投资方案前应进行广泛的信息分析与收集工作，从财务决策支持信息系统中调出并补充收集总市场规模、年度增长率，以及主要或潜在对手的产品质量、价格、市场规模等信息，分析自己的优劣势，选择合适的投资时间、投资规模、资金投放方式，制定可行的投资方案。

2. 投资项目的论证

投资项目的论证主要涉及四项工作：① 对提出的投资项目进行分类，为分析评价做好准备；② 计算有关项目的预计收入和成本，预测投资项目的现金流量；③ 运用各种投资评价指标，把各项投资按可行性的顺序进行排队；④ 编制项目可行性报告。

项目正式立项后，由项目小组通过对以下方面的评估确定项目的可行性：① 相关政策法规是否对该业务已有或有潜在的限制；② 行业投资回报率；③ 公司能否获取与行业成功要素相应的关键能力；④ 公司是否能筹集项目投资所需资源。

如项目不可行，通报相关人员并解释原因；如项目可行，则向董事会或项目管理委员会递交可行性分析报告。如董事会通过了投资项目的可行性分析报告，则投资管理部应聘请顾问公司对投资项目的实施进行进一步的论证，并开始投资项目的洽商，以确定其实际可行性。

项目小组确认项目的可行性以后，编制项目计划书提交总经理保留参考并指导项目实施。项目计划书的主要内容如下：① 项目的行业（市场规模、增长速度等）背景介绍；② 项目可行性分析；③ 项目业务目标；④ 业务战略和实施计划；⑤ 财务分析；⑥ 资源配置计划；⑦ 项目执行主体。

3. 项目的评估与决策

这一阶段主要是综合论证投资项目在技术上的先进性、可行性和经济上的合理性、盈利性，一般由企业组织相关的各方面专家共同完成。其论证所形成的可行性报告是整个投资项目的基础，应确定建设方案，包括建设规模、建设依据、建设布局和建设进度等内容。项目评估一般是委托建设单位或投资单位以外的中介机构，对可行性报告再进行评价，作为项目决策的最后依据。一旦批准投资项目，也就正式做出了投资决策，进入项目的实施阶段。

4. 项目实施与评价

在投资项目的实施过程中和实施后都要对项目的效果进行评价，以检查项目是否按照原先的计划进行，是否取得了预期的经济效益，是否符合公司总体战略和公司的投资战略规划。

三、财务监督机制

财务监督机制是公司的利害相关者针对公司经营者的经营或决策行为所进行的一系列客观而及时的审核、监察与督导。公司内部各层级的治理结构都存在相互制约、相互监督的关系，都有相互监督的义务与责任，以保证整个治理结构的协调运作。

（一）审计委员会

审计委员会是董事会下设的专门委员会之一，负责与公司会计财务相关的审计监督与沟通，审计委员会对董事会负责，委员会的提案提交董事会审议决定。审计委员会应该配合监事会的监事审计活动。我国《上市公司治理准则》规定，审计委员会的主要职责是：① 提议聘请或更换外部审计机构；② 监督公司的内部审计制度及其实施；③ 负责内部审计与外部审计之间的沟通；④ 审核公司的财务信息及其披露；⑤ 审查公司的内控制度。

审计委员会在公司监督机制中起到了重要作用。在公司治理结构中，具有监督作用的机构有注册会计师、内部审计与监事会等，注册会计师和内部审计可能因与管理当局的联系而影响审计独立性，导致执业时向管理当局倾斜。审计委员会可以避免监督机构与管理层之间的利益冲突，减少管理层对其活动的影响和干扰，提高审计独立性，为监督机构公正执业创造有利的条件，充分发挥其独立鉴证功能。

审计委员会对会计师事务所是否具备独立性进行评价，并负责审计费用的支付。若公司设立审计委员会，则审计部隶属于审计委员会。审计委员会对审计部进行监督，即对审计部的组织章程、工作计划、审计结果等进行复核；审计部向审计委员会提供公司经营管理方面的信息，并直接向其报告，其工作评价和报酬支付由审计委员会决定。审计委员会隶属于董事会，由董事组成，其中独立董事占多数，其所提交的议案先通过董事会的讨论。监事会向全体股东负责，有检查公司财务，监督和检查董事、经理及其他高级管理人员的行为等职责，不参与决策过程，侧重事后监督；审计委员会则参与决策过程，更侧重事前监督。两者在监督公司管理当局的问题上相互合作：审计委员会配合监事会的监事审计活动；审计委员会作为董事会的下设委员会，也是监事会的监督对象。

（二）独立董事制度

独立董事独立于公司的控股股东和管理层,在公司战略、运作、资源、经营标准以及一些重大问题上做出自己独立的判断。

独立董事能利用其专业知识和经验为公司发展提供专业化意见,从而有利于公司提高决策水平,提高经营绩效;独立董事相对于内部董事容易坚持客观的评价标准,有利于进行检查和评判,对高级管理人员进行监督约束,以最大限度地谋求股东利益。

独立董事制度要发挥作用,其独立性是关键,故对独立董事的选聘至关重要。独立董事的选聘方式可以采取如下三种:① 独立董事必须由股东大会选举产生(可以考虑差额选举),不得由董事会任命;② 由股东大会和董事会指定某一董事为独立董事,该董事必须符合独立董事最低限度的条件,同时,当该董事不再具备独立的条件时,股东大会和董事会均可以取消这种指定;③ 设立一个提名委员会,负责针对董事会规模和构成向董事会提出建议,建议新董事提名的程序,向董事会提名新董事候选人、经理候选人、独立董事会候选人。相应地,为确保独立董事的独立性,我国规定部分人员不得担任上市公司独立董事,详细内容见本章第一节有关独立董事的介绍。

四、激励制度

（一）激励相容原理

里奥尼德·赫维茨(Leonid Hurwicz)认为,在市场经济中,每个理性经济人都会有自利的一面,会按自利的规则行动。所谓激励相容,是指如果能有一种制度安排,使行为人追求个人利益的行为正好与企业实现集体价值最大化的目标相吻合,这一制度安排就是激励相容。

激励相容理论的实质是个人与企业价值的双赢,要求在经营者追求个人利益的同时,其行为的客观效果达到了激励机制设计者想要实现的目标,即更好地实现了投资人想要达到的目的。其主要思路是将经营者的报酬与企业的利润相结合。但企业利润既包括当前利润,也包括未来利润,既包括可操纵利润,也包括不可操纵利润。为了防止经营者追求短期效益而忽视企业长期发展,很多企业在经营者的薪酬结构中加入与企业未来利润密切相关的报酬,如按股票价格给予经营者奖金,或者进行股权激励,即授予管理者一定数额的公司股票或期权,以对改善公司治理结构、降低代理成本、提升管理效率、增强公司凝聚力和市场竞争力起到积极作用。

（二）薪酬委员会

薪酬委员会是董事会下设专门委员会之一,旨在评价高级管理人员绩效,负责制定和核定董事会成员及高管人员的薪酬方案。我国《上市公司治理准则》规定,薪酬委员会的主要职责是:① 研究董事与经理人员考核的标准,进行考核并提出建议;② 研究和审查董事、高级管理人员的薪酬政策与方案。

薪酬委员会起源较早,最初脱胎于独立董事这一制度安排,是英美特有股权结构和公司治理原则的产物,是在委托代理结构前提下,股东激励和监督经理人的一项制度安排,是在立法机构、有关职业组织和企业自身要求的共同推动下发展起来的。

薪酬委员会对股东负责,须定期向股东大会提交薪酬委员会报告,介绍薪酬委员会的工作情况及薪酬方案的调整计划,并向股东解释薪酬方案的实施对公司的影响。薪酬委员会较为独立,所涉及的问题与其个人经济利益相关的较少,而且成员大多具有较高的专业知识技能水平,决策相对较为独立合理。但薪酬方案的设计是一项十分复杂的工作,并且外部环境的变化可能会降低原有薪酬方案的有效性,因此可以聘请第三方咨询机构和人力资源专家,与此同时,还应当针对外部法律、政策以及市场环境的变化适时调整薪酬方案,制定更为专业和有效的薪酬方案。

(三) 经营者的激励方式

企业对经营者的激励方式多种多样,但大多数由一些基本模式变化或结合而来,下面介绍一些典型的模式。

1. 年薪制

年薪制是以年度为考核周期,把经营者薪酬与企业经营业绩挂钩的一种激励方式,通常包括基本收入和效益收入两部分。基本收入依据企业经营效益水平、市场经营规模等确定,效益收入根据本企业完成经济效益、生产经营责任轻重等认定。但年薪制容易使经营者在任期到期时采取短期化措施,以获取高额报酬;同时,年薪制的业绩指标容易受到宏观经济波动、市场环境等不可控因素的影响,造成经营者报酬计算的偏差。

2. 业绩股票

业绩股票是指在年初确定一个较为合理的业绩目标,如果激励对象年末时达到预定的目标,则公司授予其一定数量的股票或提取一定的奖励基金购买公司股票。业绩股票的流通变现通常有时间和数量限制。

3. 经理股票期权

这里容易出现概念混淆,如期股激励与期权激励,以及股票期权激励与经理股票期权激励。

第一,期股激励是企业出资者与经营者在商定的任期内以赊销的方式将本企业的股份出售给经营者,经营者从受赠日起开始享有该股份的权利,并规定在一定时间内以一定的方式和价格购买该股份。期权激励则是公司出资者在商定的任期内由经营者按既定价格获取适当比例的本企业股份的权利,被授权的经营者到期可以行使权利购买股票,也可以放弃该认购权。

从内容上看,期股是实实在在的股票,而期权只是一种权利。从风险上看,期股激励预先确定了股权购买协议,经营者需要承担相应的损失,而在期权激励中,当股权贬值时,经营者可以放弃期权,从而避免承担股权贬值的损失。所以,经营者不承担股权贬值的亏损风险是期权激励与期股激励的主要区别。

第二,经理股票期权是企业内部的一种人力资源激励机制,股票期权则是资本市场的一种金融工具。经理股票期权(executive stock options, ESO)是指授予经理人未来以一定的价格购买股票的选择权,即在签订合同时向经理人提供一种在一定期限内按照某一既定价格买一定数量本公司股份的权利。

4. 虚拟股票

虚拟股票是指公司授予激励对象一种虚拟的股票,激励对象可以据此享受一定数量的分红权和股价升值收益,但没有所有权,没有表决权,不能转让和出售,在离开企业时自动失效。

5. 股票增值权

股票增值权是指公司授予激励对象的一种权利,如果公司股价上升,激励对象可通过行权获得相应数量的股价升值收益,激励对象不用为行权付出现金,行权后获得现金或等值的公司股票。

6. 限制性股票

限制性股票是指事先授予激励对象一定数量的公司股票,但对股票的来源、抛售等有一些特殊限制,一般只有当激励对象完成特定目标后,激励对象才可抛售限制性股票并从中获益。

7. 延期支付

延期支付是指公司为激励对象设计薪酬收入计划,其中有一部分属于股权激励收入,股权激励收入不在当年发放,而是按公司股票公平市价折算成股票数量,在一定期限后,以公司股票形式或根据届时股票市值以现金方式支付给激励对象。

8. 经营者/员工持股

经营者/员工持股是指让激励对象持有一定数量的本公司的股票,这些股票可能是公司无偿赠与激励对象的,公司补贴激励对象购买的,或者激励对象自行出资购买的。激励对象在股票升值时可以受益,在股票贬值时受到损失。

9. 管理层/员工收购

管理层/员工收购是指公司管理层或全体员工利用杠杆融资购买本公司的股份,成为公司股东,与其他股东风险共担、利益共享,从而改变公司的股权结构、控制权结构和资产结构,实现持股经营。

10. 账面价值增值权

账面价值增值权具体分为购买型和虚拟型两种。购买型账面价值增值权是指激励对象在期初按每股净资产值实际购买一定数量的公司股份,在期末再按每股净资产期末值回售给公司。虚拟型账面价值增值权是指激励对象在期初无须支出资金,公司授予激励对象一定数量的名义股份,在期末根据公司每股净资产的增量和名义股份的数量来计算激励对象的收益,并据此向激励对象支付现金。

(四)经营者激励与企业业绩的关系

只有将经营者激励与企业业绩相联系,经营者才会真正关心企业利润,所有者与经营者目标的差距才会缩小,委托代理问题才不会过于严重。企业业绩的衡量可以采用不同的方法,通常包括三类。一是会计方法,即通过会计指标,如净利润、资产报酬率、净资产收益率等,来评价经营者行为。这种方法简单易用,但容易受会计方法的影响,不能准确地反映股东价值的变动,也容易使经营者过多地关注短期利润而非长期发展。二是市场价值方法,即通过股票价值来评价管理行为并决定经营者报酬水平。这种方法的优点是建立了经营者报酬与股东价值之间更为直接的联系,但其缺点也比较明显,如受到资本市场波动的影响,不能区分股票价值变动是外界环境因素还是经营者自身的行为所致。三是相对业绩评价方法,即以公司资本收益率与企业加权平均资本成本之差,或者公司与同行业其他企业的业绩差额,作为经营者业绩的评价方法。

激励程度与企业业绩是否高度相关是体现高管薪酬制度设计合理性的重要标准。但这种看似简单的联系在企业实践中却往往很难做到。一方面,管理者通常可以通过自身的权力影响薪酬方案的制订过程;另一方面,管理者薪酬本身仅是经营者激励中的一部分,对于薪酬的下降,管理者可以通过增加在职消费、扩大企业规模等获得更高的非货币性激励进行弥补。

因此,在考虑建立经营者激励与企业业绩联系的同时,必须加强薪酬委员会的独立性以及对经营者非货币性激励方式的监督与控制。

本章小结

公司治理是个多角度、多层次的概念。由于各国政治、经济、文化、法律等背景的不同,公司治理在不同的国家形成了不同的公司治理模式。国际上有三种较为典型的公司治理模式,包括外部控制主导型的英美公司治理模式、银行的外部主导和双层内部主导的日德公司治理模式以及韩国和东南亚的家族控股治理模式。基于广义的公司治理概念,公司治理可以划分为内部治理和外部治理两个方面。外部治理机制即从外部对公司的决策和经营施加影响,通过外部治理环境对公司内部结构人员的激励约束机制。内部治理机制主要是通过内部权力配置与制度安排实现对公司内部结构人员的激励约束,即在股东会、董事会、监事会和管理者之间分配权力并进行制衡的组织结构安排以及机制安排,保证公司内部利益的最大化。

财务治理机制是内部治理机制在财务权力安排上的具体表现,财务治理机制的核心在于决策权、监督权的分配与激励制度的安排,在公司财务管理方面表现为财务决策权和财务监督权的安排以及管理层激励制度。公司财务决策机制关注的是决策权力在公司内部的分配格局,公司财务决策实质上是层级制决策。财务监督机制是公司的利害相关者针对公司经营者的经营或决策行为所进行的一系列客观而及时的审核、监察与督导的行动。企业对经营者的激励方式多种多样,但大多由一些基本模式变化或结合而来,只有将经营者激励与企业业绩相联系,经营者才会真正关心企业利润,所有者与经营者目标上的差距才会缩小,委托代理问题才不会过于严重。

复习思考题

1. 怎样理解公司治理与财务治理的内涵及它们之间的关系?
2. 公司治理产生的根本原因是什么?
3. 公司治理有哪些基本模式? 各有何特点?
4. 公司治理的内部治理机制和外部治理机制怎样发挥其作用?
5. 怎样理解财务治理的决策、监督和激励机制?
6. 公司治理和财务治理对于企业有何意义?

第三章　财务战略管理

> **引导案例**
>
> 伊利集团股份有限公司于20世纪90年代成立，是中国乳业中规模最大、产品线最全的企业。2008年，由于三聚氰胺事件的发生，伊利集团受到很大的冲击，销售额大幅度下降，导致净利润亏损。三聚氰胺事件的影响导致伊利集团不得不大幅度增长长期负债以抵消短期贷款带来的财务风险。2008—2009年，集团的短期贷款略有减少，长期借款大幅度增长，达到100.86%。为消除三聚氰胺事件的恶劣影响，伊利集团非常重视社会声誉和企业形象，对产品质量要求极为苛刻。伊利集团利用有限资金进行重点投资，谨慎地进行资本运作，有效规避风险。在股利分配政策方面，集团在2008年5月22日实行了"10转增2"的股利分配政策，使总股数增加，对缓解财务危机起到了一定的作用。2008—2010年，集团采用不分配、不转增的股利政策，最大限度地保证了留存收益，为财务状况逐步改善创造了条件。
>
> 作为中国乳业企业发展的典型代表之一，伊利集团有其特定的社会经济背景，也不乏借鉴意义。那么，企业应如何进行财务战略定位？在财务战略实施过程中怎样进行有效的财务战略控制？这正是本章的主要内容。

学习目的和要求

本章在介绍财务战略与战略管理概念的基础上，对财务战略规划、财务战略实施和财务战略控制等问题进行了深入的探讨。通过本章的学习，应理解财务战略与战略管理概念的内涵和特征，了解财务战略的类型、财务战略控制的内容和方法，掌握财务战略规划方法和财务战略实施策略。

第一节　财务战略概述

一、财务战略在企业战略中的地位

（一）企业战略与财务战略的概念

"战略"一词最早是军事方面的概念，意为作战的谋略，指导战争全局的计划和策略，我国古代常称谋略或韬略。英语"strategy"源于希腊语，意思是"将兵术"或"将道"。在现代，战略一词被引申至政治和经济领域,其含义演变为泛指统领性、全局性、左右胜败的谋划和对策。学术界对企业战略进行理论研究的时间并不长。"企业战略"一词最早出现在1963年切斯特·巴纳德(Chester Barnad)的《经理人员的职能》一书中,而真正对企业战略进行系统研究的则是1965年伊戈尔·安索夫(Igor Ansoff)的《企业战略论》一书,该书被学术界誉为现代企业战略理论的奠基石。现代管理学家和战略学家曾对企业战略从不同角度进行了定义,迄今为止学术界尚未对此达成共识。综合各种观点,企业战略是指在对企业外部环境和内部条件深入分析和准确判断的基础上,为提高企业的竞争力,对企业全局和未来所进行的总体和长远谋划。企业战略具有多元结构特征,它包括企业总体战略、经营单位战略和职能战略三个层次。企业总体战略是指为实现企业总体目标,对企业未来发展方向所做的长期性和总体性战略;经营单位战略是指企业第二层次的经营单位(如子公司、分公司或事业部)为贯彻企业总体经营战略,适应环境的变化和要求,对其从事的经营活动所制定的长远性谋划与方略;职能战略是指企业各职能部门制定的指导职能活动的战略。职能战略一般可分为营销战略、人事战略、财务战略、生产战略、研究与开发战略、公关战略等。财务战略是企业诸方面职能战略之一。

尽管国内外不同学者对财务战略的定义不尽相同,但在一些基本认识上却也不乏共识,主要包括五个方面①。

第一,在空间上,财务战略是为了保证企业整体战略管理目标的实现而制定的一系列财务决策。

第二,在时间上,财务战略是针对企业长期发展目标而制定的一系列财务决策。

第三,在依据上,财务战略是在对企业内部环境和外部环境深入分析和准确判断的基础上形成并实施的,企业内外环境任何重大变化都将对企业财务战略的制定与调整产生深刻影响,对环境的重视是企业财务战略区别于传统财务的一个重要标志。

第四,在重大程度上,财务战略对企业未来经营具有决定性的影响。没有配套财务战略的支持保证,任何企业战略规划都会落空。

第五,在目标上,财务战略在企业战略管理目标的指导下,通过谋求企业资金均衡有效的流动来实现股东价值的保值增值和企业长期健康发展。

综合以上五点,财务战略是为适应企业的总体竞争战略而筹集必要资本,并有效地管理与运用这些资本的方略,是为谋求企业资金均衡、有效的流动和实现企业战略,为加强企业财务竞争优势,在分析企业内外环境因素影响的基础上,对企业资金流动进行全局性、长期性和创造性的谋划。财务战略是企业战略的重要组成部分。

(二) 财务战略与企业战略的联系和区别

1. 财务战略与企业战略的联系

(1) 企业战略与财务战略之间是整体与局部的关系。财务战略是企业战略的一部分,是企业战略的职能战略之一。由于资金在企业中的重要作用,财务战略必定成为企业战略的核心战略。

(2) 企业战略对财务战略具有指导作用。财务战略的目标必须与企业战略的目标协调一致,财务战略的制定与实施必须服从并贯彻企业战略的总体要求,来支持和完成企业总体

---

① 干胜道.财务理论研究[M].大连:东北财经大学出版社,2011:279-280.

战略。企业战略对财务战略具有指导作用,企业财务战略与企业战略在内容上应体现一致性原则,这是企业战略获得成功的基本要求。

(3) 企业财务战略对企业战略及其子战略起支持作用。无论是企业总体战略,还是营销战略、人才开发战略、技术开发战略和发展战略等职能子战略,它们的实施都离不开资金上的筹集与投放。制定财务战略时,必须确保财务战略与各职能部门之间战略的一致性,在这种意义上,财务战略就是企业战略。

2. 财务战略与企业战略的区别

企业战略与财务战略之间的区别主要表现在以下三个方面。

(1) 企业战略虽然居于主导地位,但企业财务战略对企业战略及其职能子战略具有制约作用。

① 企业的资金具有有限性。所谓资金的有限性,有两层含义:第一,从全社会来看,金融市场所能提供的资金总量总是有限的;第二,就某一个特定的企业而言,从金融市场上获得的资金总量总是有限的。由于资金的有限性,企业在制定企业战略及其职能子战略的过程中需要对资金的可得性进行研究,企业既要确保各项业务活动的资金需要,又要合理地分配和利用资金。资金的有限性是构成财务战略相对独立的一个重要原因。

② 货币资金的独立性。随着金融资本从产业资本中分离出来,企业资金的筹集与运用及收益分配等其他财务活动的管理都必须以满足资金提供者的利益要求为基本前提。因此,货币资金的独立性又是财务战略相对独立的一个重要原因。

(2) 企业财务战略关注的重点是营业现金流的状况。从长远来看,获取利润对每个企业都是必要和重要的,因此,企业制定战略时首先要考虑营业收入和利润的规模。但企业的利润有时确实难以消除泡沫,有利润而没有现金流入的状况随时可能出现。一个企业如果没有足够的现金满足企业发展或生产经营的需要,即便有利可图,也可能会因现金状况出现危机而使整个企业发生危机。不论是偿还银行贷款,还是上缴政府税款,都需要企业有实实在在的现金而不是账面上漂浮的收益。因此,企业制定财务战略时应该追求利润,但更应该重视营业现金流量。

(3) 企业战略制定时侧重企业整体目标,而企业财务战略制定时侧重企业的财务目标。一般企业的财务目标是实现企业价值最大化,实现了企业价值最大化,才可能实现股东财富最大化。因此,制定企业战略时必须考虑到它与财务战略目标的协调性,在企业战略的目标中,必须涵盖有关企业资金使用效益及现金流量方面的目标。

企业战略与财务战略之间呈现为一种辩证关系:一方面,企业战略居于主导地位,对财务战略有指导作用;另一方面,财务战略又具有一定的相对独立性,对企业战略起着制约和支持作用。

二、财务战略的特征

企业财务战略,是为谋求企业资金均衡有效的流动和实现企业整体战略,增强企业财务竞争优势,在分析企业内外环境因素对资金流动影响的基础上,对企业资金流动进行全局性、长期性与创造性的谋划。企业财务战略的基础是内外环境对资金流动的影响,其关注的焦点是企业资金流动,目标是确保企业资金均衡有效流动而最终实现企业总体战略。财务战略具有六个主要特征。

(一) 长期性

财务战略的着眼点不是企业的当下,不是为了维持企业的现状,而是面向未来,为了谋求企业的长远发展。因此,在制定财务战略时,不应当急功近利,而要从企业长期生存和发展的观点出发,有计划、有步骤地处理基本矛盾,这是战略管理要解决的根本问题。

(二) 支持性

财务战略的支持性,不仅表现为它是企业战略的一个子系统,而且对于生产战略与营销战略(二者合称为经营战略),财务战略也体现出全面支持性特征,是经营战略的执行战略。财务战略必须以推动经营战略的实现以及市场竞争优势的确立与不断强化为行为的基本准则,为经营战略乃至企业整体战略服务,提供持续性的优良的财务环境保障基础。

(三) 外向性

现代企业经营的实质就是在复杂多变的内外环境条件下,解决企业外部环境、内部条件和经营目标三者之间的动态平衡问题。财务战略把企业与外部环境融为一体,观察分析外部环境的变化为企业财务管理活动带来的潜在机会与威胁,增强了对外部环境的应变性,从而大大提高了企业的市场竞争能力。

(四) 互逆性

企业所有者总是希望在风险一定的情况下保持经济的持续增长和收益提高。财务战略必须随着企业面临的经营风险变动而进行互逆性调整。如对于资本结构问题,资本结构战略决策要求在企业经营风险较大时保持相对较低的负债率,从而降低财务风险。这种互逆性是财务战略与经营战略相匹配之处。

(五) 动态性

财务战略以理财环境和企业战略为逻辑起点,理财环境和企业战略的动态性特征也就决定了财务战略管理的动态性。财务战略必须保持动态的调整,当环境出现较小变动时,一切行动必须按战略行事,体现战略对行动的指导性;当环境出现较大变动并影响全局时,经营战略必须做出调整,从而财务战略也应随之调整。财务战略的动态性主要体现在连续性、循环性、适时性和权变性。正确把握企业财务战略的动态性特征非常关键,美国邓恩·布拉德斯特里特公司对美国企业长期观察后总结出六条导致企业破产的原因,其中之一就是企业思想僵化,缺乏随环境变化而变化战略及战略管理的灵活性。

(六) 全员性

财务战略的全员性体现在:① 纵向看,财务战略制定与实施是企业高层主管(如财务副总裁)、财务部门主管、事业部财务主管及分厂财务主管多位一体的管理过程;② 横向看,财务战略必须与其他职能战略相配合,并循着企业的发展阶段与发展方向来体现各职能战略管理的主次,财务战略意识要渗透到横向职能的各个层次,并最终由总部负责协调。

三、财务战略的类型

(一) 按资金筹措与使用特征划分

(1) 扩张型财务战略。这是指以实现企业资产规模的快速扩张为目的的一种财务战略。实施这种财务战略,企业往往需要在将绝大部分乃至全部利润留存的同时,大量地进行外部筹资,更多地利用负债。大量筹措外部资金,是为了弥补内部积累相对于企业扩张需要的不足;更多地利用负债而不是股权筹资,是因为负债筹资既能为企业带来财务杠杆效应,又能防止净资产收益率和每股收益的稀释。企业资产规模的快速扩张,也往往会使企业的资产收益率在一个较长时期内表现为相对的低水平,因为收益的增长相对于资产的增长总是具有一定的滞后性。总之,快速扩张型财务战略一般会表现出"高负债、低收益、少分配"的特征。

(2) 稳健型财务战略。这是指以实现企业财务绩效的稳定增长和资产规模的平稳扩张为目的的一种财务战略。实施这种财务战略的企业,一般将尽可能优化现有资源的配置和提高现有资源的使用效率及效益作为首要任务,将利润积累作为实现企业资产规模扩张的基本资金来源。为了防止过重的利息负担,这类企业对利用负债实现企业资产规模进而经营规模的扩张往往持十分谨慎的态度。所以,实施稳健型财务战略的企业的一般财务特征是"低负债、高收益、中分配"。

(3) 防御收缩型财务战略。这是指以预防出现财务危机和求得生存及新的发展为目的的一种财务战略。实施这种财务战略的企业,一般将尽可能减少现金流出和尽可能增加现金流入作为首要任务,通过采取削减分部和精简机构等措施,盘活存量资产,节约成本支出,集中一切可以集中的人力用于企业的主导业务,以增强企业主导业务的市场竞争力。这类企业在以往的发展过程中多曾遭遇挫折,也很可能曾经实施过快速扩张的财务战略,因而历史上所形成的负债包袱和当前经营上所面临的困难,就成为迫使其采取防御收缩型财务战略的两个重要原因。"高负债、低收益、少分配"是实施这种财务战略的企业的一般财务特征。

(二) 按生命周期划分

行业生命周期在很大程度上决定了企业生命周期。行业生命周期一般可分为幼稚期、成长期、成熟期和调整期四个阶段,不同阶段有不同特点。识别一个行业处于生命周期的哪一个阶段,主要取决于市场增长率、需求增长率、产品品种、竞争者数量及进入或退出壁垒。

(1) 幼稚期行业的特征有:市场增长率较高,需求增长较快,技术变动较大;行业中企业主要致力于开辟客户、占领市场,但技术上有很大的不确定性;在产品、市场、服务等策略上有很大余地,对行业特点、行业竞争状况、用户特点等方面的信息掌握不多,市场进入壁垒较低。

(2) 成长期行业的特征有:市场增长率很高,需求高速增长,技术渐趋定型;行业特点、行业竞争状况及用户特点比较明朗,市场进入壁垒提高,产品品种及竞争者数量增多。

(3) 成熟期行业的特征有:市场增长率不高,需求增长不高,技术趋于成熟;行业特点、行业竞争状况、用户特点非常清楚,买方市场形成,行业盈利能力下降,新产品和产品的新用途开发更为困难,市场进入壁垒很高。

(4) 调整期行业的特征有:市场增长率下降,需求下降;产品品种及竞争者数目减少。

同行业生命周期一样,企业生命周期也分为四个阶段,即初创期、成长期、成熟期和调整期,处于不同阶段的企业有不同的战略重点,从而有着不同的财务战略。财务战略可分为初创期财务战略、成长期财务战略、成熟期财务战略和调整期财务战略四种类型。关于四种类型财务战略的具体分析将在本章第三节讨论。

(三) 按财务管理对象划分

1. 筹资战略

筹资战略即根据企业内外环境的现状与发展趋势,适应企业整体战略与投资战略的要求,对企业的筹资目标、原则、结构、渠道与方式等重大问题进行长期、系统的谋划。筹资目标是企业在一定战略期间内所要完成的筹资总任务,是筹资工作的行动指南,它既涵盖筹资数量的要求,更关注筹资质量。筹资原则是企业筹资应遵循的基本要求,包括低成本原则、稳定性原则、可得性原则、提高竞争力原则等。企业还应根据战略需求不断拓宽融资渠道,对筹资进行合理搭配,采用不同的筹资方式进行最佳组合,以构筑既体现战略要求又适应外部环境变化的筹资战略。

2. 投资战略

投资战略即在市场经济和竞争条件下,根据企业使命和目标的要求,对在一定时期内为获得预期收益,而运用企业资源购买实际资产或金融资产行为的根本性谋划。投资战略主要解决战略期间内投资的目标、原则、规模、方式等重大问题。投资目标包括收益性目标、发展性目标、公益性目标等。投资原则主要有集中性原则、准确性原则和权变性原则。在投资战略中还要对投资规模和投资方式做出恰当的安排。

3. 收益分配战略

企业的收益应在其利益相关者之间进行分配,包括债权人、企业员工、国家与股东。然而前三者的收益分配大都比较固定,只有股东的收益分配富有弹性,所以股利政策也就成为收益分配战略的重点。股利政策要解决的主要问题是确定股利战略目标、是否发放股利、发放多少股利以及何时发放股利等重大问题。从战略角度考虑,股利政策的目标包括:促进企业长远发展;保障股东权益;稳定股价,保证企业股价在较长时期内基本稳定。

四、财务战略管理

（一）财务战略管理的含义

财务战略管理指的是对企业财务战略或战略性财务活动的管理,是对企业财务战略制定直至实施全过程的管理。企业财务战略管理一般包括战略规划、战略实施和战略评价三个阶段。

1. 财务战略规划

财务战略规划实际上就是战略方案的设计。它是在审视企业以往财务战略和对企业外部环境因素分析的基础上,根据企业在未来发展阶段的目标定位、企业总体战略、经营单位战略,探索企业财务战略的路径选择、拓展方向、措施和目标体系等问题,对企业未来发展阶段的筹资、投资和分配等财务活动进行全局性、长期性和创造性的谋划。

2. 财务战略实施

财务战略实施实际上就是将财务战略转化为行动,并采取一些措施或者手段保证既定财务战略目标得以实现。财务战略实施要求企业忠诚地将战略规划落实到可以量化的关键成功因素和关键绩效考核指标,与企业全面预算体系对接,确定本年度的具体目标体系,作为编制、监督、考核预算的起点和依据。一般来说,财务战略实施主要包括制定中期计划、议定行动方案、编制全面预算、确定工作程序和实施质量控制等内容。

3. 财务战略评价

财务战略评价就是通过评价企业的经营业绩,审视财务战略的科学性和有效性,它是财务战略管理的最后阶段。在阶段性推进财务战略之后,管理者需要了解该财务战略是否得到了实施,以及该财务战略本身是否需要调整。财务战略评价主要包括重新审视内部和外部因素、进行考核、采取纠正措施、调整下一期财务战略等活动。

本章主要阐述财务战略规划及财务战略实施的相关问题,财务战略评价的有关内容读者可参考第六章业绩管理。

(二) 财务战略管理的特征

财务战略管理既是企业战略管理一个不可或缺的组成部分,也是企业财务管理一个十分重要的方面。因此,财务战略管理既要体现企业战略管理的原则要求,又要遵循企业财务活动的基本规律。财务战略管理与传统财务管理在视角与层面、逻辑起点、职能范围等方面都存在差异。财务战略管理基本特征包括三个方面。

其一,财务战略管理的逻辑起点是企业目标和财务目标的确立。每一个企业客观上都应该有一个指导其行为的基本目标以及相应的财务目标。企业目标的明确也就意味着明确了企业的总体发展方向,财务目标的明确则为财务战略管理提供了具体行为准则。有了明确的企业目标和财务目标,才能界定财务战略方案选择的边界,才能排除那些显然偏离企业发展方向和财务目标要求的战略选择。也就是说,只有明确了企业目标和财务目标,才能将财务战略管理尤其是财务战略形成过程限定在一个合理的框架之内,才能避免漫无目的地探寻财务战略方案这种劳而无功的做法。

其二,环境分析是财务战略管理的重心和难点。任何财务管理都离不开一定的环境分析,对于财务战略管理而言,环境分析更是非同一般。首先,这种"特殊"表现在财务战略管理的环境分析主要不是针对"过去"和"现在",而是面向未来,并且往往需要尽可能延伸到较为长远的未来。作为社会的一个微观主体,企业对未来环境的分析和预测自然是颇具挑战性的。其次,从企业顺利发展的愿望出发,企业战略以及财务战略需要保持相对稳定,然而,环境的多变性又会迫使企业动态地调整财务战略。所以,如何恰当地处理环境的多变性与财务战略的相对稳定性之间的关系,是财务战略管理环境分析的又一难题。再次,财务战略管理中的环境分析不可能只是单项环境分析,还必须是综合环境分析;不仅要分析政治、法律、社会文化、经济等宏观环境,而且还必须认真分析产业、供应商、客户、竞争者以及企业内部因素等微观环境。最后,财务战略管理环境分析应特别强调动态分析。它虽然也关心某一特定"时点"的环境特征,但更为关心的则是这些环境因素的动态变化趋势。如果缺乏动态分析,财务战略管理方案的调整就将变得十分被动。

其三,与企业战略管理的其他方面一样,财务战略管理同样并非仅指财务战略管理方案的形成,而是也包括财务战略方案的实施与评价。财务战略方案的实施过程所需采取的具体手段、策略和技术多与一般财务管理相同或类似,因此,财务战略管理的研究侧重财务战略方案的形成也就有其适当的理由。财务战略方案的评价,事实上只是财务战略形成动态过程的一个必要环节。也就是说,广义的财务战略形成过程已经包含了财务战略评价。从这一意义上说,如同其他战略管理一样,财务战略管理也是一个连续不断的过程。

第二节　财务战略规划

企业财务战略是企业战略的一个子战略,虽然它涵盖的范围较企业战略狭窄,侧重企业财务,但财务战略在许多方面仍具有企业战略的一般特征,故其制定可以采用与企业战略类似的程序。制定企业战略规划的一般程序为企业内外部环境分析、制定战略、战略实施与控制。

一、财务战略环境分析

财务战略环境是指企业财务活动赖以存在和发展的内外部各种因素的结合,环境构成了企业财务活动的客观条件。财务战略环境分析是指在确定企业财务管理目标的前提下,分析企业财务工作所处的外部环境、内部环境,并识别其对实现企业财务管理目标的优势与威胁,明确可以利用的内外部资源以及限制条件,从而选择有效配置资源的路径,最终利用优势,化解威胁,进而实现企业战略目标。财务战略环境可以分为宏观环境与微观环境,具有整体复杂性、不确定性等特点。

(一) 财务战略环境因素识别

企业财务战略制定过程中的环境因素识别是指在制定企业财务战略过程中考虑内外部环境因素,并判断这些因素对企业财务战略可能造成的影响。

1. 外部环境因素识别

由于财务战略的目标是有效配置财务资源,包括融资管理、投资管理、收益管理、成本费用管理、信息披露管理和财务风险管理等涉及的财务资源。因此,制定财务战略时应识别的外部环境因素主要包括八个方面。

(1) 经济环境。经济环境因素包括经济发展阶段、经济发展特征、市场特征和经济政策。① 经济发展阶段是指企业所在特定区域的经济处于什么样的发展阶段,是高速增长、平稳缓慢增长,还是经济衰退。在不同的经济发展阶段,企业所应采取的财务战略是不一样的。因此,经济发展阶段影响着企业财务战略的制定。② 经济发展特征是指外部经济发展的周期性规律。财务战略是相对稳定并时间相对较长的,因此,制定财务战略必须考虑经济发展特征。③ 市场特征是指企业所处市场的开放程度和自由竞争程度。不同的市场特征意味着企业不同的资源配置方式,也必然影响企业的财务战略。④ 经济政策是指企业所处区域所采取的特定经济政策,经济政策对财务战略制定的影响是非常明显的。

(2) 法律环境。法律环境因素主要包括法律进程、法律完善程度和企业自由权程度三个方面:① 法律进程是指企业所处特定区域立法的进度,如税收方面的可能立法、反垄断方面的可能立法等,企业制定财务战略时应予以高度关注。② 法律完善程度是指涉及企业运营的商事法律、金融法律等的完善程度。企业制定财务战略时应全面分析已有法律的影响,同时,对未立法规范的行为要评估风险。③ 企业自由权程度是指在特定政治法律环境下,企业行为权利的范围及限制。企业制定财务战略时,应重点分析企业融资权利、投资权利和收益管理权利等,以明确企业未来的行动以及限制。

(3) 金融环境。金融环境因素主要包括金融机构、资本市场、货币政策等。从广义上说,金融环境可以归入经济环境。但是,对制定财务战略而言,金融环境特别重要,因此,有必要将其单独列出进行分析。

财务战略的主要内容是融资战略、投资战略和收益管理战略等,这些内容与金融环境密切相关。金融机构的分布、功能决定了企业外部融资、投资渠道,某种意义上也决定了企业的融资成本、投资收益,资本市场的发达程度决定了企业财务资源配置的自由度。此外,货币政策将对企业的运营效益产生直接的影响。

（4）技术环境。技术环境是指与企业财务资源配置相关的各类技术及其未来发展，包括财务信息产生及披露技术、资本市场交易技术、内部控制技术等。随着互联网技术的发展，财务资源配置的技术环境正发生着革命性的变化。因此，企业在制定财务战略时，必须充分评估技术环境，同时预测未来技术发展前景，以增加财务战略的适宜性、可操作性。

（5）行业环境。行业环境是指企业所处的行业现状及其未来发展，行业环境很大程度上决定了企业总体战略。对制定财务战略而言，同样必须关注行业环境。在财务战略制定过程中，必须关注行业的各项财务指标、行业的主要融资方式、主要投资方向以及收益管理所采取的主要政策。

（6）社会文化环境。社会文化环境是指企业所处特定区域的人文环境、文化传统和社会文化发展进程等。社会文化环境的变化必然影响整个社会资金的积蓄、分配和运用方式，并最终反映到企业中，对企业资金流动产生各种各样的影响。

（7）经济全球化环境。经济全球化已经是大势所趋。对制定财务战略而言，经济全球化意味着财务资源的配置是全球化的，如国际资本市场融资、全球的投资等。因此，经济全球化给财务战略的制定带来了非常广阔的思维空间，也使财务战略的制定必须考虑更多更复杂的因素。

（8）会计准则环境。会计准则是有经济后果的，这也意味着会计准则的变化会影响企业价值目标的实现。因此，在财务战略制定过程中，必须分析所采用的会计准则，全面判断准则的影响。

2. 内部环境因素识别

内部环境因素是指企业内部可以配置的财务资源或影响企业内部财务资源配置的因素，主要包括企业总体战略、企业所处发展阶段、企业所提供的产品（服务）特征、企业内部治理结构、企业内部控制和企业资产资源等。

（1）企业总体战略。企业财务战略必须服务、服从企业总体战略。在企业战略框架中，企业财务战略应是企业总体战略下的一个子系统。战略管理大师迈克尔·波特（Michael Porter）认为，战略就是在企业的各项运营活动之间建立配称。企业的总体战略可以区分为业务层战略与企业层战略两个层面。业务层战略一般区分为低成本战略、差异化战略和集中化战略，而企业层战略一般有多元化、国际化等。因此，财务战略必须在企业总体战略格局下确定。

（2）企业所处的发展阶段。任何企业都有其自身的生命周期，企业的生命周期一般可以划分为初创期、发展期、成熟期和调整期四个阶段。处于不同生命周期阶段的企业，其自身所能提供的资源及发展所需要的资源是不一样的，因此，处于不同生命周期阶段的企业所采取的财务战略是不一样的。制定财务战略时，必须考虑企业所处的不同生命周期阶段，分析该阶段企业自身所能提供的资源及所需要的资源。

（3）企业所提供的产品（服务）特征。企业所提供的产品（服务）特征决定了企业自身的盈利能力，也就是企业自身提供资源的能力。同样，企业所提供的产品（服务）特征也决定了企业为生产、提供产品（服务）所需要的资源。

（4）企业内部治理结构。企业内部治理结构事实上决定了企业内部权力的分配及相互牵制。良好的内部治理结构意味着企业财务战略能够得到良好的实施。因此，制定企业财务战略时,必须考虑企业内部治理结构能否保证财务战略得到有效执行。

(5) 企业内部控制。良好的企业内部控制可以有效降低企业经营风险、财务风险。企业制定财务战略的一个目的是降低企业预期的财务风险。因此,制定财务战略必须考虑企业内部控制的完善性、有效性。

(6) 企业现有的资产资源。财务战略是企业为达到设定的未来目标而确定的资源配置路径。其基本思路是决定现有资源如何配置以及未来如何配置资源。因此,制定财务战略时必须对企业现有的资产资源进行详细分析,包括静态的企业已经拥有或控制的资产、动态的企业通过运营活动或政策途径可能取得的资产等。

内部环境状况是决定企业财务战略的内因。脱离一定的内部环境,要制定一个良好的财务战略并加以实施是不可能的。分析企业财务战略内部环境就是要搞清楚这些因素对企业资金流动的影响,同时发现企业自身的长处与短处,分析造成这些情况的原因,以充分挖掘潜力、发挥优势,结合外部环境制定企业的财务战略。

(二) 财务战略环境分析的程序

财务战略环境分析主要是通过对企业财务环境的检测确定影响企业资金流动目标的机会和威胁。财务战略环境分析的一般程序如下。

1. 收集企业财务战略环境的信息

可通过建立情报研究、战略研究等部门安排专门人员收集信息,也可以通过组织外部社会调查、情报研究等专业的机构进行。信息的主要来源包括广播、电视、报纸、杂志、政府公报、国家法律法规文件等。另外,互联网已成为重要的信息渠道。

2. 分析环境因素对企业资金流动的影响

在掌握大量环境因素并对其趋势进行预测分析的基础上,要进一步分析各环境因素对企业资金流动可能造成的影响,估计影响的性质、大小和发生的时间,从而明确企业未来在资金流动方面受到的威胁和可能利用的机会。

3. 归纳环境分析的结果

对各种资料和数据进行归纳和整理,编写环境分析报告书。这一程序应包括以下几项内容:企业今后将面临什么样的财务环境;各种环境因素会如何变化,对企业资金流动造成什么影响;未来财务环境对企业资金流动来说,存在哪些机会和威胁,它们出现的可能性有多大。

二、财务战略规划方法

(一) 财务战略制定程序

为使企业制定和选择出一个确保企业可持续发展的财务战略,并使财务战略得到良好的贯彻和执行,就必须采用科学的方法和遵循必要的程序来制定企业的财务战略。遵照企业战略的生成程序,财务战略制定的一般程序是:在企业内外部环境分析和确定战略目标的基础上,广泛地寻求企业各种可能的备选方案,检测各备选方案与企业战略的一致性,通过各种具体指标对备选方案进行评价与比较,从中选择最优的战略方案(见图3-1)。

1. 进行理财环境分析

理财环境分析是指对制定财务战略时面对的外部环境和内部资源经营条件进行分析。企业财务是一个开放性系统,应与外部环境相适应,与企业内部的资源经营整合能力相配合。只有知内知外、寻求机会、明确风险、找出优势和劣势,才能制定出切合企业实际的财务战略。

2. 确定企业的长远财务战略目标

在议定长远财务战略目标、制定方案时要遵循下列原则:扬长避短,发挥优势;坚持创新发展,以创新求发展;力求贡献、效益与速度同步增长;和企业的其他战略协调进行;集思广益,发挥群体智慧。

3. 寻求备选方案

确定企业的财务战略目标以后,就必须根据目标列出各种可供选择的方案,寻求备选方案的工作要从多方面进行,又受时间和成本限制。

4. 可行性论证

比较分析各方案的可行程度、风险大小、效益高低,从中选出最佳的财务战略方案。

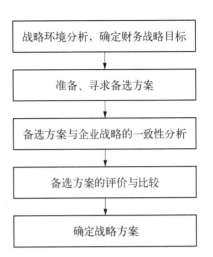

图 3-1 财务战略制定程序

5. 最终决策

经过反复论证和审议,最后由企业决策机构进行决策并组织实施。

(二) 财务战略的制定方法

财务战略的制定方法主要有 SWOT 分析法、波士顿矩阵法、生命周期矩阵法及行业结构分析法等。

1. SWOT 分析法

SWOT 分析法又称为态势分析法,它是由旧金山大学的管理学教授海因茨·韦里克(Heinz Weihrich)于 20 世纪 80 年代初提出来的。SWOT 四个英文字母分别代表优势(strength)、劣势(weakness)、机会(opportunity)、威胁(threat)。所谓 SWOT 分析,就是将与研究对象密切相关的各种主要内部优势和劣势、外部机会和威胁等,通过调查列举出来,并依照矩阵形式排列,然后用系统分析的思想,把各种因素相互匹配起来加以分析,从中得出一系列相应的结论,而结论通常带有一定的决策性。运用该方法,可以对研究对象所处的情景进行全面、系统、准确的研究,从而根据研究结果制定相应的发展战略、计划以及对策等。SWOT 分析法常常被用于制定企业发展战略和分析竞争对手情况,在战略分析中,它是最常用的方法之一。

从整体上看,SWOT 可以分为两部分:第一部分为"SW",主要用来分析内部条件;第二部分为"OT",主要用来分析外部条件。按照企业竞争战略的完整概念,战略应是一个企业"能够做的"(即组织的强项和弱项)和"可能做的"(即环境的机会和威胁)之间的有机组合。

进行 SWOT 分析时,主要有三个方面的内容。

(1) 分析环境因素。运用各种调查研究方法,分析出企业所处的各种环境因素,即外部环境因素和内部能力因素。外部环境因素包括机会因素和威胁因素,它们是外部环境对企业发展有直接影响的有利和不利因素,属于客观因素;内部环境因素包括优势因素和劣势因素,它们是企业在发展中自身存在的积极和消极因素,属于主观因素。在调查分析这些因素时,不仅要考虑历史与现状,更要考虑未来发展问题。

(2) 构造 SWOT 矩阵。将调查得出的各种因素根据轻重缓急或影响程度等排序方式,构造 SWOT 矩阵。在此过程中,将那些对企业发展有直接、重要、大量、迫切、久远影响的因素优先排列出来,而将那些只有间接、次要、少许、缓慢、短暂影响的因素排列在后面。

(3) 制定行动计划。在完成环境因素分析和 SWOT 矩阵的构造后,便可以制定出相应的行动计划。制定计划的基本思路是:发挥优势因素,克服劣势因素;利用机会因素,化解威胁因素;考虑过去,立足当前,着眼未来。运用系统分析的综合分析方法,将排列与考虑的各种环境因素相互匹配,得出一系列企业未来发展的可选择对策(见图 3-2)。

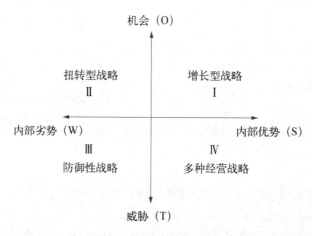

图 3-2 SWOT 分析法图示

处在第一象限的企业具有很好的内部优势和众多的外部机会,应采用发挥内部优势、利用外部机会的增长型战略。

处在第二象限的企业存在一些外部机会,当企业内部的一些弱点妨碍其利用这些外部机会时,应采用利用外部机会来弥补内部弱点的扭转型战略。

处在第三象限的企业内部存在劣势,外部面临重大威胁,应采用旨在减少内部劣势并同时回避外部环境威胁的防御型战略。

处在第四象限的企业具有一定的内部优势,但外部环境存在威胁,应采取多种经营战略,利用自身的优势,在多样化经营上寻找长期发展的机会,以回避外部环境威胁。

SWOT 方法的优点在于考虑问题全面,是一种系统思维,而且可以把对问题的"诊断"和"开处方"紧密结合在一起,条理清楚,便于检验。但 SWOT 也存在局限性:它带有时代特点,以前企业比较关注成本、质量,而现在则可能更强调组织流程;它没有考虑到企业改变现状的主动性,企业可以通过寻找新的资源来创造企业所需要的优势,从而达到过去无法达成的战略目标;在运用的过程中,会碰到适应性问题,有太多的场合可以运用 SWOT 分析法,然而这也会导致反常现象的产生。

2. 波士顿矩阵法

波士顿矩阵法是由美国波士顿咨询公司(Boston Consulting Group,BCG)于 20 世纪 60 年代提出的一种投资组合分析方法。该方法将企业生产经营的全部产品或业务的组合作为一个整体进行分析,其着眼点是企业各种业务的相对市场份额以及给企业带来的现金流量。因此,该方法非常有利于财务战略的制定。

波士顿矩阵法认为,一般决定产品结构的基本因素有两个,即市场引力与企业实力。市场引力包括企业销售量(额)增长率、目标市场容量、竞争对手强弱及利润高低等。其中最主要的是反映市场引力的综合指标——销售增长率,这是决定企业产品结构是否合理的外在因素。企业实力包括市场占有率,技术、设备、资金利用能力等,其中市场占有率是决定企业产品结构的内在要素,它直接显示出企业竞争实力。销售增长率与市场占有率既相互影响,又互为条件:市场引力大,销售增长率高,可以显示产品发展的良好前景,企业也具备相应的适应能力,实力较强;如果仅仅市场引力大,而没有相应的高销售增长率,则说明企业尚无足够实力,则该种产品也无法顺利发展。相反,企业实力强而市场引力小的产品也预示了该产品的市场前景不佳。

上述两个因素相互作用,会出现四种不同性质的产品类型,形成不同的产品发展前景:① 销售增长率和市场占有率"双高"的产品群(明星产品);② 销售增长率低、市场占有率高的产品群(现金牛产品);③ 销售增长率高、市场占有率低的产品群(问题产品);④ 销售增长率和市场占有率"双低"的产品群(瘦狗产品)。

波士顿矩阵法主要由三个步骤构成。首先,划分战略经营单位(strategic business unit,SBU),实践中战略经营单位一般按所处的产品市场情况来划分。其次,要根据相对市场占有率和行业增长率对其进行评估,相对市场占有率是指某个 SBU 的市场份额与本行业中最大的竞争对手的市场份额之比,行业增长率就是把它和整个经济的增长率加以比较。最后,构建波士顿矩阵。横轴表示 SBU 在行业中的相对市场份额(与其最大的竞争对手比较),用数字 0.1~1.0 表示;纵轴表示销售增长率,指 SBU 所在行业的某项业务最近两年的销售增长率。通常以 10% 作为界线,以 SBU 在二维坐标上的坐标点为圆心画一个圆圈,圆圈的大小表示 SBU 的销售额(见图 3-3)。

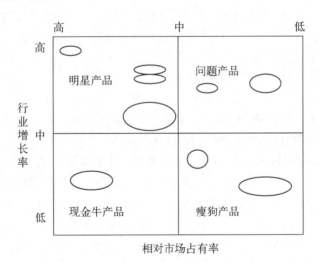

图 3-3 波士顿矩阵

(1) 明星产品。它是指处于高增长率、高市场占有率象限内的产品群,这类产品可能成为企业的现金牛产品,需要加大投资以支持其迅速发展。采用的发展战略是:积极扩大经济规模和市场机会,以长远利益为目标,提高市场占有率,加强竞争地位;管理与组织最好采用事业部形式,由对生产技术和销售两方面都很内行的经营者负责。

(2) 现金牛产品,又称厚利产品。它是指处于低增长率、高市场占有率象限内的产品群,已进入成熟期。其财务特点是销售量大,产品利润率高、负债比率低,可以为企业提供资金,而且由于增长率低,也无须增加投资,从而成为企业回收资金、支持其他产品(尤其明星产品)投资的后盾。对这一象限内的大多数产品,市场占有率的下跌已成不可阻挡之势,因此可采用收获战略,即所投入资源以达到短期收益最大化为限:把设备投资和其他投资尽量压缩;采用榨油式方法,争取在短时间内获取更多利润,为其他产品提供资金。对于这一象限内销售增长率仍有所增长的产品,应进一步进行市场细分,维持现存市场增长率或延缓其下降速度。对于现金牛产品,适合用事业部形式进行管理,其经营者最好是市场营销型人物。

(3) 问题产品。它是处于高增长率、低市场占有率象限内的产品群。前者说明市场机会大、前景好,而后者则说明在市场营销上存在问题。其财务特点是利润率较低,所需资金不足,负债比率高。例如,在产品生命周期中处于引进期、因种种原因未能开拓市场局面的新产品即属此类问题产品。对问题产品应采取选择性投资战略,即确定该象限中经过改进可能会成为明星的产品并进行重点投资,提高市场占有率,使之转变成"明星产品";对其他将来有希望成为明星的产品则在一段时期内采取扶持的对策。因此,对问题产品的改进与扶持方案一般均列入企业长期计划。对问题产品的管理组织,最好采取智囊团或项目组织等形式,选拔有规划能力、敢于冒风险、有才干的人负责。

(4) 瘦狗产品,也称衰退类产品。它是处在低增长率、低市场占有率象限内的产品群。其财务特点是利润率低、处于保本或亏损状态,负债比率高,无法为企业带来收益。对这类产品应采用撤退战略:首先,应减少批量,逐渐撤退,对那些销售增长率和市场占有率均极低的产品应立即淘汰;其次,将剩余资源向其他产品转移;最后,整顿产品系列,最好将瘦狗产品与其他事业部合并,统一管理。

一方面,按照波士顿矩阵的原理,产品市场占有率越高,创造利润的能力越大;另一方面,销售增长率越高,维持其增长及扩大市场占有率所需的资金亦越多。这样可以使企业的产品结构实现产品互相支持、资金良性循环的局面。按照产品在象限内的位置及移动趋势的划分,形成了波士顿矩阵的基本应用法则。

第一法则:成功的月牙环。在企业所从事的领域内,各种产品的分布若显示月牙环形,这是成功企业的象征,因为盈利大的产品不止一个,而且这些产品的销售收入都比较高,还有不少明星产品,问题产品和瘦狗产品的销售量都很少。

第二法则:黑球失败法则。如果在现金牛区域一个产品都没有,或者即使有,其销售收入也几乎为零,可用一个大黑球表示。该种状况显示企业没有任何盈利大的产品,说明应当对现有产品结构进行撤退、缩小的战略调整,考虑向其他事业渗透,开发新的事业。

第三法则:西北方向大吉。一个企业的产品在四个象限中的分布越是集中于西北方向,则显示该企业的产品结构中明星产品越多,越有发展潜力;相反,产品的分布越是集中在东南角,越说明瘦狗类产品数量大,该企业产品结构衰退,经营不成功。

第四法则:踊跃移动速度法则。从每个产品的发展过程及趋势看,产品的销售增长率越高,为维持其持续增长所需资金量也越高;而市场占有率越大,创造利润的能力也越大,持续时间也相对长一些。按正常趋势,问题产品经明星产品最后进入现金牛产品阶段,标志了该产品从纯资金耗费到为企业提供效益的发展过程,但是这一趋势移动速度的快慢也会影响其所能提供的收益的大小。

3. 生命周期矩阵法

查尔斯·霍弗(Charles Hoeffer)把行业生命周期理论与企业竞争地位结合起来,提出生命周期矩阵分析法。该方法是根据企业各种产品所处的市场生命周期阶段和业务的大致竞争地位决定战略类型的方法。产品都沿着一定的生命周期发展，产品生命周期包括引进、成长、成熟和衰退四个阶段。在引进阶段和成长阶段，销售增长迅速，进入该市场比较容易；在成熟阶段，随着销售增长的放慢和各个企业经验的不断积累，原进入者已经具备了成本优势，新加入比较困难；在衰退阶段，替代产品的出现使原有产品的销售量和价格不断下降，业务将变得无利可图，企业在制定财务战略时需要考虑产品生命周期各阶段的不同特点。产品生命周期矩阵分析如表 3-1 所示。

表 3-1　产品生命周期矩阵分析

竞争地位	强	中	弱
引进阶段	盈利	问号	亏损
成长阶段	盈利	盈利或问号	可能亏损
成熟阶段	盈利	盈利	亏损
衰退阶段	盈利	亏损	亏损

生命周期矩阵法强调对企业内各部门或业务的分析应结合其所处的生命周期阶段进行。例如，同是在市场中拥有较强竞争力且盈利的部门，如果该部门或业务处于引进阶段，就应追加投资以迅速扩大规模和巩固其市场领先地位；而对处于衰退期的部门或业务，即使其当前的盈利还十分可观，但由于市场在逐渐消失，也不能再大力追加投资而应逐步做好撤资退出的打算。对于竞争地位较弱、经营亏损的部门或业务，若其处于引进和发展阶段，尚有提高市场竞争地位的可能，只是需要追加大量资金，则应综合分析竞争环境及发展前景，做出是否继续投资以扭亏为盈的决策；但对于处于成熟和衰退阶段的亏损业务或部门，一般应做好撤资退出的准备。

卢斯·班德（Ruth Bender）和凯斯·沃德（Keith Ward）在其所著的《公司财务战略》一书中，提出了根据产品的生命周期进行财务风险和经营风险的反向搭配，并根据各阶段的风险特点做出相应的融资决策和股利分配决策，其决策的方式如表 3-2 所示。

表 3-2　产品生命周期与融资决策和股利分配决策

产品生命周期	经营风险	财务风险	融资来源	股利支付率
引进期	非常高	非常低	权益融资（风险资本）	零
成长期	高	低	权益融资（增长的投资者）	一般
成熟期	中等	中等	债务与权益融资（留存收益）	高
衰退期	低	高	债务融资	100%

在引进期,极高的经营风险就该对应极低的财务风险。相应地,只有通过发行股票这样的权益融资方式才能保证极低的财务风险,在投资者对现金股利与资本利得没有特别偏好且权益可以获得具有吸引力的再投资机会的前提下,由于引进期的现金流量多为负数,从长期发展的资金决策角度,该阶段的股利支付率应为零。相反,在衰退阶段,由于债务融资产生的较高财务风险可以被低经营风险抵消而不会产生高综合风险,债务融资的财务杠杆效应又会增加企业的留存收益,所以资本结构应以债务资本为主,衰退期企业的自由现金流量增加再加上利息的税盾效应,其股利支付率可达100%。成长期与成熟期的分析,与之类似。

4. 行业结构分析法

行业结构分析法一般采用哈佛商学院著名专栏管理学者迈克尔·波特在20世纪90年代末提出的"五力模型",包括行业现有的竞争状况、供应商的议价能力、客户的议价能力、替代产品或服务的威胁、新进入者的威胁等(见图3-4)。

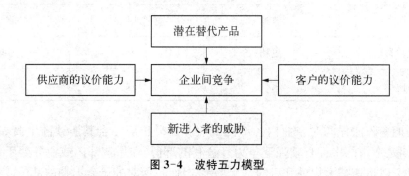

图3-4 波特五力模型

行业现有的竞争状况、供应商的议价能力、客户的议价能力、替代产品或服务的威胁、新进入者的威胁这五种力量构成了行业的竞争结构。五种力量各自的主要影响因素如表3-3所示。

表3-3 五种力量的影响因素

决定新进入者的威胁的因素	进入壁垒(规模经济、产品差异化、资本需求、转化成本、销售渠道、成本、政府的政策)、预期的报酬等
决定客户的议价能力的因素	购买数量、购买产品的差异化、买方后向整合的能力、转换成本、买方盈利水平、买方对产品偏好等
决定行业现有的竞争状况的因素	势均力敌的竞争者、行业增长、固定成本、产品差异、退出壁垒等
决定替代产品或服务的威胁的因素	替代品数量的多少、替代品的相对价格、买方对替代品的购买倾向等
决定供应商的议价能力的因素	供应商集中度、供应的商品有无替代品、产品的差异化、转换成本、供方产品是否为买方业务的主要投入品、供方前向整合的威胁等

在每一行业中,这五种竞争力量的大小强弱是不同的,因此,每个行业都经营独特的竞争结构。也正是这五种力量决定着企业产品的价格、成本和投资,也就决定了行业的长期盈利水平。企业战略的核心在于选择正确的行业,以及行业中最具有吸引力的竞争位置。企业可通过成本领先、产品差异化和专一化三个基本战略来获取企业的竞争优势:成本领先战略的目标就是使企业产品的单位成本低于产业范围内的其他对手,实现成本领先的途径有规模经济、学习曲线、生产力利用模式等;产品差异化是提供标新立异的产品或服务,形成一些在全产业范围内具有独特性的东西,找出可能产生差异化的环节;专一化的战略是主攻某个特定的顾客群、产品系列的一个细分区段或细分市场。

波特的行业结构分析法被许多企业运用于投资战略的制定。通过行业结构的分析,企业可以确定每个行业中决定和影响这五种竞争力量的基本因素,明确企业生存与发展的优势和劣势,从而判断该行业是否能够提供较高的持续盈利机会,并结合企业实际情况决定是否向该行业投资。

5. 通用电气经营矩阵法

通用电气公司(General Electric Company,GE)针对波士顿矩阵存在的问题,于20世纪70年代开发了吸引力/实力矩阵。该矩阵也提供了产业吸引力和业务实力之间的类似比较,但波士顿矩阵用市场增长率来衡量吸引力,用相对市场份额来衡量实力,而GE矩阵使用更多的因素来衡量这两个变量。也由于该矩阵使用多个因素,可以通过增减某些因素或改变它们的重点所在,很容易地使矩阵适应经理的具体意向或某产业特殊性的要求。

GE矩阵可以根据业务单位在市场上的实力和所在市场的吸引力对其进行评估,也可以针对一个企业的业务单位组合判断其强项和弱点。在需要对产业吸引力和业务实力作广义而灵活的定义时,可以以GE矩阵为基础进行战略规划。GE矩阵法的基本程序如下所述。

(1) 定义各因素。选择评估业务(或产品)实力和市场吸引力所需的重要因素。在GE内部,分别称之为内部因素和外部因素。确定这些因素的方法可以采取头脑风暴法或名义小组法等,关键是不能遗漏重要因素,也不能将微不足道的因素纳入分析。

(2) 估测内部因素和外部因素的影响。从外部因素开始,根据每一因素的吸引力大小对其评分。若一因素对所有竞争对手的影响相似,则对其影响做总体评估,若一因素对不同竞争者有不同影响,可比较它对自己业务的影响和对重要竞争对手的影响。

(3) 对外部因素和内部因素的重要性进行估测,得出衡量实力和吸引力的简易标准。估测的方法有定性和定量两种方法可以选择。

(4) 将该战略事业单位标在GE矩阵上。矩阵坐标横轴为产业吸引力,纵轴为业务实力。每条轴上用两条线将数轴划为三部分,这样坐标就成为网格图。

(5) 对矩阵进行诠释。通过对战略事业单位在矩阵上的位置分析,企业就可以选择相应的战略举措。

绘制GE矩阵,需要找出内部和外部因素,然后对各因素加权,得出衡量内部因素和市场吸引力外部因素的标准。当然,在开始搜集资料前,仔细选择有意义的战略事业单位是十分重要的。GE矩阵如图3-5所示。

	企业实力		
	高	中	低
高	领先地位 A	不断强化 B	加强发展 C
中	发展领先地位 D	密切关注 E	分期撤退 F
低	收获现金 G	分期撤退 H	不再投资 I

（产业吸引力）

图 3-5　GE 矩阵

　　通用电气矩阵法认为，对于 A、B、D 区域的业务单元应予必要的资金资助，对于 E 区域的业务单元应予适当的观察，对于 C、G 区域的业务单元应充分利用其强有力的竞争地位或行业吸引力，使之尽可能提供利润和现金，对于 F、H、I 区域的业务单元则应减少或停止投资。

　　管理者通过通用电气矩阵分析，可以知道整个企业的经营活动是否为一个平衡的经营组合。在一个"平衡"的经营组合中，应该包括一定数量的 A、B 和 D 业务单元和部分 G 业务单元。只有这样才能提供必要的现金流量，支持未来的 A、B 和 D 业务单元和有可能成为这类业务单元的 C 业务单元，以保证合理的利润和未来发展。

第三节　财务战略实施策略

　　在不同的发展阶段，企业所面临的市场环境差异悬殊，从而财务战略的侧重点也不尽相同。在这个层次上讲，财务战略实施策略也可以理解为财务战略的基本定位在不同发展阶段的具体化。

一、初创期财务战略

（一）初创期的经营风险与财务特征

初创期的企业往往面临着很大的经营风险，主要表现如下：

（1）企业产品产量规模不是很大，规模效益还没有完全发挥出来，单位产品分担的固定成本较高；

（2）企业的核心能力还没有完全培育成熟，核心产品不能为企业提供大量的现金流；

（3）在需要大规模扩张时，面临着融资环境相对不利问题；

（4）初创期企业没有规模优势，市场缺乏对企业产品的认知与了解，其市场份额的确定缺乏依据与理性；

（5）企业的未来发展没有完整的规划，战略管理处于较低的层次，投资项目的选择有时显得无序，甚至出现较大的管理失误和投资失败；

（6）企业的管理水平还没有提升到一个较高的层次，因而管理的无序要求强化集权。

（二）初创期财务战略定位

初创期企业的财务实力较为脆弱，为了更好地聚合资源并发挥财务整合优势，客观上要求企业必须采取一体化的财务战略。另外，从经营风险与财务风险的互逆关系看，较高的经营风险必须以较低的财务风险相配合，从而在财务战略上保持稳健原则。初创期财务战略管理的特性主要表现为稳健与一体化。

1. 权益资本型的筹资战略

在企业初创阶段，负债筹资的风险很大，债权人借贷资本要以较高的风险溢价为前提条件，所以企业的筹资成本很高，因而最好的办法不是负债筹资，而是采用权益资本筹资方式。对于权益资本筹资，投资者之所以愿意将资本投资于企业，不是因为它现在的负收益，而是因为预见其未来的高增长。从财务上考虑，这一阶段企业并无或者只有很少的应税收益，因此，即使利用负债经营也不能从中得到任何税收上的好处（无节税功能）。

从稳健策略考虑，初创阶段权益资本的筹措应当强调一体化管理的原则。这意味着：企业应在较长时间内确定合理的资产负债率，以此作为企业负债融资控制的最高限制；任何内部经营单位不具有对外负债的权利，由企业统一对外举债。这样做的原因有两条：一是利用贷款规模优势来降低负债成本；二是限制经营单位的融资权利，从而保证企业整体融资管理的有序与一体化。

2. 一体化集权型投资战略

企业组建初期，往往因为资本的匮乏而无力对外扩张，也没有足够的财务实力与心理基础来承受投资失败的风险，更重要的是项目选择的成败将直接影响企业未来的发展。因此，基于各种因素考虑，初创期的企业应当实施一体化的投资战略。

3. 无股利政策

企业在初创期收益不高，而且为稳健考虑需要进行大量积累，因此，这时的分配政策应是零股利，若非发放股利不可，也应主要考虑股票股利方式。

（三）初创期财务战略实施重点

从总体原则看，初创期财务战略实施遵循两个方面的原则与程序。

1. 全方位落实财务战略意图

企业高层管理者应当让股东和投资者甚至员工都充分认同企业财务战略意向与内容，并达成共识，付诸行动。

2. 制定财务战略实施阶段性财务规划

在企业战略发展规划基础上，确定近期与未来三年的资本支出项目计划。资本支出规划是企业战略发展规划的重要内容，主要包括投资时间、资本支出额及财务可行性研究等。针对资本支出规划，确定企业的融资规划，包括何时融资、融资方式选择及融资金额量的大小；慎重对待股利发放，企业的发展离不开内部积累，唯有积累才能使企业具有后劲与实力，因而不主张发放股利。

二、发展期财务战略

（一）发展期的经营风险与财务特征

当企业步入发展期时，产品定位与市场渗透程度都已提高，但是企业仍然面临较大的风险和财务压力。这是因为：

(1) 投资冲动，现金缺口大，资本不足矛盾依然突出；

(2) 技术开发和巨额的资本投入形成长期资产，并计提大量的折旧及摊销费用，因而账面收益水平低，很难利用负债筹资来发挥节税作用；

(3) 投资欲望高涨可能导致盲目性增加，从而造成很大财务损失或导致低效率、过度经营等。

（二）发展期财务战略定位

企业的经营战略及其风险特征，要求处于该阶段的企业采取稳固发展型的财务战略。

1. 相对稳健型的筹资战略

由于资本需求远大于资本供给能力，而且负债筹资在此期间并非首选，所以资本不足的矛盾仍然要通过以下途径解决：一是企业投资者追加投资；二是将大多数收益留存于企业内部。这两条途径都是权益筹资战略的重要体现。

2. 适度分权的投资战略

在企业发展期，投资的适度分权型战略应视投资项目的不同情形进行选择，主要内容包括三个方面。

(1) 依据项目投资金额大小和对企业整体战略与利益影响程度的大小，确定不同的决策权层次。

(2) 严格中小项目投资决策与管理。在特定情况下，有些大型投资项目是基于扩充生产能力的考虑而进行的，因而其决策风险并不比中小型投资项目大；有些中小型的投资项目则可能是出于战略调整的考虑而进行的试探性投资，其投资决策风险可能比大型投资项目还大。在这种情况下，大型投资项目可能会采用分权式的审批或备案制，而中小项目可能要采用更为集权式的直接决策制。

(3) 采用灵活的项目资本供应方式。对于投资项目所需资本，可采用自主供应与集中供应相结合的方式。

3. 剩余股利政策

发展期企业的经营风险与财务特征，决定了该时期的企业应倾向于零股利政策还是剩余股利政策。在支付方式上，也宜以股票股利为主导。

（三）发展期财务战略实施重点

发展期是企业生命力最强的时期，也是风险四伏的时期，因此，强化财务战略的实施并保持有效的监控对集团的发展至关重要。一般认为，发展期的财务战略实施主要考虑四个方面。

(1) 合理测定企业的发展速度。企业的发展受制于两方面：一是营销能力及销售增长率；二是融资能力。就营销能力而言，它主要解决销售规模与销售速度问题。从财务角度看，融资能力是制约企业发展的关键，融资能力主要受两个方面因素的影响，即利润规模的大小和再投资率，以及资本市场的限制。

(2) 主动谋取市场机会，充分利用各种金融工具积极融资。在发展期，企业所面临的财务问题大部分集中在资金短缺上，弥补资金缺口的市场机会在这一时期会更多，手段与方法显得更为灵活。

(3) 充分规划投资项目。融资的目的是为项目投资，而投资项目从立项、审批到落实，都要在战略上做出充分的考虑。

(4) 积极推进商业信用管理,为全面落实财务战略服务。商业信用管理之所以在这一时期尤显重要,原因在于:大大减少销售增长的盲目性,从而将营销至上的战略意图置于严格的财务考评基础之上,做到营销与财务管理的互动;大大减少坏账和收账费用,并加速应收款的回收,降低借款额度和利息支出;为以后的规范经营、强化制度管理提供良好的基础。

三、成熟期财务战略

(一) 成熟期的经营风险与财务特征

成熟期的基本标志是企业的市场份额较大,在市场中的地位相对稳固,因而经营风险较低。与此相应的财务状况必须包括五个方面。

(1) 成熟期的市场增长潜力不大,产品的均衡价格也已经形成,市场竞争不再是企业间的价格战。这是因为在市场稳定的前提下实现盈利的唯一途径是降低成本,成本管理从而成为成熟期财务管理的核心。

(2) 成熟期的企业现金流入增长快速,相反,固定资产等资本性新增项目通常不多或增长不太显著,而且固定资产所需资本支出主要是为了更新,并且基本上能通过折旧的留存方式来满足其需要,故该阶段企业现金流出较小,从而形成较大的现金净流入量。

(3) 成熟期资产收益水平较高,加之现金净流入量较大,因而财务风险抗御能力较强,有足够的实力进行负债融资,以便充分利用负债杠杆作用达到节税与提高权益资本报酬率的目的。

(4) 成熟期企业的权益资本或股票价值可能被高估。

(5) 成熟期股东或出资者对企业具有较高的收益回报期望,因而高股利成为这一时期的必然。

(二) 成熟期财务战略定位

竞争者之间具有挑衅性的价格竞争的出现,标志着成长阶段的结束,这时,销售量大且利润空间合理的成熟阶段开始出现,经营风险会再次降低。在此期间,战略重点转移到保持现有的市场份额和提高效率上,此外,正的净现金流量使得借款和还款成为可能。伴随着较高的盈利现金比率,股利支付率必然提高。与上述经营风险和财务特征相对应,此阶段的财务战略主要包括三个方面。

(1) 激进的筹资战略。激进是相对于保守而言的,此阶段的激进是对前两个阶段保守战略的"能量"释放。可采用较高的负债率,以有效利用财务杠杆,给企业较高的权益回报。

(2) 多样化的投资战略。成熟期是企业日子最好过也最难过的阶段。好过,就在于它有优势的核心业务和核心竞争力,有较为雄厚的营业现金净流量甚至自由现金流量作保障,所在行业或业务领域没有更大的市场竞争压力及投资与经营风险;难过,是由于对企业的未来走向需要从现在开始考虑,未来不确定因素需要管理者进行分析并决策,以推动企业走向更高层次,拓展更大的发展空间。一方面,成熟期企业必须关注既有核心业务竞争优势的继续保持、现有生产能力的巩固和不断挖掘,并以既有核心能力为依托,走出一条项目投资与业务经营多样化的发展道路;另一方面,也需要前瞻性地为未来战略发展结构的优化、调整探索新的业务领域及市场空间,并努力培养起新的核心竞争力。

(3) 现金性、高比率股利政策。投资者的投资冲动来自收益预期,而收益预期的实现反过来又推动新的投资热情。成熟期企业现金流量充足,投资者的收益期望强烈,因此,适时制定高股利支付率分配战略,利大于弊。这一时期是股东收益期望的兑现期,如果不能在此时满足股东期望,则资本投资收益永远也不会得到满足,如果是这样,股东对企业的投资积极性将受到影响,必然影响企业未来再筹资能力。

(三) 成熟期财务战略实施重点

步入成熟期的企业,不仅在市场上所占份额相对稳定,而且其管理技术也日臻成熟,因此,财务战略实施的重点不是让管理者去关心具体操作与实施步骤,而是让他们对集团目前所采取的战略在管理意识上保持认同。在实施过程中,首要问题是解决管理者的忧患意识。对此,要做好三个方面的工作。

(1) 完善企业治理结构,强化对管理者的奖励与约束机制。任何战略的实施都要靠人来实现,尤其是管理者自身。国外研究表明,当企业发展到成熟阶段,由于存在大量的现金流量,最容易出现的问题是管理者资源的无效投资与使用,其表现形式是不顾企业整体发展战略,将资本投入与未来要发展产业或行业不相关的领域,或者投资达不到企业所设定的必要报酬水平的领域。这类投资都可被称为无效投资,其后果是降低了企业资产的总体收益水平,增加了劣质资产的总量。

(2) 强化成本控制,保持成本领先优势。企业步入成熟期,企业产品的价格趋于稳定,在市场价格一定的条件下,企业只能借助内部成本管理来实现盈利目的。内部成本管理主要强调目标成本管理,即在价格一定的情况下,根据投资额及目标利润预期来倒推出成本目标,并分级、分岗位落实到人。成本管理不单是某一部门的责任,它是全员式的,成本管理及成本战略是企业财务战略乃至整体战略的主要方面,它也是实现成本领先战略、差异化战略等产品竞争战略的重要手段。

(3) 规划制度,控制风险。成熟期企业财务战略整体趋于激进型,财务杠杆利用率较高,财务风险也较大。为了抓住机遇、加速发展,既要充分发挥财务杠杆作用,又要规避财务风险,此时最重要的在于建立一系列有关财务战略实施的审批制度。

四、调整期财务战略

(一) 调整期的经营风险与财务特征

当原有的产业或市场领域进入衰退期或夕阳阶段,企业的战略需要做出大幅度的调整,首要工作是加强经营方向调整:一方面,退出某些行业或经营领域;另一方面,进行内部经营调整,实施组织再造与管理更新。

进入调整期的企业,其经营风险主要表现在两个方面:一是对于现有产品的经营,其经营风险并不大,尽管面临市场负增长,但原来的市场份额并没有变化,从而已有的利润点及贡献能力并未失去;二是对于将要进入的新领域,可能存在极大的经营风险,它如同初创期的经营状况一样,需要进行市场前景、市场定位、部分转产与保留等可行性研究。但与初创期不同的是,此时的企业已有比较雄厚的资本实力与市场地位,其融资能力也大大增强,因此具有初创期不可比拟的财务优势与管理优势。

(二) 调整期财务战略定位

企业在成熟期创造正现金流量的能力不可能永远持续下去(除非它能创造巨大的市场,

并能无限制地持续),因为市场对产品的需求最终将逐渐衰退。这时,与之相关的经营风险仍然比成熟期有所降低,所以仍然可以采用高负债融资,在此期间,企业不需要为再投资而筹资,负债经营的潜能应用于产生现金流,而产生的现金流量要尽快支付给投资者。企业所制定的财务战略涵盖三个方面的内容。

(1) 财务资源集中配置战略。企业在此阶段面临的最大问题是,由于在管理上采用分权策略,所以在需要集中财力进行调整时,财务资源的分散会导致财力难以集中控制与调配。面对这一情形,本着战略调整的需要,在财务上要进行分权基础上的再集权。

(2) 高负债率筹资战略。进入调整期后,企业还可以维持较高的负债率而不必调整其激进型的资本结构,这是因为调整期的企业并不是没有财务实力,而是未来经营充满各种危险,当然也充满再生机会。调整期是企业新活力的孕育期,它充满风险,高风险将会带来高报酬率。

(3) 高支付率的股利政策。调整期企业必须考虑对现有股东提供必要的回报,这种回报既作为对现有股东投资机会的补偿,也作为对其初创期与发展期高风险、低报酬的一种补偿。但高回报具有一定的限度,它以不损害企业未来发展所需投资为最高限,即采用与剩余股利政策效果类似的分配战略。

(三) 调整期财务战略实施重点

调整期财务战略是防御型的,一般步骤是先退后进,或者边退边进,因此,财务上既要考虑扩张和发展,又要考虑调整与缩减规模。为了有效地实施退与进相结合的财务战略,必须在财务上着重解决三个问题。

(1) 强化财务的再集权,从制度上保证战略的实施。

(2) 改善与加强现金流量的管理,其方法可以是:削减费用或改善现金流量,将资本投入更需要资金的新的行业或领域;调整股权结构,出售分部的股权和部分资产;对不能出售但其存续有损于企业现金流的经营单位,主动实施财务清算战略,终止其业务经营,以减少更大的财务损失。

(3) 评估进入新领域的财务可行性,提出或解决实施过程中的财务问题。

财务战略必须适应企业的发展阶段,并和利益相关者的风险及收益特征相联系。很显然,财务战略主要关注的是战略决策的财务方面,但不能孤立地看待财务战略问题,财务战略如同企业的其他次级战略一样,应该放在企业制定和实施的合作与竞争总战略中才能评判其是否恰当。

第四节 财务战略控制

一、财务战略控制的作用和特征

(一) 财务战略控制的作用

战略在实施的过程中,有时与人们的期望并不一致,当出现非理想状态时,在战略学上称之为战略失效。战略失效从时间来看有早期失效、偶然失效和晚期失效。战略实施的早期失效率特别高,因为新战略还没有被员工理解和接受,或者实施者对新的环境、工作不适应;偶然失效是指在战略的平稳实施阶段所出现的一些意外情况;晚期失效是指由于外部环境的变化,战略的实施受到了一定程度的阻碍。

企业财务战略管理中的一个基本矛盾是既定的战略同变化着的环境之间的矛盾。企业财务战略的实施结果与预定的战略目标产生偏差的原因很多,主要有以下方面:① 制定财务战略的内外环境发生了新的变化,导致原定财务战略与新的环境条件不匹配,如在外部环境中出现了新的机会或意想不到的情况,企业内部资源条件发生了意想不到的变化等;② 财务战略本身有重大的缺陷或者比较笼统,在实施过程中难以贯彻,企业需要修正、补充和完善;③ 在财务战略实施的过程中,受企业内部某些主客观因素变化的影响,偏离了战略计划的预期目标。

在企业财务战略实施过程中出现与预定的战略目标偏离的情况时,如果不及时采取措施加以纠正,财务战略目标就无法顺利实现。要使企业财务战略能够不断顺应变化着的内外环境,除了使战略决策具有应变性外,还必须加强战略实施控制。

财务战略控制就是指在财务战略的实施过程中,检查企业为达到目标所进行的各项活动的进展情况,评价实施企业财务战略后的企业绩效,把它与既定的战略目标与绩效标准相比较,发现战略差距,分析产生偏差的原因,纠正偏差,使财务战略的实施更好地与企业当前所处的内外环境、企业目标协调一致。财务战略控制在战略管理中的作用主要表现在四个方面。

(1) 财务战略控制是企业财务战略管理的重要环节,它能保证财务战略的有效实施。战略决策仅能决定哪些事情该做、哪些事情不该做,而战略实施控制的好坏将直接影响战略决策实施的效果好坏与效率高低。因此,企业财务战略实施控制虽然处于财务战略决策的执行地位,但对财务战略管理是十分重要、必不可少的。

(2) 财务战略控制能力与效率的高低又是战略决策的一个重要制约因素,它决定了企业财务战略行为能力的大小。企业财务战略实施的控制能力强,控制效率高,则企业高层管理者可以做出较为大胆、风险较大的财务战略决策;反之,则只能做出较为稳妥的财务战略决策。

(3) 财务战略控制与评价可为财务战略决策提供重要的反馈,帮助财务战略决策者明确决策中哪些内容是符合实际、正确的,哪些是不符合实际、不正确的,这对于提高财务战略决策的适应性和水平具有重要作用。

(4) 财务战略控制可以促进企业财务基础工作建设,为财务战略决策奠定良好的基础。

(二) 财务战略控制的特征

财务战略控制的基本特征主要包括六个方面,是对战略控制的一些基本要求。

(1) 保证适宜性。判断并保证企业财务战略是适宜的,首先要求这个战略具有实现既定的财务和其他目标的良好前景。因此,适宜的战略应处于企业希望经营的领域,必须具有与之相协调的文化,如果可能的话,必须建立在企业优势的基础上,或者以某种可能确认的方式弥补企业现有的缺陷。

(2) 保证可行性。可行性是指企业一旦选定了财务战略,就必须认真考虑企业能否成功地实施该战略,即企业是否有足够的财力、人力或者其他资源、技能、技术、诀窍和组织优势,换言之,企业是否有有效实施财务战略的核心能力。如果在可行性上存在疑问,就需要将战略研究的范围扩大。

(3)保证可接受性。可接受性强调的问题是：与企业利害相关的人员,是否对财务战略满意,并且给予支持。一般来说,企业越大,与其有利害关系的人员就越多。要保证得到所有利害相关者的支持是不可能的,但是,财务战略必须经过最主要利害相关者的同意,在财务战略被采纳之前,必须充分考虑其他利害相关者的反对意见。

(4)调节整体利益和局部利益、长期利益和短期利益的不一致性。企业的整体是由局部构成的。从理论上讲,整体利益和局部利益是一致的,但在具体问题上,整体利益和局部利益可能存在一定的不一致性。企业财务战略控制就是要对这些冲突进行调节,如果把战略控制仅仅看作一种单纯的技术、管理业务工作,就不可能取得预期的控制效果。

(5)适应多样性和不确定性。企业的财务战略是一个方向,其目的是某一点,其过程具有多样性。同时,虽然财务战略是明确、稳定且具有权威的,但在实施过程中由于环境变化,战略必须适时地调整和修正,因而也必须因时因地地提出具体控制措施,这就是说财务战略控制具有适应多样性和不确定性的特征。

(6)保持弹性和伸缩性。战略控制中如果过度控制、频繁干预,容易引起消极反应,因而针对各种矛盾和问题,财务战略控制有时需要认真处理、严格控制,有时则需要适度、弹性的控制。财务战略控制中只要能保持正确的战略方向,应尽可能地减少干预实施过程中的问题,尽可能多地授权下属在自己的职权范围内解决问题,反而能够取得有效的控制。

二、财务战略控制的内容和实施条件

(一)财务战略控制的内容

在制定和实施财务战略的过程中,必须充分考虑定量分析因素、信息上的缺陷因素、不确定性因素、不可知因素以及人类心理因素等。在这些因素中,有一些是企业的内部特点,正是这些特点才使同一行业中的各个企业有所差异;另一些因素由于受到行业性质和环境的制约,则使得同一个行业中的企业战略较为相似。无论何种行业,尽管各种因素的影响力度不同,但影响财务战略控制的因素都包括需求和市场,资源和能力,以及组织和文化。针对企业财务战略的影响因素,企业财务战略实施控制的主要内容包括五个方面。

(1)设定绩效标准。根据企业财务战略目标,结合企业内部人力、物力、财力及信息等具体条件,确定企业绩效标准,作为战略控制的参照系。

(2)绩效监控与偏差评估。通过一定的测量方式、手段、方法,监测企业的实际绩效,并将企业的实际绩效与标准绩效对比,进行偏差分析与评估。

(3)设计并采取纠正偏差的措施,以顺应条件的变化,保证企业财务战略的圆满实施。

(4)监控外部环境的关键因素。外部环境的关键因素是企业财务战略赖以存在的基础,这些外部环境的关键因素的变化意味着战略前提条件的变动,必须予以充分的注意。

(5)激励战略控制的执行主体,调动其自控制与自评价的积极性,以保证企业战略实施的切实有效。

(二)财务战略控制的实施条件

企业财务战略控制的有效实施需要一定的条件,主要包括四个方面。

(1)必须有财务战略规划和实施计划。企业财务战略控制是以企业的财务战略规划为依据的,战略规划和实施计划越明确、完整和全面,其控制的效果就越有可能好。

（2）健全的组织机构。组织机构是战略实施的载体,它具有能够具体地执行战略、衡量绩效、评估及纠正偏差、监测外部环境的变化等职能,因此组织结构越是合理、明确、全面、完整,控制的效果就越有可能好。

（3）得力的领导者。高层管理者是执行财务战略控制的主体,又是财务战略控制的对象,因此,要选择和培训能够胜任新战略实施的得力的企业领导人。

（4）优良的企业文化。企业文化的影响根深蒂固,如果有优良的企业文化能够加以利用,这对于财务战略实施的控制是最为理想的,当然这也是财务战略控制的一个难点。

三、财务战略控制的方式

（一）控制时间

1. 事前控制

在财务战略实施之前,要设计好正确有效的战略计划,该计划要得到企业高层领导人的批准后才能执行,所批准的内容往往也就成为考核财务活动绩效的控制标准。这种控制多用于重大问题的控制。

事前控制需要在战略行动成果尚未实现之前,通过预测发现财务战略行动的结果可能会偏离既定的标准,因此,管理者必须对预测因素进行分析与研究,一般有:投入因素,即财务战略实施时投入资源的种类、数量和质量;早期成果因素,即财务战略实施的早期成果;外部环境和内部条件的变化。

2. 事后控制

这种控制方式发生在企业的财务活动之后,把财务活动的结果与控制标准相比较。这种控制方式工作的重点是要明确财务战略控制的程序和标准,把日常的控制工作交由相关人员去做,即在财务战略计划部分实施之后,将实施结果与原计划标准相比较,由相关人员定期地将战略实施结果向高层领导汇报,由领导者决定是否有必要采取纠正措施。

事后控制的具体操作方法主要有联系行为和目标导向等形式。联系行为即对战略实施行为的评价与控制直接同被评价者的工作行为联系挂钩,使其行动导向和企业财务战略导向接轨;同时,通过行动评价的反馈信息修正战略实施行动,使之更加符合财务战略的要求;通过行动评价,实行合理的分配,从而强化员工的战略意识。目标导向即让被评价者参与财务战略行动目标的制定和工作业绩的评价,既可以看到个人行为对实现战略目标的作用和意义,又可以从工作业绩的评价中看到成绩与不足,从中得到肯定和鞭策,为战略推进增添动力。

3. 随时控制

随时控制即过程控制,企业高层领导者控制企业财务战略实施中的关键性过程或全过程,随时采取控制措施,纠正实施中产生的偏差,引导企业沿着战略方向进行。这种控制方式主要是对关键性的战略措施进行随时控制。

（二）控制主体的状态

1. 避免型控制

采用适当的手段,使不适当的行为没有产生的机会,从而达到不需要控制的目的。

2. 开关型控制

在财务战略实施的过程中,按照既定的标准检查战略行动,确定行与不行,类似开关的开与止。开关控制方法的具体操作方式有多种：直接领导，管理者对财务战略活动进行直接领导和指挥，发现差错及时纠正，使其行为符合既定标准；自我调节，执行者通过非正式、平等的沟通，按照既定标准自行调节行为，以便和协作者配合默契；共同愿景，组织成员对目标、战略宗旨认识一致，在战略行动中表现出一定的方向性、使命感，从而殊途同归，和谐一致，实现目标。

（三）控制的切入点

1. 财务控制

这种控制方式覆盖面广，是用途极广的非常重要的控制方式，包括预算控制和比率控制。

2. 生产控制

对企业产品品种、数量、质量、成本、交货期及服务等方面进行控制，可以分为产前控制、过程控制及产后控制等。

3. 销售规模控制

销售规模太小会影响经济效益，太大会占用较多的资金，也影响经济效益，为此要对销售规模进行控制。

4. 质量控制

质量控制包括对企业工作质量和产品质量的控制。质量控制的范围包括生产过程和非生产过程的一切控制过程，质量控制是动态的，着眼于事前和未来的质量控制，其难点在于全员质量意识的形成。

5. 成本控制

通过成本控制使各项费用降低到最低水平，达到提高经济效益的目的，成本控制不仅包括对生产、销售、设计、储备等有形费用的控制，而且还包括对会议、领导、时间等无形费用的控制。成本控制的难点在于企业中大多数部门和单位是非独立核算的，因而缺乏成本意识。

本 章 小 结

企业财务战略，是为谋求企业资金均衡有效的流动和实现企业整体战略，增强企业财务竞争优势，在分析企业内外环境因素对资金流动影响的基础上，对企业资金流动进行全局性、长期性与创造性的谋划。财务战略是企业战略的重要组成部分。财务战略具有长期性、支持性、外向性、互逆性、动态性和全员性的特征。财务战略按资金筹措与使用特征可分为扩张型财务战略、稳健型财务战略、防御收缩型财务战略，按生命周期可分为初创期财务战略、成长期财务战略、成熟期财务战略和调整期财务战略，按财务管理对象可分为筹资战略、投资战略和收益分配战略。财务战略管理是对企业财务战略（或称战略性财务活动）的管理，是对企业财务战略制定直至实施全过程的管理。企业财务战略管理一般包括战略规划、战略实施和战略评价三个阶段。

企业财务战略的制定与企业战略类似，一般程序包括企业内外部环境分析、制定战略、战略实施与控制。财务战略环境是指影响财务战略管理的内外部各种因素，外部环境因素主要包括经济环境、政治法律环境、金融环境、技术环境、行业环境、社会文化环境、经济全球化环境、会计准则环境等，内部环境因素包括企业总体战略、企业所处的发展阶段、企业所提供的产品（服务）特征、企业内部治理结构、企业内部控制、企业现有的资产资源等。财务战略环境分析的一般程序包括收集企业财务战略环境的信息、分析环境因素对企业资金流动的影响,以及归纳环境分析的结果。

财务战略的最大方法主要有SWOT分析法、波士顿矩阵法、生命周期矩阵法及行业结构分析法等。各种方法有其自身的特点和适用范围。

在不同的发展阶段,企业所面临的市场环境差异悬殊,从而财务战略的侧重点也不尽相同。初创期财务战略定位是权益资本型的筹资战略、一体化集权型投资战略和无股利政策的分配战略。发展期财务战略定位是相对稳健型的筹资战略、适度分权的投资战略和剩余股利政策分配战略。成熟期财务战略定位是激进的筹资战略、多样化的投资战略和现金性、高比率股利政策分配战略。调整期财务战略定位是财务资源集中配置战略、高负债率筹资战略和高支付率的股利政策分配战略。

财务战略控制就是指在财务战略的实施过程中,检查企业为达到目标所进行的各项活动的进展情况,评价实施企业财务战略后的企业绩效,把它与既定的战略目标与绩效标准相比较,发现战略差距,分析产生偏差的原因,纠正偏差,使财务战略的实施更好地与企业当前所处的内外环境、企业目标协调一致。财务战略控制具有保证适宜性,保证可行性,保证可接受性,调节整体利益和局部利益、长期利益和短期利益的不一致性,适应多样性和不确定性,以及保持弹性和伸缩性等基本特征。财务战略控制的方式从控制时间来看有事前控制、事后控制和随时控制,从控制主体的状态来看有避免型控制和开关型控制,从控制的切入点来看有财务控制、生产控制、销售规模控制、质量控制和成本控制。

复习思考题

1. 什么叫企业财务战略?它和企业战略的关系怎样?
2. 企业财务战略有哪些特征?
3. 什么叫企业财务战略管理?它有哪些特征?
4. 在进行财务战略规划时,怎样进行财务战略环境分析?
5. 企业财务战略规划常见的方法有哪些?
6. 简述企业在不同发展阶段的财务和风险特征及财务实施策略。
7. 如何理解财务战略控制的作用和特征?
8. 财务战略控制有哪些方法?

第四章　企业并购财务管理

> **引导案例**
>
> 　　2014年年初,联想集团宣布以29亿美元的价格从谷歌手中买下摩托罗拉移动业务,包括3 500名员工、2 000项专利、品牌和注册商标。联想董事长兼CEO杨元庆将此次交易视为复制十年前成功的机会——彼时联想收购了陷入亏损的IBM个人电脑(PC)业务,随后将合并后的公司打造为全球最大的PC制造商。然而,在联想收购摩托罗拉两年后,联想在美国裁员数已超过2 000人,在全球智能机市场的排名也从第三跌到第八。2016年5月,联想遭遇了2009年以后的首次年度亏损,这与收购摩托罗拉有直接的关系。
> 　　据统计,联想移动(含摩托罗拉)在2017年仅售出179万台手机,排名中国市场第十,不及第一名华为手机销售的零头。和过去中国前三、世界第四的成绩相比,今天的联想手机在国内毫无存在感。企业并购支付和融资、企业重组策略、并购重组的绩效分析正是本章要重点阐述的内容。

学习目的和要求

本章阐述了并购的相关概念及并购理论,对并购支付和融资方式、并购税务安排和企业并购财务评价等财务问题进行了深入探讨。通过本章的学习,应在理解并购相关概念内涵的基础上掌握它们之间的关系,了解并购尽职调查的程序和内容,掌握各种并购支付及融资方式的特点、并购税务筹划及财务评价方法。

第一节　企业并购概述

一、并购相关概念的界定

并购实质上是企业控制权变动行为。控制权就是对公司或其他商业组织监督、指导与控制的权利,或者说是对某种资产或资源拥有的排斥他人使用的权利。并购是极为复杂的企业资本运营行为,涉及一系列相互关联而又彼此迥异的名词和术语。

(一)兼并

兼并源于英文 merger,指物体或权利之间的融合或相互吸收,通常被融合或吸收的一方在价值或重要性上要弱于另一方,融合或吸收之后,较不重要的一方不再独立存在。《新大不列颠百科全书》对"兼并"一词的解释是:两家或更多独立的企业、公司合并组成一家企业,通常由一家占优势的公司吸收另一家或更多的公司。《大美百科全书》也对"兼并"一词进行了界定:兼并在法律上是指两个或两个以上的公司组织合为一个公司组织,一个厂商继续存在,其他厂商丧失其独立身份。上述两个定义均强调了两个或两个以上公司通过法定方式合并为一个公司,合并后只有一个公司继续保留其合法地位的这一特性,这一特性构成了兼并最基本的内涵。

理论界倾向于强调兼并概念中对于控制权的取得,将兼并区分为广义和狭义。狭义的兼并是指一个企业通过产权交易获得其他企业的产权,使这些企业的法人资格丧失,并获得企业经营管理控制权的经济行为。广义的兼并是指一个企业通过产权交易获得其他企业产权,并企图获得其控制权,但是这些企业的法人资格并不一定丧失。广义的兼并包括狭义的兼并、收购。

(二) 收购

收购英文是 acquisition,本义是指获得或取得的行为。企业收购是指一家公司用现金、债券或股票购买其他公司的部分或全部资产或股权以获得对其他公司的控制权的行为,被收购公司的法人地位并不消失。

收购有两种形式,资产收购和股权收购。资产收购是指一家公司购买另一家公司的部分或全部资产,而收购方无须承担被收购方的债权债务;股权收购是指一家公司直接或间接购买另一家公司的部分或全部股份(已发行在外的股份或发行的新股),从而成为被收购公司的股东。

收购与兼并相比,最显著的差别表现在:兼并后被兼并企业法人实体不复存在,兼并企业成为被兼并企业新的所有者和债权债务的承担者;而收购后,被收购企业的产权可以是部分转让,可仍以法人实体存在,收购企业以收购出资的资本为限承担被收购企业的风险。兼并多发生在被兼并企业财务状况不佳、生产经营停滞或半停滞之时,兼并后一般需要调整其生产经营,重新组合其资产;而收购一般发生在企业正常生产经营的情况下,产权流动比较平和。

(三) 合并

合并(consolidation)意为巩固、强化、联合为牢固群体的行为。企业合并是指两个或两个以上的企业互相合并成为一个新的企业。合并包括两种法定形式,吸收合并和新设合并。吸收合并是指两个或两个以上的企业合并后,其中一个企业存续,其余的企业归于消灭。新设合并是指两个或两个以上的企业合并后,参与合并的所有企业全部消灭,而成立一个新的企业。

合并,尤其是新设合并,具有一定的平等性,是双方在平等自愿基础上的结合;而兼并具有一定的强制性,是一方强制性地吞并另一方。兼并与合并的区别还表现在:合并是把两个企业的资产合在一起由一个企业来经营管理,双方都不需要额外资金;而兼并是一个企业用现金或其他有价证券购买另一个企业资产或股权,是有偿的。

(四) 并购

并购是兼并和收购的合称,在西方习惯将二者联用为一个专业术语 merger and acquisition,缩写为 M&A。企业并购是一种企业控制权交易,是一种产权交易行为,直接结果是被并购企业法人地位被取消或法人实体改变。从我国目前的法律条文来看,还没能在法律上给出"并购"准确的定义,因此从根本上讲,企业并购并不属于一个法律术语。

兼并、收购和合并三个词语既有联系,又有区别。严格地讲,兼并、合并、收购的定义是不同的,但由于在运作中它们的联系远远超过其区别,因而在我国不十分强调三者的区别,常将其作同义语使用,统称为并购,泛指在市场机制作用下,企业为了获得其他企业的控制权而进行的产权交易活动。

并购的实质是在企业控制权运动过程中,各权利主体依据企业产权作出的制度安排而进行的一种权利让渡行为。并购活动是在一定的财产权利制度和企业制度条件下进行的,在并购过程中,某一或某一部分权利主体通过出让所拥有的对企业的控制权而获得相应的收益,另一个部分权利主体则通过付出一定代价而获取这部分控制权。企业并购的过程实质上是企业权利主体不断变换的过程。

二、企业并购的理论

西方历史悠久的公司并购史中,学者们从各种角度对并购活动进行不同层面的分析探讨,提出了许多假说。目前有关并购的理论主要包括代理理论、效率理论、交易成本理论和产权理论等。总体看来,对企业并购的理论研究尚未形成一个公认的系统框架,各持一家之言,众说纷纭。但其研究的基点却是一致的,即并购发生的原因和并购所能带来的利益价值的大小。

(一)代理理论

1976年,迈克尔·詹森(Michael Jensen)和威廉·麦克林(William Meckling)从企业所有权结构入手,提出了代理成本问题。代理问题产生的基本原因在于管理者和所有者间的合约不可能无代价地签订和执行。当管理者只拥有公司所有权股份的一小部分时,可能会导致管理者的工作缺乏活力,或导致其进行额外消费(豪华办公室、公司轿车、俱乐部会员资格等),大多数花费将由大多数股份的所有者来承担。为了保证管理者能为股东的利益努力工作,公司必须付出代价,这些代价被称为代理成本。解决代理问题、降低代理成本有两个方面的途径,即组织机制方面的制度安排和市场机制方面的制度安排。

代理理论从不同角度对企业并购进行了解释,形成了三种不同观点。

1. 并购的目的是降低代理成本

尤金·法玛(Eugene Fama)和詹森认为,公司代理问题可以通过适当的组织程序来解决。在公司所有权和经营权分离的情况下,决策的议定和执行是经营者的职能,决策的评估和控制由所有者管理,这种互相分离的内部机制可以解决代理问题。并购提供了解决代理问题的一个外部机制,通过收购股票获得控制权,可以减少代理问题的产生。

2. 代理人行为

丹尼斯·穆勒(Dennis Muller)认为,代理人的报酬由公司规模决定,代理人有动机使公司规模扩大而接受较低的利润率,通过并购增加收入和提高职业保障程度。法玛发现并购公司经理在并购后的两年里平均收入增加33%,而在没有并购活动发生的公司里,经理的平均收入只增加20%。杰弗里·惠廷顿(Geoffrey Whittington)等人发现公司规模是影响经理收入的主要因素。1977年哈比尔·辛格(Harbir Singh)对并购后的企业利润情况的研究表明,并购后的企业利润一般都下滑,这表明企业并购注重的是企业长远发展,而不太注重获利能力,甚至牺牲短期利润。威尔伯·卢埃林(Wilbur Lewellyn)和布莱恩·亨茨曼(Blaine Huntsman)的研究表明,代理人的报酬与公司的报酬率有关而与公司规模无关。这构成对代理人行为论的挑战。

3. 自由现金流量说

这一理论源于代理问题。詹森认为自由现金流量的减少有利于缓解公司所有者和经营者之间的冲突。如果公司要使其价值最大化,自由现金流量应完全交付给股东,此举会削弱经理人的权利;同时,再度投资所需现金将在资本市场上筹集而受到监控,由此降低代理成本。詹森认为,适度的债权由于必须在未来支付现金,更易降低代理成本。他还强调,对那些已面临低度成长而规模逐渐减小,但仍有大量现金流量产生的公司,控制资本结构是重要的。此时并购的含义是公司可通过并购活动,适当提高负债比率,从而减少代理成本,增加公司价值。

(二)效率理论

效率理论认为公司并购活动能够给社会收益带来潜在的增量,而且对交易的参与者来说无疑能提高各自的效率。这一理论包含两个基本的要点:① 公司并购活动的发生有利于改进管理层的经营业绩;② 公司并购将导致某种形式的协同效应。效率理论可细分为六个子理论。

1. 效率差异化理论

效率差异化理论认为并购活动产生的原因在于交易双方的管理效率是不一致的,具有较高效率的公司将会并购效率较低的目标公司,并通过提高目标公司的效率而获得收益,所以该理论也被称为管理协同理论。效率差异化理论中,并购方具有目标公司所处行业所需的特殊经验,并致力于改进目标公司的管理,其适用于解释横向并购。该理论有两个基本假设:① 如果并购方有剩余的管理资源且能轻易释出,并购活动将是没有必要的;但如果作为一个团队其管理是有效率和不可分割的,或者具有规模经济,那么通过并购交易使其剩余的管理资源得到充分利用将是可行的。② 对于目标公司而言,其管理的非效率可经由外部经理人介入和增加管理资源的投入而得到改善。

2. 非效率管理理论

这一理论一般很难和效率差异化理论及代理理论区分开来。一方面,非效率管理可能仅是指既有管理层未能充分利用既有资源以达到潜在绩效,相对而言,另一控制集团的介入能使目标公司的管理更有效率;另一方面,非效率管理亦可能意味着目标公司的管理是绝对无效率的,几乎任一外部经理层都能比既有管理层做得更好。该理论为混合并购提供了理论基础。

非效率管理理论具有三个理论假设:① 目标公司无法替换有效率的管理,而诉诸需要成本的并购;② 如果只是因为经理人的无效率管理,目标公司将成为并购公司的子公司而不是合二为一;③ 当并购完成后,目标公司的管理者需要被替换。

3. 经营协同效应理论

该理论认为,由于在机器设备、人力或经费支出等方面具有不可分割性,所以产业存在规模经济的潜能。横向、纵向甚至混合并购都能实现经营协同效应。该理论的假定前提是在行业中存在着规模经济,而且合并之前公司的经营活动水平达不到实现规模经济的潜在要求。

横向并购获得经营协同效应是指把目标公司中好的部分同本公司各部门结合并且协调起来,而去除那些不需要的部分,通过两者的优势互补产生经营协调效应。纵向并购可将同行业中不同生产阶段的公司联合在一起,以避免相关的联络费用和各种形式的交易费用,从而获得更为有效的协同效应。

4. 多样化经营理论

该理论不同于股份持有者证券组合的多样化理论。股东可以在资本市场上将其投资分散于各类产业,从而分散其风险,因此,公司进行多样化经营和扩张并不是出于为股东利益着想的考虑。该理论认为,分散经营之所以有价值是基于许多原因,其中包括管理者和其他员工分散风险的需要,公司无形资产的保护,以及能在财务和税收方面带来的好处等。

在所有权与经营权相分离的情况下,公司的单一经营有可能陷于困境,公司管理层甚至其他员工将面临较大风险。由于他们不能像公司股东一样在资本市场上分散其风险,只有靠多样化经营才能分散其投资回报的来源和降低来自单一经营的风险。此外,公司内部的长期员工由于具有特殊的专业知识,其潜在生产力必优于新进的员工,为了将这种人力资本保留在组织内部,公司可以通过多样化经营来增加职员的升迁机会和工作的安全感。如果公司原本具有商誉、客户群体或是供应商等无形资产,多样化经营也可以使此资源得到充分的利用。虽然多样化经营未必一定通过并购来实现,但通过并购其他公司,可迅速达到多样化扩展的目的。

5. 策略性结盟理论

该理论认为,企业的战略规划不但与经营决策有关,而且与公司的环境和顾客有关,公司的并购活动有时是为了适应环境的变化而进行多样化收购以分散风险的,而不是为了实现规模经济或者有效运用剩余资源。并购使得企业的调整速度快于内部发展的调整速度,可使公司有更强的应变能力以面对变化的经营环境,并且还可能存在管理协同效应的机会。

6. 价值低估理论

这一理论认为,当目标公司的市场价值由于某种原因而未能反映出其真实价值或潜在价值时,并购活动将会发生。公司市值被低估的原因一般有以下三种:① 公司的经营管理未能充分发挥应有潜能,即机构投资者强调短期经营成果,导致有长期投资方案的公司价值被低估;② 收购公司拥有外部市场所没有的、有关目标公司真实价值的内部信息;③ 由于通货膨胀造成资产的市场价值与重置成本的差异,出现公司价值被低估的现象。

(三) 交易成本理论

产权交易理论始于科斯,而后由奥利弗·威廉姆森(Oliver Williamson)等人进一步发展。这一理论不再以传统的消费者和厂家作为经营分析的基本单位,而是把交易作为经济分析的细胞。交易成本理论的产生是由于存在以下因素:人是有限理性的,因为他得到的信息和处理信息的能力都是有限的;人又是机会主义的,在市场交易中会想方设法损人利己;未来是不确定的,这导致交易合约的签订、监督具有很高的费用,是市场的一个主要缺陷;小数目条件,即当市场上某种产品和服务的供给者只有一家或少数几家时,机会主义带来的损失可能就难以避免。这导致交易的完成需要付出高昂的交易成本,为节约这些成本,可采取新的交易形式——企业代替市场交易。并购是企业内部的组织协调对市场的替代,目的是降低交易成本。

交易成本理论借助资产专用性、交易的不确定性、交易频率三个概念来解释纵向一体化并购:交易所设计的资产专用性越高、不确定性越强、交易频率越大,市场交易的潜在成本就越高,纵向并购的可能性就越大;当市场交易成本大于企业内部的协调成本时,纵向并购就会发生。交易成本理论对混合并购的解释是内部市场说:多部门组织可以看作一个内部化的资本市场,运用决策职能与执行职能分离等原则,可以使其管理费用低于这些不相关活动通过市场进行交易所发生的费用,它反映资本市场经由管理协调取代市场协调而得以内部化,从而大大提高资源利用效率。

(四)产权理论

产权理论是运用不完全契约的方法,通过分析产权分配的效率研究企业并购问题,它是交易成本理论的一个重要突破,主要代表有经济学家桑福德·格罗斯曼(Sanford Grossman)、奥利弗·哈特(Oliver Hart)和约翰·莫尔(John Moore)。产权理论认为,企业是否应该一体化,取决于企业之间的资产是互为独立,还是严格互补。根据哈特的证明,企业之间的资产若互为独立,则非合并状态是一种有效率的安排,非合并状态优于合并状态。如果资产互不依赖的两家企业实施并购,并购企业的所有者几乎得不到什么有用的支配权,但被并购企业的所有者却丧失了有用的支配权。如果企业之间的资产严格互补,则某种形式的合并是最佳的,即高度互补的资产应该被置于共同所有权之下,因为如果两家高度互补的企业的所有者不同,那么每一位所有者都不具有真正的支配权。通过并购,把所有的权力给予其中一位所有者,可以增加企业价值。

产权理论认为,就企业并购而言,问题不仅仅是是否应并购,更重要的是正常由谁拥有,或者说由谁并购更有效率,即最优所有权结构问题。最优一体化应该将控制权让渡给的主体,其投资决策相对于另一方更重要。根据哈特的研究,一体化的主要所有权结构是:① 如果 M2 的投资决策是无弹性的,那么最好把所有的控制权都给予 M1;相反,如果 M1 的投资决策是无弹性的,那么 M2 就应该拥有全部控制权。② 如果 M2 的投资相对缺乏生产力,那么全部控制权给予 M1 是最佳的;相反,如果 M1 的投资是相对缺乏生产力的,那么,M2 就应该拥有全部控制权。③ 如果 M1 的人力资本是资产运行必不可少的,或者他们的行动对资产价值有重大影响,那么由 M1 拥有全部资产是最佳的;相反,如果 M2 的人力资本是必要的,那么 M2 就应该拥有全部资产。④ 如果 M1 和 M2 都拥有必要的人力资本,那么所有权结构就无关紧要,因为在对方达不成协议的情况下,任何一方的投资都不会有收益。

三、企业并购尽职调查

(一)尽职调查的意义

尽职调查(due diligence)又称谨慎性调查,一般是指投资人在与目标企业达成初步合作意向后,经协商一致,投资人对目标企业一切与本次投资有关的事项进行现场调查、资料分析的一系列活动。其主要是在并购(投资)等资本运作活动时进行,但企业上市发行时,也会需要事先进行尽职调查,以初步了解是否具备上市的条件。

尽职调查这个概念来自英美法系,最早用于对证券市场上投资人(股东)的保护,后来被移植到企业并购等交易中。根据美国《1933 年证券法》关于尽职调查的规定,如果当事人没有进行尽职调查,则有可能要对第三人(投资者)承担民事损害赔偿责任。在并购交易中,如果当事人没有进行或没有做好尽职调查,则要自己承担未彻底了解企业状况所产生的风险,也就是说,和在证券法中的原始含义不同,这里"尽职"的对象,不再是第三人(投资者),而是买受人自己。按照英美并购交易的法律实践,如果没有对企业状况的特别担保,出卖人只有义务交付一个符合"所看到的"或者"所检查的"情形的企业,从而迫使购买人在购买企业之前采取相应的调查措施以避免遭受损害。

在收购与兼并中,对目标公司的调查之所以重要,是因为如果不进行调查,收购中所固有的风险就会迅速增加,在缺少充分信息的情况下,购买一个公司可能会在财务上导致重大的损失。尽管这些基本的道理听起来似乎非常简单,但是在实际中却常常会发生违背这些原则的事例。要保证公司的兼并与收购业务有较大的成功机会,在准备兼并一家公司之前,必须对目标公司进行必要的审查,以便确定该项兼并业务是否恰当,从而减少兼并可能带来的风险,并为协商交易条件和确定价格提供参考。兼并与收购的调查是由一系列持续的活动组成的,涉及对目标公司资料的收集、检查、分析和核实等,包括企业的背景与历史,企业所在的产业,企业的营销方式、制造方式、财务资料与财务制度、研究与发展计划等各种相关的问题。

我们可能会遇到,在一些案例中,并购调查似乎是无效的,它不能为正确地评价潜在的目标公司和做出正确的决策提供必要的信息。导致这一结果的原因可能是多方面的,然而最重要的原因可能是,调查中经常只注意取得信息的数量,而忽视了信息的质量。例如,对于市场营销信息,并购方不应该仅仅注意市场占有率或市场增长的统计,还应该重视那些有助于评估为什么潜在的目标公司在其市场上能够取得成功,它的竞争战略是否将继续可行等方面的信息;又如,对于财务信息,并购方应该注意财务报告中揭示的主要问题、变化趋势和非正常财务特征,而不仅仅是注意财务报表中的每一个项目。

收购与兼并中的调查既可以由公司内部的有关人员来执行,也可以在外部顾问人员(如会计师、投资银行家、律师、行业顾问、评估师等)的帮助下完成。但是,一般来说,收购方的经理人员参与调查是非常重要的,因为经理人员对出售方及目标公司的"感觉"和一些定性考虑,对做出收购决策来说都是非常必要的,如果经理人员不参与调查或在调查中不发挥主要作用的话,就会失去这些"感觉"。

(二) 尽职调查的范围和流程

1. 尽职调查的范围

尽职调查的范围与程度受多个因素的影响。

首先,它与委托方在时间上的要求及费用支出有关,越详尽的尽职调查所需的时间和费用就越多。

其次,它与被调查公司的规模、声誉有关。被调查公司的规模越大、部门越多、业务越复杂、产品越多样,需要调查的范围也就越大,相同程度的了解亦需要更多的工作量,花费的时间也就越多;而对那些历史悠久、声誉卓著、由著名会计师公司进行年审、财务状况良好的公司,尽职调查的范围或时间就可以相对减少。

再次,它与并购中股权交易的比例有关。一般认为,购买交易对手拥有的全部股权与购买部分股权相比,需要进行范围更广、程度更深的尽职调查。

最后,它与被调查公司是上市公司还是私人公司有关。上市公司信息披露有法律规范,而私人公司的信息相对没有那么透明。因此,如果被调查公司是上市公司,那么调查的依据和材料比较充分,调查的工作量相对可以轻一些,时间可以短一些。但上市公司一般比私人公司规模更大、业务更复杂，因此也有需要更大调查范围和更多调查时间的情况。

总之，公司规模大、业务复杂、信息披露不充分的，就需要更多的尽职调查，而公司声誉卓著、信息披露规范、业务相对单纯的，尽职调查就比较简单。对于从事尽职调查工作的受托方，他们会根据时间的要求和费用的情况寻求更有效的尽职调查，在既定的投入下尽可能充分地揭示并购风险；而对于委托方来说，则希望调查方能在约定的时间内进行最大限度的调查，最充分地揭示并购的潜在风险。调查方"尽可能充分"的工作与委托方"最充分"的要求显然有差距。

2. 尽职调查的操作流程

尽职调查通常包括两个方面的流程。

（1）准备阶段。在具体实施尽职调查前，通常要完成三个方面的工作。

① 保密约定。在具体的调查进行之前，当事人首先要做的就是保密约定。应当承担保密义务的人，不仅有具体执行尽职调查的专业人员如律师、会计师等（其实根据职业规范，这些人本来就负有保密义务），更主要的是接触这些信息的购买人。如果购买人也是一个企业（这种情况在实践中往往占多数），则该企业的董事会成员、经理等，都要签署保密协议。保密协议通常也可以在意向书中约定。

② 约定调查内容及确定尽职调查资料室的位置与相关规则。这是指双方当事人约定具体对哪些事项进行调查，共同起草相关调查项目的目录，以便出卖人提供相关具体材料，由于所有材料都放在一个特定的资料室中，实践中它又叫资料室目录。一般资料室都在目标企业所在地，不过考虑到调查的方便，也可能放在其他地方。资料室规则主要指对人员出入、资料存取等具体事项的规定，其主要目的是确保资料的安全与合理使用。

③ 听取出卖人管理层对企业状况进行陈述与说明。在具体进行调查之前，听取管理层对有关情况进行说明，一定程度上说，这有助于执行尽职调查的人员更快上手。

（2）执行阶段。这一阶段包括提出尽职调查清单并进行具体调查和撰写调查报告，在报告中作出调查的结论，说明调查的方法、调查的具体内容、所存在的疑问或者怀疑，提出自己的意见与结论等。

调查清单应包括影响目标企业的财务、经营、法律与并购交易状况的重要因素，其内容应根据工作经验，结合目标企业的具体情况提出，随着调查进度的深入，其内容可以不断调整。

另外，在开始尽职调查时，财务顾问会向调查对象提出一份需要了解的文件清单，调查小组会在熟悉文件内容进而了解调查对象的基础上，确定进一步访谈和核对的内容，确定调查的重点，一般可包括基本情况、财务信息、经营协议、人事管理、行政章程与环保、法律事项和其他重要文件。

（三）尽职调查的内容

尽职调查是企业并购过程中一项重要工作，是以财务顾问为主导的并购工作小组进场后首先要进行的一项工作，其目的是全面了解公司的经营管理状况，了解并购可能面临的各种风险，以确定防范风险的办法，使并购可以顺利进行。尽职调查的主要内容包括审查财务报告、审查经营管理、审查业务的合法性和审查并购交易过程。

1. 审查财务报告

审查企业的财务报告是进行尽职调查最重要的内容，因为企业的业绩、盈亏或企业价值都需要在深入审视企业财务报告的基础上做出。当然,审查企业的财务报告也是发现可能的并购陷阱和风险的重要途径。如果被考察的企业是上市公司,其财务报告经过注册会计师审计,那么审查的质量可以得到更好的保证;如果企业是非上市公司,审查的财务报告未经注册会计师审计,审计工作则需要更加谨慎、详细,工作量会大大增加。尽职调查时,审计的财务报告主要是企业的资产负债表、利润表和现金流量表,其中更重要的是资产负债表和利润表。资产负债表是企业全部资产负债的"清单",通过它可以看到企业的净资产或股东权益的实际情况;利润表反映的是企业的盈利能力和实际的盈亏情况;现金流量表则反映了企业的投资、经营和所有其他财务活动所产生的现金流的情况。收购方在分析财务报告时,一般包括四个方面的内容。

(1) 考察若干重要指标。收购方需要考察目标企业若干重要的财务指标,包括总资产、流动资产、固定资产、无形资产、流动负债、长期负债、股东权益、营业收入、营业利润、利润总额、净利润、未分配利润,以及经营、投资和筹资产生的现金流量等。通过分析这些重要指标,收购方可以对目标企业财务状况有基本了解。

(2) 考察若干重要财务比率。通过考察重要财务比率,收购方可以对目标企业的财务状况有更深入的了解。这些比率主要包括盈利能力比率(净资产收益率、总资产报酬率、收入利润率、成本费用利润率)、营运能力比率(总资产周转率、流动资产周转率、流动资产垫支周转率、存货周转率、应收账款周转率、固定资产周转率)、偿债能力比率(流动比率、速动比率、现金比率、现金流量比率、资产负债率、股东权益比率、利息保证倍数)、发展能力比率(股东权益增长率、利润增长率、收入增长率、资产增长率)、市场比率(市盈率、市净率、托宾Q)等。

(3) 结构比重分析。通过计算报表中各项目占总体的比重或结构,反映报表中的项目与总体的关系情况。会计报表经过结构比重处理后,通常称为同度量报表,如同度量资产负债表、同度量利润表、同度量成本报表等,它能帮助收购方确认目标企业财务报告的结构特点、优势与潜力,以及其中可能存在的问题。

(4) 变动趋势分析。根据企业连续几年或几个时期的资料,运用指数或完成率,确定有关项目的变动情况及趋势,既可用于对报表的整体分析,即分析一定时期各报表项目的变动趋势,也可用于对某些主要指标的发展趋势进行分析。变动趋势分析帮助收购方了解目标企业财务状况的历史情况和变动趋势,对于预测目标企业未来的财务状况有主要作用。

在审查财务报告时,应注意不同类型的企业财务报告有不同的特征。如一般制造与服务型企业的债务比率会相对较低,而金融机构的债务比率显然会高很多。因此,在审查分析企业的价值和风险时,应对具体对象进行有针对性的判断。同时,也要注意,企业可能在编制报表时为了追求某些利益人为地调高或降低某些重要的财务指标,如为了减少纳税人为地降低实际的盈利水平,为了获得在股市上配股或增发的目的人为地调高企业净资产收益率的利润指标。在尽职调查中,准确识别财务报告中的不实数据,对于发现收购风险具有重要意义。

在进行财务报告审查时,若有以下情形还应特别注意:企业管理层对企业现状及前景的描述与财务报告中的数据有很大差距,甚至有很大矛盾;企业报告的业绩成果与计划成果之间非常一致;财务报表中的数据有异常变化;企业进行大量不符合正常程序的关联交易;不切实际的激进销售方式和利润刺激方式。发现这些情况应进一步调查,以防可能存在的并购陷阱。

2. 审查经营管理

进行这一审计的基本目的在于更深入地了解企业主要股东的背景和经营理念，了解和把握企业并购后可能有的弱点和风险，更好地发展企业文化，获取更多进一步发展的商机。经营管理审查围绕企业基本的"人和事"展开，即围绕企业所要开展的活动以及活动组织者和领导者进行，因而经营管理审查涉及的领域十分广泛。

经营管理评价的关键在于关注风险。收购方可以通过很多资源获得大量具有价值的风险评价信息，包括目标企业的年度报告、定期的营业指数、信用评估机构、报纸、研究服务机构、各类研究报告和互联网资源等。但评价企业经营管理风险主要通过对企业管理层和其他相关人员的访谈和问卷调查的方式进行。在所有相关人员中，最重要的访谈对象是企业的创建者，访谈他们可以最好地把握企业的灵魂和精神，了解企业的核心理念，更好地把握企业商誉的价值。当然，董事长、总经理也是极重要的了解对象，他们对企业精神和核心理念的理解和把握与企业的一般管理人员相比要深刻得多。但是，也有资料显示，企业的中层管理人员和员工对企业业务的核心内容最熟悉，并且他们很少撒谎，也愿意揭露企业不规范的行为和管理活动。

在实施尽职调查时，要同时注意企业资产的常规性风险和非常规性风险。前者是日常经营活动中常常会出现的风险，如财务风险、经营风险和竞争风险；后者是日常经营活动中很少出现的一些因素所导致的风险，如企业员工、代理人及第三方有意的非法行为和恶意行为，与企业员工和财产有关的灾难性的事件，经营环境发生重大的、难以想象的、灾难性的变化，主要诉讼，整体管理不善等。

除了对资产风险的评估，收购方还需要对管理、文化、人力资本、市场营销和其他"软"因素进行尽职调查。这些"软"因素不像企业的财务数据那样可以量化，但这些因素同样会造成企业业绩的下滑，同样会给收购方带来很大的收购风险：收购方和目标企业的文化不同会给收购后的企业带来极大困难；再如，并购双方管理层的人际关系不够融洽，也会给双方并购后的合作投下阴影。

3. 审查业务的合法性

在并购尽职调查中，除了主要审查财务报告经营管理外，还要审查业务的合法性。合法性审查的目的主要有两个：一是确保收购的是一家没有法律纠纷或基本上没有法律纠纷的企业；二是确保整个收购过程是合乎法律法规要求的，没有触犯相关的法律法规条款。显然，有关法律法规的尽职调查需要由专业的律师来进行，因为只有专业的律师才清楚企业的法律环境、相关的法律法规内容，以及如何判断企业的法律状况。在进行尽职调查时，律师要对企业的经营管理、资金往来、高管行为等各个方面进行调查和了解，发现有关环节是否有司法诉讼，判断企业是否存在合法性问题，进而确定收购企业的过程中是否面临重大的合法性风险。

4. 审查并购交易过程

尽职调查并购交易过程审查主要包括：并购协议的审查，确定协议是否保障了收购方的利益，协议中是否含有收购方无法承担的义务；签订并购协议前审查并购交易是否触犯了有关的各项法规，包括证券及证券交易、税收、会计、反垄断、知识产权、消费者保护、雇佣者保护、环境保护等方面的法律法规。

并购协议是关于交易双方对股权转让交易所达成合法共识的法律文件,它确定了并购双方在并购交易上的法律责任,因此,审查这些承诺所具有的风险程度十分重要。在我国,上市公司的股权转让协议一般包括以下四个方面的内容。

第一部分是交易安排。包括:① 对并购双方合法法人地位的确认,对协议中涉及的公司、出让股份、登记公司、交易完成日、股东名册等概念进行定义;② 股份转让,包括转让股份的性质、数量、价格、支付方式以及具体的支付日期;③ 有关股权过户的安排。

第二部分是双方的承诺。这也是审查的重点,主要内容包括:① 出让方的承诺,包括有签署与履行协议所需的一切必要的权力与授权,出让方是出让股份的唯一合法拥有者,出让股份已在登记公司办理了集中托管手续;② 出让方的保证,包括在股份完成过户前发现可能对企业产生重大不利影响的事件,应将信息及时披露给并购方,在出让股份上未设任何质押、担保或第三方权利,也不存在冻结或其他限制股份转让的情形;③ 收购方承诺,具有签订与履行协议所需的一切必要权力与授权,与履行协议有关的资产与业务文件完整、真实、准确,没有遗漏任何重大事实;④ 违约责任,双方保证如果违反承诺,将给予对方充分赔偿。

第三部分是一些有关生效标志、协议的期限和终止安排,以及有关不可抗力的说明,不可抗力通常包括:签署协议时不能预见、不能避免、不能克服的,而且导致协议不能履行或不能按时履行的客观情况;国家政策法律的变更导致协议无效。

第四部分是关于信息披露、适用法律、争议解决、费用等的一般性条款。

从并购协议签署到完成股权转让手续往往有一个较长的期间,在此期间还会有较大的不确定性,会发生一些事先难以预料的事件,因此,双方都希望虽然签署了并购协议,但在一定条件下仍有退出交易的选择权。这方面的具体规定决定了双方在此种情况下的权利和义务。

第二节 并购支付方式与融资方式

一、并购支付方式

并购支付方式的选择是企业并购策略中一个十分重要的问题,它直接关系到交易成交价格的高低及企业并购的成败。并购支付方式的选择除了要符合法律法规外,主要取决于并购方企业的自身条件和被并购企业的实际情况。并购支付方式一般包括现金支付方式、股票支付方式、综合证券支付方式和杠杆支付等。

(一)现金支付

现金支付方式是指并购企业通过向被并购企业股东支付一定数额的现金,取得被并购企业的控制权的方式。一旦目标企业的股东收到对其拥有股份的现金支付,就失去了对原企业的任何权益。在实际操作中,并购方的现金来源主要有自有资金、发行债券、银行借款和出售资产等。

一般而言,凡不涉及发行新股票的并购都可以被视作现金支付方式的并购,即使是由并购企业直接发行某种形式的票据完成并购,也是现金支付方式的并购。如在卖方融资的形式下,并购方以承诺未来期间的偿还义务为条件,首先取得被并购方的控制权,然后按照约定的条件进行支付,这是一种支付方式与融资方式相结合的特殊支付方式。在这种情况下,被并购的企业可以取得某种形式的票据,但其中丝毫不含有并购企业的所有权,只表明对某种固定的现金支付所做的特殊安排,是某种形式的推迟的现金支付。从并购企业的资本来源角度出发,可以认为这是一种融资方式,直接由被并购的股东提供融资,而不是由银行或其他第三方提供。

采用现金支付方式的优点如下：首先,现金支付简单迅速,并购方通过支付现金迅速完成并购过程,有利于并购后企业的整合；其次,现金支付是最清楚的支付方式,目标公司的股东可以将其虚拟资本在短时间内转化为确定的现金,不必承受因各种因素带来的收益不确定性等风险；最后,现金收购不会影响并购后公司的资本结构,因为普通股股数不变,并购后每股收益、每股净资产不会由于稀释而有所下降,有利于股价的稳定。

这种方式的不利之处在于：对并购方而言,现金支付给企业带来沉重的付款压力,它要求并购企业有足够的现金头寸和筹资能力,因而现金支付方式下的并购交易规模常常受到并购方现金流量和融资能力的制约；对被并购企业的股东而言,取得现金就不能拥有并购后企业的权益,不能分享并购后企业的发展机会和盈利潜力,而且被并购企业可能无法推迟资本利得的确认,从而不能享受税收上的优惠。因此,对于巨额并购案,现金支付的比例一般较低。纵观美国收购历史,亦可发现小规模交易更倾向于至少是部分地使用现金支付,而大规模交易更多则至少是部分使用股票支付。

（二）股票支付

股票支付是指并购公司将本公司股票支付给目标公司股东,以按一定比例换取目标公司股票,目标公司从此终止或成为并购公司的子公司。可以说,这是一种不需要动用大量现金而优化资源配置的方法。股票支付在国际上被大量采用,具体分为增资换股、库存股换股和母子公司交叉换股三种形式。

增资换股是指并购公司以发行新股的方式（包括普通股或可转换的优先股）来替换被并购企业原有股东所持有的股票。库存股换股是指并购公司将其库存的那部分股票用来换目标公司的股票。母子公司交叉换股,其特点是并购公司、并购公司的母公司和目标公司之间都存在换股的三角关系,通常在换股之后,目标公司或消亡,或成为并购公司的子公司,或成为其母公司的子公司。

股票支付的优点主要表现在四个方面。

(1) 不受并购方获现能力制约。对并购公司而言,换股并购不需要即时支付大量现金,不会挤占公司营运资金,购并后能够保持良好的现金支付能力。因此,股权支付可使并购交易的规模相对较大。

(2) 具有规避估价风险的效用。由于信息的不对称,在并购交易中,并购公司很难准确地对目标公司估价,如果用现金支付,并购后可能会发现目标公司内部有一些问题,由此造成的全部风险都将由并购公司股东承担。但若采用股票支付,这些风险则同样转嫁给目标公司原股东,使其与并购方股东共同承担。

(3) 原股东参与新公司收益分配。采用股权支付方式完成并购交易后,目标公司的原股东不但不会失去其股东权益（只是公司主体名称发生了变化）,还可分享并购后公司可能产生的价值增值等好处。

（4）延期纳税的好处。对目标公司股东而言，股权支付方式可推迟收益时间，享受延期纳税的好处。与现金支付方式比较，股权支付无须过多地考虑税收规则及对价格安排上的制约。

股票支付也有三个方面的缺陷。

（1）对于并购方而言，新增发的股票改变了原有的股权结构，导致了股东权益的"淡化"，尤其在并购方第一大股东控制权比例较低，而被并购方股权结构较为集中的情况下，并购方反而易为被并购企业所控制。

（2）股票发行要受到证券监管机构的监督以及所在交易所上市规则的限制，发行手续烦琐、迟缓，使得竞购对手有时间组织竞购，亦使不愿意被并购的目标公司有时间部署反收购措施。

（3）换股并购经常会招来风险套利者，套利群体造成的卖压以及每股收益稀释的预期会导致并购方股价的下滑。

（三）综合证券支付

综合证券支付指并购方以现金、股票、认股权证、可转换债券和公司债券等多种支付工具，向被并购方股东支付并购价款的一种并购支付方式。随着资本市场的日益活跃，单纯使用任何一种金融支付工具都不可避免地会产生一些问题，所以使用一揽子支付工具是目前较为常见的支付方式。

企业债券是指并购方以新发行的债券换取被并购企业股东的股票。认股权证是一种由上市公司发出的证明文件，赋予持有人一种权利，持有人有权在指定的时间内即在有效期内，用指定的价格即换股价认购由该公司发出指定数目即换股比例的股票。可转换债券是指在特定的条款和条件下，持有者可选择以债券或优先股交换普通股。收购公司还可以发行无表决权的优先股来支付价款。优先股虽在股利方面享有优先权，但不会影响原股东对公司的控制权，这是优先股的一个突出特点。

并购方公司在并购目标公司时采用综合证券支付方式将多种支付工具组合在一起，就可以取长补短，从而满足并购双方的需要。这既可以少付现金，避免本公司的财务状况恶化，又可以防止控制权的转移。采用综合证券收购尽管会使并购交易变得烦琐，但也增加了风险套利的难度。正因为如此，在各种出资方式中，综合证券支付呈现逐年递增的趋势。当然，这种支付方式的风险也是显而易见的，如果搭配不当，非但不能尽各种支付工具之长，反而有集它们之短的可能。因此，投资银行帮助并购公司设计综合证券收购计划时，须谨慎、周密，必要时应作模拟分析以推测市场的反应。

（四）杠杆支付

杠杆支付在本质上属于债务融资现金支付的一种，因为它以债务融资作为主要的资金来源，然后再用债务融资取得的现金来支付并购所需的大部分价款。所不同的是，杠杆支付的债务融资是以目标公司的资产和将来现金收入做担保来获取金融机构的贷款，或者通过目标公司发行高风险高利率的垃圾债券来筹集资金。在这一过程中，收购方自己所需支付的现金很少（通常只占收购资金的5%～20%），并且负债主要由目标公司的资产或现金流量偿还，所以它属于典型的金融支持型支付方式。

除了收购方只需要出极少部分的自有资金即可买下目标公司这一显著特点外，杠杆收购的优点还体现在两个方面。

（1）杠杆收购的股权回报率远高于普通资本结构下的股权回报率。杠杆收购就是通过公司的融资杠杆来完成收购交易。融资杠杆实质上反映的是股本与负债比率，在资本资产不变的情况下，当税前利润增大时，每一元利润所负担的固定利息（优先股股息、租赁费）会相对减少，这样就给普通股带来了额外利润。根据融资杠杆利益原理，收购公司通过负债筹资加强其融资杠杆的力度，当公司资产收益大于其借入资本的平均成本时，便可大幅度提高普通股收益。

（2）享受税收优惠。杠杆收购来的公司，其债务资本往往占公司全部资本的 90%～95%，由于支付债务资本的利息可在计算收益前扣除，杠杆收购公司可享受一定的免税优惠。同时，目标公司在被收购前若有亏损亦可递延，冲抵被杠杆收购后各年份产生的盈利，从而降低纳税基础。

然而，由于资本结构中债务占了绝大比重，又由于杠杆收购风险较高使得贷款利率也往往较高，所以杠杆收购公司的偿债压力也较为沉重。若收购者经营不善，则极有可能被债务压垮。采用杠杆支付时，通常需要投资银行安排过渡性贷款，该过渡性贷款通常由投资银行的自有资本作支持，利率较高，该笔贷款日后由收购者发行新的垃圾债券所得款项，或收购完成后出售部分资产或部门所得资金偿还。因此，过渡性贷款安排和垃圾债券发行成为杠杆收购的关键。

支付方式的选择不仅受到并购方经济实力、融资渠道、融资成本的影响，而且还受到并购后企业的资本结构、未来发展潜力以及并购双方股东不同要求的影响。此外，税收政策、具体会计处理方式的不同也对支付方式的选择产生影响。企业应综合考虑各因素，包括法律法规约束、资本市场与并购市场的成熟程度、并购公司的财务状况和资本结构、并购企业与被并购企业股东的要求、企业管理层的要求、税收安排、会计处理方法等，合理选择支付方式。

二、并购融资方式

并购融资是指并购企业为顺利完成并购，对并购双方的资本结构进行规划，通过各种渠道、运用各种手段融通资金的行为。并购融资根据资金来源可分为内部融资和外部融资。

内部融资是从企业内部开辟资金来源，筹措所需资金，其资金来源主要有以下两种：① 公司自有资金。它是公司经常持有可以自行支配的资金，主要构成内容是税后未分配利润和提取的固定资产折旧。这是一种稳定的、可长期使用的资金来源。② 公司的应付税利和利息。它们属于负债性质，但从长期平均的趋势看，它们以某种固定的数额存在于企业中，是公司内部融资的一个重要来源。

外部融资是指公司从外部开辟资金来源，向公司外部的经济主体筹措资金，其资金来源主要有：① 资本市场。企业在资本市场筹集资金时，筹集的对象通常是社会公众，筹集方式主要为证券化筹资。② 金融机构。金融机构由银行与非银行金融机构构成，向金融机构借款是企业间接融资的主要内容。③ 其他企业。向其他企业直接筹集通常数额较小，偿付期限较短，有时还受法律的限制，但如果向其他企业融资租赁，则可以取得长期资金。

并购融资方式是多种多样的，在具体运用中，有的可单独运用，有的则可组合运用，应视双方的具体情况而定。此外，20 世纪 70 年代以来，西方金融市场上出现了不少创新融资方式和派生工具,为并购融资提供了新的渠道。下面介绍几种主要的融资方式。

(一)权益融资

在企业并购中最常用的权益融资方式即股票融资,使用的股票有普通股和优先股的区别。普通股是资本结构中最主要、最基本的股份,同时也是风险最大的一种股份。其基本特点是,投资收益不是在购买时约定,而是根据企业的经营业绩来确定。持有普通股的股东享有参与经营权、收益分配权、资产分配权、优先购股权和股份转让权等。优先股是专为某些获得优先权的投资者设计的一种股份,其主要特点是预先确定股息收益率,有优先索偿权,能优先领取股息、优先分配剩余财产,优先股股东一般无选举权和投票权。

并购中的股票融资有发行新股和换股两种不同的形式。

(1)发行新股或向原股东配售新股。即通过发行股票并用销售股票所得价款为并购交易支付价款。采用这种形式,并购企业等于用自有资金进行并购,因而使财务费用大大降低,并购成本较低。然而在并购后,每股净资产不一定会增加,另外每股收益要看并购后产生的效益,因而具有不确定性,会给股东带来较大风险。

(2)换股收购。即以股票作为并购的支付手段,具体包括增资换股、库存股换股、母子公司交叉换股等,比较常见的是并购企业通过发行新股或从原股东手中回购股票来实现融资。并购企业采用这种方式的优点在于取得会计和税收方面的好处。在这种情况下,既不用负担商誉的摊销,也不会因资产并购造成折旧增加。从目标企业角度来看,股东可以推迟收益实现时间,得到税收上的好处,也能分享并购后新企业所实现的价值增加。但这种方法因为审批手续比较烦琐、耗时较长,容易为竞争对手提供机会,即目标企业可能会布置反收购措施;更重要的是,新股的发行会改变原有的股权结构进而对股权价值产生影响;另外,股价的波动会使收购成本难以确定,换股方案不得不经常调整,因而这种方法常用于善意的并购中。

(二)债务融资

1. 银行信贷融资

银行贷款作为企业资金的重要来源,无疑也是企业获取并购融资的主要渠道。如果企业并购资金是以负债为主的话,那么对企业和银行都意味着相当的风险。这种贷款的金额大、期限长、风险高,故需要较长时间的商讨。在西方企业并购融资中,银行向企业提供的往往是一级银行贷款,即提供贷款的金融机构对收购的资产享有一级优先权,或由收购方提供一定的抵押担保,以降低风险。在以现金为基础的一级银行贷款中,放款人希望并购者以并购后产生的现金流作为偿还债务的担保,并且常常对其资产享有优先或从属的留置权,而且商业银行对一级贷款额度的设定也持非常审慎的态度。

2. 债券融资

并购企业一般使用的企业债券有抵押债券和担保债券。抵押债券一般要求企业能够以固定资产或流动资产(应收账款、存货及有价证券)作为抵押,而担保债券不以实物资产作为抵押,但除了发行企业自己的信用担保以外,还用其他企业、组织或机构的信用担保,并购中常用的担保债券一般是由并购企业提供担保的被并购企业所发行的债券。

公司债券通常是一种更便宜的资金来源,而且向持有者支付的利息是可免税的。对收购方而言,其好处是可与认股权证或可转换债券相结合。但公司债券作为一种出资方式,一般要求在证券交易所或场外交易市场上流通。

20世纪80年代盛行的创新金融工具便是"垃圾债券"。"垃圾债券"一般是由投资银行负责承销,保险公司、风险资本投资公司等机构投资者作为主要的债权人。这种债券最明显的两个特征在于高风险和高利率。"垃圾债券"以并购其他企业的新公司资产作为抵押,即以未来资产作为保证,具有很大不确定性;同时还存在着实际资产价值低于股票市场价值的情况,更增加了风险程度。效率低、信誉低的企业发行具有吸引力的高利率债券,吸收那些资本市场上寻求高额收益的游资,发行者可以筹集大量资金,购买者为了获得高利率,也愿意购买这种高风险债券。

（三）混合型融资

并购融资中还使用一些混合融资工具,这种既带有权益特征又带有债务特征的融资工具,在企业并购中扮演着重要角色。

1. 可转换证券

可转换证券分为可转换债券和可转换优先股两种。可转换证券是一种极好的筹集长期资本的工具,常应用于与预期的未来价格的比较,在企业普通股的市价偏低的情况下,也可用于收购股息制度不同的其他企业。由于可转换证券发行之初可为投资者提供固定报酬,这等于投资于单纯企业债或优先股;当企业资本报酬率上升、企业普通股上升时,投资者又获得了自由交换普通股的权利。它实际上是一种负债与权益结合的混合型融资工具,持有人可以在一定时期内按一定的价格将购买的证券转换为普通股,为投资者提供了一种控制风险的投资选择。

对收购方而言,采用这种支付方式不仅使公司能以比普通债券更低的利率和较宽松的契约条件出售债券,而且提供了一种能以比现行价格更高的价格出售股票的方式。此外,当公司在开发一种新产品或一种新业务时,可转换债券特别有用,因为预期从这种新产品或新业务所获得的额外利润可能正好与转换期一致。对于目标公司股东而言,采用可转换债券可使债券的安全性与作为股票使本金增值的有利性相结合,在股票价格较低时期,可以将它的转换期延迟到预期股票价格上升时期。

2. 认股权证

认股权证是由企业发行的长期选择权证,它允许持有人按某一特定价格买进既定数量的股票,通常随企业的长期债券一起发行。就其实质而言,认股权证和可转换债券有某些相似之处,但仍有其不同的地方。在进行转换时虽然同是一种形式转换为另一种形式,但对企业财务乃至运营的影响却各异:可转换债券是由债务资本转换为股权资本,而认股权证则是新资金的流入,可用以增资偿债。由于认股权证代表了长期选择,所以附有认股权证的债券或股票往往对投资者有很大的吸引力。

对于收购方而言,发行认股权证可以延期支付股利,从而为公司提供额外的股本基础。对于投资者而言,认股权证本身并不是股票,持有人不能被视为股东,不能享受正常的股东权益,但投资者之所以乐意购买认股权证,是因为投资者认为该公司发展前景好,而且大多数认股权证比股票便宜,认股款可以延期支付,投资者只需要较少的款额就可以转卖认股权证而获利。

影响并购融资的因素既有内部因素,又有外部因素。内部因素包括并购动机、资本结构、风险态度、财务战略等,外部因素包括资本市场、融资成本、支付方式等。企业在综合考虑各种因素后,一般倾向于按下述顺序考虑其融资方式。

（1）在诸多融资渠道中，企业倾向于首先选择内部积累，因为这种方式具有融资阻力小、保密性好、不必支付发行成本、可以为企业保留更多的借款能力等诸多优点。

（2）如需要从外部融资，通常选择借贷和租赁等方式。这类方式速度快、弹性大、发行成本低，而且容易保密，是信用等级高的企业并购融资的极好途径。

（3）最后考虑发行有价证券。首先，企业一般倾向于发行一般债券；其次，考虑复合公司债券，如可转换债券、附有认股权证债券等；最后，考虑发行普通股或配股，因为普通股的发行成本最高，还会在股票市场上造成对企业不利的影响。

第三节　并购税务安排

一、纳税优惠的来源

并购的税务安排是指在遵循税法规定的前提下，并购各方通过调整交易方式，尽可能增加税收优惠和减少纳税负担，从而降低并购活动的成本，并提高并购后企业的整体价值。

纳税优惠是指国家根据经济和社会发展的需要，在一定期限内对特定地区、行业和企业的纳税人的应缴税款给予减征或免征的鼓励性措施。与并购有关的纳税优惠的可能来源包括四种。

（一）可折旧资产的市场价值高于账面价值

并购理论中的税收效应理论认为，目标企业资产价值的改变是促使并购发生的强有力的纳税动机。绝大多数国家的税收法律规定，折旧的计提仍以资产的历史成本为依据。如果资产当前的市场价值超过历史成本（这种情况常会发生，尤其在通货膨胀时期），那么通过卖出交易将资产重新估值就可以产生更大的折旧避税额。

（二）将正常收益转化为资本收益

一个内部投资机会较少的成熟企业通过收购一家成长型企业，可以用资本利得税来代替经营所得税。另外，有些国家的税收法律规定，对高额的盈余留存可以征收惩罚性所得税。有着许多投资机会的成长型企业通常采取不分红政策，当增长速度减慢、投资机会减少时，如果继续不分红，因此而积累的大量收益就面临被税收部门征收惩罚性所得税的风险。通过并购企业向目标公司的股东支付的价格中就包含了对部分高额留存收益的对价，目标公司的股东可以只就股票增值部分（资本利得）缴纳所得税，而无须缴纳红利的所得税。因此，并购可以总体上降低目标公司股东的税收负担。

（三）经营亏损的税收抵免递延

对于有较高盈利水平且发展稳定的企业，并购一家具有大量净经营亏损的企业，可以显著改变整体的纳税地位，通过并购亏损企业并使之成为合并纳税的一部分，并购企业可以通过盈利与亏损的相互抵消，实现企业所得税的减免。但是，此类并购活动，必须警惕亏损目标企业可能给并购后整体带来的不良影响，特别是利润下降而给整体企业市场价值的消极影响。

（四）负债融资的税务抵免

大多数国家税法规定，企业因负债而产生的利息费用可抵减当期利润。因此，并购企业在进行融资规划时，可以通过大量举债筹集并购所需要的资金，提高整体负债水平，以获得更大的利息避税效应，在总体上降低企业的所得税费用。

二、有关并购的税务规范

为了适应改革的需要，推动企业并购活动的健康发展，进一步规范并购的税务处理，国家对企业股权投资或合并制定了明确的税收规定。

（一）股权投资的税务处理

根据企业股权投资活动的不同方式，税务处理的规定包括五个方面。

1. 股权投资所得的税务处理

企业的股权投资所得是指企业通过股权投资从被投资企业所得税后累计未分配利润和盈余公积金中分配取得股息性质的投资收益。凡投资方企业适用的所得税税率高于被投资方企业适用的所得税税率，除国家税收法规规定的定期减免、税收优惠以外，其取得的投资所得应在按规定还原为税前收益后，并入投资企业的应纳税所得额，依法补缴企业所得税。不论会计上对投资收益采用何种方法核算，被投资企业会计上实际做利润分配时（包括以盈余公积和未分配利润转增资本时），投资方企业应确认投资所得的实现。企业从被投资企业分配取得的非货币性资产，除股票外，均应按有关资产的公允价值确定投资所得，股票按面值确定投资所得。

被投资企业分配给投资方企业的货币性资产和非货币性资产（包括被投资企业为投资方企业支付的与本身经营无关的任何费用），应全部视为被投资企业对投资方企业的分配支付额。被投资企业向投资企业分配非货币性资产，在所得税处理上应视为以公允价值销售非货币性资产和分配利润两项经济业务，并按规定计算财产转让所得或损失。

2. 股权投资转让所得和损失的税务处理

股权投资转让所得和损失是指企业因收回、转让或清算处置股权投资的收入减除股权投资成本后余额。股权投资转让所得和损失应并入企业的应纳税所得，依法缴纳企业所得税。被投资企业对投资方的分配支付额，如果超过被投资企业的累计未分配利润和盈余公积金而低于投资方的投资成本，应视为投资收回，冲减投资成本；超过投资成本的部分视为投资方企业的股权投资转让所得，计入企业的应纳税所得，依法缴纳企业所得税。被投资企业发生的经营亏损，由被投资企业按规定结转弥补，投资企业不得调整减少其投资成本，也不得确认投资损失。

企业因收回、转让或清算处置股权投资而发生的股权投资损失，可以在税前扣除，但每一纳税年度扣除的股权投资损失不得超过当年实现的股权投资收益和股权转让所得，超过部分可无期限向以后纳税年度结转扣除。

3. 以部分非货币性资产投资的税务处理

企业以经营活动的部分非货币性资产投资，应在投资交易发生时，将其分解为按公允价值销售有关非货币性资产和投资两项经济业务进行所得税处理，按规定计算财产转让所得或损失。如资产转让所得数额较大、在一个纳税年度确认实现缴纳企业所得税确有困难的，经税务机关批准可作为递延所得，在投资交易发生当期及随后不超过五个纳税年度内平均摊转到各年的应纳税所得中。

被投资企业接受的非货币性资产,可按经评估确认后的价值确定有关资产的成本。

4. 整体资产转让的税务处理

整体资产转让是指一家企业不需要解散而将其经营活动的全部或者独立核算的分支机构转让给另一家企业,以换取接受企业的股权。企业整体资产转让原则上应在交易发生时,将其分解为按公允价值销售全部资产和进行投资两项经济业务进行所得税处理,并按规定计算财产转让所得或损失。

如果受让企业支付的交换额中,非股权支付额(现金、有价证券、其他资产)不高于所支付的股权的票面价值的20%的,经税务机关审核确认,转让企业可暂不计算财产转让所得或损失。转让企业取得接受企业的股权的成本,应以其原持有资产的账面净值为基础结转确定,不得按评估确认的价值调整。

5. 企业整体资产置换的税务处理

企业整体资产置换是指一家企业以其经营活动的全部或者独立核算的分支机构与另一家企业的经营活动的全部或者独立核算的分支机构进行整体交换,资产置换双方企业都不解散。企业整体资产置换原则上应在交易发生时,将其分解为按公允价值销售全部资产和按公允价值购买另一企业全部资产两项经济业务进行所得税处理,并按规定计算财产转让所得或损失。

如整体资产置换交易中,资产置换交易补价的货币性资产占换入总资产公允价值不高于25%的,经税务机关审核确认,双方均不确认资产转让所得或损失。整体资产置换交易中,交易双方换入资产的成本以换出资产账面净值为基础确定:支付补价的一方应以换出资产账面价值与支付的补价之和为基础确定换入资产的成本,收到补价的一方,应以换出资产的账面净值扣除补价作为换入资产成本确定的基础。

(二) 企业合并的税务处理

企业合并的所得税,根据合并的具体方式,有四种处理方法。

(1) 通常情况下,被合并企业应视为按公允价值转让、处置全部资产,计算转让所得,依法缴纳所得税。被合并企业以前年度的亏损不得结转到合并企业弥补,合并企业接受被合并企业的有关资产,可按评估确认的价值确定成本。被合并企业的股东取得的股权视为清算分配。合并企业和被合并企业为实现合并而向股东回购本公司股份,回购价格与发行价格之间的差额,应作为股权转让所得或损失。

(2) 合并企业支付给被合并企业的价款中,非股权支付额不高于所支付的股权的票面价值的20%的,经税务机关审核确认,当事各方可选择按下列规定处理:被合并企业不确认资产转让所得或损失,其以前的所得税事项由合并企业承担,未超过法定弥补期限的亏损可由合并企业用以后年度实现的与被合并企业资产有关的所得弥补;被合并企业的股东以其原被合并企业股权交换合并企业股权,不视为出售旧股购买新股处理,换得新股的成本须以所持旧股的成本为基础计算确定,但未交换新股的股东取得的全部非股权支付额应视为其持有旧股的转让收入,按规定计算确认财产转让所得或损失;合并企业接受被合并企业资产的计税成本,须以被合并企业原账面净值为基础确定。

(3) 关联企业之间通过交换股票实现企业合并的,必须符合独立企业之间公平交易的原则,否则税务机构有权调整。

(4) 被合并企业的资产与负债基本相等,合并企业以承担被合并企业全部债务的方式实现吸收合并,不视为被合并企业按公允价值转让、处置全部资产,不计算资产转让所得。合并企业接受被合并企业全部资产的成本,须以被合并企业账面净值为基础确定。

三、企业并购的税务安排

(一)选择并购目标企业环节的税务筹划

目标企业的选择是企业并购决策的重要内容。在选择目标企业时,应考虑以下四个与税收相关的因素。

(1)目标企业纳税主体属性、纳税环节、税种。并购企业若选择在同一行业生产同类商品的竞争对手作为目标企业,从税收角度看,由于并购后企业的经营行业不变,一般不改变纳税税种与纳税环节的多少。从纳税主体属性看,增值税小规模纳税人由于并购后规模的扩大,可变为一般纳税人。

若选择与企业的供应厂商或客户合并,由于原来向供应商购货或向客户销货变成内部购销行为,并购企业增值税纳税环节减少。由于目标企业的产品与并购企业的产品不同,还可能会改变其纳税主体属性,增加其纳税税种与纳税环节。

并购企业若选择与自己没有任何联系的行业中的企业作为目标企业,这种并购将视目标企业所在行业的情况,对并购企业的纳税主体属性、纳税税种、纳税环节产生影响。

(2)目标企业注册资金类型。改革开放以后,为了吸引外国投资、促进国内就业及引进先进技术及管理经验,对外资企业实行各种形式的税收优惠政策。自2011年开始,外资企业享受的税收优惠政策与内资企业完全一样,内外资企业所得税统一为25%,取消了国家层面的外资企业所得税减免优惠政策,对外资企业开征城建税和教育费附加。但各省区市为招商引资、促进当地经济发展,陆续推出新的优惠政策,包括土地优惠、外商税收、地区优惠、投资优惠等。

(3)目标企业财务状况。并购企业若有较高盈利水平,为改变其整体的纳税地位,可选择一家具有大量净经营亏损的企业作为目标企业进行并购,通过盈利与亏损相互抵消,实现企业所得税减免;如果合并纳税中出现亏损,并购企业还可以实现亏损递延。但必须防止目标企业可能对并购后整体企业带来的不良影响,特别是利润下降对其市值的消极影响及并购后为整合目标企业而向目标企业过度提供资金造成的整体贫血。

(4)目标企业所在地。我国对在经济特区、经济技术开发区注册经营的企业实行一系列所得税的优惠政策。并购企业可选择能享受这些优惠措施的目标企业作为并购对象,改变并购后整体企业的注册地,使并购后的纳税主体能获得此类税收优惠。

(二)选择并购会计处理方法环节的税务筹划

各国会计准则一般对并购会计处理方法作了规定,我国《企业会计准则第20号——企业合并》中,对于同一控制下的企业合并规定的会计处理类似于权益结合法,对非同一控制下的企业合并的基本处理原则是购买法。

1. 同一控制的企业合并的税务效应

(1)增加合并企业留存收益,减少未来潜在的抵税作用。被并企业整个年度的损益都纳入合并利润表,只要合并不是发生在年初而被并企业又有收益,就会增加合并企业的留存收益,从而降低潜在的节税作用。但若合并时被并企业已经亏损,则会产生未来的节税作用。

（2）资产按原账面价值计量，不增加资产未来的"税收挡板"作用。被并企业的资产、负债仍按其账面价值反映，合并后企业并没有增加额外的资产价值，从而不会产生资产未来的抵税作用。但若其公允价值低于账面价值，情况则相反。

（3）不确认被并企业商誉，不增加合并企业未来经营成本。资产、负债仍按账面价值计价，换出股本与换入股本的差额调整资本公积，因而不存在确认商誉的问题，也就不会发生商誉减值而使未来经营成本增加的情况。

2. 非同一控制的企业合并的税务效应

（1）减少并购企业留存收益，增大未来税前利润补亏的可能性。实施并购企业的留存收益可能因并购而减少，从而提高了未来税前利润补亏的可能性，增大了潜在的节税作用。

（2）增加并购企业的资产价值，加大资产的未来"税收挡板"作用。被并企业的资产、负债是按公允价值计量的，在公允价值高于其账面价值时，使并购企业的资产基础增加，能以市场价格为依据计提折旧，从而产生更大的折旧避税额，减轻所得税负。

（3）确认目标企业商誉，加大并购企业未来经营成本。并购企业要按公允价值记录取得的目标企业资产与负债，并购成本超过取得的净资产公允价值的差额确认为商誉，而商誉每年进行减值测试，减值额计入当期损益，就可能加大并购企业未来经营成本，减少企业未来利润。

（三）并购支付方式及融资方式环节的税务筹划

1. 并购出资方式环节的税务筹划

并购按支付方式分类可以分为现金购买式、股权交换式和综合证券收购式，并购时支付方式的选择直接关系到并购双方的税负轻重。税法按照支付并购价款中非股权支付额占支付股权票面价值的比例是否超过20%，规定了两种不同的税务处理方式。当并购价款中非股权支付额占支付股权票面价值的比例小于20%时，对目标企业股东来说，在并购过程中不需要立刻确认其因交换而获得并购企业股票所形成的资本利得，即使以后出售这些股票需要就资本利得缴纳所得税，也已起到了延迟纳税的效果，而我国税法目前对资本利得不征所得税，目标企业股东可以得到完全的免税结果。当并购价款中非股权支付额占支付股权票面价值的比例大于20%时，目标企业股东无法取得免税或递延纳税的优惠。

2. 并购融资方式环节的税务筹划

我国并购主要采用的融资方式有内部留存、增资扩股、金融机构借款、企业发行债券等方式，其中，内部留存、增资扩股属于权益融资方式，金融机构信贷、企业发行债券属于债务融资方式。由于税法对不同渠道获取资金的成本列支方法规定不同，所以不同的融资方案其税负轻重程度不同。选择并购融资方式时，税务成本是要考虑的重要因素之一。

税法规定，企业发生的利息支出在一定条件下可以在税前列支，而企业支付的股息则只能在税后利润中分配，不能作为费用在税前扣除。这样，企业就面临着资本结构的选择：是选择权益融资方式，还是选择债务融资方式。一般而言，如果企业息税前投资收益率高于负债成本率，提高负债比重可以增加权益资本的收益水平，其节税效果显著。但是，随着负债比率的提高，企业的财务风险和融资成本必然会相应增加。如果负债成本率超过了息税前投资收益率，负债融资就会产生负效应。因此，在并购融资方式的税务筹划过程中，企业必须正确把握和处理权益融资和负债融资的度，将税收成本的降低与财务风险的控制相结合，寻求企业的最优负债率，最大限度降低税收成本，同时也确立使股东财富最大化的公司资本结构。

税收筹划作为企业理财的重要内容,其根本目标是减少企业总成本费用,提高经济效益,实现企业价值最大化。企业在并购行为中进行避税时,应注意以下几点:① 综合考虑并购行为各环节的税收筹划要点,着眼于降低企业的整体税负;② 遵循成本效益原则,衡量税收筹划发生的成本与取得的效益,对税收筹划的频度与程度做出合理安排;③ 立足企业全局,考虑长远利益,衡量企业并购行为中税收筹划对企业经营的整体影响和长远影响,不能盲目高估企业并购税务安排的作用,也不能过分依赖企业并购行为中税收筹划的单一理财措施。

第四节　企业并购的财务评价

一、并购的成本与财务风险

（一）并购成本

为了真正实施低成本扩张,企业并购活动必须了解和把握并购的各项成本因素。一般而言,这些成本既包括并购工作的完成成本,也包括并购以后的整合成本,既包括并购发生的有形成本,也包括并购发生的无形成本。具体来说,企业并购应分析的成本包括四种。

1. 并购完成成本

它是并购行为本身所发生的直接成本和间接成本。直接成本是直接用于收购目标企业的资金支付。间接成本包括并购过程中发生的除直接成本以外的一切费用:① 债务成本。在承担债务式并购、杠杆并购等情况下,开始可能并不实际支付收购费用,但是必须对未来的债务逐期支付本息。② 交易成本。即在并购中发生的搜寻、策划、谈判、文本制定、资产评估、法律鉴定、公证等中介费用,发行股票中所要支付的申请费、承销费等。③ 更名成本。并购成功后,并购公司还要支付重新注册费、工商管理费、土地转让费、公告费等费用。

2. 整合运营成本

整合运营成本是并购后为使被并购企业健康发展而需要支付的长期营运成本。这些成本主要包括:① 整合改制成本。在并购了目标公司之后,并购公司还需要对它进行整合,为此,必须支付派遣人员进驻、建立新的董事会和经理班子、安置富余人员、剥离非经营性资产、进行人员培训等有关费用。② 注入资金成本。并购公司要向目标公司注入优质资产,拨入启动资金或开办费,以及为新企业打开市场而需增加的市场调研费、广告费、网络设置费等。

3. 并购退出成本

由于并购动因的不同以及并购风险的存在,并购决策分析中还要考虑退出机制。并购退出成本是指企业通过并购实施扩张却出现扩张不成功从而必须退出,或当企业所处的竞争环境出现了不利变化,需要部分或全部解除并购所发生的成本。一般来说,并购力度越大,可能发生的退出成本就越高。这项成本是一种或有成本,并不一定发生,但企业应该考虑到这项成本,以便在并购过程中对并购策略做出更合适的安排或调整。

4. 机会成本

它是企业为完成并购活动所发生的各项支出,尤其是资本性支出相对于其他投资和收益而言的利益放弃。企业选择并购时势必会丧失其他一些投资机会,这些投资机会所带来的收益就成为并购的机会成本。充分考虑这一项成本,可以对并购战略做出科学的判定。

(二)并购的财务风险

企业并购的财务风险是由于并购定价、融资、支付等各项财务决策所引起的企业财务状况恶化或财务成果损失的可能性。企业并购的财务风险是一种价值风险,是各种并购风险在价值量上的综合反映,是企业并购的计划决策、交易执行、运营整合全过程的不确定性因素对预期价值产生的负面作用和影响。

1. 计划决策阶段的财务风险

在计划决策阶段,企业必须对并购环境进行考察,同时要对本企业和目标企业的资金、管理等进行合理的评价,看企业是否有足够的实力去实施并购和是否能产生财务协同效应。这个过程中存在着环境风险、信息不对称风险和估价风险等。

(1)环境风险。环境风险又称系统风险,是指影响企业并购的财务成果和财务状况的一些外部因素的不确定所带来的财务风险。它主要包括市场利率风险、外汇汇率变动风险、税率变动风险、通货膨胀风险等。这些风险是企业自身无法控制的风险,由市场和政府等环境因素决定。

(2)信息不对称风险。在并购竞价中,掌握信息至关重要,真实与及时的信息大大提高并购公司并购行动的成功率。但在实际的并购活动中,往往因为信息不对称,并购企业难以掌握目标企业全面具体的信息,使得并购企业对目标企业的判断产生偏差,在定价中可能接受高于目标企业价值的收购价格,导致并购企业支付更多的资金或股权,由此造成并购企业资产负债率过高而陷入财务困境。

(3)估价风险。它包括对自身价值的估价风险和对目标企业价值的估价风险,企业在做出并购决策时,必须对本企业的资金、管理等进行合理的评价,自身价值的估价风险主要体现在过高地估计了企业的实力。对目标企业价值的估价风险主要体现在对其未来收益的大小和时间的预期,对目标企业的价值评估可能因预测不当而不够准确。

2. 交易执行阶段的财务风险

在交易执行阶段,企业要决定并购的支付方式和融资策略,从而会出现支付风险和融资风险。

(1)支付风险。支付风险是指与资金流动性和股权稀释有关的并购资金使用风险,它与融资风险、债务风险有密切联系。支付财务风险主要表现在三个方面:一是现金支付产生的资金流动性风险以及由此最终导致的债务风险;二是股权支付的股权稀释风险;三是杠杆支付的偿债风险。支付方式选择是并购活动的重要环节,企业应充分考虑交易双方资本结构,结合并购动机选择合理的支付方式。

(2)融资风险。融资风险主要表现在资金是否可以保证时间和数量上的需要、融资的方式是否适应并购动机、融资结构对并购企业负债结构和偿还能力的影响等。融资结构包括债务资本与股权资本结构、内部融资和外部融资结构等。在以债务资本为主的融资结构中,当并购后的实际效果达不到预期时,将可能产生利息支付风险和按期还本风险;在以股权资本为主的融资结构中,当并购后的实际效果达不到预期时,会使股东利益受损,从而为敌意收购者提供机会。内部融资可以降低偿债风险,但如果大量采用内部融资,占用企业宝贵的流动资金,则会降低企业对外部环境变化的快速反应和调适能力,产生流动性风险;外部融资对权益融资或债务融资方式的选择会产生股权稀释或偿债风险。

3. 运营整合阶段的财务风险

在运营整合阶段,企业要整合资源,投入生产运营,归还融资债务,这就会产生偿债风险、流动性风险和运营风险。

(1)偿债风险。偿债风险存在于企业举债收购中,特别是存在于杠杆并购中。在杠杆并购方式下,并购企业的自有资金只占所需总金额的10%,投资银行的贷款约占资金总额的50%~70%,债券约占收购金额的20%~40%。由于债券的资金成本很高,而收购后目标企业未来资金流量具有不确定性,杠杆收购必须实现很高的回报率才能使收购者获益。否则,收购公司可能会因资本结构恶化、负债比例过高而无法支付本息。

(2)流动性风险。流动性风险是指由于并购占用了企业大量的流动性资源,从而降低了企业对外部环境变化的快速反应和实时调节能力,增加了企业日常经营的风险。企业并购后由于债务负担过重,缺乏短期融资,导致出现支付困难的可能性。支付方式的不同也会影响企业的现金流量,流动性风险在采用现金支付方式的并购企业中表现尤为突出。

(3)运营风险。运营风险是指并购企业在整合期内由于相关的企业财务制度、财务运营、财务行为、财务协同等因素的影响,企业并购完成后可能并不会产生协同效应,并购双方资金难以实现共享互补,产生不了规模经济,使并购企业实现的财务收益与预期的财务收益发生背离,因而有遭受损失的机会和可能性。

总之,并购财务风险是非常复杂和广泛的,企业应谨慎对待、多谋善选,尽量避免风险,将风险消除在并购的各个环节中,最终实施成功的并购。

二、并购的绩效分析

并购效果的好坏,并非主要取决于并购过程,更重要的是并购后。反映和评价并购效果通常可以从财务效益和非财务效益两个方面来进行。

(一)财务效益分析

1. 评价资本经营效益

评价并购后的资本经营效益的指标有投资回收率、剩余收益等。

(1)投资回收率。该指标是并购公司并购目标公司后取得的年净收入的增加额与并购的投资总额之比,衡量由于并购公司的并购投资所产生的增量效益:

$$投资回收率 = 年净收入增加额 / 并购总投资$$

(2)剩余收益。该指标是目标公司的营业利润超过其预期最低收益的部分,这个预期收益是根据对目标公司的投资占用额和并购公司管理当局预期最低投资报酬率确定的:

$$剩余收益 = 目标公司的营业利润 - 目标公司的投资额 \times 预期的最低报酬率$$

如果目标公司的营业利润超过了并购公司预期的最低报酬率,就可为并购后企业带来收益,同样有利于目标公司。

这种指标主要关注并购后的当期经营效益。如果公司当期的经营利润为正,就表明公司当期的收入大于其费用,在资产负债表上体现为所有者权益的增加,从而股东财富也得到增加。将目标公司并购后的资本经营效益与并购前的资本收益比较,可以衡量并购对目标公司所产生的增长绩效。这种指标建立在按照账面价值衡量投资者投入价值的基础上，无法衡量企业资产价值随时间变化而发生的变化，也忽略了所有者权益的机会成本。

2. 评价协同效应增加值

一是评价并购后的经济增加值。由于收购公司可以自由地将他们投资于目标公司的资本变现，并将其投资于其他资产，所以对收购公司并购绩效进行评价时，收购公司应至少获得其并购投资的机会成本。该指标定义如下：

$$经济增加值 = 投入资本额 \times (投入资本收益率 - 加权平均资本成本)$$

该指标的意义在于：综合了公司投入资本规模、资本成本和资本收益等多种因素，只有当投资者从目标公司的收益大于其投资的机会成本，才表明股东从并购活动中取得了增值收益。在有效的金融市场中，资本成本反映了公司的经营风险，由于各企业所承担的风险不同，相应的资本所承担的代价即资金成本也不同。在同样的投入资本规模及资本收益率下，资本成本低的公司所获得的资本净收益更高，资本经营水平更好。

二是评价并购后的市场增加值。从资产的市场价值的角度衡量并购投资所创造的利润，其计算公式如下：

$$市场增加值 = 调整后的营业净利润 - 公司资产的市场价值 \times 加权平均分配资本成本$$

如果一项并购取得了收益，那么目标公司的期末利润必须大于以期初资产的市场价值计算的资本成本，而不是仅仅超过以公司期初资产的经济价值计算的资本成本。因此，该指标是对经济增加值的修正，反映出市场对目标公司整个未来收益预测的修正，是从一个较长的时间跨度评价并购的增长效益。

（二）非财务效益分析

企业并购的目的是多样的，它要通过各种财务目标和非财务目标来实现，因而评价绩效时应将财务评价与非财务评价指标相结合。在企业并购中，并购方一般对以下四个非财务方面进行评价。

1. 产业结构调整评价

可以从以下两个方面评价并购是否促进了产业结构的调整：① 是否促成新兴技术部门的形成。有些部门的企业是一些先进技术的创导者，但由于资本实力有限，难以形成规模的生产体系，这些拥有先进技术的企业，以其技术优势并购一些资本雄厚的企业，使科技成果迅速扩大，并形成一个新的产业部门。② 是否提高存量资产运行效率。并购作为企业所有权或企业产权的转让方式，其实质是存量资源的调整优化，改善资源的配置效率，促进产业经济结构的调整。

2. 规模经济效应评价

规模经济是从工厂规模经济和企业规模经济两方面来考察的：① 对工厂规模经济的影响，主要包括通过并购是否对资产进行了必要的补充和调整，形成规模经济，尽可能地降低生产成本；并购是否使企业在保持整体产品结构的前提下，在各个工厂中实现产品的单一化生产，避免由于产品品种的转换带来生产时间的浪费；通过并购是否有效地解决了专业化引起的各生产流程的分离。② 规模经济的另一个层面是企业规模经济，并购是否使得单位产品的管理费用大大减少，是否节省营销费用，并将集中起来的资金用于研究开发和新产品的试制等方面。

3. 协调与整合效果评价

并购是一家企业吞并另一家企业，这种行为所产生的一个重要动因是企业之间存在差异，具有各自不同的优势和缺点。所有这些差异都要求企业之间相互协调、彼此补充，以达到共同发展的目的：① 扭亏增盈。一般收购企业的利润要远远大于目标企业的利润。我国企业的并购在很大程度上也是为了解决企业亏损，这在一定程度上使处于转型经济发展过程中的国有亏损企业，能暂时得到挽救。② 获取高新技术并实行经验共享和互补。这里的经验不仅包括经验曲线效应，还包括企业在技术、市场、专利、产品、管理等方面的特长，以及优势的企业文化与管理经验。③ 协调生产过程中各环节之间的关系。弥补生产中某些环节的技术缺陷或者改善供求关系，是协调企业关系的一个重要动因。

4. 市场优势效应评价

在评价公司并购的市场优势时，主要考虑的方面有：① 市场份额。相关企业的市场份额，尤其是并购后形成的新企业与其主要竞争对手的相对市场份额，是判断相关市场优势地位的显著特征。拥有比其他竞争对手都高的相对市场份额，是证明相关企业拥有支配力量的强有力的证据。② 主导定价能力。为了获取最大限度的垄断利润，并购后应对其主要产品具有主导定价能力，通常是将其产品的价格提高到恰好位于将使需求大幅下降的价格之下，而其他企业只有被动地成为价格的接受者。③ 资金优势。在考察不同市场的企业并购案例时，资金实力因素显得尤为重要。④ 供应商或消费者对相关企业的依赖程度。⑤ 市场的准入壁垒。市场准入壁垒决定了一个市场的开放程度，在一个准入壁垒强大的市场里，由于缺乏潜在的竞争者，企业就可能通过各种形式的并购或合谋形成优势，因而并购后的企业拥有比其他竞争者都高的相对市场份额，可能存在市场优势地位。由于被并购方的公司经理们设置了各种各样的反并购措施以防止公司控制权旁落，所以会产生机会主义行为，进而加大并购的难度和风险。因此，成功的企业并购需要并购企业采用财务效益指标和非财务效益指标对被并购企业、并购过程以及并购后的运作进行有效评价。

本 章 小 结

并购实质上是企业控制权变动行为。并购是极为复杂的企业资本运营行为，涉及一系列相互关联而又彼此迥异的名词和术语。兼并有广义和狭义之分。狭义的兼并是指一个企业通过产权交易获得其他企业的产权，使这些企业的法人资格丧失，并获得企业经营管理控制权的经济行为；广义的兼并包括狭义的兼并、收购。收购是指一家公司用现金、债券或股票购买其他公司的部分或全部资产或股权以获得对其他公司的控制权的行为，被收购公司的法人地位并不消失。收购有两种形式，即资产收购和股权收购。合并是指两个或两个以上的企业互相合并成为一个新的企业。合并包括两种法定形式，即吸收合并和新设合并。兼并、收购和合并三个词语既有联系，又有区别，在我国不十分强调三者的区别，常作同义语使用，统称为并购。

有关并购的理论主要包括代理理论、效率理论、交易成本理论和产权理论等。总体看来，对企业并购的理论研究尚未形成一个公认的系统框架，各持一家之言，众说纷纭。但其研究的基点却是一致的，即并购发生的原因和并购所能带来的利益价值的大小。

尽职调查是指投资人在与目标企业达成初步合作意向后，经协商一致，投资人对目标企业一切与本次投资有关的事项进行现场调查、资料分析的一系列活动。尽职调查的范围与程度受多个因素的影响,其流程通常包括准备阶段和执行阶段。尽职调查的主要内容包括四个方面,即审查财务报告、审查经营管理、审查业务的合法性和审查并购交易过程。

并购支付方式一般包括现金支付方式、股票支付方式、综合证券支付方式和杠杆支付等。支付方式的选择不仅受到并购方经济实力、融资渠道、融资成本的影响,而且还要受到并购后企业的资本结构、未来发展潜力以及并购双方股东不同要求的影响。此外,税收政策、具体会计处理方式的不同也对支付方式的选择产生影响。并购融资根据资金来源可分为内部融资和外部融资。融资方式有权益融资、债务融资、混合型融资和一些特殊融资方式。影响并购融资的因素既有内部因素,又有外部因素。内部因素包括并购动机、资本结构、风险态度、财务战略等,外部因素包括资本市场、融资成本、支付方式等。

与并购有关的纳税优惠可能来源于可折旧资产的市场价值高于账面价值、将正常收益转化为资本收益、经营亏损的税收抵免递延、负债融资的税务抵免等。国家对企业股权投资或合并制定了明确的税收规定,在遵守法律法规的前提下,企业可以在选择并购目标企业、并购会计处理方法、并购支付方式及融资方式等环节进行税务安排。

企业并购的成本既包括并购工作的完成成本,也包括并购以后的整合成本,既包括并购发生的有形成本,也包括并购发生的无形成本,具体包括并购完成成本、整合运营成本、并购退出成本、机会成本等。企业并购的财务风险是并购定价、融资、支付等各项财务决策所引起的企业财务状况恶化或财务成果损失的可能性,包括计划决策阶段的财务风险、交易执行阶段的财务风险和运营整合阶段的财务风险。反映和评价并购效果通常可以从财务效益和非财务效益两个方面来进行。

复习思考题

1. 怎样理解兼并、收购、合并、并购等的内涵及它们之间的关系?
2. 怎样理解并购理论?
3. 并购尽职调查对于企业并购有何重要意义?尽职调查的范围和操作流程是怎样的?
4. 并购支付方式有哪些?各有何特点?
5. 并购融资方式有哪些?
6. 纳税优惠的来源是什么?企业并购中如何进行税收筹划?
7. 怎样进行企业并购的财务评价?

第五章 企业财务制度设计

> **引导案例**
>
> 　　创办于1996年的合俊集团是国内大型的贴牌生产（origin entrusted manufacture, OEM）型玩具生产商，2006年9月在香港联交所上市，2007年销售额就超过9.5亿港元。然而，进入2008年后，合俊的境况急转直下，2008年10月，这家在玩具界举足轻重的大型公司没能躲过全球性金融海啸，成为中国企业实体受金融危机影响出现倒闭第一案。通过对合俊集团的财务制度进行分析，我们发现其在设计和运行过程中存在诸多问题。投资制度设计缺陷造成盲目多元化，2007年9月以约3亿元的价格收购福建天成矿业48.96%股权，对于天成矿业的巨额投入、跨行业的资本运作反而令其陷入资金崩溃的泥沼。风险控制制度设计缺失导致内部管理失控，对自身的负债能力预计过高，导致债务风险巨大，至2008年6月底，合俊集团总资产8.35亿元，总负债5.32亿元，其中流动负债5.3亿元，净负债比率71.8%。
>
> 　　那么，企业应如何进行投资制度和风险管理制度的设计？怎样才能保证财务制度的正常运行？本章将对财务制度的内涵、财务管理体制的构建，以及企业筹资制度、投资制度和风险控制制度的设计进行阐述。

学习目的和要求

本章阐述了财务制度的内涵、财务管理体制的构建以及企业筹资制度、投资制度和风险控制制度的设计。通过本章的教学，应理解企业财务制度的产生与发展、内涵及功能等内容，理解企业财务制度设计的目标、依据与原则，掌握企业财务管理体制构建，重点掌握企业筹资制度、投资制度及风险控制制度的设计。

第一节　企业财务制度设计概述

一、财务制度的产生与发展

　　财务管理与经济的发展相伴而生，15—16世纪，地中海沿岸城市的商业首先得到迅速发展，财务管理也在此时开始萌芽，至今已有几百年历史。但现代财务管理始于20世纪初，在这百余年里随着现代财务管理的内容不断拓展，在企业管理中扮演越来越重要的角色，对财务管理活动加以规范、约束的财务制度就成为企业内在越来越迫切的需要。企业财务制度产生与发展的动力是规范不同阶段各种创新的财务活动或行为,当在企业不同发展阶段,需要对现实所需的筹资职能、投资职能、收益分配等进行规范和发展时,企业财务制度也随之发展。

(一) 西方财务制度的产生与发展

西方企业财务制度的产生与发展来源于企业内部需要,由于企业的财务活动一直随企业主体追求价值创造的动力不断创新,企业财务制度也是为规范这些财务活动而自发产生和发展的。

1. 财务制度的产生

自15世纪起,欧洲特别是地中海沿岸一些城市的商业就有了初步发展,公众参股的商业组织开始出现,这可视为最原始的股份制。在这种经济组织中,企业主的个人财产等同于企业财产,所以在财务上要求维护好业主本人的财产权利益,财务制度的主要内容是资产记录和保管,目的是做好企业的内部财务控制,以防止因管理不善和贪污盗窃而遭受损失。

19世纪末至20世纪初,股份公司得到了迅速发展,迫切要求财务管理功能的提高,例如,需要及时筹措大量资金以满足生产经营规模扩大的资金需求,筹集而来的资金必须有效利用,应处理好公司内部管理者、员工与投资者、债权人之间的权责利关系,合理分配企业盈利等。于是各个公司纷纷增加一个新的职能——财务管理来完成上述工作。财务管理作为一项独立的职能开始从企业管理中分离出来,走上专业化道路。在这一阶段,由于股份公司的迅速扩张,企业财务的基本目标是筹集生产所需的大量资金,协调、维护投资者和债权人二者间的利益。相应财务制度的制定也主要考虑债权人、外部投资者利益,以筹集资金为主要动力,围绕着如何从企业外部获取更多资金、选择低成本的筹资方式、加强财务核算工作等内容展开。

2. 财务制度的发展

20世纪30年代的资本主义经济大萧条和金融市场崩溃导致许多公司倒闭,使投资者遭受严重损失。个别公司为了自己的利益利用各种手段来操纵利润,严重阻碍了资本市场的发展,这些促使政府加强了证券市场管理。另外,为了保护投资者利益,各国政府加强了证券市场的监管。政府监管的加强客观上要求企业把财务管理的重心转向内部控制。这时企业财务制度的内容除了筹集资金,还必须适应法律规定和加强内部控制。20世纪40—50年代,随着企业规模逐步扩大,企业的股东日益分散,财务制度中一个新的重要内容是反映管理当局的受托经管责任。在这一阶段,企业财务制度需要把所有者的资本投入和企业收益分配作为会计记录、财务管理的重点,另外,评价管理者工作业绩也成为企业财务管理制度的一个重要内容。

20世纪60—70年代,随着科学技术的迅速发展,企业的经营和资金运用日趋复杂,通货膨胀和国际市场竞争加剧,投资风险加大,企业管理当局不得不关注投资决策的效率问题,这一时期的投资财务管理受到极大重视。企业相应的财务管理制度表现为建立科学的项目投资决策程序、建立科学的投资决策指标体系、建立科学的风险投资决策方法等。

3. 现代企业财务制度

进入20世纪80年代,西方资本和金融市场迅速扩展,国际贸易、国际投资和跨国公司业务急剧增长,信息传递方式发生了革命性变革,经济环境也具有更大的不确定性。随着衍生金融工具的出现和大量使用,金融交易中的极大风险对企业财务管理提出了新的挑战。对此,财务会计计量属性从历史成本走向公允价值。同时,企业与社会的关系也日益复杂化,企业被要求履行广泛的社会责任。与此相适应,企业财务制度最终形成以财务决策为核心、以企业价值最大化为目标的财务体系,其内容主要包括:① 建立了财务筹资、财务投资、收益分配和日常财务管理并重的财务管理方法体系;② 注重保护生态环境和改善职工生活福利,企业重视履行社会责任,不片面追求自身的盈利和股东价值;③ 不断进行财务制度上的拓展、创新,如提出了通货膨胀财务制度问题、跨国经营财务制度问题、网络财务制度问题、并购财务制度问题等。

西方现行财务制度体系经过多年的发展,按管理的环节、对象、职能等标准形成了不同的制度体系:① 按管理的环节分为财务结算与计划制度、财务考核与评价制度、财务控制与分析制度、财务监督与检查制度;② 按管理的对象可分为财务管理体制、资产管理制度、成本费用管理制度、资本金管理制度、收入利润管理制度和财务报告与评价制度;③ 按管理的职能分为内部决策制度、内部委托受托责任制度、内部控制制度和内部结算制度。

(二) 我国财务制度的产生与发展

我国财务制度是在新中国成立后逐步建立起来的,发展至今发生了一系列变化。在经济体制经历了从计划经济向社会主义市场经济转换的漫长过程中,政府扮演了初级行动集团的角色。企业也从只注重物质产品的生产转向重视市场需求,讲求经济效益。可见,我国企业财务制度的变迁更多是与制度制定主体相关,制定主体的不同引起制度变迁动力和来源的不同,这就造成制度选择不同的方式和发展路径。我国的经济体制改革是在政府领导下有秩序、有步骤地进行的,财务制度变迁则表现出与之相适应的、渐进的强制性制度变迁。从实践来看,这种从局部到整体的渐进式变迁比整体均衡推进的社会阻力要小,摩擦成本相对较低。从深层次上看,财务的发展始终依赖于经济的发展。我国的财务制度变迁从一定意义上讲,是与我国整个经济制度变迁相适应的,是由我国转轨经济自身所决定的。

随着我国现代企业制度的逐步建立完善,微观财务管理权逐渐回归企业,企业财务制度的重要性日益凸显。在我国经济体制转轨的过程中,企业财务制度的制定主体也相应经历了由国家财政向微观企业的过渡。1993年7月1日起,我国开始实施的企业财务制度体系以《企业财务通则》为中心,规范了企业财务活动,加强了企业经营管理。2001年,我国修订颁布了《企业会计制度》,使得财务制度与会计制度之间出现了诸多重复甚至矛盾的问题。2006年,对《企业财务通则》进行了修订,对企业财务管理体制、资金筹集、资产营运、成本控制、收益分配、重组清算、信息管理、财务监督等方面进行了详细的规定。

我国现行财务制度是由各企业所有者或管理者依据宏观财务相关法律法规、企业财务制度、行业财务制度的要求和企业自身经营管理特点制定的,处理企业内部在财务方面的责、权、利关系,规划和选择财务管理工作的规则、方法和程序的财务规章。我国目前直接针对财务制度的相关制度,从纵向来看,是由财务管理体制、企业财务通则、分行业财务制度、企业内部财务管理制度组成的从抽象到具体、从宏观到微观的财务管理制度体系。抛开抽象的财务管理体制,具体的企业财务制度可再按其制度应用范围分为企业财务通则、行业财务制度和企业财务制度三个层次。企业财务通则规定了企业组织财务活动、处理财务关系必须遵循的一般原则性指导思想以及企业的一般财务目标,它对全国范围内的财务工作、财务行为具有行政或法律上的约束力,是联结国家财经法规、财务政策与企业财务活动的中介,也是制定行业财务制度和企业财务制度的根据。但不同行业的企业,在资本筹集、资产占用、成本与费用开支、营业收入与利润构成等具体财务活动、财务行为及涉及的利益相关者等方面都有着显著不同,因而有必要结合各行业特点,制定若干适合某一行业企业的财务规定。这些分行业的财务规定就是行业财务制度。行业财务制度是财务通则的原则规定与各行业财务活动特点相结合的产物,一般应在财务通则确定的共同原则与规范的基础上,结合行业企业的特点和行业的实际情况来制定行业财务制度。它是各行业企业进行财务工作遵循的具体规定。

二、企业财务制度的内涵及特点

企业财务制度通常被解释为规范企业内部各有关方面的财务行为、处理相互间财务关系的制度安排,它对企业理财活动起着重要的约束、推动、促进和导向作用。国内财务学界通常将企业内部财务控制等同于企业财务管理制度,并从企业财务管理的角度对企业内部财务制度进行分类,如将其分为财务收支管理制度、成本管理制度、资产管理制度、费用报销制度等。

企业财务制度在财务活动中发挥着极为重要的基础性作用,具有三个特点。

(1) 企业财务制度是财务行为人动机和行为的一种外在反映。所有人都是在现实制度所设定的范围中活动的,人们的任何社会经济活动都离不开制度。同样,企业财务制度体现了企业中各财务主体利益动机间的博弈,所有企业财务主体的财务活动都必须受企业财务制度的约束。企业财务制度制定的主体有国家和企业,不同层次的企业财务制度体现的是不同主体的动机、行为和利益,以及相应的以规则和条令形式建立的行为约束机制,即企业财务制度也将有不同的表现和意义。

(2) 企业财务制度作为企业内部财务执行的规范,也是一套财务规则和条令程序,对企业内部相关主体具有强制性,一般需要结合企业的激励约束制度,由企业高层管理者强制执行。

(3) 企业财务制度反映企业的契约关系。当企业本身就被定义为一种契约联合体时,企业中的各种制度也将是各种契约关系的反映。这种关系包括正式的和非正式的制度。企业财务制度规定了所有企业成员在财务行为中的权利义务、责任和激励惩罚机制。其契约本质是财务管理者意志的体现,是管理者设计的一套能降低交易费用的道德与伦理行为规范,用以处理财务关系、约束财务活动。

三、企业财务制度的职能

企业财务制度是现代企业制度不可或缺的一项内容,是为企业经营管理服务的。作为约束人与人之间关系的行为规则,财务制度的基本职能决定着财务制度设计的具体职能,主要有激励约束职能、财务监督职能和协调职能。

(1) 激励约束职能,即提高激励约束机制的兼容程度,形成持续性、制度化的激励机制。激励约束职能是指:财务制度安排通过设计一系列财务手段,激励财务活动实现,从而达到财务目标;同时,还需要约束机制与此相对应,使财务活动和财务关系受制于财务制度安排。内部财务制度激励约束职能可以把个人的经济努力不断引向一种社会性劳动,使经济行为人所付出的成本与所得到的收益有机联系起来,最大限度地对各项活动的创新者予以激励和奖惩。

(2) 财务监督职能,即降低财务管理行为中的交易成本,使经济行为人对自己的行为产生合理稳定的预期,降低市场活动的不确定性,抑制腐败行为。财务监督职能是保证财务活动组织有效性和财务关系处理合理性的重要手段。通过实施财务制度安排的监督职能，形成了企业管理与财务相互制约、相互促进的内部管理机制。

（3）协调职能，即保障合作，为实现合作创造条件，保障合作的顺利进行。内部财务制度能够给人们提供有关行为约束的信息，规范理财活动中人与人的相互关系。企业是多方利益相关者的契约集合，投资人、债权人、经营者等目标各不相同。为了保证企业的正常运作，就必须使各种要素通力合作，制度就是各要素合作的桥梁，而财务制度的有效安排正是企业财务资源合作的纽带。所以，财务制度安排的协调职能就是规范投资人、债权人、经营者之间的财务关系，并在财务的治理结构中设计一套有效的信息沟通制度，以减少信息的成本与不确定性，把阻碍合作的因素减少到最低限度。

四、企业财务制度的内容

在社会主义经济制度下，国家作为生产资料的所有者，为了保护国有资产、约束企业财务活动和财务关系，有必要以国有资产所有者的身份统一制定财务制度，作为企业组织财务活动、处理财务关系的依据。企业内部财务制度以国家统一的财务制度为依据，同时充分考虑企业内部的生产经营特点以及管理要求，一般应当包括筹资制度、投资制度、成本费用开支制度、收入制度、利润分配制度等，其中筹资制度、投资制度、利润分配制度处于较为基础的层面，成本费用开支制度、收入制度等是由基础财务制度派生的二级财务制度。

（1）筹资制度。它是财务人员在从事筹资工作过程中所应遵守的规范或标准，主要是指筹资预测及分析制度，具体包括确定合理的筹资决策程序、确定合理的筹资规模、选择恰当的筹资时机、优化资本结构、降低筹资成本、防范筹资风险等。

（2）投资制度。投资制度是对企业投资活动的管理，包括企业在资本市场上的投资预测分析制度、内部投资管理制度等。

（3）利润分配制度。它是对企业利润分配比例、幅度、内容等所做的规定，具体包括确立并严格遵循收益分配原则、按规定程序进行收益分配、选择合适的股利政策等。

（4）收入制度。收入制度包括对销售产品的定价、销售收入的管理等方面。

（5）成本费用开支制度。成本费用开支制度具体包括对成本预测、成本核算、成本控制、成本分析、成本考核、成本审计、战略成本管理、专项成本管理和日常费用管理的制度规范。

（6）财务风险管理制度。建立企业财务风险辨识系统、有效的风险处理机制和财务风险制度文化，完善风险管理机构，进一步防范企业财务风险。

第二节 企业财务制度设计的目标和原则

一、企业财务制度设计的必要性

企业财务制度设计是以国家相关的财税法规为依据，用系统控制的技术和方法，将企业内部理财活动的组织机构、财务战略与政策、业务流程、内部控制等规范化、文件化，进而据以指导和处理理财工作的过程。它是市场经济条件下企业财务工作的新任务，企业只有科学地设计财务制度，才能实现自主理财、科学理财，使企业在市场竞争中立于不败之地。

（1）科学设计企业财务制度是发挥其作用与功能的前提条件。现代企业理论认为，由于代理人与委托人利益目标不一致，在两权分离下掌握企业控制权的代理人存在着道德风险和逆向选择。要保证委托人利益、避免委托代理关系的断裂、协调代理人利益与委托人利益关系，就需要借助一系列制度安排。企业财务制度是现代企业制度不可或缺的一项内容。作为约束人与人之间关系的行为规则，财务制度具有降低费用、保障合作和提供激励的功能。财务制度可降低交易成本，减少财务活动不确定性，抑制腐败行为，为实现合作创造条件，保障合作的顺利进行。此外，还可以提高激励约束机制的兼容程度。

（2）企业财务制度设计是市场经济体制的要求和政府财务法规的落实。企业财务制度建设应与所处的经济环境相适应。我国企业财务制度改革的格局是：国家制定公司法、税法和企业财务通则等财税法律法规，对企业财务实施约束；企业在法律、法规规定的可选择范围内，自主选择财务管理的目标、战略、政策和方法，并设计制定企业内部财务制度，形成自主性的理财行动指南和规则。在这里，一个必须正视的现实和趋势是，企业财务制度作为在国家有关财务法规指导下的基层财务行为规范的地位得以确立，并取代国家统一的财务制度成为企业财务制度体系的重点。

（3）世界经济日益全球化加大了企业科学设计财务制度的紧迫性。我国市场与国际市场越来越融为一体，企业将面临更加激烈的竞争环境。从财务角度看，我国企业的理财环境变得更加复杂，不确定性因素增加，财务管理的目标、内容、范围、方式方法都将发生深刻变化。这就要求企业夯实财务管理的基础工作，建立科学的内部财务制度，规范和优化财务行为，提高财务管理质量和效率。

（4）许多企业财务制度停留于传统的计划经济模式。尽管现代企业制度的建设已有多年，但我国企业的财务管理依旧是会计和财务不分、财务仅作为会计的附庸而存在，其对象仅限于"企业再生产过程中的资金运动"，其内容充其量也只是成本费用的控制而已，而对如何按公司制度的要求筹集资金、用好资金、合理分配利润等，则存在不足。所以，在国家法律指导下，结合企业经营管理具体情况，设计适合本企业的财务制度，使财务制度贯穿于经营全过程，建立健全企业财务制度，其重要性越发凸显出来。

二、企业财务制度设计的目标

企业财务制度的目标是企业财务活动中主观愿望与客观规律、内部条件与外部环境、管理者与投资人和债权人、内部各部门之间、内部员工之间等一系列矛盾相互作用的综合体现。财务制度的目标在财务管理中起到双重作用：一是导向作用，它是企业财务管理工作的起点目标，为财务管理指明了工作方向；二是评价作用，它为财务管理工作提供了最终的标准，为衡量财务管理工作优劣提供可靠的依据。

（一）财务制度设计的基本目标

财务制度设计的目标是财务系统期望达到的境界，是财务系统运行的出发点和归宿点，并决定着整个财务系统发展的方向。对企业而言，由于相互关联的都是独立的企业组织单元，企业财务制度设计的目标实际上是企业中各组织单元财务制度设计目标的有效集合，在各自约束条件下,各成员企业在企业财务制度设计的目标上达成共识。换言之,目标是主观期望实现的目标,其主体是各个独立体,是在组成企业这个过程中相互博弈的结果。只有企业的整体利益最大,才能使各契约关系人的利益最大限度地得到满足。因此,企业财务制度设计的目标应该是利益相关者综合经济利益最大化。

综合经济利益最大化的基本目标处于财务制度设计目标体系的最顶端,对其他财务制度设计目标起着统率作用。财务制度设计具体目标从不同的侧面保证财务制度设计总目标的实现,同时财务制度设计总目标又对财务制度设计具体目标的实现起着规范与评价作用。

企业财务制度设计基本目标与财务效率、公平目标间的关系更为直接,综合经济利益最大化总是通过"效率、公平"对其他财务制度设计的具体目标发挥作用。这是因为综合经济利益的表现形式在不同阶段可以有所不同,其具体表现形式取决于不同时期的客观经济环境。但不论其表现形式如何,要实现综合经济利益最大化,有两点是必须注意的:一是公司新增价值最大化(效率)是综合利益最大化的源泉;二是新增价值的分配均衡化(公平)是综合利益最大化的必要条件。所以,综合经济利益最大化是财务制度设计的总目标,效率和公平则是与财务制度设计总目标联系最直接的具体目标。

(二)财务制度设计的具体目标

综合经济利益最大化从总体上把握着企业财务制度设计的方向,在生产经营过程中还应确定企业财务制度设计的具体目标。企业财务制度设计基本目标与具体目标构成了财务制度设计的目标体系,它们共同对企业的财务活动起着规范与协调的作用,以保证企业持续稳定地发展。但是,这些财务制度设计目标间并不是完全并列的关系,它们相互表现出一定的层次性。

第一,发挥财务激励。财务激励是指企业为了实现财务目标,通过设计适当的财务奖酬模式,并辅助一定的行为规范和惩罚性措施,以有效实现企业与各成员企业的互动过程。财务激励的使动者是企业财务制度设计的主体。企业的组织模式是一种两层结构,即包括核心层和外围层。核心层是企业的关键,所以,应该以核心层企业作为激励主体。一般而言,财务激励可以分为物质激励和精神激励。物质激励是利用财务手段通过分配关系加以激励,使物质动力成为经营和财务活动的现实积极性,如薪酬、福利等。精神激励是通过一系列非物质方式来改变其意识形态,并激发出工作活力,如声誉、地位的提升等。科学的财务激励对企业有促进作用,它可以对各成员企业的某种符合整体期望的财务行为反复强化,也可以对不符合整体期望的财务行为采取负强化和惩罚措施加以约束,最终实现企业的共同目标。

第二,实现财务筹资、投资敏捷性。敏捷性是现代企业的基本特征,也是区别传统企业的关键。基于财务视角,企业协调财务活动和财务关系也需要敏捷性。所谓财务敏捷性,就是在变幻莫测的经济环境中,企业为了生存、发展,能够驾驭变化,不断进行调整,从而在财务活动及财务关系中快速、灵敏地做出反应。譬如,从筹资活动来看,企业一般不具有法人资格,不能自行筹措资金,常常依托于各成员企业进行资金的筹集。那么,企业的筹资目标是针对资金需求制定相应的行动方针、策略,快速反馈给各成员企业,使他们能够根据各自特点满足投资需要、实现低成本筹资。在筹资过程中,要求组织策划的高效率,以巩固企业的控制权,提高整体的综合效益和竞争能力。从投资活动来看,投资制度是企业谋求长期发展的基本要求。企业因市场机遇而生,投资制度就是要迅速捕捉投资机会,实现投资方向、投资期限、投资工具、投资方式等的最佳组合。因此,投资制度设计的根本目的是快捷地实现企业投资结构的最佳配置。

第三,达到资源优化配置。财务属于价值管理的领域,主要是对经济资源进行配置。财务制度设计的目的就是促进经济资源配置效率的最大化和经济资源的保值增值。企业作为各种部门的联合体,其财务制度设计的目的侧重内部资源配置效率的最大化,实现资源配置和谐。企业中,各成员企业投入的核心能力不同、贡献程度不同,这就需要将各种投入要素进行组合。组合效率的高低取决于各成员企业的配合程度以及财务制度设计主体的"经营判断"。内部资源实现优化配置将直接提高资产权利的运用效率,为企业的有效运作提供支持。

总之,财务筹资目标、财务投资目标和资源配置目标受激励目标的调控,从不同的侧面来保障财务效率目标实现,进而提高综合经济利益最大化的实现程度,但它们同时又是公平目标实现的基础和物质保障。收益分配目标以效率为基础,以公平目标和激励目标为指导原则,同时通过收益分配内容影响资源配置目标,进而提高财务筹资目标和财务投资目标的效率,来保证"综合经济利益最大化目标"的实现,促进企业持续、稳定地发展。

三、企业财务制度设计的依据

企业财务制度设计要以国家相关的财税法规为依据,用系统控制的技术和方法,将企业内部理财活动的组织机构、财务战略与政策、业务流程、内部控制等规范化、文件化,进而据以指导和处理理财工作的过程。企业财务制度设计的依据从根本上说是理论与实践的产物,包括理论依据和实践依据两个方面。

(一) 理论依据

无论什么样的企业,解决财务管理问题都要依赖理论的指导,只有在正确的理论指导下,才能真正发现问题,科学地认识、了解和把握问题的全貌和本质,进而设计出正确和有效地解决问题的制度。同时,只有按照现代财务理论,运用当代财务科学所阐明的基本原理和方法,才能实现财务制度的科学化、民主化,这就是财务理论对于制度设计的重要性。就理论依据而言,除包括现代财务理论,还包括马克思主义哲学以及系统论、信息论和控制论的现代理论和技术等,它们能够为制度设计提供理论和一般方法指导,确保制度设计正确、有效,充分体现科学化、民主化要求。

(二) 实践依据

实践依据主要体现客观条件的要求,主要包括五个方面。

(1) 国家财税法规以及经济发展状况是企业财务制度设计的基本依据。国家财税法规包括两类。第一类是指由国家或政府直接制定的与企业财务制度安排相关的法律条文,它们散见于《中华人民共和国民法典》《中华人民共和国公司法》《中华人民共和国个人独资企业法》《中华人民共和国合伙企业法》《中华人民共和国外商投资法》《中华人民共和国企业破产法》《中华人民共和国证券法》《中华人民共和国企业所得税法》《中华人民共和国会计法》等法律法规,这些是由国家权力机构、有关政府部门制定的规范法则,在不同程度上触及了企业财务关系人的权责利关系和财务行为准则。例如:《公司法》规定了公司有独立的法人产权,规定了公司制企业股东会、董事会、经理的权力和责任;《破产法》规定了企业破产的标准、程序及债权人在企业破产时对企业的控制权;《企业所得税法》规定了政府对企业的收益分享权及其比例;《证券法》规定了企业在资本市场筹资的程序、约束条件等;《会计法》规定了企业会计信息生成的规则、程序和会计报告的责任等。这些法律法规是明确企业财务相关人权责利的必要制度规范,并由国家以强制力保证实施,它们构成了企业财务活动所处的宏观制度环境,行业、企业等各种部门、组织的规章都应在国家法律制度的范围内制定。第二类是指由财政部制定的部门规章制度,主要包括《企业财务通则》《企业会计准则》,以及分行业财务制度。《企业财务通则》是设立在我国境内的各类企业财务活动必须遵循的基本原则和规范,反映国家对各类企业财务活动最一般的要求;《企业会计准则》则是偏向于会计信息生成的规范。

企业进行财务活动的客观经济状况(如经济发展状况、通货膨胀状况、经济体制等)对企业财务制度有重大影响。随着经济的快速增长,企业需要大规模地筹集资金,需要财务人员根据经济的发展状况,筹措并分配足够的资金,以调整生产经营。经济发展状况要求对有限资源进行配置,并据此制定和执行各种财务制度。

(2) 企业的生产经营特点和管理要求是财务制度设计的前提和基础。不同的企业,生产规模、经营方式、组织形式不同,其财务活动的方式和财务管理人员的素质也不可能完全一致。因此,只有在充分考虑其生产经营特点和管理要求的基础上设计的财务制度才能具有可操作性,才能将国家赋予的理财自主权落到实处。

(3) 企业财务目标是企业财务管理实践所期望的结果,它是构建企业财务运行机制的方向和标识,也是人们赖以选择各种理财手段的依据和标准。因此,财务制度的设计必须体现有利于财务目标的实现这一基本要求。

(4) 财务人员的业务素质和财务管理的技术手段是企业财务制度设计不可忽视的重要因素。财务制度设计工作是一项专业性很强的管理工作,而技术手段的更新和财务管理职能的转变客观决定了财务制度设计的内容、功能的复杂性,也对财务人员素质提出了更高的要求:完善知识结构,成为综合型、复合型和外向型财务人才,才可能利用科学的财务管理技术手段完成财务管理工作。

(5) 系统的调查研究和分析是财务制度设计的中心环节。通过调查研究,掌握大量的事实材料,并对事实材料进行认真、科学的研究、分析、综合、判断,弄清问题的主要矛盾、关键环节以及同其他有关问题的有机联系和相互依存关系,进而揭示和掌握问题的本质及发展变化规律。只有在此基础上制定的财务制度才具有实用性。

四、企业财务制度设计的原则

财务制度设计是财务管理的一项基本建设,其质量直接影响财务功能的发挥,因此在设计时必须以一定的原则作为指导。

(一) 适应企业生产经营特点和管理要求原则

企业财务制度的设计要体现企业生产经营的特点和管理要求,应从自身的特点出发,重点应放在体现个性上。目前,我国许多企业的财务制度设计都完全相同。事实上,不同企业的生产规模、经营方式、组织形式不尽相同,其财务活动的内容和方式也不可能完全一致。大规模的生产企业往往有较复杂的组织结构和经营内容,而且活动的范围较大,从而决定了其财务活动具有资金量大、财务关系复杂、管理难度大的特点。小规模企业的生产经营内容则较为单一,活动范围较小,相应的理财活动也比较简单。另外,企业的经营方式也多种多样,如股份经营、承包经营、租赁经营、委托经营和联合经营等,不同的经营方式所反映的经济关系也是不同的。因此,在设计企业财务制度时,切忌盲目照搬照抄,只能借鉴吸收而不能简单模仿。制定企业财务制度时既要遵循国家统一规定,也应充分考虑企业自身的生产经营特点和管理要求,应具有较强的可操作性。对国家赋予企业的理财自主权,如自主筹资权、自主投资权、资金调度权、利润分配权等,企业在制定财务制度时应予以具体化。凡是可以由企业进行选择的财务政策,企业应结合实际情况制定具体规定。

（二）权、责、利相结合的原则

权、责、利相结合原则就是指企业在组织财务活动、处理财务关系上以责任为中心、权利为保证、利益为手段,建立企业内部的财务管理责任制。这一原则是处理企业内部各部门之间权、责、利关系的准则,是财务有效运行的保证。企业财务活动涉及面宽,对企业生产经营活动影响大,企业财务活动组织得是否合理、财务关系处理得是否得当,直接关系到企业的发展和经济效益的提高。因此,财务制度的设计要体现财务管理权、责、利的结合,即要适应企业内部管理权限划分,并按照现行财务责任的情况给予应有的物质利益。比如,分层授权可以实现高层领导的统一管理与各分层次的明细管理相结合的优势,调动各个层次的管理积极性和参与性,明晰各自的权限和职责,达到管理上的分工合作。设计内部财务制度时,可通过将财权分配给不同层次、不同级别的财务关系人,形成分权制约,层层管理,协调控制。具体而言,可以按照资本运动的过程,将有关财务指标分解到各部门,明确规定各自的权、责、利。需要注意的是,应考虑企业的不同组织模式,分情况进行处理,明确各部门、各成员企业的职责,并赋予相应的财权。

（三）原则性与灵活性相结合的原则

制度要具有规范性、稳定性,但在强制性规范的框架下保留适当的灵活性是十分必要的。一般来讲,制度的规定应当是明确、刚性的,执行的结果应当是唯一的。但是,人是有限理性的,不能预见所有的管理活动。对企业而言,运行过程中出现的不可控因素更多,所以不可能事先制定出完善的显性财务制度。在实践中,通常强调原则性与灵活性相统一,就是为了克服制度僵化的弊病。因此,进行财务制度安排时,应当适当预留制度规范的空间,以增强制度的灵活性。比如,国家的财经法规政策是企业必须遵守的原则和规定,也是企业制定财务制度的制约和导向因素之一,所以企业在制定财务制度时必须坚持其原则性。但企业中人、财、物、信息各因素,供、产、销各过程,筹资、投资、用资、收回与分配资金各环节,交错形成多个变量,综合发挥作用,因而财务制度设计要根据其目标、任务、理财环境、人员素质的高低等因素的变动而具有灵活性。

（四）稳定性和变动性相结合的原则

企业财务制度总是与特定的条件和时间相联系的,因此,它只能在一定的空间和时间范围内发挥作用,并随着内外部环境的变化而具有变动性。但任何制度的变动都会发生成本,为使制度设计科学化,需要充分权衡制度变动产生的交易成本（如设计成本、运行成本、路径依赖引发的成本等）与所获得的效益之间的关系,并通过实践检验,沿袭正确的制度,修订甚至摒弃无效的制度。同时,制度在内容上具有不完备性,故而财务制度的设计在关注现有的客观环境基础的同时,应具有一定的预见性,以减少制度频繁变迁产生的交易成本。

（五）效益性原则

财务制度设计的目的就是规范财务行为,保证财务目标的实现,但不能因规范财务行为就不讲运行质量和工作效率,而应该在满足财务管理要求的前提条件下使财务制度设计更简洁明了,更具有操作性。为此,在进行财务制度设计时要考虑其设计和运行成本与效益的关系,实现成本与效益的最佳结合。为了提高运行效率,在设计财务制度时,要考虑现代科学技术的方法和手段,以节约运行成本,取得更佳的效益。

（六）全面性原则

企业的财务活动贯穿生产经营活动的全过程,财务管理也必须是对全过程的管理,因此企业制定财务制度时应该体现全面性原则。必须全面规范企业的各项财务活动,既要对企业财务活动的主体内容(资金的筹集、运用、耗费、收入与分配)做出明确的规定,又要对属于企业财务管理范围而国家财务法规中没有规定的有关内容、程序、财务体制、职责分工和权限等问题做出明确规定,使企业财务活动的各个方面都有章可循,形成一个完整的互相补充和互相制约的财务制度体系。坚持全面性原则,可以确保企业财务活动有序进行,为正确处理各方面的财务关系、全面做好财务管理工作提供一个客观依据。

第三节　企业财务管理体制设计

财务管理体制是企业管理财务活动的内容、组织和制度的总称,是企业完成财务工作、处理财务关系、实现财务目标的载体。财务管理体制包括国家与企业之间的财务管理体制和企业内部财务管理体制两部分内容。

一、我国财务管理体制的演变过程

财务管理体制形式取决于经济体制形式。我国经济体制经历了两次改革:一是由计划经济体制转换为有计划的商品经济体制;二是由有计划的商品经济体制转换为社会主义市场经济体制。与之相对应,我国的财务管理体制也由过去的国家统收统支、统负盈亏转换为企业自主经营、自负盈亏。

（一）统收统支、统负盈亏的财务管理体制

在计划经济体制下,有关生产、分配甚至消费决策都由政府计划权力机构做出。资金由国家供应,企业无筹资权;资金运用由国家安排,企业无投资权;成本费用开支报国家有关部门审核,企业无成本费用开支权;收入按国家计划分配,企业无定价权与分配权。企业财务管理的职责是按国家财务会计制度规定搞好成本核算,向国家报账,并按财经制度监督企业领导与内部单位合理使用资金、合理开支费用、及时上缴税金与利润,保证完成各项财政上交任务。这种统收统支的集权型财务管理体制在我国工业基础薄弱,资金、物资、技术力量严重不足的情况下,对于集中财力、物力和人力,争取国家财政经济状况的根本好转起了重要作用。但随着社会生产力的发展,其弊端也逐渐显露出来,改革这种财务管理体制势在必行。

(二) 利润包干上交的财务管理体制

在这一阶段,财务管理体制改革主要围绕规范国家与企业的利润分配关系,明确企业财务管理责任,扩大企业理财的权利,将商品经济的利益机制、竞争机制和约束机制引入财务管理活动而进行。比如：改统收统支、统负盈亏制为利润包干上交、留利自管制；企业留利按国家规定建立积累基金、消费基金与后备基金；资金以国家供应为主,但可经批准以发行债券、股票等方式筹资；企业资金部分可以自行安排使用。这次改革对于增强企业活力,转换企业经营机制,促使企业成为"自主经营、自负盈亏、自我发展、自我约束"的商品经营者,起到了极为重要的作用。但是,此时的财务管理体制仍然存在较大问题：不同形式的企业财务制度不统一,财务管理制度规定过细、过死,而且没有体现资本保全原则,既造成企业盈亏不实,又难以保证投资者资本的完整,不利于保护投资者的利益,不适应市场经济条件下投资主体多元化的发展趋势。

(三) 自主经营、自负盈亏的财务管理体制

我国经济体制改革的目标模式确立为社会主义市场经济体制后,国有企业开始建立现代企业制度,企业对出资者投入的资本金、企业内部积累和债权人借给的资金拥有法人财产权,并以法人财产承担民事责任。国家作为企业的投资者,拥有投入资本金及其相应权益的终极所有权,并以投入的资本为限承担有限责任。企业拥有筹资权与投资权。在遵守国家成本管理法规的前提下,企业拥有成本费用开支权。企业收入在补偿成本费用、缴纳税金后的利润,可以对外进行分配。企业可按国家规定以一定年限的税前和税后利润弥补亏损,保证再生产的进行。财务管理体制改革是与建立现代企业制度紧密相连的,可以说,财务管理体制发生了质的变革,但从一定意义上说,目前的财务管理体制仍存在一些问题,有些方面还有待进一步的探讨、改革和完善。

二、企业组织体制与财务管理体制

企业组织体制是影响集团财务管理体制的关键性因素。组织体制与管理体制两者是统一的,有什么样的组织结构就有什么样的管理体制。组织体制是管理体制的组织保障,离开组织结构就不可能谈管理体制。如在直线制组织结构下,要采用分权制几乎是不可能的。

根据美国学者威廉姆斯对企业组织结构的划分,企业组织体制主要有 U 型组织、H 型组织和 M 型组织三种基本形式(见表 5-1)。

表 5-1 企业组织体制与财务管理体制关系表

结构形态	说　　明
U 型组织	(1) 仅存在于产品简单、规模较小的企业,实行管理层级的集中控制 (2) 特点是高度集权 (3) 最高决策层直接从事各所属单位的日常管理
H 型组织	(1) 实质上是企业集团的组织形式 (2) 特点是高度分权 (3) 最高决策层基本上是一个空壳,不能显示长期效益和整体活力,因此 20 世纪 70 年代后,它在大型企业中的主导地位逐渐被 M 型结构所取代

续　表

结 构 形 态	说　　　明
M 型组织	M 型结构由三个相互关联的层次组成： 　　第一个层次是由董事会和经理班子组成的总部，它是企业的最高决策层，它的主要职能是战略规划和交易协调 　　第二个层次是由职能和支持、服务部门组成的，M 型结构的财务是中央控制的，负责整个企业的资金筹措、运作和税务安排 　　第三个层次是围绕企业的主导和核心业务，互相依存又相互独立的各所属单位，每个所属单位又是一个 U 型结构 　　可见，M 型结构集权程度较高，突出整体优化，具有较强的战略研究、实施功能和内部协调能力

U 型组织产生于现代企业的早期阶段，是现代企业最为基本的一种组织结构形式。U 型组织以智能化管理为核心，最典型的特征是在管理分工下实行集权控制。

H 型组织即控股公司体制。集团总部即控股公司，利用股权关系以出资者身份行使对子公司的管理权。H 型是一种有机的组织结构，各部门之间联系较松散，部门具有较大的灵活性，它的典型特征是过度分权。但是，随着企业管理实践的深入，H 型组织的财务管理体制也在不断演化。现代意义上的 H 型组织既可以分权管理，也可以集权管理。

M 型组织即事业部制。事业部是总部设置的中间管理组织，不是独立法人，不能够独立对外从事生产经营活动。因此，从这个意义上说，M 型组织比 H 型组织集权程度更高。M 型组织下的事业部在企业统一领导下，可以拥有一定的经营自主权，实行独立经营、独立核算，甚至可以在总部授权下进行兼并、收购和增加新的生产线等重大事项决策。M 型结构是一种混合型的结构，它由三个层次组成：第一层是公司的最高决策层，由董事会和经理班子组成；第二层由职能、支持和服务部门组成；第三层由互相独立的部门组成。在 M 型组织结构中，企业的重要财务决策是由总部控制的，总部的财务部门负责全公司的资金筹集、运作，下属事业部的财务部门在某种程度上只是会计核算部门。可以说，M 型结构集权程度是较高的，它的特点是突出了企业的战略重点和整体资源的优化配置，使各事业部的财务活动与公司的整体目标相一致，增强了企业内部资金调控能力。

三、企业财务管理体制的主要内容

企业内部财务管理体制的主要责任是在特定经济环境下正确处理企业同内外各方面的经济利益关系，因而它主要包括五个方面的内容。

(1) 确定与企业内部经营组织形式相关的财务管理体制类型。企业的生产技术特点和经营规模的大小不尽相同，因此，各企业内部的经营组织形式也就有所不同，不同的企业内部经营组织形式决定了不同的内部财务管理体制。

(2) 确定与企业内部各财务管理单位的经济责任相适应的财务责任。企业内部各财务单位所承担的经济责任不同，其财务责任也应有所区别。因此，完全独立生产经营的成员企业在财务上应该承担自负盈亏的责任；相对独立生产经营的内部单位，则应根据其是否具有相对独立的生产经营能力分别确定财务责任，并以指标分解的形式落实。例如，在资金管理方面，要为企业内部各部门、各层级核定流动资金占用额、利用效果和费用定额指标。车间、仓库对占用的流动资金要承担一定的经济责任并定期进行考核,对超计划占用的流动资金应支付相应的利息。同时,应为各部门核定收入和支出的指标,对比收入和支出,确定经营成果,并将成本或费用指标分解落实到各车间和部门,作为支出的计划指标。各车间生产的产品和半成品以及各部门提供的劳务均应按照内部结算价格结算支付,作为车间和各部门的收入指标。在利润管理方面,应将企业利润分解以确定内部利润,使车间、部门利润与企业利润相挂钩。

(3) 确定与企业内部财务管理单位财务责任大小相一致的财务权限。部分内部成员企业能够承担自负盈亏的责任,因此,应该给予其独立进行筹资、投资、成本费用开支与收益分配的财权;对于相对独立的企业内部各部门,则分别给予投资决策权、内部利润取得与分配权以及成本费用的开支与控制权。

(4) 根据内部结算价格计价结算,确认各单位履行职责的好坏。企业内部的材料和半成品的领用、劳务的使用、半成品和成品的转移等都要按照实际数量和内部转移价格进行结算,并且采用一定的结算凭证办理相关手续,以划清各自的收支,分清经济责任,便于奖惩。因此,要求企业应制定完善的内部价格以及内部结算办法并建立内部结算中心。

(5) 根据承担的财务责任的大小以及履行情况来确定物质利益的多少。对自负盈亏的内部成员企业,其工资总额应由该成员企业控制使用,税后利润除向企业集团交纳一定管理费用外,应由成员企业按国家规定自主分配;而相对独立的内部单位,其工资总额由企业总部控制,与各单位完成责任指标挂钩的工资,可分别交由这些单位掌握使用,企业税后利润分配应统一由企业总部进行。

四、企业财务管理体制的构建

(一) 构建科学的财务组织与决策体制

按照"统一领导、分级管理"的原则设置财务部门,实现财务和会计的机构分离,并明确各自的责任和职权范围。建立科学的财务决策体制,应先建立一整套完备的信息收集、整理、储存系统,提高信息的准确性和及时性,减少信息的传递损耗和延误,降低决策成本,在此基础上由职能部门提出多种方案,便于决策者在各方案中做出选择。此外,建立健全规范的决策流程,每一项决策都必须严格按照事前调研分析、专家评估、事中时时监督控制、事后反馈报告的流程进行。充分发扬民主,集思广益,科学评审方案,提高决策效率。

(二) 健全财务管理体系,加强风险控制

1. 加强企业财务预算管理机制

预算不仅仅是财务部门的事情,而且是企业综合的管理,是具有全面控制约束力的一种机制,预算制定后如同公司内部的"宪法",各责任单位必须执行。它通常以企业目标利润为预算目标,以销售前景为编制基础,综合考虑市场和企业生产营销等因素,按照目标明确的原则,由企业最高权力机构讨论通过。

2. 强化企业财务风险控制机制

构建科学合理的财务风险防范机制首先要对财务风险进行事前控制。结合目前国内企业经营管理的现状,可通过健全财务制度、加强内控制度的管理来避免内部管理出现的经济风险。事实证明,绝大部分国有大中型企业出现的经济案件都是由于内控制度不全、财务管

理不得力导致的,诸如携款潜逃、挪用资金等;另外,企业在实施某一投资方案时,应通过对财务风险的存在及其原因的客观分析,运用概率分析、风险决策、弹性预算等手段,制定留有余地的管理措施,以保证在发生意外时能有效地进行处理。

其次,对财务风险进行事中控制。在生产经营活动中,运用定量和定性分析法,对财务风险进行观察、计算和分析,对财务风险状况进行监督,如若发现偏差,及时制定新的补救措施,调整财务活动,控制偏差,阻止或抑制不利事态的发展,将风险降低到可控范围内,以降低损失程度和保证企业生产经营活动的正常进行。

最后,还要对财务风险进行事后管理。对已经发生的风险,要建立风险档案,定期进行总结,并从中吸取经验教训,以避免同类风险的继续发生;对已发生的损失,应及时消化处理,以免长期挂账给企业今后发展留下隐患,并以财务风险分析资料为依据,制定今后的风险管理计划。

(三) 关注个人的利益

仅仅强调集体利益而忽略个人利益很容易打击员工的积极性,导致企业与员工之间的矛盾冲突,最终损害企业价值。所以企业在经营过程中,不应单纯追求企业效率,只重视企业整体的利益,还应考虑员工的个人利益。

1. 关注管理层的利益

企业应该承认管理人员劳动贡献的特殊性及其经营能力作为"人力资本"的专有性,并在收益分配上加以体现,使管理人员的收入与企业一般职工的收入存在合理的差距。在具体实施过程中,应考虑采取一种组合式的工资制度,即将年薪制、职务消费额度、给予管理人员一定数量的公司股票或股票期权等几种分配形式结合起来,适当扩大管理人员与企业一般职工的收入差距,同时以多种方式提高管理人员的社会地位,加强精神奖励,提高职业道德素质。

2. 注重职工要素分配

长期以来我国都坚持按劳分配的基本原则,并逐步发展、完善。党在十五大报告中明确提出并在十六大报告中进一步确立劳动、资本、技术等生产要素参与收益分配;《企业财务通则》第52条规定,企业经营者和职工以管理、技术等要素参与企业收益分配的,应当按照国家有关规定在企业章程或者有关合同中对分配办法做出规定。这些规定能促进企业收益分配制度的改革,注重职工利益,激发职工的积极性和创造性,进而增强我国企业的竞争力。

(四) 加快企业财务管理网络化、信息化

财务管理网络化、信息化,必然要求财务管理手段的改进。要大力加强财务管理信息化建设,对原有的财务流程进行重组,对原有的管理模式进行改革,对现行的管理方式和财务制度进行规范,建立集中统一的财务管理体制,实行内部统一财务软件和建立计算机网络,建立企业财务结算中心,对企业内部财务人员进行集中管理,并通过系统集成实现总厂一本账。

第四节 企业专项财务制度

一、筹资制度

筹资制度是财务人员在从事筹资工作过程中所应遵守的规范或标准,主要是指筹资预

测及分析制度,具体包括确定合理的筹资决策程序、确定合理的筹资规模、选择恰当的筹资时机、优化资本结构、降低筹资成本、防范筹资风险等。筹资制度还包括资本金管理制度、公积金管理制度、负债管理制度等内容。

企业只有建立完善的筹资制度,才能为顺利开展投资、收益分配等财务活动奠定基础。筹资制度主要是规范企业选择筹资时机、数量、来源、方式及其结构等财务活动的重要手段和筹资任务完成的重要保证。企业筹资制度为企业的基本运行提供资金保障。它除了具备传统企业的筹资内容外,还需要凸显自身筹资的特点。第一,及时性。市场机遇转瞬即逝,如果企业错过筹资时机、筹资数量不到位,极有可能会影响企业的有效运作。第二,协调性。企业中有若干成员企业,如果其中一方筹资不力,则会影响企业的整体运作。这就需要各成员企业相互配合,可通过各种方法如相互拆借资金等手段,实现企业的筹资目标。

(一) 筹资目标

企业筹资目标主要包括三个部分。第一,满足投资需要目标。筹资制度是投资制度的前提,各成员企业的筹资规模、时机、组合必须依据和适应投资的整体需要。第二,筹资低风险、低成本目标。筹资成本必须是企业有能力承受的,低成本是企业选择和确定筹资方式的基本标准。同时,企业要注意各种资金的均衡配比关系,从筹资环节就把企业的风险降到最低。第三,筹资协调目标。企业中各成员企业都会根据各自情况进行筹资安排,但有时可能"力不从心"。这就需要企业以整体利益最大化为原则,对内部进行筹资协调,如核心企业为成员企业提供担保等。只有企业内部相互协调,才能实现筹资的高效率,提高整体的综合效益和竞争能力。

(二) 筹资方式

筹资方式是企业取得资金的具体形式。在市场经济中,企业筹资方式总体来说有两种:一种是内源筹资方式,即企业将自己的留存收益和折旧转化为投资的过程;另一种是外源筹资方式,即吸收其他经济主体的资金以转化为自己投资的过程。随着技术的进步和生产规模的扩大,单纯依靠内源筹资已很难满足企业的资金需求,外源筹资已逐渐成为企业获取资金的重要方式。目前,企业外源筹资方式主要有发行股票、发行债券、银行借款、商业信用、融资租赁、吸收直接投资等。

1. 影响企业筹资方式选择的因素

现代企业筹资方式的选择是一个很复杂的问题,根据不同的比较标准,必然会得出不同的评价。此外,不同的筹资方式其特点各不相同,因而企业在选择某种筹资方式时,应根据生产经营的需要来合理地进行选择,在选择时应考虑三个方面的因素。

(1) 筹资数量。筹资数量是指企业筹集资金的多少,它与企业的资金需求量成正比。企业必须根据资金的需求量来合理地确定筹资数量。

(2) 筹资成本。在筹资数量一定的条件下,必须进一步考虑筹资成本的问题。企业取得和使用资金而支付的各种费用构成了筹资成本。在有多种方式可以选择的情况下,我们要分析各种筹资发生的资金成本并加以比较,从而找出差异,选择适合企业自身发展的筹资方式。

(3) 筹资风险。企业筹资所面临的风险主要包括两个方面:一是企业自身经营的风险;二是资金市场上存在的固有财务风险。

2. 筹资收益

企业在评价比较各种不同的筹资方式时,同样要考虑到所投入项目收益的大小。只有企业筹资项目的预计收益大于筹资的总代价时,这个方案才是可行的。在上述诸多因素之外,企业筹资还将受到其他客观条件的限制,如企业规模、企业资信等级、社会关系等因素。

3. 筹资方式的选择

(1) 不同资本结构下的不同选择。资本结构会以不同的形式影响企业的筹资方式。对于一些固定性设备资产所占比例大且设备闲置、现实生产能力低下的企业来说,可以通过租赁的方式把自己不用的闲置设备租赁出去,然后再通过融资租赁的方式租进企业自身所需要的设备,再进行生产经营。这样他们不仅能够利用企业自身闲置的资源,还能够通过融资租赁的方式获取其他企业的资金来生产获利。

对于一些资产流动性强的企业来说,它们的负债率普遍要高于其他企业。这些企业的资金流动性强、周转快,因而其流动性资产就可以用来应对随时到期的债务,降低财务风险。因此,它们能够以较高的债务比例来生产经营,也就是说它们可以更多地利用流动负债去获取银行信贷资金。

另外,行业中不同企业的资本结构会有差异。企业在经营时必须考虑所处的行业,以便选择最佳的资本结构来筹集资金。一般说来,零售企业因为需要增加存货而进行筹资,存货的周转期短,变现能力强,所以这类企业往往发行大量的短期债券,其债券总体比例比较高。医药行业的负债却不多,这是因为它是一个高利润高风险的行业,过多的财务杠杆会增加企业的财务风险,这显然是不适当的。高风险行业的企业负债率一般都不高。高经营风险与高财务风险的组合必然加大企业的总风险,而企业不会盲目追求高收益却不考虑风险,所以企业就会适当减少负债以降低企业的总风险。

(2) 不同资金成本下的不同选择。不同筹资方式的筹资成本大小是不同的,因而企业在选择筹资方式时,要充分考虑筹资成本的问题。比如一个企业需要引进设备、扩大生产规模,"长期借款"和"融资租赁"同样都能够解决这个问题,下面我们就来比较选择。长期借款的成本包括两方面,即借款利息和借款费用。企业在采用长期借款时,会增大企业负债与资产的比率,从而明显恶化企业的资本结构,给企业带来经营压力。融资租赁这种筹资方式就不会有这样的情况。它的成本只是定期支付定额的费用,而且融资租赁设备可以在租赁期内同自有设备一样在税前计提折旧;承租人支付的租金也可在税前销售收入中扣除。由于税收抵免作用,承租人实际负担的筹资成本就会大大降低。所以,融资租赁不失为一种值得选择的筹资方式。但是当预期未来的市场利率将会逐渐走高时,在利率较低时融资租赁就能够把筹资成本控制在较低的水平线上。这时则应该考虑利用银行贷款来购买设备,为企业长期发展做出贡献。

(3) 不同筹资风险的不同选择。一般来说,利用股票筹资由于没有固定到期日而不用支付固定的利息,这种筹资方式实际上不存在不能偿付的风险,财务风险很小。吸收直接投资是一种"共同投资、共担风险、共享利润"的关系,税后利润的分配相对灵活,故财务风险也较小。一个企业如果单单考虑筹资风险的话,这两种方式不失为好的选择。债券筹资正好相反,发行债券由于有固定到期日并定期要支付利息,所以要承担归还本金和利息的义务。在公司经营不景气、承担着经营风险的同时,向债券持有人还本、付息无异于釜底抽薪,会给公司带来更大的困难,甚至可能会因为不能偿付导致企业破产。

(4) 不同企业规模的不同选择。一般来说,大型企业的资金需求量比较大,它们的资金一般用于扩大生产规模、开发新产品、技术的改造等方面。其在选择筹资方式的时候,应该考虑那些能够提供大量资金并且期限较长的筹资方式,如长期借款、发行债券、发行股票等。在发行股票和发行债券这两种方式中,应该选择发行债券。虽然发行债券要支付固定的利息,风险较高,但是发行股票的成本比发行债券还要高,而且容易分散控制权(造成可能的管理混乱)。新股东分享公司未发行新股前积累的盈余,会降低普通股的每股净收益,可能引起股价的下跌,影响公司的信誉,最终导致公司的经营亏损。

中小型企业的资金需求量一般比较小,并且其资金主要投放于短线产品或满足短期资金周转的需要。我们在选择的时候,就要考虑那些筹资速度快、富有弹性的筹资方式,如"短期借款""商业信用"等。对于中小型企业来说,应该优先考虑的筹资方式是商业信用,原因有两个:其一,商业信用的资金来源于存在交易关系的企业,并且它们的交易是在彼此充分了解和相互信任的情况下进行的,这种筹资方式的风险相对较小;其二,商业信用的筹资成本一般要比其他筹资方式低,没有抵押品的要求和因抵押品而产生的一系列资产评估费、公证费和登记手续费。

二、投资制度

投资指的是将某种有价值的资产(包括资金、人力、知识产权等)投入某个企业、项目或经济活动,以获取经济回报的商业行为或过程,可分为实物投资、资本投资和证券投资。投资制度是对企业各项投资活动的管理,包括企业在资本市场上的投资预测分析制度、内部投资管理制度等。

企业投资包括对内投资和对外投资。企业对内投资主要是固定资产投资。在固定资产投资决策过程中,很多企业对投资项目的可行性缺乏周密系统的分析和研究,加之决策所依据的经济信息不全面、不真实以及决策者决策能力低下等原因,使得投资决策失误频繁发生,投资项目不能获得预期的收益,投资无法按期收回,给企业带来了巨大的财务风险。在对外投资上,很多企业投资决策者由于信息不对称,对投资风险的认识不足,盲目投资,导致企业投资损失巨大,这也会造成企业财务风险不断加大。

(一) 投资的分类

按照生产经营关系,可分为直接投资和间接投资。直接投资是指把资金投放于生产经营环节中,以期获取利益的投资。在非金融性企业中,直接投资所占比重较大,间接投资又称证券投资,是指把资金投放于证券等金融性资产,以期获取股利或利息收入的投资。随着我国证券市场的完善和多渠道筹资的形成,企业的间接投资会越来越广泛。

按照投资回收时间的长短,可分为短期投资和长期投资。短期投资是指企业购入能够随时变现并且准备在1年以内(含1年)收回的投资,主要是指对现金应收账款、存货、短期有价证券等的投资。短期投资一般具有流动性强的特点。长期投资是指不满足短期投资条件的投资,需要一年以上才能收回。长期投资主要指对房屋、建筑物、机器、设备等能够形成生产能力的物质技术基础的投资,也包括对无形资产和长期有价证券的投资。前者是以特定项目为对象,直接与新建或更新改造项目有关的长期投资行为,而且投资所占比重较大,建设周期较长,所以也称为项目投资。一般而言,长期投资风险高于短期投资,与此对应,长期投资收益通常也要高于短期投资。

按照构成企业资产的性质,可分为固定资产投资、流动资产投资和无形资产投资。固定资产投资是建造和购置固定资产的经济活动,即固定资产再生产活动,又包括生产性固定资产投资和非生产性固定资产投资。流动资产投资是与固定资产投资相对应的,是指投资主体用以获得流动资产的投资,即项目在投产前预先垫付、在投产后生产经营过程中周转使用的资金。无形资产投资则是指投资人以拥有的专利权、非专利技术、商标权、土地使用权等无形资产作为投资的经济活动。

按照投资方向和范围,可分为对内投资和对外投资。对内投资是指把资金投放在企业内部,购置各种生产经营用资产的投资;对外投资是指企业以现金、实物、无形资产等方式或者通过购买股票、债券等有价证券向其他单位的投资。从理论上讲,对内投资的风险要低于对外投资,对外投资的收益应高于对内投资,随着市场经济的发展、投资渠道的拓展,企业对外投资机会也越来越多。

按照再生产中的作用,可分为建设性投资、更新性投资、追加性投资和移向性投资。

(二) 投资的影响因素

投资是由特定投资主体根据自身经营战略和方针,由相关管理人员做出的有关投资目标、拟投资方向或投资领域的确定和投资实施方案的选择的过程,因此,投资必然会受到各种内外因素的影响。

1. 投资收益

尽管投资的目的多种多样,但是投资者的根本动机无非是追求更多的投资收益和实现最大限度的投资增值。在投资中考虑投资收益,要求在投资方案的选择上必须以投资收益的大小做出取舍,同时考虑投资初期和投资后期的投资成本,以具有确定性投资收益的方案为选择对象,要分析影响投资收益的因素,并针对这些因素及其对投资方案的作用,寻求提高投资收益的有效途径。

2. 投资风险

投资风险表现为未来收益和投资增值的不确定性,通常包括购买力风险、财务风险、利率风险、市场风险、变现风险以及事件风险。政治因素、市场因素、企业自身因素和自然因素等往往会结合在一起共同诱发投资风险,在投资中考虑投资风险意味着必须权衡风险与收益的关系,充分合理预测投资风险,减少投资给企业带来损失的可能性,并提出合理规避投资风险的策略,以便将企业经营风险降至最低程度。

3. 投资弹性

投资弹性涉及两个方面:一是规模弹性,即投资企业必须根据自身资金的可供能力和市场供求状况,采取收缩或者扩张的方式调整投资规模;二是结构弹性,即投资企业必须根据市场的变化及时调整投资结构,主要是调整现存投资结构,这种调整只有在投资结构具有弹性的情况下才能进行。

4. 管控能力

管控能力即管理和经营控制能力。一般而言,对外投资管理相较于对内投资管理涉及因素更多,而且关系复杂,管理难度大。比如,股票投资不仅要有扎实的证券知识和较强的证券运作技能,还需要兼顾各种市场、政策动态。所以,对外投资往往要求具备相应的业务知识、法律知识、管理技能、市场运作经验等多项技能。在许多情况下,需要通过投资获得其他企业的部分或全部经营控制权,以服务本企业的经营目标,这时应该认真考虑需要多大的投资额才能拥有必要的经营控制权,以及取得控制权后如何实现其权利等问题。

5. 筹资能力

企业对外投资是将企业的资金在一定时间内让渡给其他企业。这种让渡必须以不影响本企业生产经营所需资金周转为前提,所以企业的资金筹集能力很可能对投资风险产生非常重要的影响。如果企业资金短缺,尚不能维持正常的生产经营活动,加之筹资能力较弱,企业投资必将受到极大限制,尤其是对外投资决策,更加要求企业能够及时、足额、低成本地筹集到所需资金。

6. 投资环境

投资环境是投资者所面对的客观条件。市场经济条件下的投资环境具有构成复杂、变化较快的特点,这就要求财务管理人员在进行投资决策分析时,必须熟知投资环境的要素、性质,认清投资环境的特点,预知投资环境的发展变化,重视投资环境的影响作用,不断增强对投资环境的适应能力、应变能力和利用能力,根据投资环境的发展变化正确评价投资环境的安全性和盈利性,采取相应的防范策略。进行投资环境分析有助于确保投资决策的正确性,有助于准确把握投资决策的有利时机,有助于增强投资决策的预见性。

(三)投资的程序

投资的目的就是要在降低投资风险的同时,获得较高的投资收益,以实现企业价值最大化。企业投资不能盲目进行,必须遵守科学的投资程序。一般说来,企业投资的程序主要包括五个步骤。

1. 提出投资领域和投资对象

这需要在把握良好投资机会的情况下,根据企业的长远发展战略、中长期投资计划和投资环境的变化来确定。通过主动寻找和外部推荐,获取项目信息和投资机会。

2. 评价投资方案的可行性

投资项目的评价是投资程序中具有重要意义的步骤,是投资决策的重要依据。企业可从投资增值程度、投资保本能力、投资风险、纳税优惠方针、发展方向和经营思想、管理和控制能力等方面对投资方案进行评价。在评价投资项目的环境、市场、技术和生产可行性的基础上,对财务可行性进行总体评价。

3. 投资方案比较与选择

投资决策是整个投资程序中最关键的一环,企业的决策者需要在投资项目评价的基础上,通过对不同投资方案的技术经济指标进行分析比较,并综合考虑社会等多方面因素,最后从若干备选方案中选择最终的行动方案,确保该方案技术先进、经济合理和社会可行。

4. 投资方案的执行

这一步即投资行为的具体实施。最优投资方案确定后,应纳入企业的计划,并具体组织实施。企业应根据投资项目进度按期筹措资金以保证投资的需要,并要对投资项目的质量和成本进行监控,以便投资项目能够按照预算如期完成,以取得满意的投资效果。

5. 投资方案的再评价

在投资方案的执行过程中,应注意原来做出的投资决策是否合理、正确。也就是说,在投资方案的组织实施过程中,要对实施的具体情况进行检查和监督,将实施结果和事先的估计进行比较,揭示偏差及其产生的原因,提供反馈信息,同时根据反馈信息采取相应的措施。一旦出现新的情况,就要随时根据变化的情况做出新的评价和调整,使之尽量符合客观需要和理财环境,避免企业损失的造成,确保投资目标的实现。

三、财务风险控制制度

企业财务风险存在于企业财务管理工作的各个环节,企业的财务决策几乎是在充满风险和不确定性的情况下做出的,尤其在中国市场经济发育不健全的情况下更是不可避免。中国企业财务风险包括筹资风险、投资风险、资金营运风险和收益分配风险,应建立企业财务风险识辨系统、有效的风险处理机制和财务风险制度文化,完善风险管理机构,进一步防范企业财务风险。

企业财务风险是指在各项财务活动过程中,由于各种难以预料或控制的因素影响,财务状况具有不确定性,从而使企业有蒙受损失的可能性。财务风险客观存在于企业财务管理工作的各个环节。财务风险的存在无疑会对企业生产经营产生重大影响。因此,对中国企业财务风险的现状、成因及其防范措施进行探讨,以期降低风险、提高效益,具有十分重要的意义。

如何防范企业财务风险、化解财务风险,以实现财务管理目标,是企业财务管理的工作重点。防范企业财务风险,主要应做好五个方面的工作。

(一) 建立风险识辨系统

要对企业的财务风险进行防范,首先必须准确、及时地识辨企业的财务风险。企业财务风险的识辨可采用三种方法。

1. 用"阿特曼"模型建立预警系统

这是由美国学者爱德华·阿特曼(Edward Altman)在 20 世纪 60 年代提出来的基于多元判别模型的财务预警系统。他利用逐步多元鉴别分析逐步提取五种最具共同预测能力的财务比率,建立起了一个类似回归方程的 Z 计分法模型:

$$Z = 0.012X_1 + 0.014X_2 + 0.033X_3 \times 0.006X_4 + 0.999X_5$$

其中:X_1=营运资金/资产总额;X_2=留存收益/资产总额;X_3=息税前利润/资产总额;X_4=普通股和优先股的市场价值总额/负债账面价值总额;X_5=销售收入/总资产。

该模型实际上是通过五个变量(五种财务比率),将企业偿债能力指标、获利能力指标和营运能力指标用一个多元的线性函数公式有机联系起来,综合评价企业财务风险的可能性。阿特曼认为:若 Z 值小于 1.81,则企业存在很大的财务风险;若 Z 值在 1.81~2.675 灰色区域,企业财务状况不明朗;若 Z 值大于 2.675,说明企业的财务状况良好,财务风险发生的可能性很小。阿特曼还提出 Z 值等于 1.81 是判断企业破产的临界值。

2. 利用单个财务风险指标趋势的恶化来进行预测和监控

通常,按照财务比率指标的性质及综合反映企业财务状况能力的大小,预警企业财务风险的比率主要有五个方面。

(1) 现金债务总额比。它等于经营现金净流量除以负债总额。这个比率越高,企业承担债务的能力越强。

(2) 流动比率。它是流动资产与流动负债比。一般认为流动比率应该在 2 以上,但最低不低于 1。影响流动比率的主要因素有营业周期、流动资产中的应收账款数额和存货的周转速度。

(3) 资产净利率。它等于净利润除以资产总额。它是把企业一定期间的净利与企业的资产相比较，表明企业资产利用的综合效果。指标越高，表明资产的利用效率越好，说明企业在增加收入和节约资金使用等方面取得了良好的效果；否则相反。同时，资产净利率又是一个综合指标。企业的资产是由投资人投入或举债形成的，净利的多少与企业资产的多少、资产的结构和经营管理水平有密切的关系。影响资产净利率高低的因素主要有产品的价格、单位成本的高低、产品的产量和销售的数量以及资金占用量的大小等。

(4) 资产负债率。它是负债总额与资产总额之比。它主要用来衡量企业利用负债进行经营活动的能力，并反映企业对债权人投入资本的保障程度。通常该比率应以低为好，但当企业经营前景较为乐观时，可适当提高资产负债率，以获取负债经营带来的收益；若企业前景不佳，则应减小资产负债率，从而降低财务风险。

(5) 资产安全率。它是资产变现率与资产负债率之差，其中，资产变现率是预计资产变现金额与资产账面价值之比。它主要用来衡量企业总资产变现偿还债务后剩余系数的大小。系数越大，资产越安全，财务风险越小；否则反之。

企业可以应用比较、比率分析法来考察其自身历年以来财务比率指标的变化趋势，并借鉴行业指标的平均值与先进企业的指标值来判断本身财务状况的好坏，从而有效地规避风险、控制风险、延缓危机甚至杜绝危机。

3. 编制现金流量预算

企业现金流量预算的编制是财务管理工作中特别重要的一环。由于企业理财的对象是现金及其流动，就短期而言，企业能否维持下去并不完全取决于是否盈利，而取决于是否有足够现金用于各种支出。准确的现金流量预算可以为企业提供预警信号，使经营者能够及早采取措施。为准确编制现金流量预算，企业应将各具体目标加以汇总，并将预期未来收益、现金流量、财务状况及投资计划等以数量化形式加以表达，建立企业全面预算，预测未来现金收支的状况可以周、月、季、半年及一年为期，建立滚动式现金流量预算。

一个财务风险预警系统应该具有良好的内部控制制度以及稽核制度，否则即使最先进的预警系统也得不到正常的运转。由于各企业的组织形式、企业规模等存在差异，企业应当根据实际情况来设计符合其自身要求和特点的财务风险预警系统。

(二) 建立有效的风险处理机制，增强抗险能力

为了有效防范可能发生的财务风险，企业必须从长远利益着眼，建立和健全企业财务风险防御机制。具体措施包括：① 可以通过某种手段（比如参加社会保险）将部分或全部财务风险转移给他人承担，建立健全企业风险转移机制；② 可以通过企业之间联营、多种经营及对外投资多元化等方式及时分散和化解企业财务风险，建立健全企业风险分散机制；③ 可以在选择理财方案时，综合评价各种方案可能产生的财务风险，在保证财务管理目标实现的前提下，建立健全风险回避机制；④ 可以建立健全企业的风险基金和积累分配机制，及时足额地增补企业自有资金，壮大企业的经济实力，提高企业抗击财务风险的能力。

(三) 建设财务风险制度文化，增强风险防范意识

企业财务风险的高效管理得益于企业上下一心的全员参与和制度支撑。要在文化层面上加强企业员工的财务风险意识，打破传统的风险自我无关和自我分割管理的思想，建立起全面整体的风险观，在工作中处处时时评估和发现风险，自发地协调和实现团队化风险控制，把风险管理的观念和行动落实到每个人的身上。管理层应致力于调查和规划本企业的

风险制度文化建设，制度控制和文化引导双管齐下，努力提升企业的风险管理水平。要使财务管理人员明白，财务风险存在于财务管理工作的各个环节，任何环节的工作失误都可能会给企业带来财务风险，必须将风险防范贯穿于财务管理工作的始终。企业领导人员应加强科学决策、集体决策，摒弃经验决策、"拍脑门"决策等主观决策习好，降低财务决策风险。

（四）完善风险管理机构，健全内部控制制度

企业财务风险管理的复杂性和多样性要求企业必须建立和完善相应的组织机构对风险实施及时有效的管理，只有对企业的财务风险实现组织化运作，才能使企业财务风险管理得到足够的重视和真正的规模运行。企业可以单独设立一个财务风险管理处并配备相应的人员对财务风险进行预测、分析、监控，以便及时发现及化解风险，建立健全风险控制机制。另外，治理结构和内控制度弱化本身就是高风险的表现。首先，要完善公司治理结构，提高风险控制能力，实现科学决策、科学管理，形成完整的决策机制、激励机制和制约机制；其次，建立监督控制机制，特别要加强授权批准、会计监督、预算管理和内部审计；再次，财务和会计应该分设，单位分管领导分开，分别设置管理中心，各行其责；最后，充分发挥内部审计机构和人员的作用，搞好内部控制的评审和风险估计。

（五）理顺企业内部财务关系，做到责、权、利相统一

为防范财务风险，企业还须理顺内部的各种财务关系。各部门要明确其在企业财务管理中的地位、作用、职责及被赋予的相应权力，做到权责分明，各负其责。另外，在利益分配方面，企业应兼顾各方利益，以调动各部门参与企业财务管理的积极性，从而真正做到责、权、利相统一。

综上所述，企业在经营管理中，要建立财务风险辨识系统，树立有效的风险防范处理机制，增强风险意识，完善企业财务风险控制体系，理顺企业内部财务关系，防范财务危机，加强筹资、投资、资金回收及收益分配的风险控制，加强资产管理，实现企业效益最大化。

本 章 小 结

企业财务制度的产生与发展来源于企业内部需要，这是因为企业的财务活动一直随企业主体追求价值创造的动力不断创新，而企业财务制度又是为规范这些财务活动而自发产生和发展的。企业财务制度是现代企业制度不可或缺的一项内容，是为企业经营管理服务的。作为约束人与人之间关系的行为规则，财务制度的基本职能决定着财务制度设计的具体职能，主要有激励约束职能、财务监督职能和协调职能。

企业财务制度设计基本目标与具体目标构成了财务制度设计的目标体系，它们共同对企业的财务活动起着规范与协调的作用，以保证企业持续稳定地发展。但是这些财务制度设计目标间并不是完全并列的关系，它们表现出一定的层次性。企业财务制度设计要以国家相关的财税法规为依据，用系统控制的技术和方法，将企业内部理财活动的组织机构、财务战略与政策、业务流程、内部控制等规范化、文件化，进而据以指导和处理理财工作。企业财务制度设计从根本上说是理论与实践的产物，其依据包括理论依据和实践依据两个方面。

企业组织体制是影响集团财务管理体制的关键性因素。组织体制与管理体制两者是统一的，有什么样的组织结构就有什么样的管理体制。组织体制是管理体制的组织保障，离开组织结构就不可能去谈管理体制。如在直线制组织结构下，要采用分权制几乎是不可能的。

企业内部财务管理体制的主要责任是在特定经济环境下正确处理企业同内外各方面的

经济利益关系,因而它主要包括以下五个方面的内容:确定与企业内部经营组织形式相关的财务管理体制类型;确定与企业内部各财务管理单位的经济责任相适应的财务责任;确定与企业内部财务管理单位财务责任大小相一致的财务权限;根据内部结算价格计价结算,确认各单位履行职责的好坏;根据承担的财务责任的大小以及履行情况来确定物质利益的多少。

复习思考题

1. 企业内部财务制度的特点有哪些?
2. 企业财务制度的职能有哪些?
3. 哪些属于企业财务制度的内容?
4. 为何要进行企业财务制度设计?
5. 企业管理体制的主要内容包括哪些?
6. 企业的筹资目标主要有哪些?
7. 企业的筹资方式总体来说分为几种?分别是什么?
8. 企业投资程序包括的内容有哪些?
9. 为了防范财务风险,应主要做好哪些工作?

第六章 业绩管理

> **引导案例**
>
> 可口可乐(瑞典)饮料公司在其不断发展中推广平衡计分卡。作为推广平衡计分卡概念的第一步,公司高层管理人员对公司的综合业务计划进行深入讨论,每位高层都要履行下列步骤:定义远景,设定长期目标,描述当前的形势,描述将要采取的战略计划,为不同的体系和测量程序定义参数。在构建平衡计分卡时,高层管理人员已经设法强调了保持各方面平衡的重要性。在财务指标方面,阐明与战略计划相关的财务措施,以这些措施为基础,设定财务目标并且确定为实现这些目标而应当采取的适当行动。在客户和消费者方面也重复该过程,在这一阶段,初步的问题是:如果我们打算完成财务目标,我们的客户必须怎样看待我们?管理层明确向客户和消费者转移价值所必需的内部过程,然后问自己的问题是:自己是否具备足够的创新精神?自己是否愿意为了让公司以一种合适的方式发展而变革。在推广平衡计分卡概念过程中最大的挑战是,既要寻找各层面的不同测量方法之间的适当平衡,又要确保能够获得所有将该概念推广下去所需要的信息系统,此外,要获得成功重要的一点是,每个人都要确保及时提交所有的信息。
>
> 平衡计分卡作为一种新的业绩评价体系,受到了理论界和企业界的广泛认同和接受。那么,什么是平衡计分卡?财务指标和非财务指标各有什么特点?如何设计企业业绩评价体系?这些正是本章所重点阐述的内容。

学习目的和要求

本章介绍了企业业绩评价的概念、构成要素、评价模式和业绩评价的演进,对业绩评价指标和业绩评价系统的设计进行了深入的探讨。通过本章的学习,应理解业绩评价相关概念的内涵,了解业绩评价的发展历史及趋势和业绩评价系统的设计,掌握业绩评价指标的运用。

第一节 业绩评价概述

一、业绩评价的内涵

业绩是组织期望的结果,是组织为实现其目标而展现在不同层面上的有效输出。评价是指主体对客体属性是否满足主体需要的客观关系进行反映,评价活动属于认识活动。评价的作用机制是:确定主体需要;确定反映主体需要的评价指标;收集与评价指标相关的信息;对评价信息进行整合、价值判断和评价推理,从而形成评价;利用评价形成的认识进一步指导实践活动。

企业业绩评价是指运用数理统计和运筹学的方法,通过建立综合评价指标体系,对照相应的评价标准,将定量分析与定性分析相结合,对企业一定经营期间的盈利能力、资产质量、债务风险以及经营增长等经营业绩和努力程度进行的综合评判。

科学地评价企业业绩,可以为出资人行使经营者的选择权提供重要依据,可以有效地加强对企业经营者的监管和约束,可以为有效激励企业经营者提供可靠依据,还可以为政府有关部门、债权人、企业职工等利益相关方提供有效的信息支持。业绩评价的标准不同,使得得出的评价结果不同,业绩评价系统的功能也会不同。总体来看,业绩评价主要有四方面的功能。

1. 激励与约束功能

以年度预算作为业绩评价标准可以评价下属单位经理人员的工作成绩,并作为人员调配、提升、奖励等决策的重要参考。年度预算一般以特定子企业或分部为预算单位,依据下年度该单位特定的经营环境制定,而且在具体编制时,一般有子企业或分部经理参与,并由其对预算的执行情况负责。正是在这个意义上,管理者可将业绩评价视为一种最有用的人力资源管理工具。

2. 资源再配置功能

现代企业的经营成功取决于企业能否在其所涉及的几个不同行业或同一行业几个不同产品线上具有竞争优势。将企业所涉及的这些行业或产品的业绩水平与其主要竞争对手进行对比,可以使企业认清自己在哪些行业或产品具有竞争优势,哪些行业或产品不具有竞争优势。根据这些信息,管理者可以重新对这些行业或产品从战略的高度进行分析并采取相应的措施,对原有资源配置进行调整,从不具有竞争优势或不可能具有竞争优势的行业或产品线撤出,增强其他行业或产品线已有的竞争优势,或重新选择新的竞争方向。

3. 项目再评估功能

资本预算是企业对长期重大项目投资所进行的可行性研究和收支计划,一般包括投资报酬率、净现值、现值指数等指标。在编制资本预算时,这些指标往往根据预测的资料得出,这些投资的实际运行效果与设想的是否一致是企业管理者极为关心的问题。以资本预算为业绩评价标准,将实际效果与预算进行比较,起到项目再评估的作用;同时,可以找出预测误差,不断提高预测的准确性。

4. 战略管理功能

业绩评价在企业战略管理中发挥着重要作用。在战略设计阶段,业绩评价可以发挥项目再评估和资源再配置功能,为形成最优战略提供信息;在战略实施阶段,业绩评价可以发挥其人事管理功能,激励各级人员努力实现战略目标。业绩评价是联系战略管理循环的纽带。

二、业绩评价的分类

按照不同的分类标准,可将业绩评价划分为不同的类型和层次。

(一) 根据业绩评价主体不同的分类

根据业绩评价主体不同,可将业绩评价划分为外部评价和内部评价两大类。

外部评价就是企业的外部有关评价主体对企业业绩的评价,内部评价就是企业内部的有关评价主体对企业业绩的评价。根据利益相关者理论,企业除了股东以外还有其他利益相关者。利益相关者通过契约与企业形成特定经济关系,期望从企业经营中获取回报,或者尽管没有契约关系,但其利益受企业经营影响,因而利益相关者需要通过各种机制对企业经营和管理施加影响,业绩评价系统就是其中之一。因此,不同利益相关者都可能成为企业业绩评价的主体。具体到一个企业而言,其外部评价主体包括中小股东、潜在的投资者、现有的和潜在的债权人、政府有关部门、供应商和客户、社会公众等,内部评价主体包括大股东、各级管理者和基层职员等。

内部评价的依据是企业的战略规划和战略计划,利用的是企业内部所产生的各种管理信息,包括财务信息和非财务信息,而外部评价则受信息获取方式的限制,主要以企业披露的财务信息和市场信息为主,因而内部评价通常比外部评价更为精确。

(二) 根据业绩评价客体不同的分类

根据业绩评价客体不同,可将业绩评价分为整体评价、部门评价和个人评价三个层次。

整体评价是对企业整体业绩进行评价;部门评价是对企业中各个部门的业绩进行评价,包括对业务部门和管理部门的评价;个人评价就是对个体业绩进行评价。从管理学角度看,业绩即组织期望的结果,是组织为实现其战略目标而展现出的不同层面的有效输出。一个组织要实现其战略目标,需要将其目标进行分解,落实到部门和个人,只有部门和个人的目标实现了,组织的业绩目标才有可能实现。

(三) 根据业绩评价内容不同的分类

根据业绩评价内容不同,可将业绩评价分为财务评价和非财务评价。

财务评价主要是对企业的财务状况进行评价,并主要利用财务指标,其评价内容具体又细分为盈利能力状况、偿债能力状况、营运能力状况和增长能力状况等方面。

非财务评价主要是对企业的非财务表现进行评价,其评价的内容主要包括客户、内部业务流程、员工和创新等。

(四) 根据业绩评价范围不同的分类

根据业绩评价范围不同,可将业绩评价分为综合评价和单项评价。

综合评价是指对企业在一定时期的生产经营各方面情况进行系统全面的评价。综合评价的目的是找出企业生产经营中带有普遍性的问题,全面总结企业在这一时期的成就与问题,为协调各部门的关系、搞好下期生产经营安排奠定基础或提供依据。

单项评价是根据评价主体或评价目的的不同,对企业生产经营过程中某一方面的问题所进行的较深入的评价。单项评价能及时、深入地揭示企业在某方面的财务状况,为评价主体提供详细的资料信息,对解决企业关键性问题有重要作用。

三、业绩评价系统的构成要素

业绩评价系统是企业管理控制系统中一个相对独立的子系统,它与各种行为控制系统、人事控制系统共同构成企业管理控制体系,是企业战略目标实现的重要保证。企业业绩评价是按照企业管理的需要设计评价指标体系,比照特定的评价标准,采用特定的评价方法,对企业目标的实现情况进行判断的活动。一个有效的业绩评价系统由评价目标、评价对象、评价指标、评价标准、评价方法和评价报告等因素有机组成。

(一) 评价主体

评价主体是指与评价对象的利益密切相关、关心评价对象业绩的相关利益人。评价主体的不同直接决定主体需要的不同,进而影响评价标准的选择及主体对客体的价值判断。不同的评价主体与客体的关系不同,影响主体获取评价信息的能力和评价指标中具体指标的选择:企业外部主体对企业业绩评价倾向于更多地采用财务业绩指标,而企业管理者进行业绩评价时则可以有一些衡量企业各方面的个性化指标。企业业绩评价存在多元化的评价主体,如出资人、管理者及员工、债权人、政府部门等,不同的主体由于自身的结构和规定性及同周围世界的特定联系,产生不同的主体需要。

(二) 评价客体

评价客体是指实施评价行为的对象。由于在业绩评价中,评价客体即企业本身是一个复杂的有机体,所以往往需要根据评价主体的需要,得到细化的评价对象,一般分为组织和组织成员两个层次。组织包括企业、分企业,也包括企业中的部门、车间、工段等单位;组织成员是管理人员及一般员工,或者指团队。对于不同的评价对象,评价的要求、内容、指标等都不相同。评价对象的确定非常重要,评价的结果对评价对象今后的发展会产生重要的影响,对组织的评价影响到组织的扩张、维持、重组等问题,对组织成员的评价影响到其奖惩、升迁等问题。

(三) 评价目标

评价目标是整个系统运行的指南和目的所在,它服从和服务于业绩评价主体。不同的业绩评价主体具有不同的评价目标。例如,经营管理者的业绩评价更多是作为企业战略管理的一部分,业绩评价系统的目标是为管理者制定最优战略及实施战略提供有用信息:在战略制定过程中,通过业绩评价反映各部门的优势及弱点,有利于企业制定最佳战略;在战略实施过程中,通过业绩评价反馈的信息,管理者能够及时发现问题,采取措施以确保战略目标的实现。

(四) 评价指标

评价指标是指对评价对象的某些方面进行评价。所谓"某些方面",是指评价对象与企业战略成败密切相关的方面,有财务方面的,也有非财务方面的,所以业绩评价指标也分为财务评价指标和非财务评价指标。企业业绩评价系统设计中最重要的问题就是如何选择能准确反映与企业战略管理密切相关的评价指标。

(五) 评价标准

业绩评价标准是指判断评价对象业绩优劣的基准。评价标准的选择取决于评价的目的。企业业绩评价系统中常用的标准包括预算标准、历史最高水平标准和同行业竞争对手标准。标准的选用与评价对象密切联系,也直接影响评价的功能。

(六) 业绩评价报告

业绩评价报告是企业业绩评价系统的输出信息,也是业绩评价系统的结论性文件。业绩评价报告的文字与格式应当简洁、清楚、便于理解,应抓住关键的问题与原因以提高效率。业绩评价报告的格式与内容因评价对象的不同而不同。

以上六个要素共同组成完整的业绩评价系统，它们相互联系、相互影响，评价目标决定了其他要素，而其他要素选择又影响评价目标的实现。

四、业绩评价模式

模式是对客观事物内外部机制直观而简洁的描述，它是理论的简化形式，可以向人们提供客观事物的整体内容。任何模式都代表具体、客观、实在的事物，业绩评价模式也不例外。但是，模式也有其抽象的一面，即它所反映的不是事物所有组成部分的集合，而是按照一定的目的和要求选择事物的一定属性和特定组成部分，而忽略了事物的其他属性和组成部分。业绩评价模式按评价指标可划分为财务模式、价值模式和平衡模式三种模式。

(一) 财务模式

财务模式产生于 20 世纪初的生产管理阶段，当时巨大的市场空间使规模经济成为企业制胜的"法宝"，企业的目标主要是通过提高生产效率来追求利润最大化。由于不断地通过外部融资扩大生产规模，所以庞大的投资使企业最为关心并着重评价的是以投资报酬率为核心的财务指标。

根据责、权、利一致的原则，企业通常划分了三种典型的责任中心，即成本中心、利润中心和投资中心。这种划分最大的好处是可以将企业的总目标层层分解为每个责任中心的子目标。这些子目标常常直接用财务报表中的数据或根据财务报表计算的财务指标来表示，如成本、利润、投资报酬率等，并且与总目标共同构成一个具有量化关系的逻辑分析体系。这些子目标一旦被分解后，企业总部常给予各子部门充分的自由以保证各部门目标的实现，进而保证企业总目标的实现。这个过程通常以年度预算的形式来实现。

财务模式中所使用的业绩指标主要是从会计报表中直接获取数据或根据其中的数据计算的有关财务比率。这些数据的获取严格遵循会计准则，最大限度地减少数据的人为调整，具有较高的可比性。但是，由于会计准则从谨慎的角度反映了外部利益相关者要求，并且按照历史成本原则进行计量，是一种保守的评价模式，所以财务模式无法从战略角度反映企业决策的要求，即无法反映出财务指标和非财务指标之间的因果关系。另外，在预算执行过程中，如果某个部门的财务指标被修改，企业整体目标分解的逻辑性、系统性也将丧失。因此在现实中，除了预算中的财务指标外，还需要一些非财务指标来判断企业的得失成败。同时，为保证企业目标的实现，企业还需要建立健全完善的投资决策制度、资金管理制度等相关的财务管理制度。

(二) 价值模式

财务指标虽具有可操作性的优点，但也存在被操纵的可能，因而未必能够真实地反映出企业的经济现实与未来价值。基于此，价值模式以股东财富最大化为导向，它所使用的评价指标主要是经过调整的财务指标，或根据未来现金流量得到的贴现类指标。价值模式中最有代表性的当属经济增加值(economic value added，EVA)。

经济增加值从经济学的角度对财务数据进行了一系列调整，通过对传统财务指标的调整，经济增加值比会计利润更加接近企业的经济现实。企业经济增加值持续的增长意味着企业市场价值的不断增加和股东财富的增长，从而实现股东财富最大化的财务目标。在进行调整时，特别需要考虑企业的战略、组织结构、业务组合和会计政策，以便在简单和精确之间实现最佳的平衡。

价值模式从股东的角度来评价企业的业绩,能够有效地将企业战略与日常业务决策和激励机制有机地联系在一起,最终为股东创造财富。但是,我们也不能忽视其不足的一面。尽管价值模式试图建立一种优于财务模式的业绩评价指标,但是,它的评价指标主要还是通过对财务数据的调整计算出来的货币量指标。由于对非财务指标的考虑不足,价值模式无法控制企业的日常业务流程。同时,价值模式也没有充分考虑企业的其他利益相关者。

(三) 平衡模式

相对于财务模式和价值模式,平衡模式最大的突破就是引入了非财务指标。但这只是表面,从深层来看,平衡模式以战略目标为导向,通过指标间的各种平衡关系以及战略指标或关键指标的选取来体现企业不同利益相关者的期望,从而实现企业价值最大化的目标。许多研究者认为,非财务指标能够有效地解释企业实际运行结果与预算之间的偏差。比如,市场占有率和产品质量等非财务指标长期以来就被企业用于战略管理,因为它们可以有效地解释企业利润或销售收入的变动。此外,非财务指标能够更清晰地解释企业的战略规划以及对战略实施进行过程控制。非财务指标主要是企业业绩创造的动因指标,它是企业业绩评价体系纵向延伸的结果,强调了操作者在业绩控制体系中的作用,同时,非财务指标也是最为操作者理解的评价指标。因此,由财务指标与非财务指标组成的评价指标体系就犹如企业的"神经系统"一样:适时地"感触"企业的"健康"状况;精确地"定位"企业的"病处";正确地"预示"企业的发展趋势。平衡模式中,比较有代表性并引起广泛关注的是平衡计分卡(the balanced score card,BSC)。

平衡计分卡被视为一套能使高层经理快速而全面地考察企业的业绩评价系统。平衡计分卡通过说明远景、沟通与联系、业务规划、反馈与学习四个环节把企业的长期战略目标与短期行动联系起来发挥作用。平衡模式建立了财务指标与非财务指标相结合的业绩评价指标体系,它强调企业从整体上考虑营销、生产、研发、财务、人力资源等部门之间的协调统一,而不再将它们割裂开来;它以实现企业的整体目标为导向,强调整体最优而非局部最优;它全面地考虑了各利益相关者;它强调企业从长期和短期、结果和过程等多个角度来思考问题。平衡模式采用竞争评价标准,有效地解决了各部门之间争抢资源进而导致资源配置效率低下的不足,提高了企业的整体业绩。在战略规划阶段,通过对战略目标的量化与分解,将企业目标转化为部门及个人行动目标,极大地增强了企业内部沟通的有效性,使各个部门及全体员工对企业整体目标达成共识;在战略实施阶段,业绩评价反馈的信息有助于管理者及时发现问题,采取措施以保证既定战略的顺利实现。

每种业绩评价模式的产生都有着深刻的背景,反映着企业管理面对环境挑战而涌现出来的与时俱进的创新精神。需要强调的是,业绩评价模式的划分只是出于理论研究的方便,现实中并不存在完全泾渭分明的业绩评价模式。每种业绩评价模式都有各自的优缺点,不同的业绩评价模式之间不是互斥的关系,它们完全是可以相互补充的。企业业绩评价系统包括若干基本的组成要素,但由于每个企业所处的行业、竞争环境、限制因素、生命周期等内外环境的不同,企业业绩评价系统的评价目的、评价指标、评价标准等都会有所不同。也就是说,业绩评价系统不可能脱离其服务的对象——企业。从这个角度来看,不存在适合所有企业的标准业绩评价系统。

第二节　业绩评价的演进

一、国外企业业绩评价的历史发展

真正意义上的企业业绩评价是在现代企业制度诞生以后，为了加强资本所有权控制和企业内部控制而提出的，大致可分为三个阶段。

(一) 成本业绩评价时期(19世纪初—20世纪初)

从成本业绩评价时期各阶段的特点来看，可分为早期简单成本业绩评价阶段、较复杂成本业绩评价阶段和标准成本业绩评价阶段。

1. 简单的成本业绩评价阶段

早期的成本思想与简单的成本计算是随着商品货币经济的出现而萌芽的，是在自然经济的束缚之下形成和发展的，是处于低级阶段的成本会计。早期的成本思想是一种很简单的将本求利思想，成本计算也是一种简单的以确定盈利为目的的计算。这一阶段经营业绩评价的重点就是降低生产成本，由此形成了每码成本、每磅成本、每公里成本等评价指标。这种业绩评价带有统计的性质。

2. 较复杂的成本业绩评价阶段

较复杂的成本业绩评价是伴随着成本会计第一次革命而到来的。随着资本主义商品货币经济的产生和资本主义手工工场的出现，原有的在一般商品货币经济条件下仅仅以计算盈利为目的的简单的将本求利思想已逐渐被如何提高生产效率以便尽可能多地获取利润的思想所取代。简单的成本业绩评价已越来越不能满足工厂的管理需要，于是在早期的成本思想和简单成本业绩评价的基础上出现了较为复杂的成本计算和业绩评价。这一业绩评价经历了三个阶段。最初，人们核算与评价的依据是实际主要成本，这种主要成本只包括材料和人工费用，而不包括间接制造费用，也称为直接成本计算的业绩评价。工业革命后，随着近代工厂制度的建立，企业将全部费用计入成本，认为这种实际全部成本才是唯一真实成本。这样，业绩评价核算就从"实际主要成本"过渡到了"实际全部成本"。然而不久，这种观念就被打破，取而代之的是将间接费用的正常分配额计入产品成本的正常分配理论。在这一理论指导下，人们在核算成本时开始根据成本应负担的正常分配额进行计算，超额分配费用和不足分配费用则另行处理，因此就出现了所谓的"正常成本核算"。"正常成本核算"主要是处理间接费用的分配问题，因而也被称为"间接成本核算"，并成为该阶段业绩评价的主要依据，从而形成了间接成本业绩评价。

3. 标准成本业绩评价阶段

19世纪末，随着资本主义市场经济的进一步发展和竞争意识的加强，这种较复杂的成本会计核算与评价制度已不能满足资本家最大限度地提高生产效率以攫取利润的目的要求，这是因为已有的成本核算是事后的分析计算，反应迟钝，不便于成本控制，而且没有成本目标，不便于进行预防性管理，根据这样的成本评价指标对经营业绩进行考核，不利于预测和控制。于是，需要建立一套以成本控制为中心的企业成本会计，并据此对经营业绩进行评价。1903年,美国工程师弗雷德里克·泰罗(Frederick Taylor)创造了科学管理理论,他所倡导的"一切工作标准化"制度为后来标准成本制度的建立奠定了理论基础。1911年,美国会计工作者哈瑞(Harrell)设计了最早的标准成本制度,实现了成本会计的第二次革命。标准成本制度的建立标志着人们观念的转变,由被动的事后系统反映分析转变为积极、主动的事前预算和事中控制,达到了对成本进行管理的目的。成本控制的状况即标准成本的执行情况和差异分析结果成为该时期评价企业经营业绩的主要依据。

(二)财务业绩评价时期(约20世纪初—20世纪90年代)

财务业绩评价时期经历了三个阶段。

1. 以销售利润为中心的财务业绩评价阶段

20世纪初,资本主义经济大发展时期,大量的现代企业制企业都处于建立与成长阶段。这时的企业经营管理目标是追求市场份额和销售额的增长,企业通常借助"利润中心"对企业进行管理与控制,与之相适应,评价企业经营业绩状况的指标主要是销售利润率。

2. 以投资报酬率为中心的财务业绩评价阶段

随着资本主义经济的发展,企业的规模不断扩大。企业经营所需的大量资金通过资本市场筹集,这时股东作为投资者的利益越来越受到关注和重视。企业对股东投入的资金负有保值增值的义务。围绕着股东价值最大化这一财务管理目标,对企业业绩的评价主要运用的是投资报酬率这一指标。20世纪70年代,麦尔尼斯(Melnners)对30家美国跨国企业1971年业绩进行评价分析后发现,最常用的业绩评价指标为投资报酬率,包括净资产回报率,其次为预算比较和历史比较。泊森(Person)和莱兹格(Lezzig)对400家跨国企业1979年经营状况所做的问卷调查分析显示,采用业绩评价的财务指标还有销售利润率、每股收益、现金流量和内含报酬率等。其中,经营利润和现金流量已成为该时期业绩评价的要素。对管理者的补偿也是根据每股收益及其增长以及与竞争对手相比的回报指标情况而定。

3. 以财务指标为主的业绩评价阶段

20世纪80年代,对企业经营业绩的评价形成了以财务指标为主、非财务指标为补充的业绩评价。美国许多企业(包括跨国企业)已意识到过分强调短期财务业绩是美国企业在竞争中处于不利地位的重要原因,于是他们将着眼点部分地转向企业长期竞争优势的形成与保持,由此,非财务指标在业绩评价中的作用越来越大。然而,他们的注意力基本上还是集中于财务业绩,而不是其他。更为重要的是,对管理者的补偿主要还是依据财务业绩。因此,这只能说是一个以财务指标为主、非财务指标为补充的业绩评价时期。这一时期的重大变化就是将非财务指标如产品生产周期时间、客户的满意程度、保修成本等引入业绩评价体系。

(三)企业战略经营业绩评价时期(20世纪90年代至今)

1. 企业战略经营业绩评价阶段

随着经济的进一步发展、企业战略经营目标的确立和管理要求的改变,这种置控制于中心地位的财务业绩评价已越来越不能满足置战略于核心地位的战略业绩评价的要求。新时期的经济呼唤新的业绩评价体系的产生,于是平衡计分卡便应运而生。这一阶段的业绩评价特征包括:财务指标和非财务指标的结合;以创新为内核,以竞争优势的形成与保持为关键;强调可持续发展。

2. 循环经济下企业战略经营业绩评价阶段

随着自然资源从相对剩余变为短缺，尊重生态发展规律、强调人与自然和谐生存和发展已成为企业可持续发展的前提条件。它为企业创新能力的施展、竞争优势的形成和保持提供了环境保证。与"新时期"相比，这种战略经营业绩评价强调的是以"3R"（减量化 reduce、再使用 reuse、再循环 recycle）为原则、以生态化创新为内核的竞争优势的形成与保持。

二、我国企业业绩评价的历史演进

我国企业业绩评价的历史主要是政府对国有企业业绩评价的发展史，企业业绩评价方法存在着财政部和其他部门（如国家计委、国家经委等）两条线。

（一）国家计委、国家经委等组织开展的企业业绩评价的演进

1. 计划经济时期的实物产量考核

在计划管理体制下，企业没有生产决策权、定价权、财务控制权、产品销售收入分配权，而是按国家计划生产，生产要素由政府无偿拨付，所生产的产品规格、数量由政府计划决定，产品和劳务由政府统一调拨和销售，财务上实行统收统支，利润全部上缴，亏损全部核销。在这种计划经济下，国家只能采用产品产量、产品质量、节约降耗等作为主要考核评价指标。

1975年，国家拟定了"工业企业八项经济技术考核指标"，包括产品产量、品种、质量、原材料燃料动力消耗、流动资金、成本、利润、劳动生产率，考核评价的方法是与计划目标和行业生产技术标准进行对照。与这种考核方式相适应的奖惩办法是完成指令性任务，发奖状、奖章，并辅以适当的物质奖励。在当时，亏损企业获奖的情况十分普遍。

2. 改革开放后以产值和利润为主的考核

以实物产量为主的企业考核方式使国有企业严重缺乏效率。十一届三中全会后，国家对企业逐步扩大了经营自主权，实施放权让利，特别是1984年的十二届三中全会《中共中央关于经济体制改革的决定》，国家对企业经营的考核逐步过渡到以产值和利润为主要内容。

1982年，国家经委、国家计委等部委制定了企业16项主要经济效益指标，包括总产值和增长率、产品产量完成情况、产品质量稳定提高率、产品原材料燃料动力消耗降低率、产品优质品率、万元产值消耗能源和降低率、产品销售收入和增长率、实现利润和增长率、上缴利润和增长率、产值利税率和增长率、销售收入利润率和增长率、定额流动资金周转天数和加速率、产成品资金占用额和降低率、可比产品成本降低额和降低率、全员劳动生产率和增长率、职工重伤死亡人员和降低率。以上16项指标全面反映了企业经济效益，既有产值、产量、利税指标，还有产品质量、资金使用情况、成本、能耗、劳动生产率等指标。其考核评价的具体方法为综合计分法，通过报告期指标与基期指标逐一对比，判断其改善、持平与退步情况，然后进行打分，其计算公式如下：

$$经济效益总分数 = \sum（改善指标个数 \times 10 + 持平指标个数 \times 5 + 退步指标个数 \times 0）$$

总分数越大越好，其中的10分、5分是人为赋值。总分得出以后可以将报告期分数与基

期分数对比,计算出综合经济效益动态指数,即效益总体发展情况:

$$综合经济效益动态指数 = 报告期效益分数 / 基期分数 \times 100\%$$

这种业绩评价方法存在以下问题:① 没有考虑到根据指标的重要性程度不同应有不同的权重,而是简单地计分加总;② 报告期与基期的比较没有考虑企业的发展是一个长期的行为,容易造成鞭打快牛和企业的短期行为,越是基础差的越可以得高分。因为这些问题,到20世纪80年代后期,这种业绩评价方法被淘汰。

20世纪80年代后期,承包制成为深化国有企业改革的主要形式,其一般做法是为企业规定一定的利润承包指标,任务完成后,对企业实行利润留成,并允许企业工资总额、福利与效益挂钩。然而,承包制并没有解决国家对企业经营者业绩进行全面考核评价的问题,有许多企业利用扩大自主权不断侵犯所有者权益,如有意压低计划指标、扩大自销比重、与主管部门讨价还价、在发奖金上相互攀比等,导致国有资产大量流失,还有为了完成承包任务、多发奖金而拼设备的短期行为。为了克服这一弊端,1988年,国家统计局、国家计委、财政部和中国人民银行联合发布了劳动生产率、销售利润、资金利税率等八项指标,但由于没有制定综合评价方法,这八项指标没有在企业考核中得到利用,对绝大多数实行承包制的企业仍然主要考核企业承包计划的完成情况。

单纯的实现利润和上缴利税的考核方法使国有企业在表面繁华的花环下存在巨大的黑洞,如企业为了完成业绩将大量的损失挂账,造成国有企业不良资产比例年年上升,而奖金年年攀升。这导致20世纪90年代后期绝大多数国有企业包袱越背越重,不同程度地陷入经营困境。

3. 20世纪90年代以投资报酬率为核心的企业业绩评价

在总结了承包制的经验与教训之后,1991年中央工作会议提出要将经济工作的重点转移到调整结构和提高经济效益上来,防止片面追求产值和速度,强化效益指标。1992年,国家计委、国务院生产办和国家统计局提出了六项工业企业经济效益考核指标,即产品销售率、资金利税率、成本费用利润率、全员劳动生产率、流动资金周转率和净产值率(后改为增加值率)。根据重要性程度,对各项指标进行了权数分配,并采用了标准值的概念,其计算公式如下:

$$经济效益综合评价分数 = \sum (某项指标报告期数值 / 该项指标全国标准值) \times 权数$$

上述考核办法克服了1982年16项指标的考核方法的不足,是国有企业考核评价方法上的历史进步,对工业企业的经营管理具有合理导向性作用。

1993年,党的十四届三中全会明确提出我国经济体制改革的目标是建立和完善社会主义市场经济体制,国有企业改革的方向是建立适应市场经济要求的、产权明晰、权责明确、政企分开、管理科学的现代企业制度。1995年,国家国有资产管理局着眼于建立新型政企关系,实施国有资产保值增值的考核,国家从所有者角度,重点考核投入企业的国有资本的安全与质量。但是,这种单一指标的考核也存在局限性,企业为了完成保值增值任务,可以采取做假账、虚列资产、少提折旧、少摊费用等手段,达到账面保值增值,以增加效益工资的目的。既引导了企业的短期行为,又客观上带来另一种形式的国有资产流失。

为积极探索国有企业经营业绩的综合评价方法,1997年,国家统计局会同国家计委、国家经委对1992年颁布的工业企业经济效益评价体系进行了调整,将原来的六项指标调整为总资产贡献率、资本保值增值率、资产负债率、流动资产周转率、成本费用利润率、全员劳动生产率和产品销售率。指标权数也进行了重新分配;评价标准按照前四年的全国平均值确定,计分方法基本未变,只是重新规定资产负债率指标按照功效系数法计分。

4. 20世纪90年代后期的企业战略业绩评价

1999年,由财政部等四部委联合发布了《国有资本金效绩评价规则》。该规则的指标体系由四个层面的32项指标组成,采用的是功效系数法和综合分析判断法,评价结果的等级可划分为优、良、中、低、差。该规则根据实践经验的总结于2002年进行了修订。

(二) 财政部等单位开展的企业业绩评价的历程

出现过三次重大变革:第一次是1992年财政部出台的《企业财务通则》所设计的财务业绩评价;第二次是1995年财政部制定的《企业经济效益评价指标体系(试行)》;第三次是1999年由财政部等四部委联合颁发实施的《国有资本金效绩评价规则》。可以看出,财政部是在20世纪90年代初开始关注并陆续颁布企业业绩评价方面的规范的。

1.《企业财务通则》

1992年财政部发布的《企业财务通则》规定:企业业绩评价体系由资产负债率、流动比率、速动比率、应收账款周转率、存货周转率、资本金利润率、销售利税率、成本费用利润率等八个指标组成。

该套评价体系的优点在于:① 指标体系的设计能以市场经济发展规律的要求作为指导思想,集中于企业偿债能力、营运能力和盈利能力的评价,而不仅仅是资金利用效率;② 对企业的财务经营状况进行客观的评价,而不是主要考核企业各项指标的计划完成情况;③ 对企业的业绩从各个方面进行综合、客观的评价。

该通则的实施不仅有利于企业财务管理朝着科学化的方向发展,也有利于政府及债权人对企业经营状况进行评价。然而,该套指标体系却没有充分体现投资者要求以及企业综合经济效益提高的要求。

2.《企业经济效益评价指标体系(试行)》

为了积极响应党的十四届三中全会关于进一步转换国有企业经营机制,建立与市场相适应的产权明晰、权责明确、政企分开、管理科学的企业管理制度的号召,财政部于1995年制定和颁发了《企业经济效益评价指标体系(试行)》。该套指标体系由销售利润率、总资产报酬率、资本收益率、资本保值增值率、资产负债率、流动比率(或速动比率)、应收账款周转率、存货周转率、社会贡献率、社会积累率等10项指标组成。

该套评价体系与《企业财务通则》相比,具有以下优点:① 中国特色与国际惯例的结合,如体现在总资产报酬率指标的设计上;② 注重综合评价,分别从企业投资者、债权人以及企业的社会贡献三个方面设置了反映企业盈利能力、企业偿债能力、资本保值增值、企业对国家和社会的贡献方面的评价指标。

然而,这一评价指标体系也存在问题:① 没有反映企业发展趋势的评价指标;② 没有考虑现金流量在企业业绩评价中的作用;③ 没有非财务指标。

3.《国有资本金效绩评价规则》的评价体系

1999年,财政部、国家经贸委、人事部、国家计委联合发布《国有资本金效绩评价规则》,并于2002年、2006年对其进行了修订。该体系重点评价企业财务效益状况、资产营运状况、偿债能力状况和发展能力状况四项内容,由基本指标、修正指标和评议指标三个层次共计28项指标组成。评价对象是国有独资企业、国有控股企业,评价方式分为例行评价和特定评价,评价指标体系分为工商企业和金融企业,具体评价指标分为定量指标和定性指标两大类。至此,结束了对企业实行两条线的业绩考核。一方面,提高了业绩评价体系的研究制定效率,避免了人、财、物的浪费;另一方面,也可以使企业避免因接受多头评价而导致无所适从。

但该指标体系也存在两个方面的问题。

(1)定量评价指标体系存在的问题。对现金流量指标重视不足,基本指标、修正指标均以会计盈余信息为主,只在修正指标中有两个现金流量指标,而且权重低。固定权重设置不能满足多重评价主体的需要,容易导致信息使用者只注重总体评价结果,而忽视个别评价指标反映出来的潜在问题。指标之间关联度太大,造成指标重复设置,这必然夸大部分指标的实际影响力,缩小指标体系的覆盖面,使指标体系的科学性受到影响。

(2)评议评价指标体系存在的问题。企业基本素质指标权重过高,发展潜力指标权重过低,难以体现评议指标督促企业关注未来发展潜力的目的。前瞻性、时代性不足,企业经营发展战略指标中没有涉及企业无形资产战略的内容。评议指标在这个业绩评价体系中的权重过低,仅占20%。

2006年国务院国有资产监督管理委员会发布《中央企业综合绩效评价实施细则》,细则的企业综合绩效评价指标包括22个定量评价指标和8个定性评价指标,权重分别为70%和30%。

通过中外企业经营业绩评价演进史,我们可以看出:经营环境的变化是企业经营业绩评价体系发生变化的根本原因,所得与所费是企业经营业绩评价的基本内容,业绩评价体现着不同阶段的财务管理目标。随着循环经济发展模式的逐渐导入和我国提出建设和谐社会,如何按生态发展规律设计循环经济下的企业战略经营业绩评价体系,是摆在我们面前的一个重要的课题。

第三节 业绩评价体系的设计

不同的企业组织背景千差万别,因此不可能建立起一套适合所有企业的业绩评价系统,但任何一个组织在构建业绩评价系统时必须全面考虑评价目标、评价指标、评价标准和评价方法等因素,它们构成了业绩评价系统的基本要素。实际操作中,企业应根据自身具体组织背景设计业绩评价系统。

一、业绩评价目标的设计

评价目标是整个业绩评价系统运行的指南和目的,决定了评价指标的选择、评价标准的设置和评价方法的确定,而评价目标的确定更多是以关键成功因素的形式与战略目标和战略规划联系在一起。从企业所面临的环境复杂性和动态性的特征来看,企业要想获得或者保持竞争优势,必须从本身独特的战略资源和核心能力出发,选择有吸引力的行业,制定正确的竞争战略,并且在战略目标和战略规划已经形成的前提下来选择评价目标。

企业业绩评价模式最具代表性也最具有广泛影响力的是平衡计分卡。平衡计分卡在综合分析企业内外环境和资源条件的基础之上,将目标归结为财务、客户、内部业务流程和员工与学习四个基本方面,帮助企业管理者理解并把握经营成功的关键动因,全面提升企业价值管理水平。这四个基本方面是根据多数企业的经验提炼出来的,而且被实践证明是影响企业竞争力的四个最关键的因素,因此,平衡计分卡应该成为探讨业绩评价目标选择的指导性框架。现代企业要不断实现战略目标、获得持续竞争优势,就必须在高度关注股东、客户和人力资源等方面的同时,强调创新和流程。不仅仅要重视技术创新,同时还应该重视管理创新。流程也不仅仅包括内部业务流程,还应该强调不同流程和不同环节之间的协同性。

综上所述,对于现代企业而言,其业绩评价目标的基本选择包括了财务、客户、创新、流程和员工几个因素,这些因素相辅相成,系统、全面、综合地反映企业实现战略目标和战略规划的关键成功因素。具体解释就是:财务目标是一个企业最终追求的目的,要实现企业的财务目标,关键是让客户满意,而要使企业所创造的价值被认同,企业就必须不断进行创新。只有调动员工的积极性和激发员工的创造力,才能使企业得到持续发展,取得战略成功。在实际操作中,企业可以根据自身的组织背景和战略目标,增加或减少一个或几个评价目标因素。

二、业绩评价指标的设计

评价指标的设计是建立企业业绩评价系统的关键与核心环节,评价指标设计的过程实际上就是一种选择的过程,就是如何在众多的评价指标中选择出能够反映评价目标实现程度的业绩"指示器"。从实践来看,一个企业在构建企业业绩评价指标体系时,通常应遵循的原则包括:一是以战略目标为源头,按照企业内部的控制层级,逐层分解和落实,形成层级式的业绩评价指标体系,同时注意各层级评价指标之间的目标一致性和协调性;二是在选择或者设计业绩评价指标时应考虑具体的组织背景,可以先搭建一个业绩评价指标的通用框架,再根据企业所处的环境和自身的特点在其中选择相应的评价指标;三是在建立内部管理业绩评价指标体系时应把握不同类型评价指标之间的平衡,包括财务指标和非财务指标的平衡、内部指标与外部指标的平衡、不同计算基础指标的平衡等。

构建适合我国国情的企业内部管理业绩评价指标体系,必须针对我国企业业绩评价的现状。在我国,国有企业一直占据主导地位,企业经营业绩评价长期以来一直是由政府倡导、组织和实施的,主要以外部评价为主。我国先后制定并颁布实施了多套企业经营业绩评价指标体系,1999年颁布了《国有资本金效绩评价规则》及《国有资本金效绩评价操作细则》,并于2002年进行了修订。其重点是评价企业资本效益状况、资产经营状况、偿债能力状况和发展能力状况四项内容,对这四项内容的评价有基本指标、修正指标和专家评议指标三个层次,初步形成了财务指标和非财务指标相结合的业绩评价指标体系。国有资本金效绩评价指标体系是我国目前最具有代表性的企业业绩评价指标体系,在实践中也得到比较广泛的应用。

因此,建立适合我国企业业绩评价指标体系的基本思路应该是:以平衡计分卡业绩评价系统作为指导性框架,参考国有资本金效绩评价指标体系,充分吸收现代企业创新型业绩评价系统的合理成分,将各种指标体系相互结合、相互补充,并充分考虑我国企业的实际情况,从财务、客户、创新、流程和员工几个方面建立企业内部管理业绩评价指标体系。不同企业的组织背景千差万别,对内部管理业绩评价指标体系的设计也只能采取一种指导性的模式和思路。

三、业绩评价标准的设计

评价标准是判断评价对象业绩优劣的基准,选择评价标准在业绩评价系统设计过程中同样是一个关键环节。由于可选择的评价标准存在多种类型,不同类型的评价标准各有利弊,在业绩评价系统中,通常可以应用四种类型的评价标准。

(一) 经验标准

经验标准是指经过大量实践的检验而形成的标准。经验标准具有一定的公允性和权威性,在内部管理业绩评价中具有一定的实用价值,对于难以通过其他方法设置评价标准的评价指标而言尤其如此。经验标准最大的缺点是只考虑一般和普遍的情形,没有考虑特定组织背景所存在的特殊性。因此,在应用经验标准时应该杜绝生搬硬套。

(二) 历史标准

历史标准是以企业过去某一时间的实际业绩为标准。应用历史标准有其优点:一是可靠性较高,因为其反映企业曾经达到的水平;二是可比性较强,因为这有利于评价企业自身经营的财务状况和财务状况是否改善。但是历史标准只适用于纵向比较,不适用于横向同行业比较,也缺乏灵活的适应性,不能反映企业的现实经营环境,也无法评价企业在同行业中的地位与水平。

(三) 行业标准

行业标准是按行业制定的,反映行业财务状况和经营业绩的基本水平。行业标准是一种动态的标准,有利于企业开展同行业的横向比较,判断企业在行业中所处的地位与水平,从而发现企业经营管理活动存在的差距。但是,在实际中难以直接可靠地获取竞争对手的相关信息,如果行业标准数据不够准确,依据其确定的业绩评价目标值就不具有说服力了。

(四) 预算标准

预算标准是指企业根据自身经营条件或经营状况所制定的目标标准。预算标准可以将行业标准和企业历史标准相结合,能够比较全面地反映企业的状况。从理论而言,预算标准是最为合理的一种业绩评价标准。业绩评价的目的在于衡量管理者控制战略实施活动的效果和效率,其本质上是战略目标和战略规划实施的一种保障机制,预算标准的制定符合业绩评价的目和本质。从实践上来看,预算标准是我国应用最为广泛的业绩评价标准。但是,预算标准的确定也在一定程度上受到人为因素的影响,从而可能缺乏客观的依据。因此,需要采用科学的方法制定预算标准。

四、业绩评价方法的设计

评价方法解决的是如何评价的问题,即采用一定的方法运用评价指标和评价标准,从而获得评价结果。如果没有科学合理的评价方法，那么评价指标和评价标准就成了孤立的评价要素，也失去了本身存在的意义。目前，在实践中应用比较广泛的评价方法主要有单项评价方法和综合评价方法。单项评价方法就是选择单项指标，计算该指标的实际值，并与所设置的评价标准比较，从而对评价客体的经营业绩得出评价结论；综合评价方法就是以多元指标体系为基础，在评价指标、评价标准和评价结果之间建立一定的函数关系，计算出每个评价指标的实际数值，进而得出综合的评价结论，具体又可以根据评价方法的特点分为指标分解评价方法和指标综合评价方法。前者以杜邦分析体系和帕利普财务分析体系为代表，后者包括综合指数法、综合评分法等。平衡计分卡从本质上讲属于指标综合评价方法，可以将其看作一种特例，因为平衡计分卡更注重不同类型指标之间的平衡关系，强调不同类型指标之间的因果关系，在评价指标设计、评价程序确立等方面具有一定的创新性。

对我国企业而言，业绩评价方法的基本选择应是综合评价方法，定量指标采用综合指数法和综合评分法，定性指标采用综合分析判断法。综合指数法就是首先将单项指标实际值与标准值进行比较，计算出指标的单项指数，之后根据各项指标的权重加权汇总，得出综合指数，最后根据综合指数的高低判断经营业绩水平；综合分析判断法是由评价专家凭借自身的学识和经验，根据评价对象在某一方面的表现，采用主观分析判断的方法确定评价指标达到的等级，再根据相应的等级参数和指标权数计算得分。

在实际操作中，综合评价方法也存在许多问题。应用综合评价方法的难点在于指标权重的确定，指标权重的确定方法包括主观赋权法（如德尔菲法）和客观赋权法（如因子分析法、相关权重赋权法等）。在确定评价指标权重的过程中，应根据企业内部的具体情况具体分析，注意企业在部门的发展阶段、竞争地位和战略类型等方面存在的差异，将主观赋权法与客观赋权法结合起来考虑。也就是说，评价指标权重的设置应该遵循权变观念，充分考虑企业组织背景的影响。评价指标权重的确定并不会一成不变，一旦企业的组织背景发生了相应的变化，评价指标权重就应该动态、灵活地调整。

第四节 业绩的综合评价

综合评价（comprehensive evaluation，CE）是指对以多属性体系结构描述的对象系统做出全局性、整体性的评价，即对评价对象的全体，根据所给的条件，采用一定的方法给每个评价对象赋予一定的价值，再据此择优或排序。构成综合评价的基本要素有评价对象、评价指数体系、评价主体及其偏好结构、评价原则、评价模型、评价环境等，各基本要素有机组合构成一个综合评价系统。对某一特定的评价问题，一旦相应的综合评价体系确定之后，该综合评价问题就完全成为按某种评价原则进行的测定或度量问题。

一、综合评价的原理

（一）综合评价的步骤

综合评价的基本过程可分为五个步骤进行。

(1) 明确对象系统。这一步的实质是建立一个能合理反映被评价系统(对象系统)的系统描述模型,称为概念模型。评价对象系统的特点直接决定着评价的内容、方式和方法。

(2) 建立评价指标体系。对象系统的评价指标体系常具有递阶结果,尤其是复杂对象系统,由于系统规模大、子系统和系统要素多、系统内部各种关系复杂等特点,这类系统的评价指标体系呈现多指标、多层次结构。

(3) 确定参与综合评价的人员,选定评价原则及相应的评价模型。

(4) 进行综合评价。其中主要包括不同评价指标属性值的量化、评价主体对不同目标(指标)子集系数进行赋值、逐层综合等。

(5) 输出评价结果并解释其意义。

(二) 综合评价的基本方法

目前国内外常用的综合评价方法有经济分析法、专家评价法、运筹学和其他数学方法等。

1. 经济分析法

经济分析法是一种以事先议定好的某个综合经济指标来评价不同对象的综合评价方法。常用的方法有直接给出综合经济指标的计算公式或模型的方法、成本效益分析法等。该方法含义明确,便于不同对象的对比。不足之处是计算公式或模型不易建立,而且对于涉及较多因素的评价对象来说,往往很难给出统一的公式。

2. 专家评价法

专家评价法是一种以专家的主观判断为基础,通常以"分数""指数""序数""评语"等作为评价的标准,对评价对象做出总体评价的方法。常用的方法有评分法、分等方法、加权评分法、优序法等。专家评价法简单方便、易于操作,但主观性强。

3. 运筹学和其他数学方法

(1) 多目标决策方法。多目标决策方法又包括五种:一是化多为少法,即通过多种汇总方法将目标化成一个综合目标来评价,最常用的有加权平方和法、乘除法和目标规划法等;二是分层序列法,即将所有目标按照重要性依次排列,重要的先考虑;三是直接求所有非劣解的方法;四是重排次序法;五是对话方法。该方法较严谨,要求对评价对象的描述清楚,评价者能明确表达自己的偏好,这对于某些涉及模糊因素、评价者难以确切表达自己的偏好和判断的评价问题的求解带来了一定困难。

(2) 数据包络分析法。数据包络分析法和模型是 1978 年由美国人亚伯拉罕·查恩斯(Abraham Charnes)与威廉·库珀(William Cooper)等首先提出来的,它用来评价多输入和多输出的部门(称为解决单元)的相对有效性。数据包络分析法可以看作一种非参数的经济估计方法,其实质是根据一组关于输入输出的观测值来确定有效生产的前沿面,可以证明数据包络分析法有效性与相应多目标规划问题的帕累托(Pareto)有效解(或非支配解)是等价的。该方法模型清楚,但对于有效单元所能给出的信息较少,对于非有效单元却还能够给出一些有用的管理信息,以指导各单元改进工作方式和提高管理水平。

(3) 层次分析法。层次分析法是在 20 世纪 70 年代由著名运筹学家托马斯·塞蒂(Thomas Saaty)提出的,它的基本原理是根据具有递阶结构的目标、子目标、约束条件及部门等来评价方案,通过两两比较的方法确定判断矩阵,然后把判断矩阵的最大特征与相应特征向量的分向量作为相应的系数,最后综合得出各方案各自的权重(优先程度)。该方法是一种定性和定量相结合的方法。该方法让评价者对照一相对重要性函数表,该表给出了因素两两比较的重要性等级,因而可靠性高、误差小;不足之处是遇到因素众多、规模较大的问题时,该方法容易出问题,如判断矩阵难以满足一致性要求、进一步对其分组往往难以进行等。

(4) 数理统计方法。数理统计方法主要是应用主要成分分析、因子分析、聚类分析、差别分析等方法对一些对象进行分类和评价等。该方法是一种不依赖专家判断的客观方法,这就可以排除评价中人为因素的干扰和影响,而且比较适用于评价指标间彼此相关程度较大的对象系统的综合评价;但该方法给出的评价结果仅对方案决策或排序比较有效,并不反映现实中评价目标的真实性程度,其应用时要求评价对象的各因素有具体的数据值。

综合评价需要较好地考虑和集成各种定性和定量信息,解决综合评价过程中的随机性和评价专家主观上的不确定性及认识上的模糊性问题,既要充分考虑评价专家的经验和直观思维,又要降低综合评价过程中人为的不确定性因素。应既具备综合评价方法的规范性,又能体现较高的问题求解效率,力争把多指标评价方案固有信息的客观作用与经营者经验判断的主观能力量化并结合,将综合评价方法同有关先进技术方法综合起来构成集成式智能化评价支持系统。

二、综合评分法

1928 年,亚历山大·沃尔(Alexander Wole)出版的《信用晴雨表研究》和《财务报表比率分析》中提出了信用能力指数的概念。他选择了七个财务比率,即流动比率、产权比率、固定资产比率、存货周转率、应收账款周转率、固定资产周转率和自有资金周转率,分别给定各指标的比重,然后确定标准比率(以行业平均数为基础),将实际比率与标准比率相比,得出相对比率,将此相对比率与各指标比重相乘,得出总评分。沃尔评分法把若干个财务比率用线性关系结合起来,以此来评价企业的信用水平,其最主要的贡献就是将互不关联的财务指标按照权重予以综合联动,使得综合评价成为可能。

沃尔的评分法从理论上讲有一个明显的问题,就是未能证明为什么要选择这七个指标,而不是更多或更少些,或者选择别的财务比率,以及未能证明每个指标所占比重的合理性。这个问题至今仍然没有从理论上得到解决。沃尔评分法从技术上讲也有一个问题,就是某一个指标严重异常时,会对总评分产生不合逻辑的重大影响。这个毛病是由财务比率与其比重相"乘"引起的:财务比率提高一倍,评分增加 100%;而缩小到 1/2,其评分只减少 50%。

尽管沃尔的方法在理论上还有待证明,在技术上也不完善,但它还是在实践中被广泛应用。耐人寻味的是,很多理论上相当完善的经济计量模型在实践中往往很难应用,而企业实际使用并行之有效的模型却又在理论上无法证明。这可能是人们对经济变量之间数量关系的认识还相当肤浅造成的。

受沃尔评分法的启发,后来许多人研究将多个指标综合起来的方法,综合评分法的原理不仅被用于信用评价,也被用于整个企业的财务评价,甚至扩展到财务以外的领域。下面根据2006年国务院国有资产监督管理委员会发布的《中央企业综合绩效评价实施细则》来说明综合评分法的程序、方法及其应用。

（一）选取业绩评价指标

进行经营业绩综合分析的首要步骤是正确选择评价指标，指标选择要根据分析目的和要求，考虑分析的全面性和综合性。实施细则选择的企业综合绩效评价指标包括22个财务绩效定量评价指标和8个管理绩效定性评价指标（见表6-1）。

表6-1 企业综合绩效评价指标

指标类别	财务绩效定量评价指标		管理绩效定性评价指标
	基本指标	修正指标	评议指标
一、盈利能力状况	净资产收益率 总资产报酬率	销售（营业）利润率 盈余现金保障倍数 成本费用利润率 资本收益率	战略管理 发展创新 经营决策 风险控制 基础管理 人力资源 行业影响 社会贡献
二、资产质量状况	总资产周转率 应收账款周转率	不良资产比率 流动资产周转率 资产现金回收率	
三、债务风险状况	资产负债率 已获利息倍数	速动比率 现金流动负债比率 带息负债比率 或有负债比率	
四、经营增长状况	销售（营业）增长率 资本保值增值率	销售（营业）利润增长率 总资产增长率 技术投入比率	

（二）确定各项经济指标的标准值及标准系数

为了准确评价企业经营业绩，对各类经济指标标准值的确定，根据企业类型及指标分类情况规定了不同标准。

1. 财务绩效基本指标的标准值及标准系数

基本指标评价的参照水平由财政部定期颁布，分为五档。不同行业、不同规模的企业有不同的标准值。

2. 财务绩效修正指标的标准值及标准系数

基本指标有较强的概括性，但是不够全面。为了更加全面地评价企业绩效，财政部另外设置了四类14项修正指标，根据修正指标的高低计算修正系数，用得出的系数去修正基本指标得分。财务绩效修正指标的标准值由财政部定期发布。

（三）确定各类经济指标的权数

指标的权数根据评价目的和指标的重要程度确定。表6-2列出了企业综合绩效评价指标体系中各类及各项指标的权数或分数。

表 6-2　企业综合绩效评价指标体系中指标权重与分数

财务绩效定量评价指标（权重70%）			管理绩效定性评价指标（权重30%）
指标类别(100)	基本指标(100)	修正指标(100)	评议指标(100)
一、盈利能力状况(34)	净资产收益率(20) 总资产报酬率(14)	销售（营业）利润率(10) 盈余现金保障倍数(9) 成本费用利润率(8) 资本收益率(7)	战略管理(18) 发展创新(15) 经营决策(16) 风险控制(13) 基础管理(14) 人力资源(8) 行业影响(8) 社会贡献(8)
二、资产质量状况(22)	总资产周转率(10) 应收账款周转率(12)	不良资产比率(9) 流动资产周转率(7) 资产现金回收率(6)	
三、债务风险状况(22)	资产负债率(12) 已获利息倍数(10)	速动比率(6) 现金流动负债比率(6) 带息负债比率(5) 或有负债比率(5)	
四、经营增长状况(22)	销售（营业）增长率(12) 资本保值增值率(10)	销售（营业）利润增长率(10) 总资产增长率(7) 技术投入比率(5)	

（四）各类指标得分计算

1. 财务绩效基本指标得分计算

基本指标反映企业的基本情况，是对企业绩效的初步评价。它的计分是按照综合评分法原理，将平均指标实际值对照行业平均标准值，按照规定的计分公式计算各项基本指标得分。

（1）财务绩效单项指标得分的计算。

$$单项指标得分 = 本档基本分 + 调整分$$

其中：

$$本档基本分 = 指标权数 \times 本档标准系数$$

$$调整分 = 功能系数 \times (上档基本分 - 本档基本分)$$

$$上档基本分 = 指标权数 \times 上档标准系数$$

$$功能系数 = (实际值 - 本档标准值)/(上档标准值 - 本档标准值)$$

本档标准值是指上下两档标准值中居于较低等级的一档。

（2）财务绩效基本指标总分的计算。

$$分类指标得分 = \sum 类内各项指标得分$$

$$基本指标总分 = \sum 各类基本指标得分$$

2. 财务绩效修正指标修正系数计算

对基本指标得分的修正是按指标类别得分进行的,需要计算"分类的综合修正系数"。分类的综合修正系数由"单项指标修正系数"加权平均求得;而单项指标修正系数的大小主要取决于基本指标评价分数和修正指标实际值两个因素。

(1) 单项指标修正系数的计算。

单项指标修正系数的计算公式如下:

$$单项指标修正系数 = 1 + (本档标准系数 + 功能系数 \times 0.2 \\ - 该类基本指标分析系数)$$

单项指标修正系数控制修正幅度为 0.7～1.3。

在计算修正指标单项修正系数过程中,对于一些特殊情况有相应规定。

第一,如果修正指标实际值达到优秀以上,其单项修正系数的计算公式如下:

$$单项修正系数 = 1.2 + 本档修正系数 - 该部分基本指标分析系数$$

第二,如果修正系数实际值处于较差值以下,其单项修正系数的计算公式如下:

$$单项修正系数 = 1 - 该部分基本指标分析系数$$

第三,如果资产负债率≥100%,指标得 0 分;其他情况按照规定的公式计分。

第四,如果盈余现金保障倍数的分子为正数,分母为负数,单项修正系数确定为 1.1;如果分子为负数,分母为正数,单项修正系数确定为 0.9;如果分子、分母同为负数,单项修正系数确定为 0.8。

第五,如果不良资产比率≥100%或分母为负数,单项修正系数确定为 0.8。

第六,对于销售利润增长率指标,如果上年主营业务利润为负数,本年为正数,单项修正系数确定为 1.1;如果上年主营业务利润为零,本年为正数,或者上年为负数,本年为零,单项修正系数确定为 1。

(2) 分类综合修正系数的计算。

$$分类综合修正系数 = \sum 类内单项指标的加权修正系数$$

其中,单项指标加权修正系数的计算公式如下:

$$单项指标加权修正系数 = 单项指标修正系数 \times 该项指标在本类指标中的权数$$

3. 修正后得分的计算

$$修正后得分 = \sum (分类综合修正系数 \times 分类基本指标得分)$$

4. 管理绩效定性指标的计分方法

(1) 管理绩效定性指标的内容。

管理绩效定性指标的计分一般通过专家评议打分形式完成,聘请的专家应不少于 7 名;评议专家应当在充分了解企业管理绩效状况的基础上,对照评价参考标准,采取综合分析判断法,对企业管理绩效指标做出分析评议,评判各项指标所处的水平档次,并直接给出评价分数。

(2) 单项评议指标得分。

单项评议指标分数＝∑（单项评议指标权数×各评议专家给定等级参数）/评议专家人数

(3) 评议指标总分数的计算。

评议指标总分数＝∑单项评议指标分数

（五）综合评价得分计算

在得出财务绩效定量评价分数和管理绩效定性评价分数后，应当按照规定的权数，耦合形成综合绩效评价分数。其计算公式如下：

企业综合绩效评价分数＝财务绩效定量评价分数×70％＋管理绩效定性评价分数×30％

在得出评价分数以后，应当计算年度之间的绩效改进度，以反映企业年度之间经营绩效的变化状况。其计算公式如下：

绩效改进度＝本期绩效评价分数/基期绩效评价分数

绩效改进度大于1，说明经营绩效上升；绩效改进度小于1，说明经营绩效下滑。

（六）确定综合评价结果等级

企业综合绩效评价结果以85、70、50、40分作为类型判定的分数线。具体的企业综合绩效评价类型与评价等级如表6-3所示。

表6-3　企业综合绩效评价类型与等级

评价类型	评价级别	评价得分
优（A）	A++ A+ A	A++≥95 95＞A+≥90 90＞A≥85
良（B）	B+ B B−	85＞B+≥80 80＞B≥75 75＞B−≥70
中（C）	C C−	70＞C≥60 60＞C−≥50
低（D）	D	50＞D≥40
差（E）	E	40＞E

三、平衡计分卡

平衡计分卡源自哈佛大学教授罗伯特·卡普兰（Robert Kaplan）与诺朗诺顿研究院的执行长大卫·诺顿（David Norton）于1990年所从事的"未来组织绩效衡量方法"研究计划，

他们在《平衡计分卡：良好绩效评价体系》一文中提出一种新的绩效评价体系。该计划的目的在于超越传统以财务会计量度为主的绩效衡量模式，以使组织的"策略"能够转变为"行动"。该研究的结论《平衡计分卡：驱动绩效的量度》发表在1992年《哈佛商业评论》1月与2月号。平衡计分卡强调，传统的财务会计模式只能衡量过去发生的事项（落后的结果因素），但无法评估企业前瞻性的投资（领先的驱动因素），因此，必须将组织的远景转变为一组由四项观点组成的绩效指标架构来评价组织的绩效。此四项指标分别是财务、客户、企业内部运作以及学习成长。借着这四项指标的衡量，组织得以明确和严谨的手法来诠释其策略：它保留传统衡量过去绩效的财务指标，并且兼顾了促成财务目标的绩效因素的衡量；在支持组织追求业绩的同时，监督组织的行为，兼顾学习成长，并透过一连串的互动因果关系，得以把产出和绩效驱动因素串联起来，以衡量指标与其量度作为语言，把组织的使命和策略转变为一套前后连贯的系统绩效评核量度，把复杂而笼统的概念转化为精确的目标，借以寻求财务与非财务的衡量之间、短期与长期的目标之间、落后与领先的指标之间以及外部与内部绩效之间的平衡。

平衡计分卡一经提出就受到了理论界、企业界及咨询业的广泛认同和接受，据统计，迄今为止，财富500强企业中已有80%的企业在管理中引入平衡计分卡。检索关于平衡计分卡的论述，对于平衡计分卡有许多不同的定位，如认为平衡计分卡是一个战略执行工具，平衡计分卡是策略系统、沟通系统和执行系统的三位一体，平衡计分卡是一个业绩管理系统，平衡计分卡是一个衡量系统，等等。由此不难看出人们对平衡计分卡所寄予的厚望。

（一）平衡计分卡的主要内容

每个企业的战略目标不同，所采取的具体战略不同，所涉及的关键因素也不同，导致其各自平衡计分卡的具体内容和指标都不相同。早期的平衡计分卡所提供的分析框架就是从财务、客户、内部运作及学习成长四个角度将整体战略分解。近期由卡普兰和诺顿倡导的以企业战略执行图为基础的分析框架则更具操作性和逻辑性。所谓战略执行图，就是全面、明确勾画出企业战略目标与日常经营活动目标之间逻辑关系的一个框架图。

在明确了目标与行动的因果关系，并将总目标分解为各层次的子目标以后，可以按照平衡计分卡提供的四个层次寻找关键业绩指标，最终形成平衡计分卡的指标体系，以衡量和监控目标的完成情况，并及时根据环境的变化对目标进行适当的调整。

1. 财务方面

财务衡量在平衡计分卡中占有一席之地，而且是其他衡量方面的出发点和落脚点。一套平衡计分卡应该反映企业战略的全貌，从长远的财务目标开始，然后将它们同一系列行动相联系（这些行动包括财务、客户、内部运作、学习成长），最终实现长期经营目标。处在生命周期不同阶段的企业，其财务衡量的重点也有所不同。在成长阶段，企业要进行数额较大的投资，因而现金流量可以是负数，投资回报率亦很低，财务衡量应着重于销售额总体增长百分比和特定顾客群体、特定地区销售额增长率；在维持阶段，企业应着重衡量获利能力，如营业收入和毛利、投资回报率、经济增加值等；在收获阶段，财务衡量指标主要是现金流量，企业必须力争现金流量最大化，并减少营运资金占用。

平衡计分卡中财务指标的意义在于：其他几个方面的指标是基于企业对竞争环境和关键成功要素的认识，但这种认识可能是错误的，只有当这些指标的改善能够转化为销售额和市场份额的上升、经营费用的降低或资产周转率的提高时，对企业才是有益的。所以，弄清其他指标与财务指标间的联系很关键。

2. 客户方面

在客户方面要回答的是"客户如何看待我们"的问题。客户是企业之本,是企业的利润来源,客户感受理应成为企业关注的焦点。一般来说,客户关注的不外乎时间、质量、性能、成本四个方面,与之对应,企业就应该在自身的反应速度、产品质量、生产成本上下功夫,并妥善经营客户关系,增强自身为客户创利的能力。常见指标包括按时交货率、新产品销售所占百分比、重要客户的购买份额、客户满意度指数、客户排名顺序等。

客户方面的衡量指标可分为过程指标和结果指标。过程指标是指如果成功地实现就会支持其他行动指标的指标;结果指标是指对于一个组织的战略目标而言最关键的指标体系。对于财务人员来讲,关键是要找到两者之间的关系,以便找到一个合适的过程组合来实现最优的结果指标。

3. 内部运作方面

内部运作方面主要着眼于企业的核心竞争力。内部经营过程可以按内部价值链划分为研究与开发、生产过程、售后服务三个过程。平衡计分卡通过指标设计反映内部经营程序三个过程的业绩,为改善内部运作流程提供信息支持。研究与开发阶段的业绩指标主要有新产品开发所用时间、新产品销售收入占总收入的比例、损益平衡时间等;生产过程的衡量指标主要有时间指标、质量指标和成本指标;售后服务的主要指标有退货率、产品保修期限和产品维修天数等。

内部运作过程业绩指标最能说明平衡计分卡与财务业绩衡量方法之间的区别。财务业绩衡量方法强调的是对已有责任中心和部门的控制和改进,平衡计分卡把对内部运作过程的考核定位在创新、经营和售后服务上,而这正是形成和提高企业核心竞争力的关键。

4. 学习成长方面

企业的学习成长反映企业获得持续发展能力的情况。平衡计分卡所强调的重点是未来的调整项目,如新产品和新设备的研究和开发。这就要求企业的管理人员和职员应不断地进行新技术、新知识的培训和学习,以适应时代发展需要,建立有效的信息系统以及时获取信息,并建立良好的激励机制,以激发全体员工的积极性。该指标体系一般包括三个主要方面:职员能力;信息系统能力;激励、权力和协作。职员能力指标主要包括员工满意程度、职员保持率和职员的工作效率。信息系统能力主要通过企业当前可获得的信息与所需要的信息之比等指标进行衡量。激励和权力指标可以用每个职员所提建议的数量来衡量。

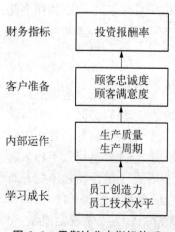

图 6-1 平衡计分卡指标体系

平衡计分卡从财务、客户、内部运作和学习成长四个独立的角度,系统地对企业经营业绩进行评价(见图 6-1)。这四个方面是紧密联系、不可分割的,在逻辑上紧密相承,具有一定的因果关系,组织战略则依据该关系逐渐得到传递和落实。

(二) 平衡计分卡的实施

1. 运用平衡计分卡的前提

通过理论探索和实践检验,要运用平衡计分卡,首先应正确认识计分卡的本质。平衡计分卡的核心思想是通过四个维度的指标实现绩效考核和绩效改进,最终实现目标。在此基础上还应具备四个前提条件。

(1) 组织的战略目标应当能够层层分解,并能够与组织内部的部门、工作组、个人目标达成一致,其中个人利益应能够服从组织的整体利益。

(2) 计分卡所揭示的四个方面的指标(财务、客户、内部运作、学习成长)之间存在明确的因果驱动关系。但是,这种严密的因果关系链在一个战略业务单位内部针对不同类别的职位系列却不易找到,或者说针对不同职位类别的个人,计分卡所涵盖的四个方面指标并不是必需的。

(3) 与实施平衡计分卡相配套的其他制度是健全的,包括财务核算体系的运作、内部信息平台的建设、岗位权责划分、业务流程管理以及与绩效考核相配套的人力资源管理的其他环节等。

(4) 假设组织内部每个岗位的员工都是胜任各自工作的,在此基础上研究一个战略业务单位的组织绩效才有意义。

2. 平衡计分卡的制定过程

每个组织应该根据自身特点制定平衡计分卡,一个典型的制定过程如下所述。

(1) 准备。企业应首先明确界定适于建立平衡计分卡的业务单位。一般来说,有自己的顾客、销售渠道、生产设施和财务绩效评估指标的业务单位,适于建立平衡计分卡。

(2) 首轮访谈。业务单位的多名高级经理(通常是6~12位)收到关于平衡计分卡的背景材料,以及描述企业愿景、使命和战略的内部文件。平衡计分卡的推进者(外部顾问或者企业中组织这一行动的经理)对每位高级经理进行访谈,以掌握他们对企业战略目标的了解情况。

(3) 首轮经理讨论会。高级经理团队与推进者一起设计平衡计分卡。在这一过程中,小组讨论中提出的对企业使命和战略的各种说法,最终应达成一致。在确定了关键的成功因素后,由小组制定初步的平衡计分卡,其中应包括对战略目标的绩效评估指标。

(4) 第二轮访谈。推进者对经理讨论会得出的结果进行考察、巩固和证明,并就这一暂定的平衡计分卡与每位高级经理举行会谈。

(5) 第二轮经理讨论会。高层管理人员和其直接下属以及为数众多的中层经理集中到一起,对企业的愿景、战略陈述和暂定的平衡计分卡进行讨论,并开始构思实施计划。

(6) 第三轮经理讨论会。高级经理人员聚会,就前两次讨论会所制定的愿景、目标和评估方法达成最终的一致意见,为平衡计分卡中的每一指标确定弹性目标,并确认实现这些目标的初步行动方案。

(7) 实施。由一个新组建的团队为平衡计分卡设计实施计划,包括在评估指标与数据库和信息系统之间建立联系,在整个组织内宣传平衡计分卡,以及为分散经营的各单位开发二级指标。

(8) 定期考察。每季或每月应准备一份关于平衡计分卡评估指标的信息蓝皮书,以供最高管理层考察,并与分散经营的各分部和部门进行讨论。在每年的战略规划、目标设定和资源分配程序中,都应包括重新检查平衡计分卡指标。

3. 成功运用平衡计分卡的要素

平衡计分卡作为企业的一种战略管理模式,是一个十分复杂的系统。在实施过程中,可能存在沟通和共识、组织和系统管理、信息交流、对业绩考核的认识等诸多方面的障碍,遇到指标的创建和量化、结果与驱动因素的关系、实施成本等方面的困难。要成功运用平衡计分卡的要素,需要做到五个方面。

(1) 高级管理层的承诺和支持。这是成功实施平衡计分卡的必要条件。高级管理层(最高层经理或者企业、集团总部的最高执行官)必须完全投入制定战略并推动战略在基层的贯彻。通过面对面的沟通,中层管理者和员工可以见证高层的决心,这将大大提高大家的积极性。如果没有管理层这样的承诺和参与,平衡计分卡项目的实施往往会失败。失败的原因不是管理工具的问题,而是高层的支持不够。

(2) 管理层克服困难的决心。平衡计分卡的设计和实施还必须注重另外一个关键问题——找出与企业战略和平衡计分卡不一致的系统和流程,包括目前各级管理人员的薪酬体系,目前的绩效评估、绩效管理和岗位描述,人力资源政策和执行情况等。这些系统和流程的不匹配会给平衡计分卡的实施造成相当的困难。这需要管理层具备克服困难的决心。其实,经理人每天都要处理财务、客户、流程和人员方面的问题,平衡计分卡为他们完成这些职责提供了清晰的架构以及有效的方法。

(3) 运用平衡计分卡消除职能壁垒。战略执行的一个主要障碍是不同职能部门之间的目标失衡,导致"组织壁垒"。为了克服这些障碍,管理层必须在设计各层面的计分卡时考虑消除部门壁垒这个目标。如果目标或指标选择不当,则很难成功执行企业的战略目标,就会局限在自己的职能范围内。平衡计分卡的一个主要益处就是能够在观念上消除这种障碍,并改善组织的联合。

(4) 链接能力发展和浮动薪酬。浮动薪酬对激励战略执行和改进绩效非常重要,而能力发展对推动战略执行和改进绩效非常重要。把平衡计分卡与浮动薪酬体系相联系,可以激励全体员工把重点放在平衡计分卡的目标和目标值上。通过平衡计分卡,把浮动薪酬与各个层面的绩效和能力发展相链接,从而使整个组织在战略、能力和培训上都达到协调。

(5) 提升人力资源,成为企业管理者的战略伙伴。平衡计分卡是实现将人力资源提升到战略层次这一目标的有力工具。它可以帮助人力资源部门摆脱烦琐的行政事务。如果在确定战略之前先做岗位说明和重新设计绩效管理体系,则在一定程度上会阻碍战略的实施。这些事务应该在战略形成以后,作为战略执行过程的一部分来完成。平衡计分卡方法可以为人力资源管理者提供一个工作流程,帮助他们学习如何把工作与企业战略挂钩,并且为战略的实施提供一个重要的框架。

(三) 平衡计分卡的评价

1. 平衡计分卡的优越性

(1) 它以企业的经营战略和愿景为基础,根据自身的战略和经营需要设计各具体指标,因而具有充分的战略导向性,并能把战略开发和财务控制两者紧密联系在一起,充当企业经营业绩桥梁。同时,企业还可以借平衡计分卡对外界环境进行持续检查,保证自身的快速适应性。

(2) 平衡计分卡赋予企业整体意识,囊括了几乎所有能够影响企业业绩的主要指标,从而预防了管理人员可能出现的以牺牲某些方面来实现另一些方面的短期和次优化行为。它不仅仅是一种测评体系,也是有助于企业取得突破性竞争业绩的全面管理体系。

(3) 在沟通反馈方面,平衡计分卡可以作为企业各种努力的聚焦点,向管理人员、员工、客户和投资者明确通报,更容易在个人目标、部门目标和权益战略之间实现一致。

(4) 由于平衡计分卡在企业内部建立了战略学习和知识网络,那些距离客户最近的员工就有机会在客户服务和流程改进方面取得突破性进展,同时企业上下也能在平衡计分卡的制定、计量、评价及奖励过程中,相互交流和学习,并形成有关企业战略目标的共识。

2. 平衡计分卡的局限性

当然,由于本身发展的不成熟和企业现有管理支持的局限,平衡计分卡在使用过程中还面临着若干瓶颈。

它必须以完善的信息系统为基础,如果无法实现,就会出现业绩信息不及时、管理时效性差、上下级指示无法对接等问题。

设计平衡计分卡、确认业绩驱动因素、在财务指标与非财务指标之间建立联系等都需要耗费大量时间,并增加员工的工作量,如果沟通不力,就会给企业带来沉重压力,甚至把企业变革扼杀在摇篮中。

一些非财务指标难以量化,如在学习成长方面,业绩指标体系常常前后矛盾,缺乏明确的分界线,应用难度较大。事实上,学习、成长与创新都是很宽泛的概念,涉及企业生产经营的方方面面,单独界定一个方面似乎比较困难。

指标体系的非财务层面未直接体现出以财务业绩为落脚点的逻辑关系。平衡计分卡四个层面的评价指标最终均应指向财务评价指标,因为财务目标是企业追求的最终目标。无论是客户层面的业绩、内部运作过程层面的业绩,还是学习成长层面的研究,最终都是为了追求财务业绩,尽管四个层面由一条因果关系链联系起来,但都没有在具体指标项目上体现出来。

在财务指标的改进和完善方面,平衡计分卡并未有太多的实质性突破,采用的指标依旧是传统的财务业绩评价指标,未能很好地体现知识经济时代企业战略经营业绩评价对财务指标设置的要求。

本章小结

所谓企业业绩评价,是指运用数理统计和运筹学的方法,通过建立综合评价指标体系,对照相应的评价标准,将定量分析与定性分析相结合,对企业一定经营期间的盈利能力、资产质量、债务风险以及经营增长等经营业绩和努力程度进行的综合评判。业绩评价基本功能包括激励与约束功能、资源再配置功能、项目再评估功能和战略管理功能。按照不同的分类标准,业绩评价可划分为不同的类型和层次:根据业绩评价主体不同,可分为外部评价和内部评价;根据业绩评价客体不同,可分为整体评价、部门评价和个人评价;根据业绩评价内容不同,可分为财务评价和非财务评价;根据业绩评价范围不同,可分为综合评价和单项评价。业绩评价系统的构成要素包括评价目标、评价对象、评价指标、评价标准、评价方法和评价报告。

不同的企业组织背景千差万别,但任何一个组织在构建业绩评价系统时必须全面考虑评价目标、评价指标、评价标准和评价方法等因素,它们构成了业绩评价体系设计的基本要素。

综合评价是对以多属性体系结构描述的对象系统做出全局性、整体性的评价,即对评价对象的全体,根据所给的条件,采用一定的方法给每个评价对象赋予一定的价值,再据此择优或排序。综合评分法的基本程序包括选取业绩评价指标,确定各项经济指标的标准值及标准系数,确定各类经济指标的权数,计算各类指标得分,计算综合评价得分,确定综合评价结果等级。平衡计分卡作为一种新的绩效评价体系,主要包括财务、客户、内部运作、学习成长四个方面的内容,这四个方面是紧密联系、不可分割的,在逻辑上紧密相承,具有一定的因果关系,企业战略则依据该关系逐渐得到传递和落实。同传统业绩评价体系相比,平衡计分卡有着明显的优势,但也存在一定局限性。

复习思考题

1. 什么叫企业业绩评价?它有哪些功能?
2. 企业业绩评价系统由哪些要素构成?
3. 业绩评价有哪些模式?
4. 从国内外业绩评价的历史演进中我们能够得到什么启示?
5. 企业业绩评价指标体系的设计包括哪些方面?
6. 企业业绩的综合评价方法有哪些?

第七章 金融衍生工具与风险管理

引导案例

1992年,从事工程与化学品业务网的德国金属公司(Metallgesellshaft,MG)集团子公司德国金属精炼和营销公司(MG Refining and Marketing,MGRM)为了维护长远关系,签订了一份10年的远期供油合同,承诺在未来10年内以高于当时市价的固定价格定期提供给客户总量约1.6亿桶的石油商品。为了规避合同可能产生的风险,MGRM买进了大量的短期原油期货,并在期货转仓时扣除提供客户数量,以剩余的数量装仓至下一短期期货合约。但是,石油价格从1993年6月开始从每桶19美元跌至1993年12月的每桶15美元,MGRM面临庞大的保证金追缴,而其长期供油合约收益尚未实现。庞大的资金缺口迫使子公司向母公司寻求资金援助。幸好,母公司MG考虑到可能存在的风险,及时做出可撤换子公司高层并平仓的决定,把损失减到了最小。尽管如此,子公司投资不当给集团造成10亿美元的损失已经无法弥补。

金融衍生工具的出现适应了市场主体规避金融风险的需求,但运用金融衍生工具也存在诸多风险。那么,金融衍生工具有何特点?运用金融衍生工具进行投资时有哪些风险?MG集团对金融投资问题的做法是否妥当?金融衍生工具的风险管理正是本章所要阐述的内容。

学习目的和要求

本章从金融衍生工具的基本理论出发,对金融衍生工具涉及的主要内容进行了较为全面、详细的介绍。通过本章的学习,应了解各种金融衍生工具的含义、分类以及特点,熟悉风险的类型,掌握利用各种金融衍生工具进行风险管理的方法,即利用远期合约、期货合约、期权合约以及互换合约管理风险。

第一节 衍生工具与风险管理概述

一、金融衍生工具的定义

金融衍生工具又称金融衍生产品,是与基础金融产品相对应的一个概念,指建立在基础产品或基础变量之上,其价格随基础金融产品的价格(或数值)变动的派生金融产品。这里所说的基础产品是一个相对的概念,不仅包括现货金融产品(如债券、股票、银行定期存款单等),也包括金融衍生工具。根据我国《企业会计准则第 22 号——金融工具确认和计量》的规定,衍生工具包括远期合同、期货合同、互换和期权,以及具有远期合同、期货合同、互换和期权中一种或一种以上特征的工具。

与其他金融工具不同的是,衍生工具本身并不具有价值,其价格是从可以运用衍生工具进行买卖的货币、汇率、证券等的价值衍生出来的。目前,在国际金融上普遍运用的衍生工具有期货、远期、期权和互换。

二、金融衍生工具的基本分类

(一) 根据产品类型,可以分为远期合约、期货合约、期权合约以及互换合约

(1) 远期合约指合约双方同意在未来日期按照固定价格交换金融资产的合约,承诺以当前约定的条件在未来进行交易,会指明买卖的商品或金融工具种类、价格及交割结算的日期。远期合约主要包括远期外汇合约、远期利率协议、远期股票合约和远期债券合约。

(2) 期货合约指由期货交易所统一制定的,规定在某一特定的时间和地点交割一定数量和质量商品的标准化合约。期货是指在约定的将来某个日期按约定的条件(包括价格、交割地点、交割方式等)买入或卖出一定标准数量的某种资产。期货的价格则是通过公开竞价而达成的。期货按现货标的物的种类可以划分为商品期货、外汇期货、利率期货和股票指数期货。

(3) 期权合约指赋予其购买者在规定的期限内按双方约定的价格(简称协议价格)或执行价格购买或出售一定数量某种金融资产的权利的合约。与期货合约的主要区别在于合约买方有权利而无义务履行合约。期权合约主要包括股票期权、利率期权和货币期权。

(4) 互换合约是一种为交易双方签订的在未来某一时期相互交换某种资产的合约。更为准确地说,互换合约是当事人之间签订的在未来某一期间内相互交换他们认为具有相等经济价值的现金流的合约。较为常见的是利率互换合约和货币互换合约。互换合约中规定的交换货币若是同种货币,则为利率互换;若是异种货币,则为货币互换。

(二) 根据产品形态,可以分为独立衍生工具和嵌入式衍生工具

(1) 独立衍生工具是相对嵌入式衍生工具而言的,是指本身即独立存在的金融合约,如期货合约、期权合约或者互换合约。

(2) 嵌入式衍生工具是嵌入到非衍生工具(主合同)中,使混合工具的全部或部分现金流量随特定利率、金融工具价格、商品价格、汇率、价格指数、费率指数、信用等级、信用指数或其他类似变量的变动而变动的衍生工具。例如,目前公司债券条款中可能包含赎回条款、返售条款、转股条款、重设条款等。

(三) 根据交易方法,可以分为场内交易和场外交易

(1) 场内交易又称交易所交易,是指所有的供求方集中在交易所进行竞价交易的交易方式。在这种方式下,由交易所审批交易者的会员资格,向交易者收取保证金,同时负责进行清算和承担履约担保责任。此外,由于每个交易者都有不同的需求,交易所通常事先设计出标准化的金融合同,由投资者选择与自身需求最接近的合同和数量进行交易。在场内交易的金融衍生工具主要有期货和期权。

(2) 场外交易又称柜台交易,即交易双方直接成为交易对手的交易方式。这是指通过各种通信方式,不通过集中的交易所,实行分散的、一对一交易的衍生工具,如金融机构之间、金融机构与大规模交易者之间进行的各类互换交易和信用衍生产品交易。在场外交易的金融衍生工具主要有远期、期权和互换。互换交易和远期交易是具有代表性的柜台交易衍生产品。

三、金融衍生工具的基本特点

金融衍生工具不同于传统的基础金融工具,有六个方面的主要特点。

1. 衍生工具的价值受制于基础工具

金融衍生工具或者衍生产品是由传统金融产品派生出来的,由于它是衍生物,不能独立存在,其价值在相当程度上受制于相应的传统金融工具。这类能够产生衍生物的传统产品又称为基础工具。根据目前的发展,金融基础工具主要有三大类:① 外汇汇率;② 债务或利率工具;③ 股票和股票指数等。虽然基础工具种类不多,但是借助各种技术在此基础上都可以设计出品种繁多、特性不一的创新工具来。

由于是在基础工具上派生出来的产品,所以金融衍生工具的价值主要受基础工具价值变动的影响,股票指数的变动影响股票指数期货的价格,认股证跟随股价波动,这是衍生工具最为独到之处,也是其具有避险作用的原因所在。

2. 衍生工具具有规避风险的职能

金融创新能够衍生出大量新型的金融产品和服务投放在金融市场上,强有力地促进了整个金融市场的发展。传统的金融工具滞后于现代金融工具,具体表现是其都带有原始发行这些金融工具的企业本身的财务风险。在这些传统的金融工具中,所有财务风险都是捆绑在一起的,处理分解难度相当大。把这些财务风险松绑分解,进而再通过金融市场上的交易使风险分散化并能科学地重新组合,从而达到收益和风险的平衡。

3. 衍生工具构造具有复杂性

相对于基础工具而言,金融衍生工具特性显得较为复杂。这是因为:一方面,金融衍生工具如期权、互换等的理解和运作已经不易;另一方面,由于采用多种组合技术,衍生工具特性更为复杂,所以衍生工具构造具有复杂性。这种情况导致金融产品的设计要求高深的数学方法,大量采用现代决策科学方法和计算机科学技术,它能够仿真模拟金融市场运作,在开发、设计金融衍生工具时,采用人工智能和自动化技术。同时,这也导致大量金融衍生新产品难为一般投资者所理解,难以明确风险所在,更不容易完全正确地运用。

4. 衍生工具设计具有灵活性

金融衍生工具在设计和创新上具有很强的灵活性,这是因为可以通过对基础工具和金融衍生工具的各种组合,创造出大量特性各异的金融产品。机构与个人参与衍生工具的目的有三类:① 买卖衍生工具为了保值;② 利用市场价格波动风险进行投机牟取暴利;③ 利用市场供求关系的暂时不平衡套取无风险的额外利润。出于各种复杂的经营目的,有各种复杂的经营品种,以适应不同市场参与者的需要。所以,衍生工具的设计可根据各种参与者所要求的时间、杠杆比率、风险等级、价格等参数的不同进行设计、组合。因此,相对其他金融工具而言,衍生工具的设计具有更大的灵活性。

5. 衍生工具运作具有杠杆性

金融衍生工具在运作时多采用财务杠杆方式,即采用缴纳保证金的方式进入市场交易。这样市场的参与者只需要动用少量资金,即可控制资金量巨大的交易合约。期货交易的保证金和期权交易中的期权费就是这种情况。财务杠杆作用无疑可显著提高资金利用率和经济效益,但是另一方面也不可避免地带来巨大风险。一些国际大机构在衍生工具的交易方面失利,很大程度上与这种杠杆"放大"作用有关。

6. 衍生工具交易具有特殊性

金融衍生工具交易的特殊性主要表现在两个方面。一是集中性。从交易中介机构看,主要集中在大型投资银行等机构进行。美国目前在全球金融衍生产品交易中占了相当比重,但是在美国3 000多个金融机构中,只有300多个从事此类交易,而且其中10家大型机构即占交易量的90%,可见交易的集中性。二是灵活性,从市场分布看,部分交易活动是通过场外交易方式进行的,即用户主要以投资银行作为中介方参与衍生工具交易,投资银行代为寻找对家或直接作为交易对手个别进行交易,这些交易是非标准化的,这说明金融衍生工具具有很强的灵活性。

四、金融衍生工具的风险管理

(一) 风险的类型

风险是指在特定条件下、特定时间内,某项决策实际成果偏离预期的可能性。金融衍生工具的风险可以划分为五大类。

(1) 市场风险。市场风险是指市场价格变动或交易者不能及时以公允价格出售金融衍生工具而带来的风险。其中根据衍生工具价格变动的不同原因,又可以将市场风险划分为利率风险、汇率风险和商品价格风险。

(2) 信用风险,也叫履约风险,是指因交易的一方不能履行合同规定的责任和义务而给另一方带来的风险。

(3) 流动性风险。金融衍生工具的流动性风险主要包括两类:一类是与市场状况有关的市场流动性风险;另一类是与总的资金状况有关的资金流动性风险。其中,市场流动性风险是指由于缺乏合约对手而无法变现或平仓的风险。资金流动性风险是指交易方因为流动资金的不足,造成合约到期时无法履行支付义务,被迫申请破产,或者无法按合约要求追加保证金,从而被迫平仓,造成巨额亏损的风险。

(4) 操作风险。操作风险是指因为交易主体的内部控制制度不严格、监控不到位,或由于人为错误、沟通不良、欠缺了解、未经授权或系统故障给投资者造成损失的风险。

(5) 法律风险。法律风险是指因合约在法律上的缺陷或无法履行导致损失的风险。

(二) 风险管理的策略

1. 形成有序的市场机制

发展金融衍生工具市场,首先必须深刻认识风险管理的重要性,风险管理关系市场命运,是市场兴衰成败的决定性因素,欲求市场健康发展,根本大计是形成一个有序的市场机制,这是金融衍生工具市场从失败到成功的基本经验。任何一个有序的金融衍生工具市场必须具备四个基本条件。一是市场制度的稳定性。市场制度稳定是指市场制度不会因各种风险而受到威胁,甚至在发生严重危机时,也能采取应变措施补救。二是市场交易的公正性。市场对所有参与者都是公平的,不应受操纵,也不允许欺诈和不正当竞争,信息是公开的。三是市场运作的规范性。市场运作的规范性是指市场运作既是有效率、流通顺畅的,又是在统一规则下有序进行的。四是对投资者合法权益的保障性。

2. 对会员实行严格管理

金融衍生工具市场风险管理主要是对会员实行严格的管理。对会员实行管理的主要内容包括三个方面。一是资产控制。期货交易所对会员进行资产控制,并不是看会员注册资本多少,而是看其是否拥有与其交易部位相适应的流动资金数额。二是保证金管理。保证金一般是根据一定时间的价格波动幅度和会员的借贷信用状况,同时考虑结算方法和时限后确定的。确定一个比较合理的保证金水平并不是一件很容易的事,所以在执行过程中经常根据市场的实际价格波动情况而做出必要的调整。三是实行结算会员基金。实行结算会员基金,是近20年来在金融衍生工具市场不确定因素日益增多、价格波动起伏较大的背景下,对会员采取的一项重要措施,其目的是让制造风险者集体承担市场风险。

3. 完善结算制度

金融衍生工具市场风险管理的基本条件是建立完善的结算制度,金融衍生工具交易是以少量保证金为保证的信用交易,其本身潜藏着高倍数风险。金融衍生工具交易开始,就意味着风险的发生,这首先是通过结算反映出来的,此外规避风险也是通过结算进行的。因此,实行风险管理应主要依靠结算运作系统进行。但欲要结算系统有效地运作,就必须从制度上做出周密的安排。

4. 建立合理的结算机构

金融衍生工具市场的运行,关键在于建立符合风险管理要求的结算机构,金融衍生工具市场的结算机构不应是一般的财务会计机构。金融衍生工具市场交易集中,每天成交数以万计的合约,金融衍生工具价格瞬息万变,大量的资金在投资者、经纪商、会员、结算会员以及结算机构之间频繁流动,如果仅依赖交易双方或者一般财务结算部门办理结算,显然是难以胜任的。

5. 实行法治化管理

金融衍生工具市场应在政府支持与监督下,实行法治化风险管理。金融衍生工具市场成为国际金融市场组成部分以来,各国金融衍生工具市场不同程度地成为国际投资的重要领域,金融衍生工具交易和金融衍生工具价格对各国经济越来越发挥着重要的影响。但是,影响金融衍生工具价格变化的各种因素也相应超越了国界,特别是来自外部的某些不确定因素经常使金融衍生工具价格发生剧烈波动,甚至某些有影响力的国家在政治、经济、军事等方面一旦出现变化,便会迅速波及金融衍生工具市场,引起金融衍生工具价格的大起大落。这种受外部因素影响而形成的风险,不仅在整体上影响金融衍生工具市场的稳定与发展,而且也影响社会经济的稳定与发展。这种系统风险仅靠金融衍生工具市场加强管理是难以解决的,因而必须强化国家法治化管理。

从整体上讲,金融衍生工具交易的风险主要涉及市场风险、信用风险、流动性风险、操作风险和法律风险等基本类型。这些风险在许多方面与股票、债券等基础金融工具的风险类似,本章针对其市场风险中的商品价格风险、汇率风险及利率风险进行重点阐述和管理,并利用远期合约、期货合约、期权合约和互换合约等手段对上述三类风险进行管理。

第二节 衍生工具与商品价格风险管理

商品价格风险是指由于商品价格变化而导致公司利润或公司股票市场价值发生波动的风险。

一、利用期货合约管理商品价格风险

（一）期货的概述

1. 期货的基本概念

期货是指在约定的将来某个日期按约定的条件（包括价格、交割地点和交割方式）买入或卖出一定标准数量的某种资产；期货合约是期货交易的买卖对象或标的物，是由期货交易所统一制定的，规定在某一特定时间和地点交割一定数量和质量商品的标准化合约。一份标准的期货合约通常包括以下五方面的内容：① 期货品种（金融期货或商品期货）；② 每日价格波动限制（每日涨跌停板额限制）；③ 最后交易日；④ 最小变动价位；⑤ 交割条款（包括交割日、交割地点、交割形式等）。

期货交易是指交易双方在集中的交易所市场上以公开竞价的方式进行的期货合约交易。期货交易的最终目的并不是金融资产所有权的转移，而是通过买卖期货合约，规避现货价格风险或通过买卖获取差价收益。

2. 期货的分类

期货主要分为商品期货和金融期货。商品期货包括各种金属、农产品等；金融期货包括外汇期货、利率期货和股票指数期货等。具体分类如表7-1所示。

表 7-1 期货的分类

期 货	商品期货	农产品期货（小麦、玉米、棉花、咖啡、生猪、活牛、木材、天然橡胶等）
		金属期货（铜、铅、锌、锡等）
		能源期货（原油、汽油、天然气、电力等）
	金融期货	外汇期货（货币期货）
		利率期货（短期利率期货和长期利率期货）
		股票指数期货

3. 期货的主要交易制度

（1）保证金制度。保证金是期货交易双方履行其在期货合约中应承担义务的财力担保，以保证交易双方履行合约。保证金包括初始保证金和维持保证金。初始保证金是指签约成交每一份新期货合约时，买卖双方都必须向交易所缴纳存入其保证金账户的保证金，可

用现金,也可用有价证券。初始保证金按照合约价值的一定比率来计算,而不是交易中的定金或者交易者应付价款的一部分。维持保证金是指交易所规定的交易者在其保证金账户中所必须保有的最低余额的保证金水平。维持保证金通常为初始保证金的75%左右。

根据价格波动的一般幅度,保证金比率大体上是合约价值的5%~15%。这一比率由经纪人确定,但不得低于结算所为此规定的最低标准。

(2) 逐日盯市制度(每日无负债结算制度)。逐日盯市制度又称为每日无负债结算制度,是指每日交易结束后,交易所按照当日各合约结算价结算出所有合约的盈亏、交易保证金、手续费等费用,对应收应付的款项实行净额一次性划转,并相应增加或减少会员的结算准备金。

(3) 限仓制度。限仓制度是交易所为防止操纵市场行为和防止市场风险过度集中而对交易者持仓数量加以限制的制度。限仓的形式分为根据保证金数量规定的持仓限额、对会员的持仓限额和对客户的持仓限额等。限仓制度的原则主要包括近期月份严于远期月份、总量限仓与比例限仓相结合、相反方向头寸不可抵消、对机构与散户区别对待等。

(4) 价格涨跌停板制度。期货交易中的价格涨停板制度,是指期货合约在一个交易日中的成交价格不能高于或低于以该合约上一个交易日结算价为基准的某一涨跌幅度,超过该范围的报价将视为无效,不能成交。在涨跌停板制度下,前一交易日结算价加上允许的最大涨幅构成当日价格上涨的上限,称为涨停板;前一交易日结算价减去允许的最大跌幅构成当日价格下跌的下限,称为跌停板。因此,涨跌停板制度又叫每日价格最大波动幅度限制。

(5) 强行平仓制度。当交易所会员或客户的交易保证金不足且未在规定时间内补足,或当会员或客户的持仓量超出规定的限额,或当会员或客户存在违规行为时,交易所为了防止风险进一步扩大,将其持有的未平仓合约进行强制性平仓处理,这就是强行平仓制度。

(6) 大户报告制度。大户报告制度是一种风险控制制度,是防止大户操纵行为的制度。期货交易所建立限仓制度后,当交易所会员或客户的持仓量达到交易所规定的数量时,必须向交易所申报相关开户、交易情况、资金来源、交易动机等情况,以便交易所审查大户是否有过度投机和操纵市场的行为,并判断大户的交易风险状况。

(二) 利用期货进行套期保值

套期保值,亦称"对冲",是指为配合现货市场上的交易,而在期货市场上做与现货市场上相同或相近商品但交易部位相反的买卖行为,以便将现货市场的价格波动风险在期货市场上转移给第三者,最终实现保值的目的。

套期保值之所以能够达到规避价格风险的目的,有两个基本原理。第一,同一品种的商品,其期货价格和现货价格受到相同因素的影响,虽然波动的幅度会有所不同,但其价格的变动趋势和方向会趋于一致。保值者在期货市场上建立了与现货市场相反的头寸,则无论市场价格朝哪一方向变动,均可避免风险,实现保值。不过,在套期保值中,保值者一般只能做到保值,而不能获利。因为保值者在某一市场上获得的利润会被另一市场上的损失所抵消。第二,随着期货合约到期日的临近,期货价格与现货价格会逐渐聚合,在到期日,二者之间的差距(又称为基差)接近于零,两者价格大致相等(见图7-1)。

套期保值又分为买入套期保值和卖出套期保值。

1. 买入套期保值

买入套期保值,又称多头套期保值,是指在期货市场中购入期货,以期货市场的多头来

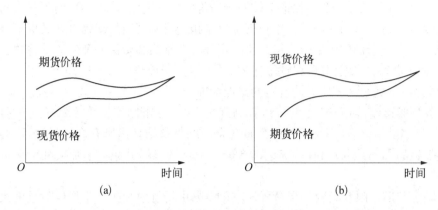

图 7-1 基差的变化

保证现货市场的空头,从而规避价格上涨的风险。买入套期保值一般适用于投资者准备在将来某一时刻购买商品却担心商品涨价的情况,或者某投资者在资产上做空头时,可用多头套期保值策略进行风险管理。

[例 7-1] 美国 ABC 公司 7 月份计划 5 个月后购进 1 000 吨原油,当时原油的现货价格是每吨 380 美元,原油的期货价格为每吨 393 美元。经过分析,ABC 公司担心原油的价格在未来会上涨。为了防范原油价格上涨所带来的风险,买入 1 000 吨原油期货。5 个月后,原油的现货价格果然上涨,上涨至每吨 400 美元,而原油期货的价格为每吨 413 美元。ABC 公司于是在 12 月买入现货,每吨亏损 20 美元;同时卖出原油期货,每吨盈利 20 美元。整个交易如表 7-2 所示。

表 7-2 买入套期保值交易表

	现 货 市 场	期 货 市 场
7 月	签订合同时承诺在 12 月购买 1 000 吨原油,此时现货每吨价格 380 美元	在期货交易所买进 12 月到期的原油期货 1 000 吨,每吨价格 393 美元
12 月	现货市场上每吨原油价格是 400 美元,按现货价格购买 1 000 吨原油	当月原油期货价格接近现货价格,为每吨 413 美元,按此价格卖出原油期货 1 000 吨
结果	每吨亏损 20 美元	每吨盈利 20 美元

两个市场上的盈亏相抵,有效地锁定了由于商品市场价格波动所带来的风险。

2. 卖出套期保值

卖出套期保值,又称空头套期保值,是指在期货市场上出售期货,以期货市场上的空头来保证现货市场上的多头,从而规避价格下跌的风险。卖出套期保值一般适用于持有商品的交易商担心商品价格下跌的情况,也适用于预测资产的未来销售。

[例 7-2] 美国 ABC 公司 3 月份计划 6 个月后销售 200 吨铜,价格按市价计算,当时铜的现货价格是每吨 7 000 美元,铜期货价格为每吨 7 150 美元。经过分析,ABC 公司担心铜的价格在未来时期会下跌。为了防范铜价格下跌所带来的风险,卖出 200 吨铜期货。6 个月

后,铜的现货价格果然下跌,下跌至每吨 6 800 美元,而铜期货的价格为每吨 6 950 美元。ABC 公司于是在 9 月卖出现货,每吨亏损 200 美元;同时买入期铜,每吨盈利 200 美元。整个交易如表 7-3 所示。

表 7-3   卖出套期保值交易表

	现 货 市 场	期 货 市 场
3 月	签订合同时承诺在 12 月提供 200 吨铜给客户,因此购买现货铜 200 吨,每吨价格 7 000 美元	在期货交易所卖出 12 月到期的期货铜 200 吨,每吨期货铜价格 7 150 美元
9 月	现货市场上每吨铜价格是 6 800 美元,按现货价格销售给客户 200 吨铜	当月期铜价格接近现货价格,为每吨 6 950 美元,按此价格买进期铜 200 吨
结果	每吨亏损 200 美元	每吨盈利 200 美元

两个市场上的盈亏相抵,有效地防范了现货市场上铜价下跌所带来的风险。

总结:利用期货进行套期保值时,若买方怕在现货市场上购买商品时买贵了,则应该去期货市场上购买相应的期货合约;相反,若卖方怕在现货市场上出售商品时卖贱了,则应该在期权市场上出售相应的期货合约。

二、利用期权管理商品价格风险

(一) 期权的概述

1. 期权的基本概念及要素

期权(options)是一种选择权,期权的买方向卖方支付一定数额的期权费后,就获得这种权利,即拥有在一定时间内以一定的价格(执行价格)出售或购买一定数量标的物的权利。

(1) 期权的买方和卖方。购买期权的一方,即支付期权费、获得权利的一方,也被称为期权的多头方。在期权合约所规定的有效期内,买方可以行权或者放弃行权,无论其是否行权,其支付的期权费不予退还。

出售期权的一方获得期权费,因而承担着在规定的时间内履行该期权合约的义务。期权的卖方也被称为期权的空头方,只要期权的买方决定行使权利,买方只能履约。除了应当承担的义务外,期权合约没有赋予卖方任何权利。

期权的买方(多头)行使权利时,卖方(空头)必须按期权合约规定的内容履行义务。相反,买方可以放弃行使权利,此时买方只是损失期权费,而卖方则赚取期权费。总之,期权买卖双方的权利义务和风险收益如表 7-4 所示。

(2) 协定价格。协定价格也称执行价格,是指期权合约所规定的、期权买方在行使权利时所实际执行的价格。在期权交易中,协定价格是期权买卖双方事先确定的标的资产交易价格。这一价格一旦确定,则在期权有效期内,无论期权标的物的市场价格上升或下降到什么程度,只要期权的买方要求执行期权,期权的卖方就必须以协定价格履行相应的义务。

表 7-4 期权买卖双方义务

	权利和义务不对称性	风险和收益不对称性
买权	买权方付出期权费,获得买(卖)权利	买权方付出期权费,获得无限受益权,承担有限损失(期权费)
卖权	卖权方获得期权费,履行卖(买)义务	卖权方获得有限收益(期权费),并承担无限损失

(3) 期权费。期权费是期权买方购买期权所赋予的权利时支付给期权卖方的代价,又称期权价格。期权费是由市场供需所决定的。通常,标的物的市场价格、协议价格、到期期限等都会影响期权费。一般来说,标的物市场价格越高,看涨期权的期权费越大,而协议价格越高,看涨期权的期权费越小。看跌期权正好相反。

(4) 合约期限和到期日。合约期限是指合约签约至失效日止的有效日期,合约期限大多为三个月。到期日也称履约日或失效日,是执行期权合约进行实物交割的最后一天,即到了这一天,一个事先作了声明的期权合约必须履行交货,否则该期权失效。

(5) 标的物或标的资产。标的物或标的资产是指选择购买或出售的资产。它包括股票、政府债券、货币、股票指数、商品期货等。值得注意的是,期权的卖方不一定拥有标的资产。期权是可以"卖空"的。期权的买方也不一定是真的想购买标的资产。因此,期权到期时双方不一定进行标的物的实物交割,而只需要按照价差补足价款即可。

2. 期权的分类

(1) 按照合约授予期权持有者权利的类别,期权可分为看涨期权和看跌期权两大类。

看涨期权,又称延买期权或买入期权。购买这种期权可以获得在期权合约有效期内根据合约所确定的履约价格买进一种特定商品或资产的权利。只有当期权对应标的物的市场价格在未来期间大于协议价格,期权的买方才有可能执行期权。例如,看涨期权的买方以协议价格买入,执行日市场价格卖出,即低买高卖。

看跌期权,又称延卖期权或卖出期权。购买这种期权可以获得在未来一定期限内根据合约所确定的价格卖出一种特定商品或资产的权利。只有当期权对应标的物的市场价格在未来期间小于协议价格,期权的买方才有可能执行期权。例如,看跌期权的买方以协议价格卖出,执行日市场价格买进,即高卖低补。

(2) 按照执行时间的不同,期权可分为欧式期权和美式期权两大类。

欧式期权是指只有在合约到期日才被允许执行的期权,既不能提前,也不能推迟。目前国内的外汇期权交易都采用欧式期权合同方式。

美式期权是指可以在期权到期日或到期日之前的任何一个营业日执行的期权。这种期权给予买方更大的灵活选择的权利。

(3) 按照期权合约的标的资产划分,可分为现货选择权和期货选择权。

现货期权是指以各种金融工具本身作为期权合约标的物的期权,如利率期权、货币期权、股价指数期权和股票期权;期货期权是指以各种金融期货合约作为期权合约标的物的期权,如利率期货期权、货币期货期权和股价指数期货期权。

(4) 按协定价格与标的物市场价格关系的不同,期权可以分为实值期权、平值期权和虚值期权三类。

实值期权是指如果立即执行期权，买方具有正的现金流；平值期权是指如果立即执行期权，买方的现金流为零；虚值期权是指如果立即执行期权，买方具有负的现金流。三者的关系如表 7-5 所示。

表 7-5 实值期权、平值期权、虚值期权的对应关系

	看 涨 期 权	看 跌 期 权
实值期权	市场价格＞执行价格	市场价格＜执行价格
平值期权	市场价格＝执行价格	市场价格＝执行价格
虚值期权	市场价格＜执行价格	市场价格＞执行价格

3. 期权的基本策略

（1）买入看涨期权，是指买入买权，支付费用，获得在约定时间按照约定价格和约定数量买入某基础资产的权利。买入看涨期权形成的金融头寸被称为"多头看涨头寸"。

[例 7-3] 投资人购买一项看涨期权，标的股票的当前市价为 80 元，执行价格为 80 元，到期日为 1 年后的今天，期权价格为 5 元。买入后，投资人就持有了看涨头寸，期待未来股价上涨以获取净收益。多头看涨期权的净损益有以下四种可能。

① 股票市价小于或等于 80 元，看涨期权的买方不会执行期权，没有净收入，即期权到期日价值为零，其净损益为 −5 元（期权价值 0 元 − 期权成本 5 元）。

② 股票市价大于 80 元但小于 85 元，例如，股票市价为 83 元，投资人会执行期权。以 80 元购买 ABC 公司的 1 股股票，在市场上将其出售得到 83 元，净收入为 3 元（股票市价 83 元 − 执行价格 80 元），即期权到期日价值为 3 元，买方期权净损益为 −2 元（期权价值 3 元 − 期权成本 5 元）。

③ 股票市价等于 85 元，投资人会执行期权，取得净收入 5 元（股票市价 85 元 − 执行价格 80 元），即期权到期日价值为 5 元。买方期权净损益为 0 元（期权价值 5 元 − 期权成本 5 元）。

④ 股票市价大于 85 元，假设股票市价等于 90 元，投资人会执行期权，取得净收入 10 元（股票市价 90 元 − 执行价格 80 元），即期权到期日价值为 10 元。买方期权净损益为 5 元（期权价值 10 元 − 期权成本 5 元）。

买入看涨期权到期日价值
＝Max(市价 − 执行价格，0)
买入看涨期权净损益
＝Max(市价 − 执行价格，0) − 期权价格

多头看涨期权的损益状况，如图 7-2 所示。

（2）卖出看涨期权，是指卖出买权，获得费用，承担必须在约定时间按照约定价格和

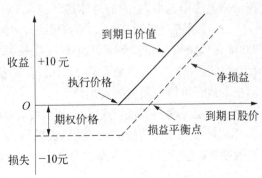

图 7-2 买入看涨期权

约定数量卖出某基础资产的义务。看涨期权的卖方收取期权费,成为或有负债的持有人,负债的金额不确定,处于空头状态,持有看涨期权空头头寸。

$$卖出看涨期权到期日价值 = -\text{Max}(市价 - 执行价格, 0)$$
$$卖出看涨期权净损益 = -\text{Max}(市价 - 执行价格, 0) + 期权价格$$

(3) 买入看跌期权,是指买入卖权,支付费用,获得在约定时间按照约定价格和约定数量卖出某基础资产的权利。看跌期权的买方拥有以执行价格出售标的物的权利。

$$买入看跌期权到期日价值 = \text{Max}(执行价格 - 市价, 0)$$
$$买入看跌期权净损益 = \text{Max}(执行价格 - 市价, 0) - 期权价格$$

(4) 卖出看跌期权,是指卖出卖权,获得费用,承担必须在约定时间按照约定价格和约定数量买入某基础资产的义务。看跌期权的卖方收取期权费,成为或有负债的持有人,负债的金额不确定。

$$卖出看跌期权到期日价值 = -\text{Max}(执行价格 - 市价, 0)$$
$$卖出看跌期权净损益 = -\text{Max}(执行价格 - 市价, 0) + 期权价格$$

(二) 利用期权进行套期保值

如前所述,也可以利用期权进行套期保值来规避商品的价格风险,即期权作为对冲风险的工具可以起到类似于保险的作用。

1. 买入看跌期权

规避商品价格下跌风险。套期保值的目标是保护现货部位,规避价格下跌风险,同时保持价格上涨所带来的盈利。类似于空头期货的保值策略,一般是生产商或贸易企业为了防止价格下跌所采取的保值策略。该种策略需要向期权的卖方支付期权费,但无须像期货那样缴纳保证金。

[例7-4] 某棉花贸易企业库存有棉花,市场价格为 10 000 元/吨,该贸易企业担心将来棉花价格会下跌,于是在期权市场上买进 3 个月后到期、执行价格为 10 000 元/吨的棉花看跌期权,支付期权费 1 000 元/吨。现分析如下。

(1) 如果棉花的价格上涨,假设棉花价格为 12 000 元/吨,现货部位盈利 2 000 元(企业可以在现货市场上卖出更高的价格),期权部位亏损(该企业一般不会行权,则损失期权费 1 000 元)。在这种情况下,企业可以卖出看跌期权,平仓了结或者放弃权利。现货市场上棉花价格上涨得越高,企业的总体盈利越大。

(2) 如果棉花的价格下跌,假设棉花价格为 8 000 元/吨,现货部位亏损 2 000 元(10 000 元 - 8 000 元),期权部位盈利(企业一般会选择行权,则可以以 8 000 元/吨价格买进,再以 10 000 元/吨卖出)。企业平仓了结后,在期权部位的盈利可以弥补现货部位的亏损。看跌期权的执行价格为最低的卖出价。

可见,投资者持有现货或标的,如果买入看跌期权,价格下跌时,则可以有效锁定标的多头部位的风险,损失不会持续扩大。买入看跌期权,等于锁定了最低的卖出价格。在价格上涨时,期权的损失有限,可以享受更高的卖出价格带来的好处,使盈利不断随着价格的上涨而提升。

2. 买入看涨期权

规避商品价格上涨风险。套期保值的目标是保护现货部位,规避价格上涨风险,同时保持价格下跌所带来的盈利。类似于多头期货的保值策略,一般是加工企业为了防止采购成本上涨所采取的保值策略。该种策略需要向期权的卖方支付期权费,但无须像期货那样缴纳保证金。

[例7-5] 某面粉厂3个月后需要采购加工用小麦,目前现货市场上小麦的市场价格为1 000元/吨。为了规避小麦价格下跌风险,锁定生产成本,该面粉厂在期权市场上买入3个月后到期的小麦看涨期权。执行价格为1 000元/吨,支付期权费50元/吨。现分析如下。

(1) 如果小麦的价格下跌,假设小麦的市场价格为900元/吨,现货部位盈利100元(即企业在现货市场上能够以900元/吨的价格采购小麦),买入的看涨期权部位亏损(企业一般不会行权,则损失期权费1 000元)。在这种情况下,企业可以卖出看涨期权,平仓了结或者放弃权利。小麦价格下跌得越多,面粉厂的总体采购成本越低。

(2) 如果小麦的价格上涨,假设小麦的市场价格为1 100元/吨,采购成本上涨,现货部位亏损100元(1 100元－1 000元),期权部位盈利100元(该企业一般会执行期权,可以以1 000元/吨买进,再以1 100元/吨卖出)。平仓了结后,在期权部位的盈利可以弥补现货部位的亏损。对于面粉厂来说,看涨期权的执行价格为最高的买入价。

总结:利用期权进行套期保值时,若买方怕在现货市场上购买商品时买贵了,则应该去期权市场上购买看涨期权;相反,若卖方怕在现货市场上出售商品时卖贱了,则应该在期权市场上购买看跌期权。与利用期货进行套期保值不同,在利用期权进行套期保值时,无论是买方怕在现货市场上购买商品时买贵了,还是卖方怕在现货市场上出售商品时卖贱了,他们均应该在期权市场上购买相应的看涨期权或看跌期权。

利用期货、期权进行套期保值,具体的套期保值交易策略如表7-6所示。

表7-6 套期保值交易策略表

价格风险策略	期 货	期 权
规避价格上涨风险	买入期货	买入看涨期权
规避价格下跌风险	卖出期货	买入看跌期权

第三节 衍生工具与汇率风险管理

汇率风险又称外汇风险或货币风险,是指主要来源于外汇汇率的不利变动。汇率风险通常用外汇风险暴露或风险敞口进行衡量。

风险暴露是指公司在各种业务活动中容易受到汇率变动影响的资产和负债的价值,或暴露在外汇风险中的头寸状况。一般来说,汇率的不确定性变动是外汇风险的根源,如果公司能够通过风险管理使外汇风险暴露为零,那么无论未来汇率如何变动,公司面临的汇率风险基本上可以相互抵消。

风险敞口是指外汇资产(或负债)由于汇率变动而可能出现增值和减值,这种增值和减值可能自然抵消,也可能通过某种措施人为冲销。其中,无法自然抵消也没有被人为冲销的外汇资产（或负债）就暴露在汇率变动的风险中，形成了汇率风险敞口。

一、汇率风险的主要类型

汇率风险主要有折算风险、交易风险和经济风险。折算风险又称会计风险，是指公司财务报表中的某些外汇项目，因汇率变动引起的转换为记账本位币时价值变动的风险；交易风险是指由于汇率变化引起的，以外币表示的未履行合约价值的变化（即合约带来的未来外币现金流量）；经济风险又称经营风险，是指意料之外的汇率变动通过影响企业生产销售数量、价格、成本，引起企业未来一定期间收益或现金流量减少的可能性。

从时间上看：① 折算风险是对过去会计资料计算时因汇率变动而造成的资产或负债的变异程度，是账面价值的变化。② 交易风险是基于过去发生的但在未来结算的现金流量的变化，是实际的经济损失或收益。在实务中，会计风险和交易风险是重叠的。③ 经济风险引起的公司价值的变动是通过会计风险和交易风险表现出来的。对一个企业来说，经济风险比折算风险和交易风险更为重要，因为其影响是长期性的，而折算风险和交易风险的影响是一次性的。

二、利用远期外汇合约管理汇率风险

（一）远期外汇合约的概述

远期外汇合约是指外汇交易双方达成协议时，约定将来交割的币种、金额、汇率、交割期限、起息日期、交割地点以及双方的权利义务等，并于将来进行实际交割的远期合同。

起息日期是指远期外汇买卖的交割日，因为从该日起，双方交付的款项开始计息。

交割期限分为三种：① 标准交割日期，通常为 1 月、2 月、3 月、6 月、9 月、12 月；② 约定交割日期，即双方事先约定好一个的固定交割日期；③ 奇零期交割，即只确定一个期限，而不定具体日期，双方可以在此期限内的任何一天进行交割。

远期汇率是指双方签约时约定好的未来交割的固定价格，到期实际汇率无论如何变动，均按此汇率交割。远期汇率的标价方法有两种：① 直接标价法是指直接标出远期汇率的实际价格；② 间接标价法是指报出远期汇率与即期汇率的差价，即远期差价。

升水是远期汇率高于即期汇率时的差额；贴水是远期汇率低于即期汇率时的差额。若远期汇率与即期汇率相等，那么就称为平价。就两种货币而言，一种货币的升水必然是另一种货币的贴水。

（二）利用远期外汇合约进行套期保值

远期外汇合约作为一种套期保值工具，是外汇期货的补充，基本可以应用于所有外汇交易风险的管理来锁定汇率水平，从而减少跨国交易和国际投资的风险，因而是市场上最发达的一种金融工具，也是理论研究中比较成熟的汇率风险管理策略。当企业在将来要收入或支出一笔外汇时，通常可以利用远期外汇市场进行套期保值，如做一笔和这笔外汇款项收支方向相反但数额相同的远期外汇交易，以固定这笔款项的汇率。

［例 7-6］ 一日本出口商向美国出口了一批产品，价款 1 000 000 美元，双方商定货款于 3 个月后用美元支付，交易日的汇率为 JPY103.506 0/US＄1。由于美元走势疲软，3 个月后

美元价值可能更低,日本出口商有可能受损失,也不排除美元升值的可能。

为避免损失,日本出口商与银行签订一笔卖出3个月远期美元合约,汇率为JPY102.450 6/US＄1(与3个月后要收到的货款是相反的操作)。3个月后如果美元汇率为JPY101.345 0/US＄1,美元贬值,日本出口商可以按JPY102.450 6/US＄1的汇率卖出100美元,将减少损失。如3个月后如果美元汇率高于JPY103.506 0/US＄1,该出口商也要按JPY102.450 6/US＄1卖出美元。

[例7-7] 我国某公司2015年9月1日向美国ABC公司购买设备,用美元计价,货款共计50万美元,付款期120天。9月1日的即期汇率为1美元＝6.75元人民币,该公司预测12月31日的即期汇率为1美元＝6.81元人民币。那么公司该怎样利用远期合约控制该笔风险?

若该公司在9月1日与银行签订远期外汇合约,约定于12月31日以合约中规定的远期汇率(1美元＝6.81元人民币)购买50万美元,用以支付货款。则该公司这笔进口货款的应付人民币数额为340.5万元人民币(50×6.81)。340.5万元人民币在9月1日(成交时)就已确定,不受今后汇率变动(12月31日实际即期汇率的高低)的影响,从而避免了汇率风险。

在上述例子中,在即期日签订远期外汇合约,对将要付出的外币,伴以同等金额、相同时间的外币流入,这样就消除了汇率风险。这种远期合约方法操作简便,在合约签订日就可以签订"度身定制"的远期外汇合约(时间金额与合约下外币收入支出的时间金额完全一致),可以做到完美地规避汇率风险。

三、利用外汇期货合理汇率风险

外汇期货,又称为货币期货,是指交易双方在交易所内通过公开叫价的拍卖方式,买卖在未来某一日期以即期汇率交割一定数量外汇的期货合同的外汇交易,是一种在最终交易日按照当时的汇率将一种货币兑换成另外一种货币的期货合约。

1. 买入套期保值(多头对冲)

企业先在期货市场上买入与其将在现货市场上买入的现货外币数量相等、交割日期相同或相近的该外币期货合约,然后再将其卖出,以防止外汇汇率变动给现货市场上的交易带来风险的一种方法。

[例7-8] 美国某企业欲从瑞士进口一批商品,5个月后付货款500 000瑞士法郎,目前现货市场上即期汇率为6 460美元/10 000瑞士法郎。但经过分析,预测瑞士法郎价格在未来时期内将呈上升趋势。为了防范瑞士法郎价格上涨所带来的风险,便在期货交易所购买了4份(瑞士法郎)外汇期货合约(每份合约125 000瑞士法郎),此时期货市场上汇率为6 450美元/10 000瑞士法郎。5个月后,瑞士法郎价格果然上涨,上涨为6 490美元/10 000瑞士法郎,而期货市场上汇率也上升为6 489美元/10 000瑞士法郎。整个交易如表7-7所示。

假设每份合约管理手续费为75美元,则:

$$企业盈利＝(1\ 950－1\ 500)－75×4＝150(美元)$$

企业利用期货进行买入套期保值的结果分析。

表 7-7 外汇期货多头套期保值

	现 货 市 场	期 货 市 场
7月5日	卖出：500 000 瑞士法郎 汇率：6 460 美元/10 000 瑞士法郎 价值：323 000 美元	买入：4 份 12 月瑞士法郎期货，每份合约 125 000 瑞士法郎，共 500 000 瑞士法郎 汇率：6 450 美元/10 000 瑞士法郎 价值：322 500 美元
12月5日	买入：500 000 瑞士法郎 汇率：6 490 美元/10 000 瑞士法郎 价值：324 500 美元	卖出：4 份 12 月瑞士法郎期货，每份合约 125 000 瑞士法郎，共 500 000 瑞士法郎 汇率：6 489 美元/10 000 瑞士法郎 价值：324 450 美元
结果	损失： 323 000－324 500＝－1 500(美元)	盈利： 324 450－322 500＝1 950(美元)

当期货汇率与现货汇率都上涨，即企业预测正确时，套期保值有三种结果。

(1) 当期货汇率与现货汇率上涨幅度一致时，现货交易亏损可以完全被期货交易盈利弥补，但会损失期货合约的手续费费用。

(2) 当期货汇率上涨幅度小于现货汇率上涨幅度时，现货交易亏损除被期货交易完全弥补外还有盈余。

(3) 当期货汇率上涨幅度大于现货汇率上涨幅度时，可以减少部分现货交易亏损，其数额为期货交易盈余扣除期货合约手续费数额。

2. 卖出套期保值(空头对冲)

企业先在期货市场上卖出与其将在现货市场上卖出的现货外币数量相等、交割日期相同或相近的该外币期货合约，然后再将其买入，以防止外汇汇率变动给现货市场上的交易带来风险的一种方法。

[例 7-9] 承[例 7-8]，如果该企业是一家出口商，它在 5 个月后会收到 500 000 瑞士法郎的货款。此时，该企业预测瑞士法郎价格将下跌，便在期货市场上先卖出期货合约。整个交易如表 7-8 所示。

表 7-8 外汇期货空头套期保值

	现 货 市 场	期 货 市 场
7月5日	买入：500 000 瑞士法郎 汇率：4 060 美元/10 000 瑞士法郎 价值：203 000 美元	卖出：4 份 12 月瑞士法郎期货，每份合同 125 000 瑞士法郎，共 500 000 瑞士法郎 汇率：4 055 美元/10 000 瑞士法郎 价值：202 750 美元
12月5日	卖出：500 000 瑞士法郎 汇率：4 015 美元/10 000 瑞士法郎 价值：200 750 美元	买入：2 份 12 月瑞士法郎期货，每份合同 125 000 瑞士法郎，共 250 000 瑞士法郎 汇率：4 000 美元/10 000 瑞士法郎 价值：200 000 美元

续 表

	现 货 市 场	期 货 市 场
结果	损失： 200 750－200 300＝－2 250（美元）	盈利： 202 750－200 000＝2 750（美元）

假设每份合约管理手续费为75美元，则：

$$企业盈利＝(2\ 750－2\ 250)－75×4＝200（美元）$$

企业利用期货进行卖出套期保值的结果分析。

当期货汇率与现货汇率都下跌，即企业对汇率的预测正确时，卖出套期保值有三种结果。

(1) 当期货汇率与现货汇率下跌幅度一致时，现货交易亏损可以完全被期货交易盈利弥补，但会损失期货合约的手续费费用。

(2) 当期货汇率下跌幅度大于现货汇率下跌幅度时，现货交易亏损除被期货交易完全弥补外还有盈余。

(3) 当期货汇率下跌幅度小于现货汇率下跌幅度时，可以减少部分现货交易亏损，其数额为期货交易盈余扣除期货合约手续费数额。

四、利用外汇期权管理汇率风险

(一) 利用外汇期权进行套期保值

外汇期权又称货币期权或外币期权，是期权的一种，外汇期权买卖的是外汇，即外汇期权是指期权的买方以支付一定的期权费作为代价，从而获得一种选择的权利，这种权利允许买方有权在未来某一特定时间或某特定时间之前按约定的汇率（协定汇率）向权利的卖方买进或卖出约定数额的外币，权利的买方也有权利选择不执行上述买卖合约。

外汇期权赋予持有者按照给定的汇率兑换货币的权利（而不是义务），允许公司锁定未来的汇率，能够使公司将汇率变动限制在不超过某一特定水平的范围内。

外汇期权交易能够为客户提供外汇保值的方法，在汇率变动向有利方向发展时，又可以为客户提供从汇率变动中获利的机会，具有较大的灵活性。

[例7-10] 美国某公司从英国进口设备，3个月后需要支付1.25万英镑。为固定进口成本，美国公司提前购入一份英镑买方期权（看涨期权）。期权费为每英镑0.01美元，一份英镑买方期权需要支付期权费125美元。协定汇率为1英镑＝1.7美元。3个月后，情况分析如下。

(1) 若英镑升值，1英镑＝1.75美元，美国公司会行权，此时公司盈利500美元（12 500×1.75－12 500×1.70－125），现货市场实际亏损由625美元下降到125美元。

(2) 若英镑贬值，1英镑＝1.65美元，美国公司不会行权，此时期权市场亏损125美元，现货市场盈利625美元，公司实际盈利500美元（12 500×1.7－12 500×1.65－125）。

(3) 若英镑汇率不变，美国公司可以行权也可以不行权，按照市场上的汇率购买英镑，则会损失期权费125美元。

[例 7-11]　我国某出口商向美国出口设备,双方约定 3 个月后以美元收回货款,货款金额为 100 万美元,为防止人民币汇率上升,固定出口收益,该公司提前购入一份美元卖方期权(看跌期权)。期权费为每美元 0.02 元,一份美元卖方期权需要支付期权费 2 万元人民币。协定汇率为 1 美元=6.09 元人民币。3 个月后,情况分析如下。

(1) 若美元发生贬值,1 美元=6.0 元人民币,该公司会行权,可以获利 7 万元人民币(100×6.09−100×6−2),现货市场实际亏损由 9 万元下降到 2 万元人民币。

(2) 若美元发生升值,1 美元=6.2 元人民币,该公司不会行权,现货市场上获利 9 万元人民币(100×6.2−100×6.09−2)。

(3) 若美元汇率不变,该公司可以行权也可以不行权,按照市场上的汇率出售美元,则会损失期权费 2 万元人民币。

(二) 采用远期、期权套期保值与不采用策略进行比较

[例 7-12]　美国 ABC 公司将在 180 天后支付 20 万英镑,公司的选择有:① 不保值;② 远期外汇交易保值;③ 货币期权交易保值。该公司得到的金融行情如下:今天的即期汇率 GBP/USD=1.50;180 天的远期汇率 GBP/USD=1.47;期限为 180 天的 GBP 看涨期权执行价格为 $1.48,期权价格为 $0.03。

公司预测 180 天后,市场上的即期汇率水平如表 7-9 所示。

表 7-9　180 天后市场即期汇率水平

可能出现的结果	发 生 概 率
1.43	20%
1.46	70%
1.52	10%

公司决定选择花费美元成本最少的方法套期保值。

解:(1) 不进行套期保值。180 天后 ABC 公司按当时即期汇率买入英镑的美元成本计算如表 7-10 所示。

表 7-10　不进行套期保值的成本计算

预期 180 天后的即期汇率水平	买入 20 万英镑需要支付的美元成本	概　率
$1.43/£	$28.6 万	20%
$1.46/£	$29.2 万	70%
$1.52/£	$30.4 万	10%

(2) 远期外汇交易保值。买入 180 天远期英镑 20 万,未来美元成本固定如下:

$$£20 万 \times 1.47 = \$29.4 万$$

(3) 货币期权保值。买入180天期GBP看涨期权。结果如表7-11所示。

表7-11 货币期权保值的成本计算

180天后可能的即期汇率	行使还是放弃期权	每单位英镑的美元成本（含期权价格）	买入20万英镑的美元总成本	概率
$1.43/£	放弃	1.43+0.03=1.46	$29.2万	20%
$1.46/£	放弃	1.46+0.03=1.49	$29.8万	70%
$1.52/£	行使	1.48+0.03=1.51	$30.2万	10%

比较这几种结果可以看出，期权保值有80%的概率成本高于远期交易。因此，两种保值策略中，远期外汇交易保值是最好的方法。不保值的成本更少（90%概率），所以ABC公司也有可能不保值，除非ABC公司对风险的厌恶程度非常高，宁愿稳定未来现金流。

五、利用货币互换管理汇率风险

(一) 货币互换概述

金融互换亦称掉期，是两个或两个以上的个体以特定方式在未来某一时段内交换一系列现金流的协议。互换交易一般包括商品互换、货币互换、利率互换和其他互换。

货币互换又称"货币掉期"，是指将一种货币的本金和固定利息与另一种货币等价本金和固定利息进行交换。这种互换可由银行提供中介，也可以是进行货币互换的其中一方直接与一家银行进行互换。进行货币互换的目的是将一种货币的债务换成另一种货币的债务，以减少借款成本或者防止由于远期汇率波动而造成的汇率风险。

进行货币互换的主要原因是双方在各自国家的金融市场上具有比较优势。由于货币互换涉及本金交换，所以当汇率变动很大时，双方将面临一定的信用风险。当然这种风险比单纯的贷款风险小得多。

货币互换的一般流程是：① 互换双方在合约生效日以约定的汇率交换等值本金；② 在合约期内按照预先约定的日期依照所换货币的利率，支付相应利息给对方；③ 合约到期时，再次按照原先的汇率换回本金。

(二) 利用货币互换对冲汇率风险

货币互换合约可当作一系列远期外汇合约的组合，因此对互换的研究很自然地成为对货币期货和远期外汇合约研究的扩展。货币互换也是一种组合型管理方法，但是一般应用于对外货币资本借贷中的汇率风险控制，如利用货币互换锁定融资成本等。

货币互换管理汇率风险的作用机理在于利用货币互换交易，有关主体可以将对自己不利的货币交换出去，再按照事先约定的汇率将其交换回来，使自己的实际收益或实际成本通过约定的汇率固定下来，从而达到控制汇率风险的管理目标。

[例7-13] 我国A公司通过日本三菱银行获得一笔日元贷款，金额为10亿日元，期限5年，利率为固定利率4%，付息日为6月20日和12月20日。2010年12月20日起开始提

款,2015年12月20日到期还款,公司提款后,将日元买成美元,用于从美国采购成套生产设备。产品出口得到的收入是美元收入,而没有日元收入。从以上情况来看,公司的日元贷款存在着汇率风险。

具体分析:

公司借款是日元,日常的收支使用的是美元,2015年12月20日,公司需要将美元收入换成日元还款,那么到时候如果日元升值、美元贬值(相对于期初汇率而言),则公司要将更多的美元兑换成日元还款。这样,由于公司的日元贷款在借、用、还等方面存在着货币不统一,就存在汇率风险。

解决方案:

A公司为控制汇率风险,决定与中国银行做一笔货币互换交易。双方规定,交易于2010年12月20日生效,2015年12月20日到期,使用汇率为125日元/美元,美元的固定利率为8%。

这一货币互换,表示如下:① 在提款日(2010年12月20日),A公司与中国银行互换本金,A公司从三菱银行提取贷款本金,同时支付给中国银行,中国银行按照事先约定的汇率向A公司支付相应的美元;② 在付息日(每年6月20日和12月20日),A公司与中国银行互换利息,中国银行按照日元利率4%向A公司支付日元利息,A公司将日元利息支付给三菱银行,同时按照约定的美元利率水平8%向中国银行支付美元利息;③ 在到期日(2015年12月20日),A公司与中国银行再次互换本金,中国银行向A公司支付日元本金,A公司将日元本金归还给三菱银行,同时按照约定的汇率向中国银行支付相应的美元。

由此可以看出,由于在期初和期末,A公司与中国银行均按照事先规定的同一汇率(125日元/美元)互换本金,而且在贷款期间A公司只支付美元利息,而得到的日元利息收入正好用于归还原先三菱银行的日元贷款利息,公司完全避免了未来的汇率变动风险。

上述交易的过程如图7-3所示。

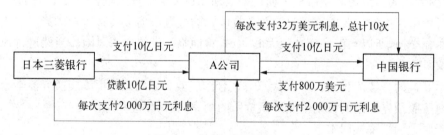

图7-3 货币互换交易流程

第四节 衍生工具与利率风险管理

利率风险是指未预见的市场利率水平变化引起资产(债券)收益的不确定性。利率风险对资产价值的影响一般通过久期和凸性两个指标来衡量。

久期也称为持续期,是指以未来收益的现值为权数计算的到期时间,主要用于衡量债券价值对利率变化的敏感性。

一、利用远期利率协议管理利率风险

(一) 远期利率协议概述

远期利率协议(forward rate agreement,FRA)是一种利率的远期合同,买卖双方同意在未来一定时间(结算日)以商定的名义本金和期限为基础,由一方将协议利率与参照利率之间差额的贴现额度支付给另一方的协议。从本质上看,远期利率协议是以固定利率授予的一笔远期对远期的贷款,但却没有实际贷款的义务。因此,远期利率协议属于表外的金融工具。

远期利率协议作为一种利率的远期合约,是合约双方为了避免将来实际收付时价格变动的风险而设计的,其中一方是为了避免利率上升的风险,而另一方是为了避免利率下降的风险。签订远期利率协议后,不管市场利率如何波动,协议双方将来收付资金的成本或收益总是固定在合同利率的水平上。例如,当参照利率上升时,协议购买方的资金成本加大,但由于可以从协议出售方得到参照利率与协议利率的差价,这正好能弥补其加大了的资金成本,而协议出售方则固定了资金收益。反之,则正好相反。

远期利率协议运用的原则是:未来时间里持有大额负债的银行,在面临利率上升、负债成本增加的风险时,必须买进远期利率协议;未来期间拥有大笔资产的银行,在面临利率下降、收益减少的风险时,必须卖出远期利率协议。运用远期利率协议可以对利率风险进行管理。此外,远期利率协议还包括六个方面的要素。

1. 远期利率协议的买方和卖方

承诺支付协议利率的为买方,也是结算日收到对方支付市场利率的交易方。买方向卖方支付从未来某一时刻开始的名义本金额的固定利率,同时向卖方收取相同名义本金额期限开始的浮动利率。反之,收到该协议利率的为卖方,即卖方向买方支付名义本金额期限开始的浮动利率,同时向买方收取相同名义本金额的固定利率。

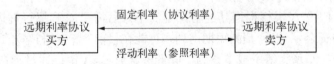

图 7-4 远期利率协议买卖双方的关系

2. 名义本金额

名义本金额是指合约双方约定的交易金额。之所以称为"名义本金",是因为该金额并不进行实际交换,而仅仅作为双方计算利差的本金数额。

3. 协议利率

协议利率即交易双方商定的对名义本金额计算利息的基础,交易双方在这一利率上进行各自的保值,为交易双方在合同中商定的固定利率。

4. 参照利率

参照利率即远期利率协议所参照的、用于计算利差、进行利息保值的利率,为合同结算的市场利率,通常用英国伦敦银行同业拆借利率(London Interbank Offered Rate,LIBOR)表示。

5. 结算日

结算日即名义借贷的结算日期,是协议期限的起息日。

6. 结算金额

结算金额即按照协议利率和参照利率差额计算的由当事人一方支付给另一方的金额。其计算公式如下:

$$SS = P \times (L-R) \times \frac{D}{360 \text{ 或 } 365} \div \left[1 + \frac{L \times D}{360 \text{ 或 } 365}\right] = \frac{(L-R) \times D \times P}{L \times D + 360 \text{ 或 } 365}$$

其中:P 为名义本金;L 为参照利率或 LIBOR;R 为合同利率,即协议利率;D 为协议天数。若合同货币为英镑,则年计息天数为 365 日;若合同货币为美元等其他货币,则年计息天数为 360 日。

例如:在交易日,远期利率协议的双方同意交易的所有条件,我们假定交易日是 2016 年 4 月 11 日,星期一,双方同意成交一份 1×4 金额为 120 万美元、利率为 6.5%的远期利率协议。合同货币就是美元,本金是 120 万美元,协议利率是 6.5%。其中,1×4 是指即期日与结算日之间为 1 个月,而即期日与交易日时隔 2 天,即期日与到期日之间的时间为 4 个月。理解六个时间点:① 2016 年 4 月 11 日,星期一,签约远期利率协议(交易日);② 2016 年 4 月 13 日,星期三,即期日(2 天后);③ 2016 年 5 月 11 日,星期三,确定日;④ 2016 年 5 月 13 日,星期五,结算日(起息日);⑤ 2016 年 8 月 13 日,星期六,到期日顺延;⑥ 2016 年 8 月 15 日,星期一,到期日。

(二)利用远期利率协议进行套期保值

1. 多头套期保值

远期利率协议的多头套期保值,就是指通过签订远期利率协议,使自己处于多头地位(简称买入远期利率协议),以避免未来利率上升给自己造成损失。其结果是将未来的利率水平固定在某一水平上。一般适用于打算在未来期间筹资的公司以及打算在未来某一时间出售已持有的未到期的长期债券的持有者。

[例 7-14] 假设 A 银行根据其经营计划 3 个月后需要向 B 银行拆进一笔 2 000 万美元、期限 3 个月的资金,A 银行预测短期内利率可能在目前 5%(年利率)的基础上上升,从而将会增加其利息支出,增大筹资成本。为了降低资金成本,A 银行通过远期利率协议交易将其在未来的利息成本固定下来。

A 银行的具体操作是:按 3 个月期年利率 5%的即期利率买进 2 000 万美元的远期利率协议,交易期限为 3 个月对 6 个月。3 个月后,果真如预测一样,LIBOR 上升为 7%,这个时候,A 银行采取了如下交易将利息成本固定下来。

(1) 按 3 个月后远期利率协议交割日当天的 LIBOR 卖出 3 个月期 2 000 万美元的远期利率协议。由于利率上升,A 银行可从远期利率协议交易中取得利差,计算结果如下:

$$\text{结算金 } SS = \frac{2\,000 \times (7\% - 5\%) \times \frac{90}{360}}{1 + 7\% \times \frac{90}{360}} = 98\,280.1 \text{(美元)}$$

(2) 按交割日 LIBOR 7%取得 3 个月期美元贷款 19 901 719.9 美元(20 000 000 −

98 280.1)。由此,可计算出此笔借款利息支出:

$$(20\,000\,000 - 98\,280.1) \times 7\% \times 90/360 = 348\,280.1(美元)$$

在此基础上,再减去远期利率协议所得 98 280.1 美元,最终利息支出为 250 000 美元 (348 280.1－98 280.1)。年利率计算如下:

$$\frac{250\,000 \times 4}{19\,901\,719.9} = 5\%$$

由此可以看出,A 银行通过远期利率协议交易,在 LIBOR 上升的情况下,仍将其利率固定在原来的水平上,从而避免了因利息支出增多,增大筹资成本的风险。

2. 空头套期保值

远期利率协议的空头套期保值与多头套期保值刚好相反,它是通过卖出远期利率协议来避免利率下降的风险。一般适用于打算在未来投资的投资者。

[例 7-15] 假设甲银行 3 个月后会收回一笔 2 000 万美元的贷款,并计划将这笔贷款再做 3 个月的短期投资,但是甲银行预测短期内利率将在目前 7.5% 的基础上下降,使未来投资收益减少。为了减少损失,甲银行决定通过远期利率协议交易将其未来的收益固定下来。

甲银行的具体操作是:按 7.5% 的即期利率卖出 2 000 万美元的远期利率协议,交易期限为 3 个月对 6 个月。3 个月后,如同预测的那样,利率下降为 7%,由此甲银行做了以下交易来固定其收益。

(1) 按 3 个月后远期利率协议交割日当天的 LIBOR 买进 3 个月期的远期利率协议。由于利率水平下降,甲银行可从远期利率协议交易中获取利差收益 SS。其计算结果如下:

$$SS = \frac{2\,000 \times (7\% - 7.5\%) \times \frac{90}{360}}{1 + 7.5\% \times \frac{90}{360}} = -24\,570(美元)$$

负号代表利差支付方向为买方支付给卖方。

(2) 以远期利率协议交割日的 LIBOR 7% 放贷 3 个月期 20 024 570 美元(20 000 000＋24 570)的贷款。远期利率协议的利差收益在开始日已支付,因而可计入本金计算复利。甲银行此笔放贷款的利息收益如下:

$$(20\,000\,000 + 24\,570) \times 7\% \times 90/360 = 350\,430(美元)$$

在此基础上,加上远期利率协议所得 24 570 美元,最终收益为 375 000 美元。年利率计算如下:

$$\frac{375\,000 \times 4}{20\,024\,570} = 7.5\%$$

由此可以看出,甲银行在预测短期内 LIBOR 利率下降的情况下,采取卖出远期利率协议的交易方式,将未来的收益固定到原有的水平上。

远期利率协议规避利率风险的功能与利率期货相同。通过远期利率协议,交易双方固定了远期利率水平,避免了利率变化可能造成的损失,同时也失去了利率变化可能带来的收益。

二、利用利率期货管理利率风险

(一)利率期货的概述

1. 利率期货的定义

利率期货是以利率为标的物的期货合约,其基础资产是一定数量的与利率相关的各类固定收益金融工具。因此,利率本身不能直接作为利率期货合约的交易标的,必须以某种特定的利率工具(如国债、存款凭证等)作为利率期货交易的标的物。

利率期货产生的原因是利率的剧烈变动给金融业和跨国公司带来了巨大的利率风险,因而利率期货主要是针对市场上债务资产的利率风险而设计的,而进行利率期货交易主要是为了固定资金的价格,得到预先确定的利率,从而回避银行利率波动所带来的风险。

2. 利率期货的分类

利率期货一般可分为短期利率期货和中长期利率期货。

短期利率期货又称货币市场类利率期货,是指期货合约标的在一年以内的各种利率期货。以货币市场的各类债务凭证为标的的利率期货均属于短期利率期货,其中代表为3月期美国国库券利率期货和3月期欧洲美元期货。短期利率期货具体包括各种期限的商业票据期货、国库券期货以及欧洲美元定期存款期货。

中长期利率期货又称资本市场类利率期货,是指期货合约标的在一年以上的各种利率期货。以资本市场的各类债务凭证为标的的利率期货均属于中长期利率期货,其中代表为长期美国国债期货和10年期美国中期国债期货;中长期利率期货具体包括各种期限的中长期国库券期货和市政公债指数期货。

目前,世界主要利率期货交易品种如表7-12所示。

表7-12 世界主要利率期货交易品种

合约种类	交易所	最小变动价位(最小变动值)	合约规模	合约月份
长期国债期货合约	CBOT(芝加哥期货交易所)	1/32点(31.25美元)	100 000美元	3、6、9、12
10年期中期国债期货合约	CBOT	0.5/32点(15.625美元)	100 000美元	3、6、9、12
5年期中期国债期货合约	CBOT	0.5/32点(15.625美元)	100 000美元	3、6、9、12
2年期中期国债期货合约	CBOT	0.25/32点(15.625美元)	200 000美元	3、6、9、12
90天国库券期货合约	CME(芝加哥商品交易所)	0.01点(25美元)	1 000 000美元	3、6、9、12

续 表

合约种类	交易所	最小变动价位（最小变动值）	合约规模	合约月份
3个月欧洲美元期货合约	CME	0.01点(25美元)	1 000 000美元	3、6、9、12
1个月LIBOR期货合约	CME	0.005点（12.5美元）	3 000 000美元	连续12个月
3个月欧洲美元期货合约	SIMEX（新加坡国际金融交易所）	0.01点(25美元)	1 000 000美元	3、6、9、12
3个月欧洲美元期货合约	LIFFE（伦敦国际金融期货交易所）	0.01点（25美元）	1 000 000美元	3、6、9、12
3个月英镑利率期货合约	LIFFE	0.01点（12.5英镑）	500 000英镑	3、6、9、12

最小变动价位用"基本点"来表示，而基本点是指1个百分点的百分之一。表7-12中最小变动价位栏里的0.01点所代表的最小变动价位就为1个基本点，即年收益率变动的最小幅度为0.01%。所以，交易单位为1 000 000美元的90天国库券期货合约，其最小变动价位即最小变动值就为25美元(1 000 000×90÷360×0.01%)。

3. 利率期货的特点

（1）利率期货价格与实际利率反方向变动。利率越高，债券期货价格越低；利率越低，债券期货价格越高。

（2）利率期货的交割方法特殊。利率期货主要采取现金交割方式，有时也有实物交割。现金交割是以银行现有利率为转换因子来确定期货合约的交割价格。

4. 利率期货的报价与定价

（1）短期利率期货。短期利率期货以短期利率债券为基础资产，一般采用现金结算，其价格用100减去利率水平表示。

① 短期国库券期货合约。短期国库券期货的报价方式不同于短期国库券本身的报价方式。国际货币市场（International Monetary Market，IMM）90天国库券期货通常采用IMM指数报价方式。所谓IMM指数，是100与贴现率的分子的差。

如果Z是短期国库券期货的报价，Y是期货合约的现金价格，这意味着：

$$Y = 100 - \frac{n}{360}(100 - Z)$$

因此，若短期国库券期货收盘报价为96，则对应的每张面值为$100的90天期国库券期货的价格就为$99$\left[100 - \frac{90}{360} \times (100 - 96)\right]$，即合约的总价值为$990 000。

如果交割的短期国库券距到期日还有91天或92天，只需要将上式中的n替换成相应的天数即可。

② 欧洲美元期货合约报价。与短期国库券期货的报价方式相类似，IMM交易的3个月

欧洲美元期货也采用指数报价法。但不同的是,此处用于计算期货报价的指数(index)等于100与收益率的分子的差,而非贴现率。

如果z是欧洲美元期货的报价,则对于合约规模为1 000 000美元的3个月期欧洲美元期货合约而言,其现金价格就等于10 000[100−0.25(100−Z)]。

欧洲美元期货合约在到期时是通过现金来结算的,因此,最后的交割结算价等于100减去合约最后交易日的3个月期伦敦同业拆借利率分子的差。到期日每份合约的价格则等于10 000(100−0.25R)。

其中,R为当时报出的欧洲美元的利率,即按季度计复利的90天期欧洲美元存款的实际利率。因此,可以说欧洲美元期货合约是基于利率的期货合约。例如,如果到期日确定的欧洲美元利率为10%,则最终的合约价格就等于$975 000[10 000(100−0.25×10)]。

(2) 中长期利率期货。长期国债期货的报价与现货一样,均以美元和1/32美元报出,所报的价格是面值为100美元债券的价格。因此,90-05的报价意味着面值100 000美元债券的价格是90 156.25美元[1 000×(90+5/32)]。报价与购买者所支付的现金价格并不相同。

现金价格与报价之间的关系如下:

$$现金价格＝报价＋上一个付息日以来的累计利息$$

例如:假设现在是2000年11月10日,2016年8月20日到期,债券息票利率为10%的长期国债的报价为92.5(即92-16)。由于美国政府债券均为半年付一次利息,从到期日可以判断,最近一次付息日是2000年8月20日,下一次付息日是2001年2月20日。由于2000年8月20到11月10日之间的天数为92天,2000年11月10日到2001年2月20日之间的天数为102天。一个100美元面值债券,在2月20日和8月20日支付的利息都是5美元(100×10%×6/12)。因此,2000年11月10日的累计利息等于4.51美元$\left(\frac{92}{102}\times 5\right)$。

该国债的现金价格＝92.5+4.51=97.01(美元)

(二) 利用利率期货进行套期保值

利率期货属于期货合约的一种,具有套期保值的功能,即利率期货可以通过套期保值来规避利率风险。投资者可以利用利率期货来达到如下保值目的:① 固定未来的收益率,利率期货合约可以用来固定从未来经营中获得的现金流量的投资收益率或预期债券利息收入的再投资收益率;② 固定未来的借款利率,利率期货合约可以用来锁定未来某一浮动借款合同的变动利息支付部分。

1. 买入套期保值

为了防止利率下降造成债券价格上升而使以后购买债券的成本升高,故应进行买入套期保值交易。其适用情形包括:① 计划买入固定收益债券,担心利率下降,导致债券价格上升;② 承担按固定利率计息的借款人,担心利率下降,导致资金成本相对增加;③ 资金的贷方,担心利率下降,导致贷款利率和收益下降。

[例7-16] 3月15日,A公司预计6月15日将有一笔10 000 000美元收入,该公司打算将其投资于美国30年期国债。3月15日,30年期国债的利率为9.00%,该公司担心到6月15日时利率会下跌,故在CBOT买入100张6月期的30年期国债期货合约,用来进行

期货套期保值交易。具体操作过程如表 7-13 所示。

表 7-13 买入套期保值交易表

	现 货 市 场	期 货 市 场
3月15日	利率为9.00%	买入 100 张 6 月期的 30 年期国债期货合约，价格为 91-05
6月15日	利率为7.00%	卖出 100 张 6 月期的 30 年期国债期货合约，价格为 92-15
结果	损失： 10 000 000×(9.00%－7.00%)×90/360 ＝－50 000(美元)	盈利： (92－91)×100×1 000＋(15－5)/32×100× 1 000＝131 250(美元)

从 A 公司套期保值的操作过程可以看出，期货市场的盈利弥补了现货市场的亏损，而且还有 81 250 美元(131 250－50 000)的盈利。

2. 卖出套期保值

为了防止利率上升造成债券价格下降的风险，应该进行卖出套期保值交易。其适用情形包括：① 持有固定收益债券，担心利率上升，导致债券价格下跌或者收益率相对下降；② 利用债券融资的筹资人，担心利率上升，导致融资成本上升；③ 资金的借方，担心利率上升，导致借入成本增加。

[例 7-17] B 公司 6 月 1 日计划在 9 月 1 日借入期限为 3 个月、金额为 1 000 000 美元的借款，6 月 1 日的利率是 9.75%。由于担心 9 月 1 日利率会上升，于是在 CBOT 卖出 3 个月期国库券期货合约，用来进行套期保值。其具体操作过程如表 7-14 所示。

表 7-14 卖出套期保值交易表

	现 货 市 场	期 货 市 场
6月1日	计划 9 月 1 日借入 3 个月到期的 1 000 000美元贷款，6 月 1 日借款利率为 9.75%	卖出 1 张 9 月期的 3 个月的国库券期货，价格为 90.25 美元
9月1日	借入 3 个月期 1 000 000 美元贷款，利率为 12%	买入 1 张 9 月期的 3 个月的国库券期货，价格为 88.00 美元
结果	损失： 100 000×(9.75%－12%)×90/360＝ －5 625(美元)	盈利： (90.25－88)×100×25×1＝5 625(美元)

套期保值的结果表明，B 公司在期货市场上的盈利正好抵冲现货市场上利率上升所给公司带来的风险。虽然 B 公司在 9 月 1 日以 12% 的利率借款，但是由于期货市场的盈利，B 公司实际上以 9.75% 的利率借到了款项，从而锁定了借款成本。

三、利用利率期权管理利率风险

(一) 利率期权概述

1. 利率期权的定义

利率期权是一项权利与义务的交易。利率期权的买方通过支付一定的期权费,获得了一项权利,可以在到期日或期满前按照预先确定的利率(即执行价格),按一定期限借入或贷出一定金额的货币。利率期权是一项规避短期利率风险的有效工具。借款人通过买入一项利率期权,可以在利率水平向不利方向变化时得到保护,而在利率水平向有利方向变化时得益。

2. 利率期权的分类

(1) 根据利率期权的内容,可分为借款人期权和贷款人期权。

借款人担心未来利率水平上升,可以买入一项利率期权,买方有权在到期日或期满前按照执行价格借入一定金额和期限的资金。如果在到期日或期满前,市场利率高于执行价格,期权买方即借款人执行期权,会获得利差的贴现金额,从而避免利率上升的风险。如果市场利率低于执行价格,期权买方不会行权,获得利率下跌的收益。这种期权被称为借款人期权。借款人期权相当于看涨期权。

贷款人担心未来利率水平下跌,可以买入一项利率期权,买方有权在到期日或期满前按照执行价格借入一定金额和期限的资金。如果在到期日或期满前,市场利率低于执行价格,期权买方即贷款人执行期权,会获得利差的贴现金额,从而避免利率下跌的风险。如果市场利率高于执行价格,期权买方不会行权,获得利率上升的收益。这种期权被称为贷款人期权。贷款人期权相当于看跌期权。

(2) 利率期权可分为欧式期权和美式期权。

欧式期权是指只有在合约到期日才被允许执行的期权,既不能提前,也不能推迟。

美式期权是指可以在期权到期日或到期日之前的任何一个营业日执行的期权。

(3) 利率期权可分为利率上限期权、利率下限期权和利率双限期权。

利率上限期权又称利率封顶期权,相当于利率看涨期权组合,期权的买方向卖方支付一定的期权费后,在合约有效期内的各利率交换日,当市场利率超过协定利率上限时,买方可以从卖方那里收到结算利息的差额。若市场利率低于协定利率,期权买方不会行权,交易双方不发生资金交割。利率上限期权是为了在浮动利率制下锁定融资成本而产生。

利率下限期权又称利率保底期权,相当于利率看跌期权组合,当市场利率低于协定利率下限时,卖方将支付利率下限与市场利率的差额。利率下限期权是为了锁定投资收益而产生的,其原理与利率上限期权一样,只是一个为上限、一个为下限而已。

利率双限期权由一个利率上限多头和利率下限空头组合而成,即不但设定了最高的利率水平(上限),而且还设定了最低的利率水平(下限),因此,它可以将利率确定在两者之间的某一范围内。具体来说,购买一个利率双限期权是指在买进一个利率上限期权的同时,卖出一个利率下限期权,以卖出"下限期权"的收入来部分地抵消购买"上限期权"所付出的代价,从而达到防范风险和降低成本的目的。

(二)利用利率期权进行套期保值

1. 利用利率上限期权进行套期保值

利率上限期权可以为拥有浮动利率债务的借款人提供规避利率风险的有效手段。为了防范一段时期内利率上升的风险,借款人可以购买一项利率上限期权,把利率上升的幅度固定在执行价格以下,从而锁定借款成本。

一笔利率上限交易中,交易双方应明确的内容有借款本金、有效期限、执行价格(设定的利率上限)、付息期限、市场利率以及交割金额。

在进行资金交割时,交割金额计算公式如下:

$$S = A \times (L - K) \times \frac{T}{B}$$

其中:S 为每期交割金额;A 为利率上限交易金额;L 为市场利率;K 为执行价格;T 为每个付息期限的天数;B 为1年的天数,一般取值为360或365。

[例7-18] A 公司获得一笔浮动利率贷款,金额为200万美元,每半年支付一次利息,利率水平按6个月 LIBOR 确定。A 公司担心在今后的3年内,市场利率会上升,使其增加借款成本。于是该公司买入一项利率上限期权,金额为200万美元,有效期限3年,执行价格8%,市场利率为6个月的 LIBOR,期权费率为3%。公司将支付期权费金额60 000美元(2 000 000×3%)。

在第一个付息期间,6个月的 LIBOR 为9%,高于执行价格8%,因此,A 公司会执行期权,在期末获得期权卖方支付的交割金额如下:

$$S = 2\,000\,000 \times (9\% - 8\%) \times 183 \div 360 = 10\,166.67(美元)$$

在付息日,A 公司按市场利率支付利息,利息金额如下:

$$2\,000\,000 \times 9\% \times 183 \div 360 = 91\,500(美元)$$

在3年的有效期内,共有6个付息日,在每一个付息日,该公司应分摊的期权费为10 000美元(60 000÷6)。

因此,A 公司实际承担的利率成本如下:

$$\frac{91\,500 + 10\,000 - 10\,166.67}{2\,000\,000} \times \frac{360}{183} = 8.98\%$$

如果在第一个付息期间,6个月的 LIBOR 为7%,低于执行价格8%,则在这一期的期末不发生资金交割。在付息日,该公司按市场利率7%支付利息(利息金额=2 000 000×7%×183/360=71 166.67美元),此时公司实际承担的利率水平如下:

$$\frac{71\,166.67 + 10\,000}{2\,000\,000} \times \frac{360}{183} = 7.98\%$$

总之,当市场利率高于执行价格时,8.98%就成为借款人所需承担的最高利率水平。通过购买一项利率上限期权,借款人的浮动利率借款可以避免市场利率大幅上升所带来的不利影响,而且借款人实际承担的利率水平随着市场利率的下降而下降。

表7-15显示在不同市场利率水平下,借款人在每一个付息日实际承担的利率水平。

表 7-15　借款人付息日利率水平

市场利率水平	6%	7%	8%	9%	10%
实际利率水平	6.98%	7.98%	8.98%	8.98%	8.98%

2. 利用利率下限期权进行套期保值

利率下限期权可以为借出浮动利率债务的贷款人提供规避利率风险的有效手段。为了防范一段时期内利率下降的风险，贷款人可以购买一项利率下限期权，把利率下降的幅度固定在执行价格以上。

利率下限期权与利率上限期权有关交易的内容相似，只是规避利率风险的方向不同而已。利率上限期权规避利率上升风险；利率下限期权规避利率下跌风险。

利率下限期权的交割金额计算公式如下：

$$S = A \times (K - L) \times \frac{T}{B}$$

其中：S 为每期交割金额；A 为利率上限交易金额；L 为市场利率；K 为执行价格；T 为每个付息期限的天数；B 为 1 年的天数，一般取值为 360 或 365。

[例 7-19]　B 银行获得一笔浮动利率贷款，金额为 500 万美元，每半年支付一次利息，利率水平按 3 个月 LIBOR+0.2% 确定。B 银行担心在今后的 3 年内，美元市场利率会下降，减少其利息收入。因此，B 银行买入一项利率下限期权以规避利率风险，金额为 500 万美元，有效期限 3 年，执行价格 6%，市场利率为 3 个月的 LIBOR，期权费率为 1.5%。B 银行将支付期权费金额 75 000 美元（5 000 000×1.5%）。

在第一个付息期间，3 个月的 LIBOR 为 5%，低于执行价格 6%，因此，B 银行会执行期权，在期末获得期权卖方支付的交割金额如下：

$$S = 5\,000\,000 \times (6\% - 5\%) \times 183/360 = 25\,416.67 (美元)$$

在付息日，B 银行按 3 个月的 LIBOR+0.2% 收取浮动利率利息，利息金额如下：

$$5\,000\,000 \times (5\% + 0.2\%) \times 183/360 = 132\,166.67 (美元)$$

在 3 年的有效期内，共有 6 个付息日，在每一个付息日，该银行应分摊的期权费为 12 500 美元（75 000÷6）。因此，B 银行实际获得的利率水平如下：

$$\frac{132\,166.67 + 25\,416.67 - 12\,500}{5\,000\,000} \times \frac{360}{183} = 5.71\%$$

如果在第一个付息期间，3 个月的 LIBOR 为 7%，高于执行价格 6%，B 银行不会选择行权，则在这一期的期末不会发生资金交割。在付息日，该银行按市场利率（7%+0.2%）收取利息：

$$利息金额 = 5\,000\,000 \times (7\% + 0.2\%) \times 183/360 = 183\,000 (美元)$$

此时 B 银行实际获得的利率水平如下：

$$\frac{183\,000 - 12\,500}{5\,000\,000} \times \frac{360}{183} = 6.71\%$$

总之,当市场利率低于执行价格时,5.71%就是 B 银行作为贷款人在有效期内所获得的最低利率水平。通过购买一项利率下限期权,贷款人的浮动利率资产可以避免市场利率大幅下跌所带来的不利影响,而且贷款人实际获得的利率水平随着市场利率的上升而上升。

表 7-16 显示在不同市场利率水平下,贷款人在每一个付息日实际获得的利率水平。

表 7-16 贷款人付息日利率水平

市场利率水平	4%	5%	6%	7%	8%	9%
实际利率水平	5.71%	5.71%	5.71%	6.71%	7.71%	8.71%

四、利用利率互换管理利率风险

(一) 利率互换概述

利率互换是指交易双方将同种货币的资产或者债务按不同形式的利率进行交换,即在这种互换里,甲方同意在若干时间内向乙方支付以名义本金乘以事先约定的固定利率产生利息的现金流,乙方也同意在同样期限内向甲方支付相当于同一名义本金按浮动利率产生利息的现金流,而且两种利息的现金流均属于同一币种。由于是同一种货币,通常不涉及交换本金,本金只是用来计算利息而已。

利率互换一般指融资型利率互换,其存在的基本条件是进行利率互换的双方存在融资成本的差异。因此,他们利用各自在资本市场上的比较优势融资,进行利率互换:一方具有固定利率的比较优势,但是希望以浮动利率筹资;另一方具有浮动利率的比较优势,但是希望以固定利率筹资。通过利率互换,双方均可获得他们所希望的融资形式,同时又发挥了他们各自的借款优势。

一笔标准的利率互换协议主要由五个因素决定,包括名义本金、固定利率、浮动利率(一般由 3 个月 LIBOR 或 6 个月 LIBOR 确定)、到期日以及固定利息和浮动利息的支付频率。

利率互换一般包括固定利率与固定利率的互换、浮动利率与浮动利率的互换,以及固定利率与浮动利率的互换;但是,最常见的利率互换是浮动利率和固定利率的互换。

(二) 利用利率互换对冲利率风险

一般来说,当利率看涨时,将浮动利率债务转换成固定利率较为理想,而当利率看跌时,将固定利率债务转换成浮动利率较好,从而规避利率风险,降低债务成本,便于债务管理。

公司通常利用利率互换来改变它们面临的利率波动风险。企业支付的贷款利率之所以会波动,主要有以下原因:① 市场无风险利率可能会发生变化;② 企业的信用程度会随着时间的变化而改变。通过利率互换,企业就可以选择承受哪些利率风险以及规避哪些利率风险。

[例 7-20] 甲公司现有 1 亿美元的固定利率借款。该公司认为它的借款结构过于偏重固定利率,期望能够增加其浮动利率负债的比重。由于甲公司资信等级较高(AAA),在浮动利率市场上,可以按 LIBOR+0.4%的利率借款。但是甲公司无意增加其负债总额,而是

期望将现有的一笔 5 000 万美元、固定利率为 10%、剩余期限 3 年的借款与其他企业进行利率互换。与此同时,乙公司继续以 6 个月 LIBOR+1.0% 的浮动利率借入美元贷款,但它希望其资产负债表中能够有一些固定利率的债务。由于乙公司资信等级较低(BBB),如直接从金融市场上举借,只能借入利率为 11.8%、期限为 3 年的固定利率债务,具体如表 7-17 所示。

表 7-17 甲、乙公司情况

	资信等级	固定利率	浮动利率
甲公司	AAA 级	10%	6 个月 LIBOR+0.4%
乙公司	BBB 级	11.8%	6 个月 LIBOR+1.0%
利率差		1.8%	0.6%

下面分两种情况对双方的利率互换进行说明。

(1) 甲、乙双方直接商洽(无居间银行安排),按照当前的固定利率与浮动利率水平达成了利率互换协议。甲公司按照 11% 向乙公司收取固定利率利息,乙公司按照 LIBOR+0.5% 向甲公司收取浮动利率利息,如图 7-5 所示。

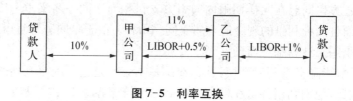

图 7-5 利率互换

具体计算过程如表 7-18 所示。

表 7-18 直接商洽下的计算过程

甲 公 司	乙 公 司
从乙公司收取固定利率 11%	从甲公司收取浮动利率 LIBOR+0.5%
支付固定利率贷款人 10%	支付浮动利率贷款人 LIBOR+1.0%
降低利息支出 1%	提高利息支出 0.5%
直接举债浮动利率 LIBOR+0.4%	直接举债固定利率 11.8%
支付乙公司浮动利率 LIBOR+0.5%	支付甲公司固定利率 11%
提高利息支出 0.1%	降低利息支出 0.8%
利息支出净降低 0.9%	利息支出净降低 0.3%
甲、乙公司的总利差为 1.2%(固定利率 1.8%—浮动利率 0.6%)	

互换结果如表 7-19 所示。

表 7-19 直接商洽下的互换结果

公司	互换前成本	互换方式	互换后成本	成本降低
甲公司	10%	付给乙公司 LIBOR+0.5%利息,从乙公司收取11%利息	9.1%	0.9%
乙公司	LIBOR+1%	付给甲公司 11%利息,从甲公司收取 LIBOR+0.5%利息	LIBOR+0.7%	0.3%

通过互换,甲、乙公司每年可分别减少利息成本 45 万美元和 15 万美元。

(2) 通过居间银行安排进行利率互换,甲、乙双方的协议条款同上。在与居间银行的关系中,甲公司按照 LIBOR+0.7% 对居间银行支付浮动利率,乙公司按 11.2% 向居间银行支付固定利率,浮动利率部分均为 6 个月的 LIBOR 利率。假定互换交易的付款日期与贷款的付息日期相同,如图 7-6 所示。

图 7-6 利率互换

具体计算过程如表 7-20 所示。

表 7-20 居间银行安排下的计算过程

甲公司	乙公司
从乙公司收取固定利率 11%	从甲公司收取浮动利率 LIBOR+0.5%
支付固定利率贷款人 10%	支付浮动利率贷款人 LIBOR+1.0%
降低利息支出 1%	提高利息支出 0.5%
直接举债浮动利率 LIBOR+0.4%	直接举债固定利率 11.8%
支付居间银行浮动利率 LIBOR+0.7%	支付居间银行固定利率 11.2%
提高利息支出 0.3%	降低利息支出 0.6%
利息支出净降低 0.7%	利息支出净降低 0.1%
居间银行获得利息收入 0.4%[(11.2%−11%)+(LIBOR+0.7%−LIBOR+0.5%)]	
甲、乙公司及居间银行的总利差为 1.2%(固定利率 1.8%−浮动利率 0.6%)	

互换结果如表 7-21 所示。

表 7-21 居间银行安排下的互换结果

公司	互换前成本	互换方式	互换后成本	成本降低
甲公司	10%	付给居间银行 LIBOR+0.7%利息,通过居间银行从乙公司收取 11%利息	9.3%	0.7%
乙公司	LIBOR+1%	付给居间银行 11.2%利息,通过居间银行从甲公司收取 LIBOR+0.5%利息	LIBOR+0.9%	0.1%

本 章 小 结

金融衍生工具也称金融衍生产品,是指建立在基础产品或基础变量之上,其价格随基础金融产品的价格(或数值)变动的派生金融产品。根据产品类型,可以分为远期合约、期货合约、期权合约以及互换合约;根据产品形态,可以分为独立衍生工具和嵌入式衍生工具;根据交易方法,可以分为场内交易和场外交易。

公司经营处于风险之中,从整体上讲,金融衍生工具交易的风险主要涉及市场风险、信用风险、流动性风险、操作风险以及法律风险等基本类型。本章主要从市场风险角度出发,利用金融衍生工具进行管理,而市场中的这些风险可概括为商品价格风险、汇率风险、利率风险等。金融衍生工具通过套期保值业务发挥转移风险的功能,这是一种重要的风险管理手段。

期货合约指由期货交易所统一制定的,规定了某一特定的时间和地点交割一定数量和质量商品的标准化合约。期权合约指赋予其购买者在规定的期限内按双方约定的价格(简称协议价格)或执行价格购买或出售一定数量某种金融资产的权利的合约。远期合约指合约双方同意在未来日期按照固定价格交换金融资产的合约,承诺以当前约定的条件在未来进行交易,会指明买卖的商品或金融工具种类、价格及交割结算的日期。互换合约是指当事人之间签订的在未来某一期间内相互交换他们认为具有相等经济价值的现金流的合约。

对于商品价格风险,可以利用商品期货和商品期权进行套期保值来对冲。对于汇率风险,可以利用外汇期货、货币期权、货币互换以及远期外汇合约来对冲。对于利率风险,可以利用利率期货、利率期权、利率互换以及远期利率协议来对冲。针对商品价格上涨风险,可以选择买入期货合约或者买入看涨期权;针对商品价格下跌风险,可以选择卖出期货合约和买入看跌期权。针对汇率上涨风险,可以选择买入远期外汇合约、买入外汇期货合约以及买入货币期权(看涨期权);针对汇率下跌风险,可以选择卖出远期外汇合约、卖出外汇期货合约以及买入货币期权(看跌期权)。针对利率上涨风险,可以选择买入远期利率协议、卖出利率期货合约以及买入利率上限期权;针对利率下跌风险,可以选择卖出远期利率协议、买入利率期货合约以及买入利率下限期权。

复习思考题

1. 何为金融衍生工具?
2. 在总体上,金融衍生工具投资包括哪些风险?
3. 什么是期货合约? 什么是期权合约? 两者各有哪些不同之处?
4. 初始保证金与维持保证金有何不同?
5. 多头套期保值与空头套期保值有何区别?
6. 远期合约与期货合约有何联系与区别?
7. 什么是看涨期权和看跌期权?
8. 远期外汇合约中的升水与贴水有何区别?
9. 利率期货的套期保值策略与商品期货、外汇期货的套期保值策略有何区别?
10. 利率期权的种类有哪些? 进行套期保值时,交割金额如何计算?
11. 利率互换与货币互换有何区别?

第八章　财务危机管理

> **引导案例**
>
> 　　富贵鸟集团公司于 1995 年注册成立,主要生产皮鞋、皮包、皮带以及服装等。2012 年,富贵鸟进入发展最为辉煌的时刻,经营收入达到 20 多亿元。2013 年 12 月 20 日,富贵鸟在香港主板上市,引来众多投资者的关注。然而好景不长,富贵鸟上市以后开始画风跑偏,旗下迅速发展出矿业公司、P2P 公司等 10 家企业。2015 年,富贵鸟业绩开始下滑。为了改善业绩,富贵鸟曾经进军童鞋童服市场,无果而终。之后又投资金融、房地产等行业,均以失败告终。2016 年,富贵鸟零售门店关闭 976 家。到了 2017 年,富贵鸟穷困潦倒到连不足 6 万元的货款都支付不起。2018 年 12 月 4 日,富贵鸟发布《关于富贵鸟股份有限公司公开招募重组方的公告》,显示富贵鸟当时的初步估值不足 4 亿元,而富贵鸟共受理了 342 家主体申报的债权,总额已达 46.68 亿元。
> 　　是什么原因导致企业出现财务危机?应怎样进行危机管理?从富贵鸟的案例,我们能得到哪些经验教训?本章将对财务危机、财务危机管理、财务危机预警和财务危机处理等内容进行阐述。

学习目的和要求

　　本章从财务危机的概念出发,阐述了财务危机管理系统的构成及其运作机理。通过本章的学习,应能了解财务危机预警系统和财务危机处理体系的构成,理解财务危机的内涵及相关概念的区别,并掌握财务危机预警模式和财务危机处理策略。

第一节　财务危机概述

　　危机是突然发生或可能发生的危及组织形象、利益和生存的突发性或灾难性事故、事件,它对组织正常的工作造成极大的干扰和破坏,使组织陷入舆论压力和困境之中。企业危机包括经营危机、制度危机、管理危机、安全危机、财务危机等多种形式,同时,任何危机都会在财务上得到反映,因此财务危机是企业危机的综合体现。处理和化解危机事件,将危机转化为塑造组织形象的契机,是对组织公共关系工作水平最具挑战性的考验。

一、财务危机的定义

（一）国外学者的定义

在国外文献中，与财务危机相关的概念有企业失败、财务失败、企业破产、财务困境等，这些概念并不严格区分。国外学者对财务危机的定义和描述存在许多不同的表述，主要包括以下三类定义。

1. 将财务危机定义为企业宣告破产

1968年，阿特曼指出：企业失败包括在法律上的破产、被接管和重整，实际上是把财务危机基本等同于企业进入法定破产程序。1972年，爱德华·迪肯（Edward Deakin）认为发生财务危机的公司包括已经破产、由于无力偿还债务或支付债权人利益而已经进行清算的公司。将财务危机定义为企业宣告破产的学者还有科尼利厄斯·凯西（Cornelius Casey）、阿布杜勒·阿兹（Abdul Aziz）、莉萨·吉尔伯特（Lisa Gilbert）。

2. 将财务危机定义为一种混沌状态

威廉·比弗（William Beaver）在1966年的研究中认为，当企业宣告破产、无力支付到期债券、无力支付优先股股利、银行存款透支等情况发生就属于财务危机。卡迈克尔（D. R. Carmichael）在1972年的研究中则认为财务危机是企业履行债务义务时受阻，具体表现为流动性不足、权益不足、债务拖欠及资金不足四种形式。1987年迈克尔·杜姆波斯（Michael Doumpos）和康斯坦丁·佐波尼迪斯（Constantin Zopounidis）给出了关于财务危机的定义：财务危机包括资产净值为负、无力偿还债权人债务、银行存款透支、无力支付优先股股利、延期支付货款、延期支付到期利息和本金等情况。乔治·福斯特（George Foster）在1997年的研究则认为，财务危机是指违约公司没有能力偿付债务或利息，或正在进行债务重整调节。

在这之中，以阿特曼和斯蒂芬·罗斯（Stephen Ross）的定义最为完整。1994年，阿特曼提出财务危机是一个广泛的概念，它包括企业发生财务困难时的多种情况，主要为破产、失败、无力偿还债务和违约等。

（1）破产：主要是财务危机在法律上的界定。

（2）失败：考虑风险条件下，投入资本的回报率低于行业的平均回报率。其实这一定义很具有经济学的色彩，并未说明企业无持续经营的能力。

（3）无力偿还债务：从破产角度可认为资产净值为负。

（4）违约：企业违背了与债权人签订的合约并可能导致法律诉讼。

2000年，罗斯从四个方面定义了财务危机。

（1）技术失败，即企业无法按期履行债务合约付息还本。

（2）会计失败，即企业的账面净资产出现负数，资不抵债。

（3）企业失败，即企业清算破产后仍无力支付到期债务。

（4）法定破产，即由于债务人无法到期履行债务合约，并呈持续状态时，企业或债权人向法院申请破产。

3. 从单一角度入手定义财务危机

（1）从财务危机解决方法的角度。寇斯·约翰（Kose John）将财务危机定义如下：在给定的某一时点，当企业的流动资产不能满足企业硬合同中债务的现金需求。硬合同一般指与债权人签署的债务合同,其详细指明了企业定期付给债权人的款项,如果不能按期支付,企业就违背了合同,而债权人可通过法律途径来强制执行。此外,企业与供应商、雇员签订的合同也可被视为一种硬合同。

(2) 从经营性资金不足的角度。奥多姆(M. D. Odom)和沙达尔(R. A. Sharda)将财务危机定义为企业处于经营性现金流量不足以抵偿现有到期债务,而被迫采取改正行动的状况。财务危机可能导致合同违约,也可能涉及企业、债权人和股东之间的财务重组。通常企业被迫采取某些在有足够现金流量时不可能采取的行动。

(3) 从股权的角度。塔姆(K. Tam)将财务危机定义为一个企业的资产价值小于其负债价值时会出现存量的状况,这意味着企业股东权益为负。

(4) 从现金流量的角度。罗斯将企业现金流量不足以偿还合同所要求的支付款项的状况定义为财务危机。

(二) 国内学者的观点

在我国,"financial distress"通常被译为财务危机、财务困境或财务恶化。学者主要以企业是否具有持续经营能力为界定财务危机的基础。

余绪缨将财务危机按危机程度的不同分为技术性失败和破产两种:技术性失败也称为无偿付能力,是指公司的总资产虽然超过总负债,但由于资产配置的流动性差,无法转变为足够的现金用于偿付到期债务;破产是财务危机的极端形式,是指公司的全部债务超过其全部资产的公平估价,公司的净资产出现负值。

谷祺、刘淑莲将企业财务危机定义为企业无力支付到期债务或费用的一种经济现象,包括从资金管理技术性失败到破产以及处于两者之间的各种情况。由于资金管理的技术性失败而引发的支付能力不足,通常是暂时的、比较次要的困难,一般可以采取一定的措施加以补救,如通过协商,求得债权人的让步,以延长偿债期限,或通过资产抵押等借新债还旧债。

陈文浩与郭丽红认为财务危机是指企业不能偿还到期债务的困难和危机,其极端情况为破产。

赵爱玲则认为财务危机是指企业无力支付到期债务或费用的一种经济现象,按失败程度和处理程序不同分为技术性清算和破产。

2006年发布的《中国注册会计师独立审计具体准则第1324号——持续经营》列示的企业财务危机迹象包括:无法偿还到期债务;无法偿还到期且难以展期的借款;无法继续履行借款合同中的有关条款;存在大额的逾期未缴税金;累计经营性亏损数额巨大;过度依赖短期借款筹资;无法获得供应商的正常商业信用;资不抵债;运营资金出现负数;经营活动产生的现金流量净额为负数;大股东长期占用巨额资金;重要子公司无法持续经营且未进行处理;存在大量长期未作处理的不良资产;存在因对外巨额担保等或有事项引发的或有负债。

可见,财务危机是财务状况恶化的经济现象,是由于企业现金流量不足,无力偿还到期债务而被迫采取非常措施的一种状况,其表现为不同的轻重程度。这种经济现象的出现可能最终导致财务关系破裂,从而对企业的持续经营形成潜在或实际的威胁。

二、财务危机的特征

综合财务危机的定义,可以归纳出财务危机具有五个典型特征。

（一）财务危机具有积累性

一个企业的财务状况是对企业一定时期内各项经营管理活动结果的反映,财务危机作为财务状况恶化的动态过程,体现了一定时期内企业各项经营管理活动中问题的积累。比如：在筹资、投资决策方面,由于筹资渠道不畅通,不能保证投资计划顺利实施,导致投资效益不能如期实现,或投资决策失误,造成资金回收困难,或筹资结构与投资结构配比不当,造成还款期过于集中；在生产管理方面,由于管理不善,造成生产成本增加,形成亏损,或由于产品质量不达标,造成产品积压；在营销管理方面,由于市场定位不准,或促销手段落后或售后服务跟不上,造成产品滞销。如果由于诸多因素的综合作用,造成企业在一定时期内现金流出量大于现金流入量,导致企业不能按时偿还到期债务,就会引发财务危机。财务危机是各种活动行为失误所积累的综合反映。

此外,财务危机的积累性意味着财务危机的动态发展,特别是对于财务危机的极端情况即破产清算而言,它绝非仅仅由一个错误、一时错误造成,必然是一系列的错误没有得到及时、有效的更正,导致企业积重难返、无力回天。比如,高速成长的企业常常为了扩大规模而盲目投资,四处投资建厂房、成立新公司,背负大量的债务。新上项目建成运行后,如不能立即实现盈利,营运金周转就可能出现困难,甚至入不敷出。维持日常经营尚且困难,更何况要偿付债务,在无路可退的情况下,只能选择破产清算。韩国大宇、郑州亚细亚、德隆集团都是最好的例证。

（二）财务危机具有突发性

财务管理受企业经营环境多样化、经营过程多样化以及财务行为方式多样化的影响。其中,有些因素是可以把握和控制的,但更多因素是爆发性、意外性的,有的甚至是急转直下的。例如,某企业经营状况很好,但在事先没有察觉的情况下,如果一个长期贸易伙伴突然宣布倒闭,就可能造成数额巨大的应收账款不能如期收回,使企业陷入困境。在突变性这一特征显现时,若在企业承担短期风险的控制能力范围内,则企业可安然渡过难关；相反,若超过企业短期承担风险的最高限度,那么企业就将陷入危机。

（三）财务危机具有多样性

财务危机的多样性具体表现在三个方面。第一,财务危机是受多方因素综合影响形成的,既包括经营管理方面的因素,也包括财务管理自身的因素。诱发财务危机的经营管理因素、财务管理因素包括许多方面,经营管理活动的任何失误都可能导致企业发生财务危机。第二,财务危机的表现形式具有多样性,从国内外学者对财务危机的描述中,我们不难看出财务危机存在许多表现形式,包括变现拍卖、无力支付短期债务、无力支付债券利息、无力支付债券本金、无力支付优先股股息、重整及法定破产等等。第三,财务危机的多样性也表现在可供选择的财务危机应对措施有许多,而且还随着实务的发展不断丰富。由于其诱因及表现形式的多样性,解决财务危机的措施繁多,既有财务手段,也有非财务手段,既有常规策略,也有非常规策略。

（四）财务危机具有必然性

财务危机的发生有其必然性,因为财务危机是企业生产经营中长期财务矛盾日积月累形成的。因此,财务管理者只要遇事多留心,多问几个为什么,采取有效的财务控制手段和一套系统的财务危机预测方法,就不难发现财务危机的苗头,提前控制和化解企业的财务危机。

(五) 财务危机具有二重性

财务危机的双重性源于危机内含危险和转机的双重意思,"祸兮福所倚,福兮祸所伏"辩证地反映出危机的双重性。财务危机的危害不言而喻,不管是资金管理技术失败、企业破产,还是介于两者之间任何一种情况的发生都会给企业带来灾难性的损失。然而财务危机最终的结果不一定就是企业破产清算,如果企业抓住了危机中出现的有利因素,施以正确的应对措施,不仅能减少危机损失,还能借此契机革除企业存在已久的各种弊端,使企业转危为安。成功应对财务危机,不仅能增强企业危机意识,更能增强企业应对风险的能力。

三、财务危机的分类

准确认识和判断危机的类型,以明确危机处理的权限和责任主体,是危机管理的前提。从不同角度划分,财务危机存在不同类型。

(一) 按照引发财务危机诱因划分

1. 系统性财务危机

系统性财务危机通常由企业外部环境中的宏观或中观因素造成。比如,宏观环境中的政治因素、法律因素、社会人文因素、经济因素、自然因素,中观环境中的产业周期、产业政策、产业结构调整,等等。这些因素对市场经济中的所有企业或某一类企业都产生影响,企业自身是无法控制的。比如经济大萧条时期,几乎所有企业都遭到冲击,不同程度地出现财务危机;美国次贷危机引发的国际金融危机,其波及范围内的企业几乎都无法幸免。

2. 非系统性财务危机

由企业微观环境因素引发的财务危机,称之为非系统性财务危机。企业微观环境除了用户、供应商、竞争者、服务关联企业等因素外,还包括企业内部的诸多因素,如企业战略决策、公司治理结构、组织构架、营运能力、管理经验等经营因素,其中一种或多种因素交织,就会造成企业管理效率低下、竞争力低下。非系统性财务危机的诱发因素大多是企业可控的,这类财务危机的积累性非常突出,从危机发生起到爆发通常会经过一段较长的时期。因此,非系统性财务危机可以通过企业内调纠正偏差,从而达到防止非系统性财务危机爆发或恶化的目的。美国的一项研究表明,90%以上的企业失败应归因于管理上的无能,而地震、水灾、火灾等不测事件致使企业失败的仅占0.5%。管理上的无能主要体现为在特定经营行业缺乏经验或在生产、销售、人事、技术等方面管理经验不平衡,致使企业竞争力不足。

(二) 按财务危机的发展速度划分

1. 渐进型财务危机

渐进型财务危机通常是一个循序渐进的过程,体现为企业财务状况的不断恶化。从形成的时间段看,渐进型财务危机可分为四个阶段。第一阶段为财务危机潜伏期,特征是企业盲目扩张、市场营销无效、疏于风险管理、缺乏有效的管理制度、企业资源配置不当、无视环境的变化。第二阶段为财务危机发作期,特征是自有资金不足、过分依赖外部资金、利息负担重、缺乏会计的预警作用、拖延债务偿付等。第三阶段为财务危机恶化期,特征是经营者无心经营业务和专心财务周转、资金周转困难、债务到期违约不支付等。第四阶段为财务危机实现期,特征是负债超过资产、完全丧失偿付能力、宣布破产等。所以,渐进型财务危机是一个动态持续、逐步递进的过程,而且具有经常性的特点。

渐进型财务危机的可预测性使得企业能够对其可能发生的财务危机进行事前防范。防范的重点在于调查企业内部存在的管理问题，寻找可能导致财务危机的主要根源，对症下药，改善企业的财务状况。当然，如果企业的事前防范失败，陷入财务危机，仍然可以进行事中和事后的控制，采取与企业现状相适应的经营策略和财务策略，提高盈利能力，增加现金流量，使企业逐步走出财务危机。

2. 突发型财务危机

突发型财务危机的形成具有瞬间爆发的特点，没有一个较长的持续演化过程，具有偶然性、突发性、瞬间性和不可预见性。突发型财务危机可以发生于企业生命周期中的任何阶段，它可能与企业原来所处的经营状况和财务状况完全不相关。

突发型财务危机从产生的原因看，可以分为两种情况：一是来源于自然灾害，即企业本身处于良好的经营状态，完全由于自然灾害等不可抗的外部因素而造成的财务危机；二是虽然财务危机的直接原因是外部突发事件，但产生的根源仍来自企业的内部管理不善，如污水排放超标、产品质量不合格等。不论是何种情况，突发型财务危机产生的原因相比渐进型财务危机更单一、更明显、更直接。

突发型财务危机具有偶然性和不可预测性，使得事前防范非常困难，但仍然可以进行一定的风险防范。对突发型财务危机的管理重点还是在于事后控制，即当意外事件发生后，财务危机已成为必然时，采取迅速的应急措施和策略安排，防止财务危机的进一步发展，尽可能降低企业所遭受的损失。

（三）按财务危机的外在表现特征划分

1. 亏损型财务危机

亏损型财务危机是指企业出现数额巨大的经营亏损，或持续发生亏损（两年及两年以上）的状况。亏损数额巨大是一个相对概念，与企业规模大小相关，一般是指它对企业现有净资产的侵蚀程度。亏损意味着企业的经营收入不足以补偿其发生的成本费，巨额或连续亏损使所有者权益受到侵蚀，终将影响企业的偿债能力。

2. 偿付困难型财务危机

偿付困难型财务危机是以企业履行债务义务受阻，无力支付到期债务和费用或需要付出极大努力才能支付到期债务和费用为主要表现形式的财务危机。无力支付或无力偿还是指：企业只是暂时缺乏支付费用和偿还债务的现金，该现象并不持久，通过一定努力可以缓解或消除；企业尚有一定的信用，可以直接或间接地融资；企业资产负债率很高，但还未到资不抵债的地步。

3. 破产型财务危机

破产型财务危机也是财务危机的极端情况，包括会计破产和技术性破产两类。会计破产是指企业由于资不抵债即账面净资产出现负数而导致的企业破产。企业资不抵债是指企业发生严重亏损或持续亏损，除了将企业投资者所享有的净资产（包括原始投资和投资后的内部积累）全部侵蚀外，还侵蚀了债权者的部分权益。债权者为维护自身的权益和减少损失，会被迫申请债务人企业破产或采取其他措施解决债务清偿问题。技术性破产是指企业由于财务管理技术失败即企业无法偿还到期债务而导致的破产。"不能清偿到期债务"也是一些国家破产法中界定的企业破产标准，我国《企业破产法》（2006）实质上以此为企业破产界限。

四、财务危机与财务风险

企业危机因为企业的种种风险因素而产生,对危机进行有效的管理,必须考虑哪些风险是形成企业危机的关键因素,并对此采取有针对性的防范措施。在经典财务管理研究中,财务危机形成的领域通常被概括为筹资风险、投资风险、经营风险、存货管理风险和流动性风险。

(一) 筹资风险

筹资风险指的是由于资金供需市场、宏观经济环境的变化,企业筹集资金给财务成果带来的不确定性。筹资风险主要包括利率风险、再融资风险、财务杠杆效应、汇率风险、购买力风险等。利率风险是指由于金融市场金融资产的波动而导致筹资成本的变动;再融资风险是指由于金融市场上金融工具品种、融资方式的变动,导致企业再次融资产生不确定性,或企业本身筹资结构的不合理导致再融资产生困难;财务杠杆效应是指由于企业使用杠杆融资给利益相关者的利益带来不确定性;汇率风险是指汇率变动引起的企业外汇业务成果的不确定性;购买力风险是指币值的变动给筹资带来的影响。

(二) 投资风险

投资风险是指企业投入一定资金后,因市场需求变化而导致最终收益与预期收益偏离的风险。企业对外投资主要有直接投资和证券投资两种形式。直接投资是把资金投放于生产经营性资产以便获得利润。证券投资是把资金投放于证券等金融性资产,主要有股票投资和债券投资两种形式。股票投资是风险共担、利益共享的投资形式;债券投资与被投资企业的财务活动没有直接关系,只是定期收取固定的利息,所面临的是被投资者无力偿还债务的风险。投资风险主要包括利率风险、再投资风险、汇率风险、通货膨胀风险、金融衍生工具风险、道德风险、违约风险等。

(三) 经营风险

经营风险又称营业风险,是指在企业的生产经营过程中,供、产、销各个环节不确定性因素的影响导致企业资金运动迟滞,产生企业价值的变动。经营风险主要包括采购风险、生产风险、存货变现风险、应收账款变现风险等。采购风险是指由于原材料市场供应商的变动而导致供应不足,以及由于信用条件与付款方式的变动而导致实际付款期限与平均付款期的偏离;生产风险是指由于信息、能源、技术及人员的变动而导致生产工艺流程的变化,以及由于库存不足而导致停工待料或销售迟滞;存货变现风险是指由于产品市场变动而导致产品销售受阻;应收账款变现风险是指由于赊销业务过多而导致应收账款管理成本增大,以及由于赊销政策的改变而导致实际回收期与预期回收期的偏离。

(四) 存货管理风险

企业保持一定量的存货对于其进行正常生产来说是至关重要的,但如何确定最优库存量是一个比较棘手的问题:存货太多会导致产品积压,占用企业资金,风险较高;存货太少又可能导致原料供应不及时,影响企业的正常生产,严重时可能造成对客户的违约,影响企业的信誉。

(五) 流动性风险

流动性风险是指企业资产不能正常和确定性地转移为现金或企业债务和付现责任不能正常履行的可能性。企业的流动性风险可以从企业的偿付能力和变现力两方面分析与评价：企业支付能力和偿债能力方面发生的现金不足及现金不能清偿风险；企业资产不能确定性地转移为现金而发生的变现力风险。

财务风险是客观存在的，每一个企业都必须面对，财务危机是财务风险积聚到一定程度的产物，陷入财务危机的企业必然面临较大的财务风险。企业若能采取化解措施，就能降低财务风险，摆脱财务危机；反之，若不能采取有效的风险管理措施，或面对财务危机束手无策或措施不力，就会加剧财务危机，甚至导致破产。

第二节　财务危机管理系统

所谓企业财务危机管理，是指组织或个人在财务运作过程中通过危机监督、危机预控、危机决策和危机处理等手段，避免和减少危机产生的危害，直至将危机转化为机会的过程。财务危机管理有着自己独立的体系，它由危机预处理、危机总结和危机恢复等部分构成，其基本职能是事前的预防和事后的处理，最终目标是加强防范、未雨绸缪，将危机限制在潜在阶段，尽可能减少危机对企业经营的负面影响。

一、财务危机管理职能

从危机管理理论的角度讲，财务危机管理是指个人或组织为防范、预测、规避、化解、渡过、摆脱财务危机，减轻财务危机损害或有意识地利用财务危机等所采取的管理行为。财务危机管理也是一个时间序列，既包括财务危机爆发前的管理，也包括财务危机爆发后的管理，即财务危机管理是包括危机信息分析、危机应对计划、危机应对组织、危机应对领导和危机应对控制的动态过程，它们交替循环，构成了财务危机管理工作(见表8-1)。

表 8-1　财务危机管理的内容

危机信息分析	成因	危机应对组织	危机培训
	征兆		管理变革与改善
	机会	危机应对领导	领导者素质
危机应对计划	危机风险识别与控制		危机管理者的能力
	危机预警系统		危机应对的决策
	危机反应与恢复计划	危机应对控制	有效的危机应对控制
危机应对组织	危机应对的职能组织		危机应对的控制方法
	危机演习		

财务危机管理有两大基本职能，即事前的预防职能和事后的处理职能。

（一）预防职能

财务危机管理的事前的预防主要从两个方面进行。一是通过加强企业内控制度的建设来提高自身适应外部环境变化、抵御风险、防范财务危机的能力，完善的内部控制对于防范财务危机的发生有着重要的意义。二是经常做分析、诊断，加强危机预警，及时发现财务危机的征兆，以便及时采取措施。财务危机并非一朝一夕形成，而是有一个较长的潜伏期，因此，有必要建立财务预警系统，在财务危机的萌芽状态预先发出危机警报，使管理层及时采取有效对策，改善管理，防止企业陷入破产境地。

（二）处理职能

财务危机管理的事后处理包括：财务危机处理预案是指企业为防止财务危机全面爆发和减少危机带来的损失，事先制定的危机应对和处理方案；财务危机沟通是化解风险、争取机会的过程，是财务危机处理的关键。财务危机沟通主要通过媒体发布与对话、谈判协商、组织协调等具体方式，梳理、调节、缓和或化解以财务关系为主要内容的各种关系，以达到化解危机、转危为安的目的。

二、财务危机管理系统

企业财务危机管理系统由财务危机预处理方案、财务危机总结和财务危机恢复等子系统构成。

（一）财务危机预处理方案系统

财务危机预处理方案系统是指对企业各方面的风险、威胁和危险进行识别和分析，并对每一种风险进行分类管理，预测企业面临的各种风险和机遇，预先制定应对财务危机的预处理方案的系统。财务危机预处理方案系统的设置在整个财务危机管理中尤为重要，它涉及财务危机管理中最重要的财务危机预警、财务危机预控、财务危机处理三个子系统，在企业危机的预防、控制和处理中发挥很大的作用。

1. 财务危机预警系统

在企业危机管理过程中，预警子系统能起到预防作用，即把危机消灭在萌芽状态，它由信息系统和财务危机预处理系统两个部分组成。信息系统包括信息收集、信息分析评估两方面；财务危机预处理包括危机预测、危机预报、危机预处理三方面。

财务危机预测是根据信息分析、评估，对企业可能面临的风险、威胁和危险进行预测、识别和分析，并根据已确认的每一类风险和危险的大小及发生概率进行评价，建立各类风险管理的优先次序，以有限的资源、时间和资金来管理最严重的一种或某几类风险。财务危机预报是在危机预测的基础上，建立危机警报系统，用以判别各种指标和因素是否突破警戒线，并根据判断结果决定是否发出警报以及发出何种程度警报的危机管理子系统。为了在危机到来时处于主动地位，企业还必须事先建立危机处理方案。尽管危机处理方案建立之后，可能在很长的时间内根本不会被采用，但许多现实的教训告诉我们，制定财务危机处理方案，一方面便于事先训练与准备，一旦危机爆发就能迅速采取行动，而不至于仓促应战，另一方面可以减轻决策压力，便于从容决策，有利于提高决策质量。

2. 财务危机预控系统

企业财务危机预控系统包括财务危机处理机构、财务危机管理专业队伍、财务危机模拟训练三项内容。财务危机处理机构是指当危机发生时,在企业原有组织构架之上建立专门管理机构,以便快速、高效、可靠地应对财务危机。财务危机管理专业队伍正是财务危机管理机构的生命力,通过危机模拟训练提高应对危机管理的技能和应对危机的心理承受能力。同时,危机演练也可以检测危机预处理方案的可行性。

3. 财务危机处理系统

财务危机处理是依据事先拟定的危机处理方案,并结合实际情况做出决策,采取处理措施。

在财务危机处理系统中,财务危机决策中心处于整个企业组织构架的上部,财务危机警情情况越严重,企业面临情况越紧急,决策中心越靠近组织构架的顶端。比如,处理破产型财务危机的决策往往由董事会或股东大会做出,而处理偿付型财务危机时采用借新债还旧债的策略往往由财务总监或财务经理决定。

财务危机现场处理中心负责控制危机的发展,对危机进行调查,保证处理行动及时、有序、有效地进行,避免行动迟缓、紊乱,通常由财务部门负责并组织具体工作。当情况紧急时,企业高层领导会亲自参与财务危机现场处理中心的决策,制定应对财务危机的策略,直接与债权人沟通,争取妥善解决财务危机。

支持保障中心是财务危机应对的后方力量,竭尽全力保证财务危机应对方案顺利实施。支持保障中心由内部保障中心和外部保障中心构成,包括企业内部、外部在企业面临财务危机之时可向企业提供的人力资源、物力资源、财力资源、技术资源,囊括股东、管理者、公司员工以及企业现有和潜在的一切有利于财务危机应对工作的资源。企业外部保障中心则包括处于企业外部价值链上的长期债务关系人、企业的供应商、客户等。在企业应对财务危机时,必须调动内部系统、外部系统的资源,最大限度地减小损失。

信息管理中心负责系统负责整个系统所需的一切信息管理,提供各种信息服务,在计算机和网络技术的支持下实现信息利用的快捷和资源共享,为应急工作服务。收集有关方面的资料,包括与财务危机相关的宏观、微观变化,影响财务危机发展势态的国家宏观经济变化情况,以及债权、债务人、供应商、客户的最新动态;确保信息传递流畅,及时提供与选择财务危机应对策略相关的决策资料。

媒体中心需要负责与新闻媒体接触的工作,主动与媒体接触,表明企业应对财务危机的积极姿态;直接面对媒体,掌控新闻媒介对企业财务危机的舆论导向,确保媒体报道、采访、新闻发布等一切公共信息发布及时、真实、口径一致。

(二)财务危机总结系统

财务危机的发生必然会给企业带来损失,其教训是深刻的,因而对财务危机的总结尤为重要。事实上,对财务危机的总结正是对财务危机的全面剖析,以便于今后应对财务危机。一般总结系统的工作内容包括两个方面:一是深入调查财务危机事件及财务危机管理;二是根据财务危机暴露的缺点提出整改的方案和建议。

(三)恢复系统

在财务危机过后,恢复企业正常运转,纠正企业运作与内外环境中不协调的地方,改进财务危机显现出的薄弱环节,促使企业走上正常的发展轨道,是财务危机恢复系统的首要任务。由于企业运作的复杂性,一般情况下难以发现企业的薄弱环节,因此,财务危机过后正是企业亡羊补牢的时机。此外,财务危机恢复工作还包括重新树立企业形象的工作,这对受到财务危机重创的企业尤为重要。重树企业形象不仅可以赢得社会的再度承认，重新获得良好的信用评价，还能增强员工的士气。

三、财务危机管理过程

危机管理过程从管理危机的视角来看，主要有三个方面，即时间维、策略维和制度维。

从时间维来看，财务危机管理可分为财务危机事前控制、财务危机事中控制、财务危机事后控制三个过程。事前预控主要是为防止财务危机发生而采取的措施，如对主要风险的分析、监控等；事中控制是在财务危机发生时，对财务危机的识别、确认和管理，目的是尽早识别危机，采取有效的措施遏制财务危机的恶化，减少企业遭受的损失；事后控制主要是为企业财务状况的恢复所做的努力。企业经历财务危机之后，抵御风险的能力非常低下，这也是财务危机卷土重来的最佳时机，因此，必须细心经营，逐步恢复企业活力，改善财务状况，并在总结、学习的基础上，进行长远规划，改善企业薄弱环节，增强企业危机应对能力。这三个过程相互联系，又相互独立，构成了财务危机管理的三个方面。

策略维是基于财务危机诱因和传导机制所做出的危机管理策略选择。根据不同的危机处理方法，财务危机管理策略划分为中止策略、隔离策略、清除策略和利用策略。中止策略是指中止导致财务危机的相关行为和活动；隔离策略是对部分财务危机或者诱因实施隔离，避免损失的进一步扩大；清除策略是指清除财务危机的行为及带来的后果；利用策略是假借财务危机诱因的名义，创造某些财务危机管理的契机。

制度维则是为企业的动态危机管理提供有效的制度保证。企业制度包括高层决策、中层管理和信息系统、基层运营层和企业文化层四个层面，不同层面的制度和机制分别为不同层面的财务危机管理提供制度保障。

第三节　财务危机预警系统

一、财务危机预警系统概述

财务危机预警系统就是通过设置并观察一些敏感性财务指标的变化，对企业可能或将要面临的财务危机事先进行预测预报的财务分析系统。

财务危机预警系统是为化解企业财务危机而建立起来的一种机制。它是企业专门组织根据财务管理学、风险管理和统计学的相关理论，以企业的财务报表、经营计划、相关经营资料以及所收集的外部资料为依据，采用定性和定量的分析方法，建立预警分析机制，将企业所面临的经营波动情况和危险情况预先告知企业经营者和其他利益相关方，并分析企业发生经营非正常波动或财务危机的原因，挖掘企业财务运营体系中所隐藏的问题，以督促企业管理部门提前采取防范或预防措施，为管理部门提供决策和风险控制依据的组织手段和分析系统。简单地说，它是企业专门组织"预警—报警—排警"的有机管理过程体系。

（一）财务危机预警系统的功能与作用

财务危机预警系统作为一种诊断工具，能实时对公司的生产经营过程和财务状况跟踪监控，及时地进行财务预警分析，发现财务状况异常的征兆，并迅速报警，及时采取应变措施，避免或减少损失。总体来说，财务危机预警系统具备七项基本功能。

1. 信息收集功能

财务危机预警的过程同时也是一个收集信息的过程，它收集与企业经营相关的产业政策、市场竞争状况、企业本身的各类财务和经营状况等信息并对此进行分析、比较，开展预警，信息收集也是一个贯穿财务危机预警始终的活动。

2. 监测功能

监测即跟踪企业的生产经营过程，将企业生产经营的实际情况同企业预定的目标、计划、标准进行对比、核算、考核，对企业营运状况做出预测，找出偏差，进而发现产生偏差的原因或存在的问题，并显化其价值形式。当危害企业的财务关键因素出现之时，可以提出警告，让企业经营者早日寻求对策，以减少财务损失。

3. 预报功能

当危害企业财务状况的关键因素出现时，可以提出警告，提醒企业经营者早日寻求对策，避免潜在的风险演变成现实的损失，起到未雨绸缪、防患于未然的作用。

4. 诊断功能

诊断是预警体系的重要功能之一。根据对跟踪、监测结果的对比、分析，运用现代企业管理技术和企业诊断技术对企业营运状况之优劣做出判断，可以找出企业运行中的弊端及其病根所在，以达到把有限的企业资源用于最需要或最能产生经营成果的地方的目的。

5. 治疗功能

通过监测、诊断，找出企业存在弊病的病根后，就要对症下药，更正企业营运中的偏差或过失，使企业恢复正常的运转。一旦发现财务危机，经营者既要阻止财务危机继续恶化，也要寻求内部资金的筹集渠道，还要积极寻求外部财源。

6. 辅助决策功能

要通过财务危机预警及时为企业高层提供决策所需的信息，保证决策的科学性和可行性，结合其信息判断企业何为有所为，何为有所不为。

7. 健身功能

通过预警分析，企业能系统而详细地记录财务危机发生的缘由、处理经过、解除危机的各项措施，以及处理反馈与改进的建议，作为未来类似情况的前车之鉴。这样，可将企业纠正偏差与过失的一些经验、教训转化成企业管理活动的规范，以免重犯同样或类似的错误，不断增强企业的免疫能力。

（二）财务危机预警系统设计的原则

一个完善的企业财务预警系统可以提高企业抵御财务风险的能力，使企业的财务管理活动始终处于风险较低、可控的运行状态，为实现企业财务目标提供必要的安全保障。要使财务预警系统充分发挥上述功能和作用，设计企业财务预警系统时应遵循四项原则。

1. 科学性原则

所谓科学性，是指财务危机预警系统所设计的程序和方法必须科学、有效。如果建立的预警模型、方法和指标体系不科学，那么预警系统就不能发出正确的警报信号，企业就不能得出科学的结论,据此做出的经营管理决策将造成严重的后果。可见,企业应根据其财务的实际情况,选择适合本企业的财务危机预警模式,甚至可以根据企业情况修改或创造出更好的模式。因为企业自身的规模和运作方式不同,所以可选择的预警程序和方法是多种多样的。

2. 系统性原则

预警的系统性主要强调两点。

（1）以目标为中心,始终强调系统的客观效果,强调预警的对象是企业的财务危机。

（2）以整个系统为中心,预警时结合客观实际情况,强调整个系统的最优化。如果将企业作为一个总体系统来看待,按其业务流程划分,可分为销售、生产、采购等子系统;按其财务管理流程划分,可分为收入、成本、现金流等子系统。对各子系统预警、控制的目的是保证企业总体系统的最优化。

3. 成本效益权衡原则

在预警中,成本和效益的权衡是必须考虑的限制因素之一,即使用预警系统产生的效益应超过(至少等于)预警过程中所花费的成本。也就是说,运用选定的模型和方法,对企业危机状况进行预测和报告,过分要求其结果的准确和完美是完全没有必要的。把握主要问题,及时报警,以争取选择对策、控制财务危机的时间才是最重要的。需要注意的是,效益和成本的评估实际上是一个判断的过程,有些模型或指标固然有用,但如果为获取该模型或指标预计要花费很大的成本,一般应放弃该模型或指标,转而使用其他替代模型或指标。

4. 动态性原则

财务预警系统对企业经营风险的预测不仅具有预测未来的价值,而且要具有分析经营趋势的作用,它要求预警必须把过去与未来连接在一起,在分析过去的基础上,把握未来的发展趋势。财务危机预警应是一种动态的分析过程,要充分考虑环境因素的制约,如宏观经济环境、企业法人治理结构、信息化程度、观念的变化等因素都会影响预警系统的有效运行。动态性还体现在财务危机预警系统必须根据市场经济的发展、企业风险的变化而不断修正、补充预警的内容,确保财务预警系统的先进性。

（三）财务危机预警系统的构成

企业财务危机预警系统应该是由若干要素相互联系构成的一个有机整体。该有机整体包括财务危机预警组织机制、预警信息机制、预警分析机制和预警管理机制。

1. 财务危机预警组织机制

预警组织机构的健全与否直接关系到企业财务预警运行机制运转效果的优劣,关系到财务预警体系的功能能否正常、充分地发挥。为了保证财务预警工作的客观性和中立性,预警组织机构应相对独立于企业组织的整体控制,它独立开展工作,但不直接干涉企业的生产经营过程,只对企业最高管理者(管理层)负责。预警组织机构可以是一个虚设机构,如预警组织管理委员会,它的成员可以是兼职的,由企业内部熟悉管理工作、具有现代经营管理知识和技术的管理人员等组成。同时,企业还可聘请一定数量的外部管理咨询专家参加。

预警组织机构的职责是负责确定预警目标,研究预警方案,听取财务预警情况汇报,并据此商讨决定预报的类型(零、低度、中度、高度预警报告)和预报内容,以及应采取的对策方案,及时解决经营过程中出现的问题。其日常工作的开展可由企业现有的某些职能部门(如财务部、企管办、企划部)派专人负责进行,或设立一个专门的部门,如企业预警管理部门,具体负责财务风险监测和预报工作。同样,为了保证日常预警工作的正常进行,负责具体预警工作的部门或个人应具有高度的独立性,他们的工作应只对预警管理组织机构(预警管理委员会)负责。

2. 财务危机预警信息机制

财务预警信息机制为财务预警提供信息支持,包括财务预警信息的搜集、传递、处理与评价等方面的制度和规定,提供预警行为主体实施预警行为所需信息是其首要功能。由于财务预警所需信息与其他财务管理行为所需信息不同,单纯利用和依靠传统财务管理信息系统不能满足预警管理的需要。因此,从当前的现实情况看,企业可考虑对现有信息系统进行修正,增补一些能够反映企业财务风险大小的信息。从长远看,可通过自行开发或外购方式建立一个专门的预警信息系统,与原来的财务管理信息系统结合在一起,形成企业财务管理大信息系统。良好的财务预警分析系统必须建立在对大量资料系统分析的基础上,因此,公司应建立高效的信息收集、传递、处理机制。

(1) 根据所考察的内容和侧重点,明确信息收集目标。

(2) 根据收集目标,通过各种途径收集资料,包括公司外部的报刊、统计数据、经济分析报告等宏观市场资料和同业发布的公告、规划等各种资料,以及公司内部的财务资料和其他业务部门的资料。

(3) 对所收集的资料进行整理、汇总、计算研究,寻找资料中隐含的经济发展趋势、重要启示以及潜在的危机与契机。

同时,公司应建立以计算机为中心,高速传递和处理信息的会计信息管理系统。在该系统中,应保证系统与系统之间、部门与部门之间信息流通顺畅,这些系统之间要实现数据共享,保证信息使用者及时、有效地筛选、分析所需信息,为财务预警系统提供必要的技术支持。

3. 财务危机预警分析机制

财务危机预警分析机制对内外部输入的信息通过各种技术方法进行甄别,通过建立一个科学、全面、有效的指标体系来反映企业的状况,还可以利用这些指标体系建立模型,以进行多变量综合分析。所以,一个分析机制应该包含三个方面的功能,即识别警兆、确定警度和预报警情。

4. 财务危机预警管理机制

财务危机预警管理机制包括日常控制和危机管理两项。前者主要是在系统实施过程中进行日常监控,对公司经营过程中各警兆进行控制,使其体现出来的警数值不要逾越警度,一旦发生偏离就立即反应,采取相应措施加以控制,防患于未然;后者主要是在财务危机发生以后,专门的预警组织采取一系列补救措施,达到化解财务危机的目的。

二、财务危机预警的模式

为了监测和预报财务危机,近年来国内外学者运用不同的监测变量,采用各种数学工具,建立了大量的财务预警方法和预警模型。

(一) 定性模式

定性模式是财务危机预警常用的基本模式之一。定性模式是依靠人们的主观分析判断进行财务危机预警分析,主要方法有标准化调查法、四阶段症状分析法、流程图分析法、管理评分法等。

1. 标准化调查法

标准化调查法又称风险分析调查法,即通过专业人员、调查公司、协会等,对公司可能遇到的问题进行详细的调查与分析,并形成报告文件供公司管理者参考的方法。

表 8-2 标准化调查表

项 目	调 查 内 容	备 注
业绩	状况:好、一般、不好 前景:增长、下降、稳定、不明 交易对象、行业前景:增长、下降、稳定、不明 对外资信:高、一般、低、不明	
同行业比	规模、地位:大、中、小、独立 同行业间的竞争:激烈、一般、无 销售实力的基础:销路、主顾、商标、商品组织、特殊销售法 生产实力的基础:特殊技术、特殊设备、特殊材料、特殊产品、特殊生产组织	
经营业务上的问题与原因	问题:销售不振、收益率差、成本高、生产率低、人力不足 销售不振的原因:不景气、竞争激烈、行业衰退、销售力弱、产品开发慢、生产率低 收益率低的原因:效率低、人力不足、管理不善、现代化程度低、多品种少量化 成本高的原因:材料费高、开工不足、工资等费用高	
前景	方针:扩大、维持、转换、不明确 扩大方向:整体规模、新增经营范围、人员 具体方法:多样化、新产品、专业化 重点基础:产品开发、设计、设备、技术、增强销售能力、人事管理、成本、质量	

该方法的优点是在调查过程中所提出的问题对所有公司或组织都有意义,普遍适用;它的缺点是无法针对特定公司的特定问题进行调查分析。另外,调查时没有对要求回答的每个问题进行解释,也没有引导使用者对所问问题之外的相关信息做出正确判断。

2. 四阶段症状分析法

公司财务运营情况不佳甚至出现财务危机,是有特定症状的,而且是逐渐加剧的。财务运营病症大体可以分为四个阶段,即财务危机潜伏期、发作期、恶化期和实现期,每个阶段都有反映危机轻重程度的典型症状。

财务危机潜伏期:盲目扩张;无效市场营销,销售额上升,利润下降;企业资产流动性差,资源分配不当;资本结构不合理,疏于风险管理;财务经营信誉持续降低,缺乏有效的管理制度;无视环境的重大变化。

财务危机发作期:自有资本不足;过分依赖外部资金,利息负担重;缺乏会计的预警作用;债务拖延偿付。

财务危机恶化期:经营者无心经营业务,专心于财务周转;资金周转困难;债务到期违约不支付。

财务危机实现期:负债超过资产,丧失偿付能力;宣布倒闭。

根据上述症状进行综合分析,公司如有相应症状出现,一定要尽快弄清病因,判定公司财务危机的程度,对症下药,防止危机的进一步发展,使公司尽快摆脱财务困境,以恢复财务的正常运作。这种方法简单明了,但实际中很难对这四个阶段做截然的划分,特别是财务危机可能在各个阶段都有相似或互有关联的表现。

3. 流程图分析法

流程图分析是一种动态分析方法,对识别公司生产经营和财务活动的关键点特别有用,运用这种分析方法可以暴露公司潜在的风险。在公司生产经营流程中,必然存在着一些关键点,如果在关键点上出现堵塞和发生损失,将会导致公司全部经营活动终止或资金运转终止。一般而言,企业只有在关键点处采取防范的措施,才能够防范和降低风险。

采用这一方法的步骤是:① 根据企业的实际情况建立流程图,以展示企业的全部经营活动;② 在画出的流程图中找出一些关键点,对公司潜在风险进行判断和分析,发现问题时及时预警。

4. 管理评分法

美国学者仁翰·阿吉蒂调查了企业的管理特性及可能导致破产的公司缺陷,按照几种缺陷、错误和征兆进行对比打分,还根据这几项对破产过程产生影响的大小程度对它们做了加权处理,构建了著名的管理评分表(见表8-3)。

表 8-3 管 理 评 分 表

项 目	风险因素	记分值	总 值	临界值
经营缺点	管理活动不深入	1	43	10
	管理技巧不全面	2		
	被动的经理班子	2		
	财务经理能力欠缺	2		
	无过程预算控制	3		
	无现金开支计划	3		
	无成本监督系统	2		
	董事长兼总经理	4		
	总经理独断专行	8		
	应变能力太低	15		

续 表

项　目	风险因素	记分值	总　值	临界值
经营错误	高杠杆负债经营	15	45	15
	企业过度发展,核心竞争能力欠缺	15		
	过大风险项目	15		
破产征兆	危急财务信号	4	12	0
	被迫编制假账	4		
	经营秩序混乱	3		
	管理停顿	1		
分数加总		100	100	25

用管理评分法对公司经营管理进行评估时,每一项得分要么是零分,要么是满分,不容许给中间分。所给的分数就表明了管理不善的程度,总分是100分,参照管理评分法中设置的各项目进行打分,分数越高,则公司的处境越差。在理想的公司中,这些分数应当为零;如果评价的分数总计超过25分,就表明公司正面临失败的危险;如果评价的分数总计超过35分,公司就处于严重的危机之中;公司的安全得分一般小于18分。这种管理评分法试图把定性分析判断定量化,这一过程需要进行认真的分析,深入公司及车间,细致地对公司高层管理人员进行调查,全面了解公司管理的各个方面,才能对公司的管理进行客观的评价。这种方法简单易懂,行之有效,但其运用需要评分者对被评分公司及其管理者有直接、相当的了解,在很大程度上依赖评分者的主观判断,因而需要结合其他方法共同对企业风险进行估测。

可见,财务危机预警的定性模式有三个特点。

(1) 侧重于从质的角度分析问题,着重分析来龙去脉及因果关系,以说理的方式透过事物的表象抓本质。

(2) 综合考虑了企业财务报表以外的因素对其所用指标的影响,特别是与企业日常生产经营关系密切的一些非财务因素,这些因素有可能使企业陷入不可估量的财务失败危机。

(3) 在实际应用中,定性分析法具有较大的灵活性,可以根据企业的具体情况进行相应的调整,定性分析法不需要完整的数据资料,可以凭借人们的经验对财务风险的趋势进行分析,有时比较可靠和有效。但这种方法也有缺点,即容易受到个人主观意见的影响,个人的偏见往往会给企业带来巨大损失。

因此,在建立企业财务预警模型时不能单纯依靠财务数据,只注重定量分析和指标分析,在运用财务预警定量分析模型的同时,应充分考虑影响企业财务状况的非财务数据。

(二) 定量模式

1. 单变量模型

单变量模型是指利用单个财务比率来进行财务预警,判断企业是否发生财务危机的一种预测模型。

比弗在其《财务比率与失败预测》一文中,以财务危机预警为主题,以单一的财务比率指标为基本变量,运用配对样本法随机挑选了1954—1964年79家危机中的企业,并针对这79家企业逐一挑选与其产业相同且资产规模相近的79家正常企业进行比较。得出的结论是,最能对企业危机做出预警的指标是债务保障率(现金流量/总负债),其次是资产收益率(净收益/总资产)和资产负债率(总负债/总资产)。其中,现金流量来自现金流量表的三种现金流量之和,除现金外还充分考虑了资产变现力,同时结合了企业销售和利润的实现及生产经营状况的综合分析。债务保障率用总负债作为基数,考虑了长期负债与流动负债的转化关系,但是总负债只考虑了负债规模,而没有考虑负债的流动性,即企业的债务结构,因而对一些因短期偿债能力不足而出现危机的企业存在很大的误判性。总资产这一指标没有结合资产的构成要素,而不同的资产项目在企业盈利过程中所发挥的作用是不同的,这不利于预测企业资产的获利能力是否具有良好的增长态势。

比弗最先在企业危机预警研究中使用非参数统计的二分类检验方法来确定分割点,使其错误分类率降至最低,这一方法为以后的企业财务危机预警研究者广泛采用。此外,比弗还首创配对抽样的技术以控制因产业类别和企业资产规模不同而引起的混淆。但单变量预警模型只是利用个别财务比率预测企业财务危机,因而其有效性受到一定的限制。一般来说,企业的生产经营状况受到许多因素的影响,各种因素之间既有联系又有区别,单个比率反映的内容往往有限,无法全面解释企业的财务状况;以单一指标进行判别会使经理层为达到某种目的而尽可能粉饰该指标,以表现出较为良好的财务状况。

2. 多元判别分析模型

(1) 多元线性判别模型。多元线性判别方法的基本原理是通过统计方法筛选出组间差距大而组内离散度最小的变量,将选出的多个变量组合成能提高预测精度的多元线性判别方程。

最早运用多元线性判别模型讨论财务困境预测问题的是美国学者阿特曼。阿特曼在其《财务比率、判别分析和公司破产预测》一文中认为,企业是一个综合体,各个财务指标之间存在某种相互联系,各个财务指标对企业整体风险的影响和作用也是不一样的。他通过把传统的财务比率和多元判别分析方法结合在一起,发展了一种财务危机预警模型,即 Z 计分模型。该模型的具体形式如下:

$$Z=0.012X_1+0.014X_2+0.033X_3+0.006X_4+0.999X_5$$

其中:X_1=营运资本/总资产,反映资产的流动性与规模特征;X_2=留存收益/总资产,反映企业累计盈利状况;X_3=息税前收益/总资产,反映企业资产的获利能力;X_4=权益的市场价值/总债务的账面值,反映企业的偿债能力;X_5=销售总额/总资产,反映企业的营运能力。

通过统计分析,阿特曼认为 Z 值应在 1.81~2.99,等于 2.675 时居中。如果企业的 Z 值大于 2.675,表明企业的财务状况良好;如果 Z 值小于 1.81,则企业存在很大的破产风险;如果 Z 值处于 1.81~2.675,称为"灰色地带",处在这个区间,企业财务状况是极不稳定的。

Z 计分模型的变量是从资产流动性、获利能力、偿债能力和营运能力等指标中各选择一两个最具代表性的指标,模型中的系数则是根据统计结果得到的各指标相对重要性的量度。

实证表明,该模型对企业财务危机有很好的预警功能。但其预测效果也因时间的长短而不一样,预测期越短,预测能力越强,因而该模型较适合企业短期风险的判断。

Z 计分模型在企业破产前超过 3 年的预测正确率大大降低,而且随着时间的推移,经济环境也将出现重大变化,特别是进入 20 世纪 70 年代以后,企业财务危机的平均规模急剧增大,原有的 Z 计分模型已无法解释当时的企业财务危机现象。于是,阿特曼等人于 1977 年又提出了一种能更准确地预测企业财务危机的新模型——ZETA 模型。在该模型中,阿特曼等人利用 27 个初始财务比率进行区别分析,最后选取了 7 个解释变量,即资产报酬率(息税前利润/总资产)、盈余稳定性(息税前利润/总资产 5~10 年的标准误差)、利息保障倍数(息税前利润/利息支出总额)、累计盈余(留存收益/总资产)、流动性(流动比率)、资本比率(5 年普通股平均市值/总资本)和资本规模(普通股权益/总资产)。实证研究表明,ZETA 模型的分类正确率高于原始的 Z 计分模型,特别是在破产前较长时间的预测准确率较高,其中灰色区域为 -1.45~$+0.87$,Z 值大于 0.87 以上为非破产组,Z 值小于 -1.45 区域为破产组。该模型存在的不足是选择比率没有理论可依,选择同一行业中相匹配的危机公司和正常公司也是困难的,而且观察的总是历史事件。但由于该模型简单明了,以后对企业财务危机预警模型的研究都是沿着这一思路进行的。

之后,为了使 Z 计分模型适用于私人公司,阿特曼对原 Z 模型中的变量 X_4,以权益的账面价值代替市场价值,重新对模型进行估计,得到修订后的 Z 模型:

$$Z' = 0.717X_1 + 0.847X_2 + 3.107X_3 + 0.420X_4 + 0.998X_5$$

其中:Z' 值大于 2.90 为安全区;Z' 值小于 1.23 为危险区;Z' 值在 1.23~2.90 为灰色区域。

Z 模型的又一次修订是为了使其适用于非制造公司和新兴市场,去掉变量 X_5 重新估计模型后得到:

$$Z'' = 3.25 + 6.565X_1 + 3.26X_2 + 6.72X_3 + 1.05X_4$$

其中:Z'' 小于 0 时表示财务危机状况。

除了阿特曼经典的多变量财务预警模型外,国外其他学者也使用多元判别分析方法进行研究。20 世纪 70 年代,日本开发银行调查部选择了东京证券交易所 310 家上市公司作为研究对象,使用与阿特曼相同的研究方法,建立了"利用经营指标进行企业风险评价的破产模型",进行财务危机预测。其判别函数如下:

$$Z = 2.1X_1 + 1.6X_2 - 1.7X_3 - X_4 + 2.6X_5 + 2.5X_6$$

其中:X_1 表示销售额增长率;X_2 表示总资本利润率;X_3 表示他人资本分配率;X_4 表示资产负债率;X_5 表示流动比率;X_6 表示粗附加值生产率(为折旧费、人工成本、利息及利税之和与销售额之比)。模型中和的系数是负数,表明他人资本分配率和资产负债率越小,风险也越小。该模型 Z 值的判断标准是:如果 Z 值大于 10,则企业财务状况良好;如果 Z 值小于 0,则企业存在严重的财务危机,破产的概率极大;如果 Z 值在 0 与 10 之间。则表明企业处于"灰色区域",存在财务隐患。

陈肇荣应用中国台湾地区的企业财务资料建立了多元判别函数,但未给出临界值及警度区间。该模型如下:

$$Z = 0.35X_1 + 0.67X_2 - 0.57X_3 + 0.39X_4 + 0.55X_5$$

其中：X_1＝速动资产/流动负债；X_2＝营运资金/资产总额；X_3＝固定资产/资本净值；X_4＝应收账款/销售净额；X_5＝现金流入量/现金流出量。

由于 Z 计分模型在建立时并没有充分考虑到现金流量的变动等方面的情况，因而具有一定的局限性。为此，中国学者周首华等对 Z 计分模型加以改造，并建立其财务危机预测的新模型——F 分数模式。F 分数模式的主要特点包括：① F 分数模型中加入现金流量这一预测自变量。许多专家证实，现金流量比率是预测公司破产的有效变量，因而弥补了 Z 计分模型的不足。② 考虑了现代化公司财务状况的发展及其有关标准的更新。公司财务比率标准已发生了许多变化，特别是现金管理技术的应用，已使公司所应维持的必要的流动比率大为降低。③ 使用的样本更加扩大。其使用了 Compustat PC Plus 会计数据库中 1990 年以来的 4 160 家公司的数据进行了检查，而 Z 计分模型的样本仅为 66 家(33 家破产公司和 33 家非破产公司)。

F 分数模式如下：

$$F = -0.1774 + 1.1091X_1 + 1.1074X_2 + 1.9271X_3 + 0.0302X_4 + 0.4961X_5$$

其中：X_1，X_2 及 X_4 与 Z 计分模型中的 X_1，X_2 及 X_4 相同；X_3＝(税后纯收益＋折旧)/平均总负债；X_5＝(税后纯收益＋利息＋折旧)/平均总资产。

F 分数模式与 Z 计分数模型中各比率的区别就在于其 X_3 和 X_5 的比率不同。X_3 是一个现金流量变量，它是衡量企业所产生的全部现金流量可用于偿还企业债务能力的重要指标。一般来讲，企业提取的折旧费用也是企业创造的现金流入，必要时可将这部分资金用来偿还债务。X_5 测定的是企业总资产在创造现金流量方面的能力。相对于 Z 计分模型，它可以更准确地预测出企业是否存在财务危机。F 分数模式的 F 分数临界点为 0.027 4；若某一特定的 F 分数低于 0.027 4，则将被预测为破产公司；反之，若 F 分数高于 0.027 4，则公司将被预测为继续生存公司。

多元线性判别模型判别精度较高，而且体现了综合分析的观念，将多元分析方法引入模型，拓展了财务困境预警模型分析方法的思路。但是，该方法也存在着一系列自身难以克服的缺陷。第一，较一元判别模型，该模型更为复杂，需要花费大量时间进行数据的收集和分析工作。第二，多元线性模型建立在统计和数学的基础上，本身就有一个很严格的假设条件，即要求样本组内分布为近似正态分布，组内斜方差矩阵相等，而在实际判别分析的操作中，搜集的数据大都来自非正态总体，在这种不满足假设前提下所得到的预测结果可能是有偏的，这无疑会降低预测精度。第三，在样本选择时，财务困境组与非财务困境组(即控制组)之间要一一配对，配对标准的确定是一个很大的难题。

(2) 多元回归判别模型。为了克服多元线性判别方法的局限性，多元回归判别方法被引入财务困境预警研究。该判别方法是用于分析选用样本在财务失败概率区间上的分布以及两类判别错误和分割点的关系，其目标是研判观察对象的财务状况和经营风险。多元回归模型包括多元逻辑回归(Logit)和多元概率比回归(Probit)。

① 多元逻辑回归模型。该方法假设条件发生的概率符合逻辑分布并由线性概率模型衍生而来：

$$Z_i = \alpha + \sum_{j=1}^{k} \beta_j x_{ij} \varepsilon_i$$

其中：Z_i 为因变量，是二元反应值，其值为 0 或 1；X_{ij} 为解释变量，$i=1,2,3,\cdots,n$，$j=1,2,3,\cdots,k$；β_j 为参数；ε_i 为相互独立且均值为零的随机变量。由于线性概率模型计算出来 Z_i 不一定落在 $(0,1)$，所以需要进行转换，Logit 模型采用 Logistic 累计概率函数来校正线性概率函数的缺点，通过转换得：

$$P_i = F(Z_i) = \frac{1}{1+e^{-2i}}$$

Logit 模型参数的估计运用最大似然估计法。假设企业财务陷入困境的概率 P：如果 $P>0.5$，则企业财务陷入困境的概率比较大；如果 $P<0.5$，则表示企业财务处于健康状态的概率比较大。

② 多元概率比回归模型。Probit 模型与 Logit 模型在目的以及基本思想方面有很大的相似之处，也是由线性概率模型演变而来，通过已累计均匀概率函数对模型进行交换，最后得到累计标准正态分布函数：

$$F = (\alpha + \beta x_i) = \int_{-\infty}^{\alpha+\beta x_i} \frac{1}{(2P)^{1/2}} e^{t^2/2} dz$$

其模型判别规则与 Logit 模型一样：如果 $P>0.5$，则企业破产概率较大；若 $P<0.5$，则表示企业经营正常的概率比较大。

Logit 回归模型最大的优点是预测变量不需要服从多元正态分布和两个样本组的协方差矩阵相等的条件，从而使其使用范围较为广泛。Probit 模型与 Logit 模型都采用最大似然法获得最大似然统计量。两者之间最大的不同点在于：Logit 模型不需要严格的假设条件；Probit 模型则需要假设残差项为正态分布、自变量之间没有共线性存在、样本数为非回归参数个数等，因而在应用中会受到一定的限制。但是，Probit 模型的预测精度却比 Logit 模型更高。作为多元回归模型，二者都同时具有自身难以克服的缺陷，主要表现包括：第一，由于模型都采用了极大似然估计法，计算程序较为复杂；第二，由于在数据计算过程中运用了许多近似处理，势必对预测结果的精度有所影响；第三，在判定分割点的选取上，误差成本往往很难取得，理论上并不存在最优分割点，从而降低了模型的预测能力和外部有效性。

(3) 人工神经网络模型。人工神经网络模型是一种平行分散处理模型，其构建的理念是基于人类大脑神经运作的模拟。人工神经网络模型的原理是将用来衡量企业财务状况的建模变量作为神经网络的输入向量，将代表分类结果的量作为神经网络的输出向量，用训练样本来训练这个网络，由训练样本中的财务困境企业和财务正常企业的输入向量得出区分两类不同企业的输出向量，一旦训练完毕，便可作为企业财务困境预测的工具。

神经网络判别模型具有其他方法无法比拟的优点：第一，纠错能力较强，克服了统计方法的诸多限制，其对数据要求不严格，不需要考虑是否服从正态分布假设；第二，主要根据所提供的数据通过学习和训练，找出输入与输出之间的内在联系，从而求得问题的解，它不是完全依据对问题的经验知识和规则，所以具有自适应功能，对弱化权重确定中的人为隐私是十分有益的;第三,在实际财务困境预测中,各个因素相互影响,情况十分复杂,会呈现出非线性关系,人工神经网络为处理这类非线性问题提供了强有力的工具。

尽管如此,该模型的局限性也不容忽视:其一,其构建是基于对人体大脑神经的模拟,这一理论基础的科学性和准确性还有待进一步加强与检验;其二,在研究中发现,该模型的预测效果不稳定,会影响预测精度。

多元判别分析模型是根据特定样本建立起来的判别模型,因而根据一个地区(或时期)样本企业建立的判别分析模型可能无法有效地对另一个地区(或时期)的企业进行预测。此外,多元判别分析模型的有用性差,导致理论研究热而实际应用冷的尴尬局面。

(三) 财务危机预警模式运用应注意的问题

随着统计技术、计算机技术的不断发展,归纳分类、人工智能、神经网络模型以及实验等技术逐渐被引入企业财务预警研究。然而,无论采用什么统计技术和研究方法,企业财务预警系统中还存在着诸多问题,主要表现在:① 缺乏系统的理论指导,尽管学者从委托代理、交易费用和产权关系等企业制度环境和制度安排方面做了大量的阐述,并借助企业生命周期理论、企业进化理论对企业失败现象进行解释,但它们还不够完善,不足以系统地解释企业失败的原因,还远远不能准确地确定财务预警模型中应包括的预测变量;② 在方法上,选择的预测变量往往是企业陷入财务困境的征兆而非原因,选择的财务变量具有片面性、滞后性和多重共线性,样本选取上存在困难,容易忽略非财务指标因素。

因此,我国企业在运用财务危机预警模型时应注意四个问题。

(1) 增强模型对我国企业适用性。目前,企业财务危机预警模型的运用大多照搬国外的研究成果,模型本身的发展和创新方面比较弱,所构建的财务危机预警模型无论是在指标选取权数的确定还是评价标准的高低上都存在显著的不一致性,这必将导致所构建的财务危机预警模型不能完全适应企业所面临的实际发展环境;另外,企业在构建财务危机预警模型后,往往需要通过统计数据来确定其有效性,而我国证券市场样本容量小,上市公司法人治理结构有待改善。这都需要我们在现有条件下,克服困难,不断探索真正适合我国企业现状的财务危机预警模型。

(2) 及时维护与更新模型以提高准确性。财务危机预警模型是随着实际运用的发展而不断完善、更新的。不同时期宏观经济环境和会计处理方法的不同,因而建立模型的财务数据具有鲜明的时效性,模型也具有时效性,这就使每隔数年对模型进行更新成为必要;同时,模型是为深入分析数据服务的,因而可以多种方法建立不同的财务危机预警模型,而且建模后应继续评价模型的有效性和精确度,并检验模型的理论基础,以便在模型的实践应用中提高预测能力。

(3) 注重使用非财务指标以及定性分析方法。财务危机预警模型在选择自变量时均采用可量化的财务指标,在评价方法上均采用数学评价方法,这使得财务危机预警信号较为客观和精确。但是,财务危机预警是一个动态的概念,不仅仅指企业破产或不能持续经营等现象可能产生,企业管理者的风险意识高低、财务人员的认识深浅、企业目前的生存环境是否发生变化等非量化或主观性的因素也在很大程度上影响对企业财务风险的评价。因此,结合定量分析方法,管理者们也要考虑到重要的非财务指标和定性分析方法对企业财务风险的影响,从而更加全面地判断企业面临的风险。

(4) 克服财务指标与样本选取局限。各种模型都有其财务指标选择的侧重点,从某种程度来讲,这种侧重因忽视了其他方面的财务指标而存在一定的片面性。一方面,现有的财务危机预警模型大多比较重视对上市公司提供的资产负债表和利润表中数据指标的运用,而容易忽视对现金流量表和上市公司提供的其他数据的运用;另一方面,不同的样本选取也会对财务危机预警模型的适用性有很大影响,比如不同的国家和地区、不同行业以及不同的研究区间的选取等。

三、财务预警系统的运行机制

企业财务预警系统运作的一般流程包括:分析现状,了解企业目前财务管理系统工作的状态,详细调查收集财务信息,并对其进行分析、加工、归纳;辨别风险,按照标准化、专业化的原则去发现企业财务风险,经反复研究后,能比较准确地指出风险所在,发现财务隐患;制定对策,当财务风险明确以后,就可以制定备选的化解企业财务风险的具体方案,并从多个备选方案中选择较优化的方案;实施对策,在实施对策之前,要向有关人员详细地讲解该对策实施的目的、过程及效果,并将职责落实到每个部门及有关部门人员,按照对策的要求进行工作;效果评价,对预警的实施对策进一步观察矫正,不断发现新问题,及时改进对策,强化信息反馈功能,评价对策的实施效果。

根据企业财务预警系统构建的动态化原则,一个完整的企业财务预警系统的有效性、及时性及自我修复性主要体现在其建立了一个动态监测体系,从而可以通过中间控制过程、调节传导机制,动态调整临界值,自我更正系统中的偏差及不足,并可以根据预测子系统的结果分析,及时找到企业财务风险所在。

中间控制过程是企业财务预警系统运行机制的一个组成部分,充分体现了对企业财务风险的管理,要设立一些企业财务风险中间控制行为来连接企业财务预警系统,修正控制效果。具体而言,首先是确定一些相关的财务风险变量,经数理技术处理后合成为中间目标;然后根据国际惯例或公认的安全指针值,考虑自身的具体情况,确立中间目标的默认值,形成多等级的预警临界值;在预警指标体系建立后,相应的动态监测系统开始运作,通过对企业相关财务风险预测变量的跟踪监测,依据中间目标的预计临界值进行不同等级警情的预报,而且可以通过反馈的信息在一定的自检程序下,修正不合理或脱离实际情况的预警临界值的预设,从而使企业财务风险监测与预警系统成为动静结合、具有进化特征的有效系统。

企业财务预警系统的调节传导机制是指企业财务预警系统通过运用各种预警信号的传递,控制企业财务风险管理工具实施和应用的效果,最终影响企业财务风险的大小和结构,以改善资产质量和状态,达到中间控制目标默认值的过程或作用形式。

第四节　财务危机的处理

财务危机的处理是在财务危机既已发生的情况下采取的化解对策,它要处理的是高偏警情,与财务风险的日常监控不同,需要一个快速的反应机制,以最大限度地减少和降低财务危机给企业带来的危害,使其免于走向财务危机的终点——破产(企业失败)。

一、危机处理机制的构建

(一)构建原则

在构建危机处理机制时应该遵循四个原则。

1. 完整性原则

财务危机处理包含了危机的分析、决策和处理三个方面。这三个方面是财务危机处理机制的有机组成部分,缺一不可,同时还要保证各个方面的协调与统一。

2. 及时性原则

财务危机从产生到扩大,其速度非常快,时间拖延得越长,企业的损失就越大。因此,要在危机警报发出后的第一时间迅速做出反应,及时采取防范措施。

3. 组织性原则

从管理学的角度看,任何一项管理活动的实施者都是个人或组织。财务危机处理同样需要实施者,在财务危机处理体系中建立相应的组织机构,作为顺利达成财务危机处理目标的保障。

4. 有效性原则

应根据不同的财务危机采取不同的危机处理方法,这些方法应当能够帮助企业转危为安。

(二)体系结构设计

按照上述原则,构建的危机处理机制体系架构如图 8-1 所示。

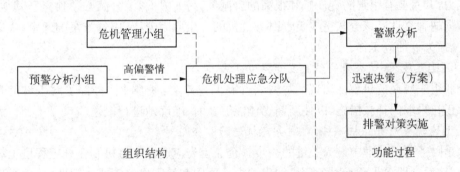

图 8-1 财务危机处理机制体系结构及运行示意图

具体包含两个有机部分。

1. 组织机构

财务危机处理机制的执行组织是危机处理应急分队,由专门人员组成,向上对危机管理小组负责。它的职能主要是分析财务危机产生的原因,迅速决策,做出应变计划,实施这一计划下的排警对策。其信息来源是预警分析小组的高偏警情预报。这里需要注意的是,并不是建立了财务危机处理应急分队就能够迅速地做出反应,这需要构成这一分队的成员具有强烈的危机意识和先进的危机理念。企业要从战略高度上树立强烈的危机意识和先进的危机理念,并将其深刻融入企业文化,使企业上下均能铭记于心。

2. 功能过程

这一有机部分其实是危机处理应急分队处理财务危机需要做的各项工作的先后顺序,

具体包含三项工作：

（1）对产生财务危机的警源进行分析，找出出现问题的部门、环节和症结，从而确定处理该财务危机的切入点；

（2）以此为依据，迅速起草应急方案，提出应对措施；

（3）实施排警对策，这些对策是在深入分析警源的情况下提出的，它能够有效地化解财务危机。

有效化解财务危机后，并不意味着财务危机处理的结束，而应该在此基础上总结经验和教训，针对容易发生风险和危机的环节、因素加强预防和控制，以防其再次发生。即使同一危机再次发生，因为有现成的方案，可以省略前两项工作，直接实施原有方案，为迅速化解财务危机赢得了宝贵的时间。因此，做好危机总结是不可或缺的。

二、危机处理机制的实施

发生财务危机后，处理危机刻不容缓，企业必须果断行动，力求在危机损害扩大之前控制住危机。企业必须事前有一套制度化、系统化的危机处理组织和业务流程。危机处理组织应该时刻对危机有充足的准备，一旦发生财务危机，可以冷静应对、及时处理，最终化解危机。其业务流程如下所述。

1. 立即启动财务危机应急分队

一方面，该分队成员必须具备较宽的知识面、良好的心理素质，以及较强的观察、分析和决策能力，并且要有很强的责任感和很高的忠诚度；另一方面，该分队必须独立于其他机构，具有较强的独立性。该分队主要负责财务危机的产生原因分析，应急方案的起草、决策和处理，以及损失评估等工作。

2. 迅速开展统一、公开的信息发布活动

企业组织应在危机事件出现后尽快召开新闻发布会，使企业内外部了解事件的真相以及企业正在采取的补救措施，以使新闻媒体能够及时、准确地进行报道。

3. 迅速调查财务危机事件，对财务危机进行积极应对

这是财务危机处理中最为关键的一步。企业首先应通过应急机制在一定程度上缓解内外压力，然后立即深入调查财务危机发生的根本原因和暴露出的深层次问题，从而采取相应的策略以控制事态的发展。

4. 财务危机善后处理

企业应在较短时间内做出相应的人事、组织调整，追究相关责任人的责任，改变相关政策或方法。同时开展公关活动，以恢复企业形象，重塑企业信誉，挽回公众信心。

5. 财务危机总结

危机总结是危机处理的最后环节，失败是成功之母，人不能在同一个地方跌倒两次。财务危机所造成的巨大损失会给企业带来必要的教训，所以，对危机处理进行认真而系统的总结不可忽视。危机总结一般包含三个方面的内容。

（1）调查。对财务危机发生的原因以及相关预防和处理的措施进行系统的调查。

（2）评价。对财务危机处理工作进行全面的评价，包括对预警系统的组织和工作内容、危机应变计划、危机决策和处理等各个方面的评价，要详尽地列出财务危机处理工作中存在

的各种问题。

（3）整改。对财务危机处理中存在的各种问题综合归类，分别提出整改措施，并责成相关部门逐项落实。财务危机并不等同于企业失败，它只是企业在发展进程中遭遇的挫折，其中往往孕育着新的希望与转机。企业应将财务危机导致的巨大压力转化为强大的动力，驱使自己不断谋求技术、市场、管理和组织制度等方面的创新，实现企业的持续、健康发展。

三、财务危机处理的策略

面对财务危机，有的企业能够平稳度过，有的企业却轰然倒塌。要使得财务危机处理系统充分发挥效率，选择可行、有效的应对策略尤为重要。不同企业的财务状况千差万别，财务危机也有轻重缓急之分，应对策略自然就不一样。

（一）亏损型财务危机处理策略

从会计路径来讲，企业亏损产生的主要原因包括：收入降低，导致利润基础空间降低；费用水平高居不下，导致企业利润下降；投资过度，导致企业资金效用低下。因此，相应的应对措施包括两个方面。

1. 常规策略

所谓常规策略，是在不改变企业组织形式、股权关系的情况下，针对发生亏损不利局面的原因，从企业内部经营管理入手，整合和挖掘企业现有的各种资源，提升产品的竞争能力，扩大销售，降低成本，减少费用和损失，以达到转亏为盈目标的各种策略和措施。这些手段看似平常，但当这些常规策略作为扭转败局的手段使用时，如果运用得适当，将会比平时更加具有针对性，也更加有效。

2. 非常规策略

扭转亏损的非常规策略是指从改变企业的基本架构、产权结构等入手，重新进行资源配置或资源组合，以重塑企业的盈利能力、扭转企业亏损局面所采取的措施或策略。其主要方式有三种：一是资产剥离，另立公司；二是资产置换，优化资产结构；三是脱胎换骨，产业转移。也可以采用流程再造、组织机构扁平化、公司业务外包等纯管理手段，提升企业盈利能力。

常规策略是在原企业组织的框架内，从改善企业经营管理着手，充分调动、整合企业内外资源，通过提升和改善企业的盈利能力、资产营运能力，达到扭亏为盈的目标。非常规策略则是从打破企业现存的基本布局着手，通过企业内外部的资产重组，重塑企业的盈利能力，迅速扭转企业的亏损局面。

（二）偿付困难型财务危机处理策略

偿付困难型财务危机是以企业与各有关债权人之间的债权债务关系紧张，且涉及债务数额巨大为主要特征的财务危机。因此，偿付困难型财务危机处理主要是从改善企业与有关债权人之间的关系入手，采取相应的处理措施，化解企业与有关债权人之间的利益冲突，平衡各方利益的过程。其处理过程中应该调动和利用企业内外部可资利用的一切资源，有计划、分步骤偿还债务。

1. 对间接融资的第三方可采取的策略

在激烈竞争的市场中，企业为了保证持续经营，必须选择一家或多家银行与其建立良好的银企关系，以备不时之需。在发生偿付危机的情况下，企业可以向银行申请展期，或将短期贷款变为长期贷款,也可以借新债偿还旧债。当然采取这些措施的前提条件是银行对企业的资信等级没有下降,或者企业可以获得其他企业的贷款担保。

2. 对直接融资的第三方可采取的策略

目前,我国企业与企业之间的债权债务主要是经营活动产生的应收、应付。无法偿付其他企业债务时,取得债权人同意后可以采取以非现金资产偿还债务的方式,包括存货、短期投资、固定资产、长期债券、无形资产等。此外,在应对偿付困难型财务危机时,还可以在企业财务状况尚好时就采取预防措施,比如与长期供应商结成联盟,在企业发生财务危机时为保证企业日常经营而提供特别信用支持,甚至与供应商形成利益共同体,在财务危机时共同进退。

针对以上两类债权人,企业还可以采取债务转移、债务剥离、债转股、申请债务豁免、资产变卖或裁减员工等应对方法。债务转移是在与受让方协商一致的前提下取得债权人同意,将企业到期或已逾期未还的债务转移到受让单位,通常主要是通过债权债务等额置换的方式进行;债务剥离是在整体资产剥离方式下将其连带债务一起剥离出去;债转股是将债权转为股权,既能解除债务压力也能扩充企业资本;在迫不得已情况下,还可以通过资产变卖获得现金以偿付债务,并裁减员工、减少开支以缓解资金需求的压力。

3. 提升企业偿债能力的策略

在以上提及的策略中都只能救一时之需,解燃眉之急,不能从根本上改善企业的偿债能力。要改善偿债能力,企业可以进行债务重整,也可以在日常经营中采用一些方法控制企业的债务扩张,如采用售后回购、租赁等方式购置资产。当然,提高债务能力的根本之道在于增强企业的盈利质量。

(三) 破产型财务危机处理策略

破产是企业由于种种原因不能清偿到期债务,通过重整、和解或清算等法律程序调整债权债务关系,使得债权人公平受偿的行为。作为一种市场经济条件下的客观经济现象,破产要经历一个由破产申请到破产财产分配的全过程,重整程序、和解程序和破产清算程序是现代破产制度的三大基本程序。

1. 破产重整与和解

债务人在不能清偿到期债务,并且资产不足以清偿全部债务或者明显缺乏清偿能力时,债权人在债务人不能清偿到期债务的情形下,可以向人民法院提出重整、和解或破产申请。重整是对破产或者有可能出现破产的债务人制定重整计划,进行生产经营上的整顿,以使债务人摆脱困境、恢复生机;和解是债权人会议就企业延期清偿债务、减免债务数额等问题解决达成协议。重整与和解的制度安排为破产性财务危机提供了起死回生的机会。进入破产程序后,如果能充分调动债权人、所有股东、政府主管部门和战略投资者的积极性,通过资产重组、财务重整等措施,企业能反败为胜,摆脱原来的泥潭,步入新的天地。

2. 破产性财务危机的终结——破产清算

债权人或企业自己都可以提出破产申请,通过司法程序处理财务危机。但是,进入破产清算程序的破产企业,各自的状况是不一样的,有一些尚具整体生产经营能力或尚有一定利用潜质的企业,可以对主体资产进行整体拍卖,由实力强的企业兼并,以实现其整体价值,并在新的经济实体中获得新生。对那些不具整体资产拍卖条件的破产企业,也应尽可能收回和处理破产资产,清理债权,公平、合理、有序地清偿债务,妥善处理职工失业救济和安置事宜,使破产企业顺利地"消亡"。

本 章 小 结

财务危机是财务状况恶化的经济现象,是由于企业现金流量不足、无力偿还到期债务而被迫采取非常措施的一种状况,其表现为不同的轻重程度。这种经济现象的出现可能最终导致财务关系破裂,从而对企业的持续经营形成潜在或实际的威胁。财务危机具有积累性、突发性、多样性、必然性和二重性等特征。财务危机按照引发财务危机诱因划分为系统性财务危机和非系统性财务危机,按财务危机的发展速度划分为渐进型财务危机和突发型财务危机,按财务危机的外在表现特征划分为亏损型财务危机、偿付困难型财务危机和破产型财务危机。

企业财务危机管理是指组织或个人在财务运作过程中通过危机监督、危机预控、危机决策和危机处理等手段,避免和减少危机产生的危害,直至将危机转化为机会的过程。财务危机管理有着自己独立的体系,它由危机预处理、危机总结和危机恢复等部分构成,其基本职能是事前的预防和事后的处理,最终目标是加强防范、未雨绸缪,将危机扼杀在潜在阶段,尽可能减少危机对企业经营的负面影响。

财务危机预警系统是通过设置并观察一些敏感性财务指标的变化,而对企业可能或将要面临的财务危机事先进行预测预报的财务分析系统。财务危机预警系统包括财务危机预警组织机制、预警信息机制、预警分析机制和预警管理机制。财务危机预警的模式有定性模式和定量模式。定性模式是依靠人们的主观分析判断进行财务危机预警分析,主要方法有标准化调查法、四阶段症状分析法、流程图分析法、管理评分法等。定量模式有单变量模型和多元判别分析模型(多元线性判别模型、多元回归判别模型)。

财务危机的处理是在财务危机既已发生的情况下采取的化解对策。危机处理机制体系包括组织机构和功能过程。危机处理机制的实施业务流程包括立即启动财务危机应急分队,迅速开展统一、公开的信息发布活动,迅速调查财务危机事件,对财务危机进行积极应对,财务危机善后处理,以及财务危机总结。不同企业的财务状况千差万别,财务危机也有轻重缓急之分,应对策略也不一样。亏损型财务危机处理策略包括常规策略和非常规策略,偿付困难型财务危机处理策略分为对间接融资的第三方可采取的策略、对直接融资的第三方可采取的策略和提升企业偿债能力的策略,破产型财务危机处理策略包括破产重整与和解,以及破产型财务危机的终结——破产清算。

复习思考题

1. 如何理解财务危机的内涵?财务危机有哪些特征?
2. 财务危机与财务风险的关系是怎样的?
3. 财务危机管理的基本职能是什么?
4. 财务危机管理系统的构成是怎样的?
5. 财务危机预警系统的功能和作用是什么?
6. 财务危机预警系统的构成是怎样的?
7. 财务危机预警模式有哪些?运用预警模式时应注意哪些问题?
8. 财务危机处理的流程是怎样的?
9. 怎样理解财务危机处理策略?

第九章　企业集团财务管理

> **引导案例**
>
> 　　自2012年起,新日恒力营业收入和归属于母公司所有者的净利润几乎逐年下降,经营状况低迷,为助力公司多元化战略、增强盈利能力、提升公司价值,新日恒力试图通过跨界并购优化资产结构。2017年12月27日,新日恒力发布关于子公司博雅公司2017年度预审计工作不能正常进行的公告。公告表示,集团于2017年12月24日邮件通知博雅公司:聘请的审计人员将于12月25日前往博雅进行2017年度审计,请予以配合。然而接待人员以未接到领导通知为由拒绝配合;公司于12月25日再次通知,接待人员再次以此理由拒绝配合。至此,博雅2017年度预审计工作不能正常进行,新日恒力失去对子公司博雅的控制。
>
> 　　在现代企业财务管理中,如果说绝对集权在操作中可能会使企业陷于"老年症",那么,绝对分权的施行也会给企业带来"千金散尽不复来"的切肤之痛。经济全球化使得多元化发展战略深受企业追捧,而企业也倾向于通过并购重组来扩张商业版图,面对产业众多、分布广泛、发展阶段不同的下属公司,如何建立一个有效的集团财务管理体系,保证集团战略规划和战略控制的实现,是目前实业公司财务管理必须面对和解决的重要课题。

学习目的和要求

　　通过本章的学习,应理解企业集团财务管理的发展、概念、财务管理体制、财务控制体系等内容,为进一步学习企业集团财务控制打好基础。学习集团公司与子公司的财务关系,掌握企业集团财务控制体制,即集权与分权的基本内容及优缺点,重点掌握企业集团财务控制体系的构建。

第一节　企业集团财务管理概述

一、企业集团财务基本概念

（一）企业集团

　　企业集团是现代市场经济发展到一定阶段的必然产物。企业集团最接近的英文名为

conglomerates，意指综合性大企业。这在许多情况下，是与把企业集团视为规模巨大的企业聚合(corporate group)相一致的。企业集团(business group)的概念最早出现在20世纪50年代的日本。由于世界各国企业集团的具体形式不同，其内涵与外延一直处于变化之中，现在学术界对此仍无定论。日本学者金森久雄等在1986年主编的《经济辞典》中将企业集团定义为"多数企业互相保持独立性，并互相持股，在金融关系、人员派遣、原材料供应、产品销售、制造技术等方面建立紧密关系而协调行动的企业群体"。我国理论界与实务界对企业集团的认识大致分为两种：一种是传统认识，认为企业集团是由核心企业、紧密层企业、半紧密层企业、松散协作层企业构成的经济联合体或企业群体；另一种则基于现代意义上的企业集团概念，它以产权关系的建立来规范企业集团间的关系与内涵。在第二种认识之下，企业集团可完整地定义如下：它是以一个实力雄厚（资本、产品、技术、管理、人才、市场网络等实力）的大型企业为核心，以产权联结为主要纽带，并辅以产品、技术、经济、契约等多种纽带，将多个企业、事业单位联结在一起，具有多层次结构的以母子公司为主体的多法人经济联合体，它是在经济上统一控制、协调而在法律上又各自独立的企业联合体。

（二）集团公司

在我国企业集团的形成与发展过程中，企业集团与集团公司（核心企业）的关系常常十分模糊，许多人往往把集团公司和企业集团混为一谈，其实两者并非同一事物。一般情况下，企业集团由集团公司或母公司、子公司和孙公司、分公司及其他相关企业组成，其中集团公司为企业集团的核心企业，分公司、子或孙公司等为紧密层企业，许多相关企业则作为松散层企业而存在。集团公司之所以也称为母公司是因为企业集团是在集团公司的基础上发展起来的，集团公司作为最初的形态，一般又有自己独立的核心竞争力和一定的规模优势。面对日益加剧的市场竞争环境，集团公司根据自身未来战略发展要求，投资建立分公司，并在此基础上进一步进行资本和资产扩张，采用投资组建、收购兼并等方式拥有和控制各子公司，子公司又通过上述方式控制孙公司，这样以产权为基本纽带联结起各子公司，就形成了以母公司为主导的由一系列相关企业构成的"塔型结构"的企业集团组织形式。

集团公司作为一个经济实体，具有独立的法人资格，一般都具有较强的经济实力，拥有竞争力较强的核心产业和技术优势，在达到一定的规模和实力后，通过横向或纵向兼并、收购或投资控股拥有对各子公司的绝对控制权和相对控制权，利用制定的企业集团组织章程、发展战略、管理制度等来协调约束企业集团内成员的行为，实现企业集团的资源配置效应、战略协同效应和管理协调效应。

（三）企业集团与集团公司的联系与区别

企业集团和集团公司的关系应该是组织整体与组织核心的关系。企业集团区别于一般经济联合体的一个重要和基本标志，是它有一个具有强大控制力和影响力的核心。集团公司是集团核心的一种具体形式，集团公司是企业集团中居绝对控制地位的集团公司。它在企业集团中起主导作用，通过多种联结纽带决定、影响和引导众多企业的经营方向、发展战略、产品类型、市场定位，对一个国家、地区、产业的经济发展起到重大影响作用。也正因为如此，在这个公司之前要冠以"集团"，以区别于一般的公司。

集团公司不是企业集团这一个组织的整体，集团公司是一个经济实体，一个完整的企业。尽管集团公司的形成方式和具体形式可能多种多样，但不管其形成的途径、具体的形式如何不同，一旦成为集团公司，就必须是一个独立的法人企业，而不允许继续保留参加者的法人资格。在原有企业基础上建立的各种公司是集团公司的子公司,而不是原有企业法人资格的延续。

理论上,企业集团和集团公司都表现为通过扩大企业边界替代市场作用并节约净交易费用的一种组织形式。实际工作中,企业集团和集团公司仍然存在一定的差异的,其中最大的不同就在于企业集团不是法人,而集团公司是法人。具体区别包括以下四个方面。

(1) 隶属关系上,企业集团包含集团公司,集团公司隶属于企业集团。

(2) 财务管理模式上,企业集团有从集权到分权的多种选择,集团公司主要以集权为主。

(3) 财务管理主体方面,企业集团有多个财务管理主体,集团公司只有单一的财务管理主体。

(4) 服从的运作机制方面,企业集团既服从市场机制,自身又有组织机制,而集团公司服从市场机制。

(5) 主要作用上,企业集团是为追求整体最大利益的经济联合体,集团公司则是企业集团的核心层。

二、企业集团的历史演进

(一) 西方企业集团的产生与发展

从西方国家来看,企业集团是在商品经济高度发达、股份制经济日益普遍的条件下逐步产生和发展起来的,它标志着独立企业超大型化发展已受到严重阻碍。19 世纪末,随着资本主义发展进入垄断阶段,先后出现了像卡特尔(cartel)、辛迪加(syndicat)、托拉斯(trust)、康采恩(konzern)等经济联合体,大量的资本积累和集中为企业集团的形成提供了雄厚的经济基础。随着资本和产业规模的扩大和发展,以财团为主体、以产业为中心的企业集团逐渐发展,并形成了以核心产业为核心层的塔型企业集团组织结构。

欧美国家企业集团的壮大和发展是在自由市场经济体制下由现有核心企业根据自身发展需要,通过投资建立分公司、子公司,利用生产经营方式积累资金、扩大规模,然后采用兼并、收购等资本经营方式,发挥强大的杠杆效应进行扩张,最终形成具有国际影响力的大型企业集团。

以美国企业集团的发展历程为例,美国的企业集团管理主要经历了一个从分权到集权,再到适度分权的过程。从 1992 年上半年开始,美国开始了第五次兼并浪潮,这次兼并以增强国际竞争能力、占领国际市场为目标,兼并的范围也扩大到全球范围,从而形成了许多跨国的巨型企业集团。美国顺应经济全球化的发展,对一批企业集团进行了经营战略调整、业务重组和管理改革,从而使其保持良好的增长势头和竞争实力。如美国通用电气(GE)、国际商用机器(IBM)、美国电话电报(AT&T)等美国大型企业集团都相继进行了不同的战略调整、业务重组和管理改革,以增强其国际竞争力。经济全球化的发展使跨国型企业集团的相互竞争和兼并成为热潮。日本的索尼公司以 34.5 亿美元的价格购买了美国的哥伦比亚制片公司,三菱公司以 8.4 亿美元的价格购买了洛菲勒华尔传真大厦 51% 的股份,美国的福特公司以 16 亿英镑鲸吞了英国美洲虎公司 13.2% 的股份,成为其第一大股东,而英国的巴斯酿酒集团则以 13 亿英镑的价格吞并了美国假日饭店集团在北美的 1 389 家连锁饭店。这样的跨国兼并和联合的例子不胜枚举,几乎每日都在发生,跨国公司、无国界企业集团与日俱增,它们直接影响着国际经济发展的进程。

(二) 我国企业集团的产生与发展

改革开放以来,中国国有企业集团经历了从无到有、从小到大的产生和发展历程。考察这一历程,大体可以分为四个阶段。

1. 孕育和初始阶段(1979—1986 年)

1979 年前后,当传统的计划管理体制略有松动、企业自主权略有扩大之际,一些大型企业萌生了内在的企业扩张动机,如一汽、二汽等。1986 年 3 月,《国务院关于进一步推动横向经济联合若干问题的规定》指出:"企业之间的联合,是横向经济联合的基本形式,是发展的重点。企业之间的横向经济联合,不受地区、部门、行业界限的限制,不受所有制的限制。要积极发展原材料生产与加工企业之间的联合,生产企业与科研单位(包括大专院校)之间的联合,以及铁路、公路、水运、民航企业之间的联营,等等。这些联合,可以是专业化协作,也可以是人才、资源、资金、技术和商品购销等方面的联合。通过企业间的横向经济联合,逐步形成新型的经济联合组织,发展一批企业群体或企业集团。"由此,"企业集团"开始在我国的经济生活中出现。这一阶段企业集团的基本特征是开展企业横向经济联合。但是由于国有企业改革尚未深入,政企一时难以分开,企业对市场运作的机制还很不熟悉,企业集团的规模优势体现得还不明显,这个时期企业集团实力还不强。

2. 探索阶段(1987—1994 年)

大批比较规范的企业集团是在 1987 年随着对行政性公司或政企不分的公司的改革诞生的。这一阶段企业集团数量上的增长趋缓,并通过深化企业改革,使那些不具备企业集团基本条件的企业联合体,经过兼并、合并、控股、参股等形式,积极向深层次联合体发展。国家通过把行业或地区的行政机构改组建成了一大批企业集团,出现了"集而不团"的怪现象。吉林森林工业(集团)总公司就是在 1994 年 3 月正式组建的国家首批 57 户大型试点集团公司之一,2000 年 12 月经吉林省政府批准,与省林业厅政企分开,是省政府出资设立的国有资本营运机构。

3. 成长阶段(1994—2000 年)

1994 年 7 月 1 日颁布的《公司法》是我国第一部明确阐述企业性质,明确界定企业与市场、企业与政府职责的经济大法,标志着企业集团进入健康发展阶段。作为企业组织更高级形式的企业集团,无论是企业集团的核心企业即集团公司的设立,还是企业集团成员企业相互关系的处理,都有了法律依据。转轨时期计划经济的诸多弊端,如企业产权关系不清、政企不分、企业法人实体利益得不到保障等问题,也都被纳入需要依法治理的范围。党的十五大召开,在所有制结构和公有制实现形式上有了重大突破,肯定了股份制和股份合作制在我国企业重组改造中的积极作用,提出要发展跨地区、跨行业、跨所有制和跨国经营的大型企业集团,为我国国有企业集团的健康发展进一步指明了方向。这一阶段,一方面,政府行政机构或行业重组的"翻牌企业集团"依然盛行,企业集团控制力比较差的问题依然存在;另一方面,依靠市场为联结的企业集团的运作逐步规范,民营企业集团也发展起来。以延边林业集团的组建为例,新中国成立后延边地区共建了 10 个国有森工局。1984 年,延边朝鲜族自治州境内的重点国有森工企业下放给该州管理,成立了延边林业管理局(副地级建制),统一管理境内所辖森工企业。1985 年,延边林业管理局与延边州林业局合并,负责全州的林业行业管理。1998年10月,经吉林省政府批准,组建了吉林延边林业集团,实际上是原林业管理局"翻牌"成为企业集团。

4. 发展阶段(2001年以后)

伴随着中国加入世贸组织(World Trade Organization,WTO)的步伐,2001年年底,国务院转发了国家经贸委等部门《关于发展具有国际竞争力的大型企业集团指导意见》,赋予大型企业集团(主要是大型国有企业集团)重要的历史使命。为参与国际竞争,我国的企业集团开始全面摆脱政府的行政束缚和政策依赖,加强企业集团的科学化管理,提高企业的市场竞争能力。一些大型企业集团如中国石油集团、中国移动、海尔集团等纷纷走出国门,在海外资本市场直接融资或投资,参与国际市场竞争。以此为契机,一些国有企业集团纷纷开展了以企业集团化经营为主要内容的体制改革与机制转换,按照市场规律运作,通过产业结构调整明确企业集团的核心业务,通过资产重组实现资源的优化配置,逐步步入健康发展的轨道。这一阶段,企业集团在国家垄断的行业如石油、电力等行业稳步发展,经济效益大幅提升。在竞争性领域,按照国家的战略部署,国有资本逐步退出,但国有企业集团依然是整个经济中的重要力量,拥有海尔、长虹等一大批优秀的企业集团。

三、企业集团的类型

企业集团作为一种母子公司体制,分为三种基本类型,即产业型集团、控股型集团与混合型集团。

(一)产业型集团

产业型企业集团又称为依托型企业集团,指集团公司直接参与经营的企业集团,并由这个实力雄厚的主体企业的职能机构兼任企业集团本部的职能机构,对成员企业实行管理。它肩负着集团公司本身的生产经营管理以及对成员企业的股权管理功能。采用这种组织结构模式的企业集团有两种可能:一种可能性是多元化发展程度较低(并不一定规模小),而成员企业产品与集团公司自身经营的主导产品有着相当大的相关性,集团公司的职能部门能够担当起成员企业的管理工作;另一种可能性是集团的总体规模较小,成员企业数量较少,行业也较单一,相比之下,集团成员企业的管理工作量较小,集团公司的职能部门完全能够担当起成员企业的管理职能。第一类企业集团的例子较多,如汽车制造业、造船业、石油化工业、矿山资源业等规模虽大,但多元化低的行业;而第二类则是企业集团初期发展的雏形。

对第一类企业集团而言,集团公司自身经营企业集团的主导产品,通过纵向一体化并购其主导产品的上下游企业成为企业集团的成员企业,并为企业集团服务。由于这种企业集团产品的高度相关性以及产品生产的高度依赖性,这种关联度不论对集团公司本身,还是对成员企业而言,都使双方的资产专用性大大提高,使得整个企业集团的生产必须在一个严格的系统计划和强有力的集权安排下进行。如果没有这种集权的保证,任何一方(主要指的是成员企业一方)的机会主义选择虽然给自己造成的损失也许很小,但都有可能使企业集团的整体生产计划出现问题,从而失去了纵向一体化,无法解决资产专用性带来的潜在的高交易费用风险。所以对于这种类型的企业集团,一般都采用高度集权的集权模式。即使集团公司在产权上并不一定完全合法地拥有对上下游成员企业的绝对控制权,这种产品的生产特性也要求集团公司和成员企业能通过市场契约的方式,弥补这种不足。一般而言,这种组织结构的集团公司拥有成员企业的生产任务计划权、中间价格定价权、投资权,以及与这种生产相关的所有权力。也就是除了一般的后勤保障之外,集团公司拥有对成员企业的绝对控制权。

(二)控股型集团

在控股型集团中,母公司作为单纯的集团公司(holding company),其设立目的只是掌握子公司的股份,控制子公司的股权,然后利用其控制权影响子公司的监事会,从而支配被控子公司的生产与经营活动,母公司并不直接参与生产经营,因而又被称为纯粹式企业集团或资本型集团。

(三)混合型集团

混合型集团的母公司既从事股权控制,又直接进行生产经营。一方面,它利用控股优势对子公司的生产经营进行集团化管理,使下属子公司的生产经营符合企业集团的发展战略;另一方面,它又实际参与生产经营,扮演着企业集团核心企业的角色。因此,混合型集团又被称为产业型企业集团,我国目前的企业集团多属此类(如江西铜业集团)。

企业集团的子公司或关联公司是由资本纽带维持其相互关系的,或控股或参股,如果不加以特别强调,我们都将其定义为成员企业。母公司与子公司对应,核心企业与成员企业对应。不仅如此,企业集团还有更为外围的企业,它们与企业集团的核心企业或成员企业并不存在资本上的"血缘"关系,但对核心企业或其他成员企业在业务经营上起着全面的支持作用,按照前述的定义,他们统称为企业集团协作企业。

四、集团公司与子公司财务关系

在企业集团内部,集团公司与其下属子公司都是相互独立的企业法人,遵循民法的基本通则,体现各自独立的社会化人格,但为了达成资源整合与管理协同效应,作为管理总部的母公司必须充分发挥主导功能,为企业集团整体及其各阶层成员企业的协调有序运行确立行为的规范与准则。企业集团各成员均必须遵循这些一体化的统一规范,将各自的权利地位纳入企业集团统一的目标、政策的规范或秩序约束之下。因此,企业集团中具有相互独立法人资格的母公司和子公司要在一个特定的法人联合体的系统框架下进行权力与地位的整合重组,对各自在企业集团中的角色予以准确定位,并界定主要管理关系。

(一)企业集团母子关系定位

作为企业集团母公司,以资本为纽带,实行产权管理,通过母公司对子公司实行有控制的放权,有效界定管与放的职责范围,明确母公司和子公司各自的权利角色和职能分配,以此为基础构筑母公司和子公司管理体系。子公司作为独立法人实体,依法独立核算、自负盈亏、自主经营。母公司只能通过各子公司董事会对子公司实行间接管理,母公司及其职能部门除已有按规定程序制定的章程、条例、制度、契约明文规定及相关授权外,不得干涉各下属子公司的具体经营管理活动。

这样在企业集团内形成两类责任中心:母公司作为企业集团的投资决策中心从事资本运营,追求投资回报的最大化和企业集团整体价值的最大化;各子公司作为企业集团的利润中心,拥有全部的法人财产权,独立承担民事责任和享有民事权利,依法独立经营,最大限度地追求效益的增长;母公司的费用中心及子公司的分支机构是成本中心,其主要职责是在严格控制成本费用的过程中完成生产计划和提供优质服务。

在投资决策层面上,母公司应强化人力资源管理、财务管理、投资管理和企业文化等功能,并形成企业集团有效的监控机制,使企业集团管理职能适应子公司自主经营的需要,并符合企业集团对子公司实现有效监管的要求。在利润中心和成本中心构成的经营层面,对企业集团内的存量资源实行优化配置,并进行适度的投入,形成增量资产带动产业升级。

企业集团母公司与下属公司之间的关系,事实上就是一种控股公司与子公司的关系。在这层关系中,首先必须明确母公司地位。以下结合江西铜业集团进行分析说明。

1. 母公司处于所有者地位

以江铜集团为例,江铜集团母公司下属共有21家全资子公司和53家控股子公司,其中持有上市公司江铜股份有限公司44.06%股份,取得上市公司具有决定性表决权的股份,是上市公司的实际投资者和所有者,履行出资者职责,享有所有者权益。

2. 母公司处于管理者地位

采取母子公司形态,是资本所有者实现自身经济利益最大化的一种选择方式。企业集团母公司与子公司包括江铜股份之间以产权为纽带联结。母公司作为子公司及江铜股份的出资者,对于子公司及上市公司的控制行为和控制力度均以法定的出资者权利为基础。母公司与子公司之间的关系不仅相当紧密,而且存在管理与被管理关系,即母公司可以通过控制上市公司董事会,决定其主要管理人员、收益的分配等。

3. 母公司处于江铜集团的控股公司地位

控股公司是以母子公司体制为主导的集团公司,企业集团内公司关系是以母子形态存在。与其他类型企业集团相比,控股公司对企业集团内各子公司的控制更为严格,利益关系更为紧密。母公司作为控股公司的地位相当于集团总部。

(二) 集团公司与子公司权责关系

基于企业集团母公司所处地位,母公司与子公司之间形成所有者与经营者、管理者与被管理者、母公司与子公司、集团公司与集团成员的关系。在江铜集团中,母公司是企业集团的管理总部,可以以企业集团整体的名义对内行使管理权,并对外联络。

1. 产权管理

企业集团母公司通过委托或选派高层经营管理人员,行使股东权利,对子公司的重大经营决策及业务活动进行控制、施加影响;对控股子公司,母公司可根据所拥有产权和股权比例选派董事会成员,对董事会决策施加影响,对于股份有限公司设立股东会的,则可以根据在股东会上的表决权数,对股东会所做的经营决策加以控制;母公司享有子公司的投资收益权。此外,母公司对其向子公司派出的董事、监事、高层经营管理人员实施监督和考核。对派到子公司的相关人员,视同母公司的内部人员,依母公司的相关制度进行管理、考核和奖惩。

2. 经营管理

母公司作为资产的所有者,其主要职责包括:研究制定企业集团的战略发展方向和发展目标;负责战略性投资和资源的有效配置;从事资本运作,拓展融资渠道,改善融资方式;制定基本管理制度和政策及进行有效的监督和考核,行使集中、全局、综合性的管理职能。母公司在企业集团中承担投资和战略中心、计划和财务中心、政策和监督中心、指导和服务中心四个主要角色,此外还要视情况进行品牌管理和企业文化管理。

(1) 战略设计和投资管理。母公司应当制定企业集团发展战略,提出指导性、长期性和全局性企业集团发展战略,拟定战略重点,确定战略步骤,明确实施方案;管理子公司发展战略,评估子公司发展战略、发展方向和战略规划;审核中长期规划和重大投融资计划;确定企业集团业务经营范围,进入、退出或调整经营领域,并发掘和建立带来协同效应的经营方式。母公司应将战略研究、组织实施与战略控制有机结合,减少重大决策失误和提高决策实施的成功率;建立科学的决策程序和重大失误责任追究制度,形成对投资的有效管理;优化资源配置,积极利用资本市场,推进产权多元化。

(2) 资产管理和计划财务管理。资产管理和计划财务管理是公司管理体制下最重要的管理职能之一,是推行母子公司管理体制成败的关键之一。

(3) 政策制定和监督考核。母公司应制定竞争和激励机制、风险和保障机制等主要政策,对子公司的经营和管理进行政策调控;建立考核和监督机制,对子公司的经营管理过程进行监督,对其经营结果和业绩进行考核。

(4) 日常管理指导和服务。母公司的职能部门对子公司运作过程实施经常性的指导、协作和服务;母公司职能部门接受子公司董事会委托和授权,对子公司行使管理监督权。

(5) 品牌管理。集团公司对企业集团的品牌和声誉负责,对企业集团品牌(商标)专用权统一管理、统一使用、统一规划。所有子公司都共用统一品牌和标志,在统一商标下拓展市场、开展业务。同时,与新闻媒体、中介机构、政府管理和监管部门、股东、债权人、客户群和供应商保持良好关系。

(6) 企业文化管理。集团公司统一制定企业集团文化建设总体纲要,确定企业集团文化建设实施方案。各子公司作为企业集团成员,采用统一的企业文化,树立企业集团整体形象。

母公司通过强化总部战略和投资管理、计划和财务管理、政策制定和监督考核,以及人力资源管理、行政管理、物流管理和企业文化管理等功能,形成母公司对子公司有效的管理和监控机制,使母公司管理职能适应子公司自主经营的需要,并符合母公司对子公司进行有效监管的要求。

(三) 母子公司关系问题的核心

"公司股东作为出资者按投入公司的资本额享有所有者的资产受益、重大决策和选择管理者等权利"以及"公司享有股东投资形成的全部法人财产权",这是公司法的明确规定。企业集团中,母公司出资作为子公司的投资者,理应享有公司法所规定的三大基本权利。但同时,子公司作为独立法人又必须享有法人财产权。正确处理出资者权利和法人财产权的关系是解决母子公司关系问题的核心。

法人财产权是在出资人所有权的基础上派生出来的。法人财产权的运行不能超出出资人所有权的约束范围或脱离出资人的监管。因此,解决母子关系问题的基本原则是出资人所有权优先,即在集团公司与其子公司关系中,必须明确和坚持出资人监管经营者,出资人对子公司活动拥有最终决策的权利,这是对出资人所有权优先的承认和保障。在江铜集团中,企业集团母公司作为出资者对子公司活动拥有最终决策的权利。

出资者所有权优先必须体现在具体的权利划分上,否则,两者的关系仍然是抽象的。从国内外的实践来看,有六项权力出资者一般要保留:一是重要人事任免权;二是制定统一的企业集团发展战略和规划;三是股利分配和重大投资决策、资产交易决定权;四是子公司重大财产变动决定权;五是财务决算审定权;六是公司章程制定、修改权。这六项权利是出资者在公司人、财、物等方面拥有的重要权利。

(四) 母公司对子公司的调控方式

在企业集团的母子公司之间,母公司是其全资子公司的唯一股东,是控股子公司的最大股东,母公司除了自身直接进行生产经营活动外,主要负责对所属子公司的领导和管理,这是企业集团的内部事务。因此,母公司对子公司的控制支配权是股权的具体体现,具有股权性质,是母公司的法定权利。在企业集团中,处于控股地位的母公司利用其管理者的地位,可以采取以下方式对子公司进行调节控制。

1. 股权控制

实现股权控制的方式很多,派遣股权代表是一种普遍的方式。企业集团母公司可以通过一定的法律程序,依据所持股权的多少向子公司委派董事长、副董事长、执行董事、董事以及监事会主席、监事等高层人员。股权代表既是母公司的利益代表者,同时也是子公司的董事会或监事会成员。股权代表必须履行以下职责:一是维护母公司的合法权益,在子公司中贯彻落实母公司的战略目标;二是及时向母公司汇报其所在子公司的资金投向、经营效益、利润分配情况;三是监督子公司经理层的经营活动,对其经营绩效进行评价,并向母公司提出相应的奖惩及任免建议。

《公司法》规定,在董事会行使决策权和监事会行使监督权的过程中,对与股东权益相关的重大问题要及时向企业集团母公司通报或者经母公司同意,防止内部人控制和股东权益遭受损害。为了加强对外派董事、监事的管理,母公司要制定和落实外派董事、监事工作责任制,并定期进行述职考核等。

2. 人事控制

作为以资本为联结纽带组建的企业集团,其子公司管理层的人事权必须基本掌握在母公司手中。为了确保资本的安全和收益,母公司应当在高管人员任命制度方面进行必要的安排。高管人员的派遣通常有两种方式:一是由母公司的管理人员直接兼任子公司或关联公司的重要职务;二是由母公司向子公司或关联公司另行派遣。母公司对子公司的人事控制权是分层次的,主要取决于母公司与子公司之间股权联结的紧密程度。以江铜集团公司为例:对21家全资子公司,母公司具有完全的人事控制权;对53控股子公司,可以通过派遣主要管理人员控制其经营决策和经营管理,保证控制力度;对其他30家参股的子公司,母公司可以派遣管理人员参与其董事会,从而参与该企业的重大决策。

3. 战略管理

战略管理是指控制公司为实现资源互补、优势重组、统一发展、战略协调,指导主要成员企业发展规划、投资方向的管理行为。子公司要在母公司的长远发展战略和近期发展规划的指导下,制定或修订自己的发展战略和近期规划,并经董事会审议后报母公司批准。子公司的重大技术改造项目和对外的投资项目,以及对外收购、兼并、联合等重大事项,在董事会认真组织论证的基础上,要及时向母公司通报。

4. 财务监管

财务监管是指母公司为了维护投资资产的安全性、增值性和盈利性,对子公司的财务活动状况和资产运行质量进行监督管理的行为,子公司要向母公司定期报告财务状况,建立合并会计报表制度,并且保证所提供的生产经营信息、财务运作信息的真实性和准确性。母公司对子公司的经营状况要经常分析研究,对一些重大问题,如资产负债率、大额借贷、提供担保、库存积压等,要特别予以关注,及时发现问题并采取对应措施。子公司董事会任期届满时,母公司要委托社会中介机构进行任期业绩审计,作为奖惩的主要依据。子公司股东会通过利润分配方案之后,应及时将投资依法应得的红利支付给母公司。

5. 审计监督

审计是母公司对子公司进行财务监督、控制的主要有效措施之一。母公司采用的审计控制模式主要有三种。一是欧洲大陆审计控制模式。这种模式以德国为代表,与双重委员会制度相适应,母公司的监事会、董事会分别向控股和参股的子公司派出监事、董事,对子公司的内部审计进行督导。二是日本审计控制模式,即由母公司独立监察人向子公司派出监事,公司派出董事。监察人独立行使权,可以随时对子公司相关人员的行为及子公司的账务进行审查。母公司的独立监察人还负责督导子公司的内部审计。三是英美审计控制模式。这一模式的特点是在母公司的董事会内部设立审计委员会。审计委员会主要由外部董事构成,母公司的审计委员会对子公司的内部审计负有督导责任,子公司的财务报告必须经过母公司审计部门的审计才能上报母公司董事会。

任何权利的行使都不是任意的,母公司控制权的行使亦如此。在承认母公司法定控制权的同时,必须对其权利的行使制定相应的规则,使其规范化,而不致滥用。在企业集团内部,企业集团母公司行使控制支配权应当坚持整体利益居先、兼顾公平的基本原则,在权衡整体利益与相关子公司利益的基础上,以企业集团整体利益最大化为最高原则,尤其当企业集团的整体利益与某一子公司的利益不一致时,更应如此。无论是进行战略性决策,还是就具体的某一次交易进行安排,必须对其控制支配权行使所带来的后果进行损益分析以择优进行。坚持企业集团整体利益居先,控制支配权的行使在增加整体或部分子公司利益的同时,有时会对某一子公司造成损失。这就要求在特定交易行为结束之后,或在特定的期间内,进行损益分析,根据公正交易原则,调整利益分配,以使整体利益公平合理地分配至所有参与该交易的各方,这样才能保持企业集团的健康发展。

(五) 集团公司与上市子公司的财务关系

企业集团往往规模较大,子公司类型较多,不可能把所有子公司都置于集中控制之下,不同的子公司具有不同的地位,母公司对各个子公司进行财务控制时形成的边际费用差别很大,各个子公司可能失控所产生的边际费用也不同。因此,在母子公司财务控制权安排中,要针对不同的子公司,确定财务控制权的范围和程度,可以有效地降低交易费用。在企业集团产业链中具有重要影响的子公司,与企业集团发展战略、核心能力或核心业务关系重大,往往对企业集团的发展变化具有关键作用,对这些公司保持高度统一管理与控制会节省更多的交易费用。对那些和企业集团发展战略、核心能力或核心业务关系不大的成员企业,出于增强企业集团管理效率与市场应变能力方面的考虑,采取独立的理财自主权较为适宜。企业集团总部出于降低管理成本的考虑,通常没有必要实行集权管理,在企业集团的政策框架下,只要它们对企业集团整体的市场形象不构成损害,可以让这类成员企业实行高度的自治,否则,一旦对这类成员干预过多,对企业集团而言,这种控制权的集中同样会增加交易成本。当然,如果必要的话,集团公司也可以通过其控股的子公司和孙公司(尤其是其中一般性的子公司和孙公司),有选择地对这些成员企业或关联企业发展控股关系,并由控股子公司和孙公司确定集权或分权,以便在核心业务规模扩大时实施改造工程,或增强企业集团总部对未来不测因素的应变力。

在企业集团内部,母公司和子公司的财务战略关系如何处理是直接关系到整个企业集团整体战略能否有效实施的关键问题。由于企业集团的组建动因及优势的发挥都是以整体战略的成功实施为前提的,毫无疑问整体战略制定过程中的财务决策问题必须要由企业集团母公司来统一制定,而如何在母公司总体战略的指导下,通过实施财务控制来保持子公司和母公司战略的一致性是企业集团目前亟待厘清的重要问题。我们认为,企业集团母公司与子公司存在以下的财务关系:第一,集团公司与上市子公司之间的财务关系是委托代理关系;第二,集团公司与子公司之间以产权为纽带的财务关系,是根据《公司法》的规定建立起来的投资关系;第三,集团公司与子公司存在财务控制与被控制关系;第四,集团公司与子公司的财务关系实现方式是财务的契约或合同。

目前,我国企业集团内部在处理与子公司的财务关系时普遍存在把握不好财务关系与法律关系之间冲突的问题。我们知道,企业集团是一种以母公司和子公司关系为主体,通过产权关系和契约关系等多种方式,与众多的企事业法人组织共同组成的经济联合体。从控制学理论来看,企业集团理论上在财务效率方面可能形成明显的协同效果,理论上将原先由市场机制协调的单个企业间的交易转化为企业集团内部的组织协同,通过母公司与子公司财务关系的实现来相对节约交易费用。但是事实上,子公司的法人身份和本身所具有的强大财力使得子公司在与集团公司的财务关系谈判中具有较大的话语权。这意味着在集团公司与子公司财务关系问题上,集团公司已经不再是唯一的管理主体,需要联合各种私人组织和公共组织,在互惠、信任、对话式磋商、合作的价值文化中,形成具有一定自主程度的网络。其本质在于,它所倚重的管理机制并不依靠集团公司自上而下的权威,而是转向依靠行为者之间上下互动、彼此合作、相互协商的多元关系。

集团公司对子公司的财务控制是基于母子公司间的产权和资本纽带关系,为实现企业集团整体利益的最大化,母公司对子公司财务活动的股权控制与金融服务控制的有机组合,是集团公司与上市子公司财务管理的核心。

1. 通过财务董事实现对子公司的产权监控

通过对英国石油公司、美国通用汽车公司、摩托罗拉公司等企业集团财务监控体系以及日韩财务管理模式的研究,我们发现这几家企业集团对其上市子公司的财务监控体系及其运作方式存在一些一致的方法:企业集团的财务监控管理从公司董事会抓起,在董事会下设各种专业委员会(包括财务专门委员会、审计委员会),董事会聘任总经理,财务总监由总经理提名、董事会聘任,对董事会负责,财务总监相当于公司的副总经理级别,财务总监下面再设置财务主任、主计长、财务计划与分析师等,对企业集团所属上市子公司设置的财务总监进行监管并由产权代表(集团公司的代表)实行请示报告制度,对子公司的重要财务决策必须事先以书面形式向集团公司报告。产权代表具有双重身份:一是作为集团公司的利益代表者;二是充当子公司董事会、监事会成员。

借鉴国外企业集团的做法,我们认为集团公司对子公司主要应发挥产权监控的职能:一是加强子公司董事会的作用,把财务监督控制权集中在董事会、监事会;二是建立快速的信息反馈渠道,集团公司通过派人(财务董事)进驻子公司,经常听取上市子公司的汇报或要求子公司定期书面报告等形式,增强子公司的信息来源渠道,并建立快速的反应机制,及时解决相应的问题。

财务董事代表集团公司对子公司实施产权范畴的财务监督职能,并兼以子公司总会计师财务顾问的身份直接介入子公司的决策管理层,对子公司的各项财务管理决策事宜提供财务服务。具体权力如下:检查子公司财务政策是否符合集团公司的财务战略部署以及财务制度是否健全有效;对上市子公司做出的涉及集团公司所有者权益以及企业集团总体财务战略的财务政策行使批准或否决权;财务监事确认子公司决策项目存在重大缺陷时,有权要求子公司对该决策项目重新论证并进行复议;参与子公司贷款担保、财产抵押、对外投资、产权转让、资产重组等重大决策活动,并负责以书面形式向集团公司报告;参与拟定子公司年度预决算方案、资金使用和调度计划、费用开支计划、筹资融资计划、利润分配方案、弥补亏损方案等;组织开展子公司投资项目的年度评估工作;在子公司中落实集团公司的战略目标。

2. 通过财务公司实现对子公司的金融服务控制

子公司的产生、发展都离不开集团公司的大力支持。从母公司剥离出的优质资产是子公司最初发展的根本,尤其在高速发展过程中,母公司从政策、资金上加大支持力度,如在子公司的长期借款中,担保部分均由集团公司提供担保。随着子公司的发展和规模的扩大,对资金的需求也会越来越大,既然财务公司是企业集团内部专门从事金融工作的法人单位,它就应成为处理内外融通资金、筹集子公司所需资金的总代理。第一,财务公司作为子公司和商业银行之间的中介,利用其自身的特殊地位,可以代表子公司对商业银行的贷款实行统贷统还。第二,财务公司可以利用自己在业务上的长处,代理上市子公司对外发放股票、债券,直接向社会融资。第三,财务公司通过金融服务手段,吸收企业集团成员企业资金,并对资金往来进行控制,将控制信息反馈给集团公司,从而实现金融服务型控制。

3. 母公司与子公司签订财务控制协议

子公司作为独立的法人拥有独立的财权,公司董事会和经理会依法为其内部的财务战略决策和日常财务决策制定方案并负责执行。同时,集团公司是子公司的控股公司,集团公司对其子公司拥有一定的财务和经营战略控制权,因此,上市子公司董事会决定的重要财务决策方案,必须经集团公司审查。

由于子公司在法律上是独立法人,所以母公司对其实行相对集权的财务控制需要履行一些法律手续。由于上市子公司除了母公司外还有其他股东,这些股东投资大多就是为了获得回报,所以需要给他们最基本的股东回报的承诺。在实践中可以采取母公司与上市子公司签订财务控制协议的方式。从法律上看,这相当于由母公司承包子公司的财务控制运作。

此外,集团公司还可通过使用集中式财务软件或强化企业集团内部审计制度(与上市子公司签订审计承包合同)等方式加强对上市子公司的财务控制,以实现企业集团财务的相对集中管理。

第二节 企业集团财务管理体制

一、企业集团财务管理体制的内涵与种类

财务管理体制是在一定经济体制下,企业对财务活动的各方面进行组织管理的制度和

方法的总称,它包括财务管理权限的划分、财务管理机制的设置、财务制度的制定等内容,其核心是调整各方面的经济利益关系。本节所讨论的财务管理体制是微观财务管理中企业集团的财务体制。它包括企业集团财务机构的设置,财务人员的配置和责、权、利的划分,以及与之相适应的内部财务制度的制定与完善,等等。

财务管理体制是以母子公司关系为基础的企业集团财务管理模式的首要问题,它为财务管理模式的运行和实施提供了最基本的制度平台和保障。如何在企业集团的纵向(如母子公司间)和横向(如母公司股东会、董事会、财务部及其他部门之间)进行财务决策权的配置和分割是企业集团财务管理体制构成的核心课题。一般来说,企业集团财务管理体制有三种,即集权管理模式、分权管理模式以及集权分权相结合的管理模式。财务管理体制的构建是保证企业集团作为一种组织形式能够运转的核心。

(一)集权式财务管理体制

集权式财务管理体制是将子公司业务看作母公司业务的扩大,所有战略的决策与经营控制权(财务与非财务的)都集中在母公司,这种体制下的母公司拥有子公司的全部财务决策权,对子公司进行高度集权下的统一规划和管理,各级子公司没有财务决策权,只是负责母公司所计划的内容的具体实施。其特点是:企业集团内部的各项决策均由母公司制定和部署,企业集团内部可充分展现其规模与效益,并最大限度地降低资金成本和风险损失,同时也可以充分利用母公司的人才、智力、信息资源,达到机构健全和内部目标控制制度完善的目标,使决策统一化、制度化。这主要适用于企业集团规模不大且处于初建期,或子公司在整个企业集团中的重要性使母公司不能对其进行分权,或子公司的管理效能较差等情况。

集权式财务管理体制的主要优点如下:一是有利于保证企业集团内部财务目标的一致性;二是有利于实现企业整体利益的最大化;三是有利于有效地进行投资方向的战略调整;四是有利于迅速果断地做出决策,财务控制效率较高,能全方位地控制子公司的财务行为;五是企业的信息在纵向能够得到较充分的沟通,便于实现资源共享,企业集团较易调动内部财务资源,实现资源的合理配置;六是通过企业集团产品结构和组织结构的整体优化,有利于降低成本,取得规模效益。集权体制的缺点在于:第一,压抑了下级的积极主动性;第二,企业信息在横向不利于沟通;第三,管理权限集中在最高层,管理者距离生产和经营的最前沿较远,不熟悉情况,容易做出武断的决策。

(二)分权式财务管理体制

分权式财务管理体制是指决策权分散于各子公司,母公司起集团公司的作用。在这种分权体制下,子公司相对独立,母公司不干预子公司的生产经营和财务活动,只对子公司完成受托责任的情况进行考核和评价。分权式的特征主要表现包括:在财权设置、资本融入及投出和运用、财务收支、费用开支、财务人员选聘和解聘、工资福利及奖金等方面均有充分的决策权,并根据市场环境和公司自身情况拥有更大的财务决策权;在管理上,母公司不采用指令性计划方式来干预子公司的经营活动,而是以间接管理为主;在业务上,鼓励子公司积极参与竞争市场份额的活动;在利益上,母公司往往倾向子公司,以增强其实力。

分权式财务管理体制的主要优点有两个:一是有利于调动各成员单位的积极性和创造性;二是财务决策周期短,决策针对性强,应对市场变化能力较强。但分权体制也有其明显的缺陷,主要体现在四个方面:第一,企业集团内部财务目标不协调;第二,各成员单位资源调动受到一定限制;第三,过度分权增加了企业集团生产经营过程中的不协调性,影响规模经济效益的发挥,导致内部资源配置上的重复浪费,造成企业集团整体实力及市场竞争力下降;第四,分权控制很容易导致随意挪用资金和私设小金库等行为。

(三)集权和分权结合型财务管理体制

由于上述的两种体制出现了比较明显的缺陷,集权和分权结合型财务管理体制才应运而生。集权和分权结合型财务管理体制是指企业集团按产品、服务、客户或地区划分事业部门,企业集团总部授予部门很大的经营自主权,使其能够像独立企业那样根据市场情况自主经营,拥有财务决策自主权。根据母公司集权程度的不同,这种管理体制又可以分为集权为主、分权为辅和分权为主、集权为辅两种形式。集权为主、分权为辅的形式主要体现了集权制的优点,避免了由于权力过于集中而造成子公司缺乏积极性和活力,也有利于母公司对子公司实施有效的控制。

集权和分权结合型财务管理体制综合了集权和分权体制两者的优点。适当的集权与分权的结合既能发挥企业集团母公司财务调控职能,提高决策效率和加强对下属成员企业的有效控制,又能激发子公司的积极性和创造性。这种模式有利于综合集权与分权的优势,克服过分分权或集权的缺陷,其缺点在于集权分权"度"的把握比较难。

综上所述,不同的财务管理体制模式有着不同的利弊。要选择适应我国企业集团的财务管理体制模式,就应该在权衡各种模式优缺点的基础上,结合我国实际,做出合理的选择。

二、企业集团财务管理体制设计

(一)企业集团财务管理体制设计原则

财务管理体制是企业集团的一项基本制度,在其财务制度体系中起统驭作用,是构建企业集团组织结构的重要内容,关系到企业集团总体效率和效益。在企业集团发展的不同阶段,财务管理体制有不同的特点,在设计企业集团财务管理体制时,应当遵循七个原则。

1. 适应理财环境及集团自身特点原则

离开具体环境的财务管理体制,犹如空中楼阁,是不可能有效运行的。但同时财务管理体制的构建也应适应企业集团自身的特点(如企业集团的规模、组织结构、经营方式等)。没有可以照搬的金科玉律,任何一种管理模式应用于自身时,都应进行适应性调整。

2. 充分体现对财务管理的战略思想

财务管理体制是企业集团战略的重要组成部分,以母公司为主导的企业集团财务管理体现为一种战略管理,因而要求:① 从母公司角度对企业集团整体的财务战略进行定位,并制定统一的理财行为规范,保证母公司的战略规划与决策目标能够为各层级财务管理组织或理财主体有效贯彻执行;② 以制度或法制管理代替个人的行为管理,保证企业集团财务管理的连续性;③ 遵循企业集团治理结构体系,明确股东大会、董事会、经营者(包括子公司经营者)、财务经理各自的管理职权、管理责任、管理目标、管理内容等。

3. 集分权适度原则

集权与分权是构建企业集团财务管理体制所必须解决的核心问题,解决不好,不仅会影响企业集团财务管理的效率,而且会影响企业集团内部关系的协调和整体优势的发挥。

4. 注重协调监控功能原则

企业集团财务管理体制构建的主要目标就是要实现对成员企业有效的财务控制,以达到企业集团整体价值的最大化。有效的财务管理体制能够较好地协调各方面的委托代理关系和财务关系,尤其是母公司和子公司的关系。因此,在效率优先、兼顾公平的总原则下,母公司应保持必要的控制权,防止出现内部人控制所带来的消极后果。

5. 责、权、利均衡原则

构建企业集团财务管理体制的根本任务就是协调企业集团各单位的责、权、利关系。所以,在构建财务管理体制时应贯彻责任为中心、权利为保证、利益为手段的原则,使企业集团各单位的责、权、利有效统一起来,充分发挥财务管理体制的约束、控制和管理功能。

6. 成本效益原则

在某种意义上,节约交易费用、追求最大效益是企业集团财务管理体制构建的根本目标。无疑,在财务管理体制的构建中,应当尽可能地降低成本(包括组织成本、制度成本,甚至为构建它而牺牲利益的机会成本),尽量达到制度的科学化和效益的最大化。

7. 稳定性与灵活性相结合原则

财务管理体制在相当程度上反映了企业集团组织活动和管理过程的内在要求,具备很强的稳定性。但其模式不是一成不变的,必须随着企业集团经营状况的变化适时进行调整。

(二) 企业集团财务管理体制选择应考虑的因素

集权和分权是相对的,没有一个绝对的定量指标来衡量,而且集权与分权各有利弊。对于企业集团来说,如何选择财务管理体制才能既发挥规模经济效益,又调动子公司的积极性,需要从企业集团的多个因素和角度来进行分析。

1. 企业集团的组织结构

企业集团的组织结构是影响企业集团财务管理体制的关键性因素。组织结构与管理体制两者是统一的,有什么样的组织结构就有什么样的管理体制。组织结构是管理体制的组织保障,离开组织结构就不可能谈管理体制。如在直线制组织结构下,要采用分权制几乎是不可能的。根据美国学者威廉姆斯对企业组织结构的划分,公司内部的组织结构可分为三类,即 U 型(单元结构)、H 型(控股结构)和 M 型(多元结构)。直线制结构、职能制结构和直线职能制结构都是 U 型结构,U 型结构是一种高度集权的组织结构。一般来说,集权型财务管理体制主要适用这种结构。H 型结构是一种有机的组织结构,各部门之间联系较松散,部门具有较大的灵活性,在这一组织结构下,采取分权式的财务管理模式较为合适。M 型结构是一种混合型的结构,它由三个层次组成:第一层是公司的最高决策层,由董事会和经理班子组成;第二层是由职能、支持和服务部门组成;第三层由互相独立的子公司组成。在 M 型结构中,公司的重要财务决策是由总部控制的,总部的财务部门负责全公司的资金筹集、运作,子公司的财务部门在某种程度上只是会计核算部门。可以说,M 型结构集权程度是较高的,它的特点是突出了公司的战略重点和整体资源的优化配置,使各子公司的财务活动与公司的整体目标相一致,增强了公司内部资金调控能力。M 型结构的具体形式有事业部制、矩阵制、多维结构等。

2. 企业集团的发展战略

企业集团的发展战略是企业集团发展的总设计和总规划,规划企业集团目标以及达到这一目标所需资源的取得、使用和处理方式。财务管理体制的选择应服从企业集团的发展战略,充分体现财务管理的战略思想。企业集团发展战略按性质可分为扩张型战略、稳定型战略、紧缩型战略和混合型战略。企业集团在某一阶段不同的战略选择必然要求不同的集权分权模式来支撑。通常,在实施扩张型战略阶段,应鼓励子公司积极开拓外部市场,创造企业集团新的利润和经济增长点,与此相应,企业集团在财务管理体制的方式上分权的程度就应该大一些;在实施稳定型战略阶段,企业集团总部必须对投资融资权利从严把关,集权化程度要高一些;在实施紧缩型战略阶段,企业集团必须采取高度集权形式,以保证有限的财务资源发挥最大效益;在实施混合型战略阶段,则应根据子公司经营的特点分别采取不同的财务管理体制。

3. 企业集团的发展阶段

企业集团在不同的发展阶段,为适应业务发展的需要,应采取不同的财务管理体制。财务管理体制作为一种组织形式,它的变化较企业集团的发展来讲具有滞后性,是适应企业集团经营活动发展的产物。通常来讲,企业集团在发展的初期规模较小,业务通常比较单一,相应地采取集权化的财务管理方式,可以较好地发挥统一决策和资源整合的优势,在行业中形成管理上的规模效益。随着企业集团规模的不断扩大和业务领域的不断开拓,集权型的财务管理方式就不能满足企业集团在财务管理和经营方式上多样化的需要,就需要对成员企业在各方面进行更多的授权,从而使企业集团的财务管理模式逐步向分权化发展。

4. 企业集团的管理文化

我国的企业集团大多脱胎于中国传统的国有企业,长期以来形成的上级领导下级、下级服从上级的观念根深蒂固,深刻影响着企业集团的每一个个体。因此,沿袭这种习惯思维,只要策略恰当,采用集权为主、适度分权的财务管理体制在思想观念上能够得到大家的认同。

5. 企业集团的地理分布

一般来说,企业集团的下属企业在地理分布上比较集中,母公司比较容易了解和掌握下属企业的具体情况,就有条件对下属企业进行直接管理,采取相对集权的财务管理体制。相反,为提高财务决策效率,就要采取相对分权的财务管理体制。但随着现代交通和通信的迅速发展,在条件具备时可对下属企业采取较多的集权型财务控制。

此外,子公司对母公司战略的重要程度及与母公司产权关系的密切程度,以及企业集团的管理环境、管理水平、管理者的观念、技术水平等因素也会影响企业集团的财务管理体制,而在集权和分权的内容和程度上做相应的调整。如对于企业集团的发展战略、核心能力、核心业务以及可预见的未来发展具有重要影响的子公司,集权程度就高,否则就低。对于全资和控股子公司,集权程度相对较高;而对参股子公司,则只能采取分权式管理。集权型的财务管理体制在相对稳定的环境中运作最为有效,分权式的财务管理体制则与动态的、不确定的环境相匹配。管理者的素质以及管理方式、决策机制、信息传递、激励监督机制等现代管理方法和手段不仅决定企业集团的管理水平,而且对企业集团的财务管理体制有着不可忽视的影响。当企业集团总部有较高的控制素质,这有利于企业集团更多地集中财权;相反,就无法提高决策效率,导致决策效率低下,只能采用分权模式。

企业集团应采用何种财务管理体制模式?这个问题没有一成不变的答案。各企业集团的实际情况不同,其内部的分权程度也就不同,所采用的财务管理体制模式也就不可能完全相同。所以企业集团在选择管理模式时,不应千篇一律,而应充分考虑企业集团自身的具体情况,因地制宜、因时制宜。

三、国外企业集团的财务管理体制

我国基础性行业大型国有企业集团基本是依靠中央行政手段将原来某一行业的资产和市场进行重组而成,市场化运作时间均不长。国际上企业集团财务管理体制一般有欧美体制和日韩体制两类,每一种体制都有长处和不足,并且适合特定的理财环境。大型国有企业集团应当充分吸取和考虑西方企业集团财务管理的实践经验和发展趋势,依据我国企业集团理财环境的特征,结合自身实际情况选择科学、合理的财务管理体制。

(一)"欧美模式"企业集团的财务管理体制

欧美型企业集团主要指欧洲各国和美国的企业集团,由于这一类型的企业集团成立较早,发展较为完善,规模也相对很大,产品品种、分布区域和市场占有范围都达到相当高的水平,所以其财务管理基本上都采用的是集权和分权相结合的管理体制,而且集权的成分小于分权的成分,其目的在于充分发挥成员企业的积极性。

按照产权关系,欧美大多数企业集团是层层投资形成的母子公司型,即母公司、子公司和工厂,这类企业集团内部建立起集权与分权相结合的财务管理体制,即在高度集权下广泛分权,在广泛分权的基础上统一协调,其中母公司是企业集团的核心,制定企业集团发展规划和各项财务制度,做出公司的重大决策,组织重大投资项目的实施,掌握重要人员的任免等,特别是对资金实行集中管理,统一筹集,统一调度。子公司是在母公司控制下的独立法人,接受母公司的投资,在财务上受母公司统一领导,在经营范围和企业规模上受母公司发展战略的限制,在核算方式上遵循母公司制定的财务制度。在利润方面,按时完成母公司下达的指标,对母公司负责,财务上实行独立核算,自负盈亏,有一定的财务决策权。工厂作为子公司的下属生产单位,接受子公司的领导,对子公司负责,合理利用分配的资金,按时完成生产任务,对生产过程中的成本费用进行管理,力争做到少投入、多产出,提高生产效率。可以说,在母子公司制的企业集团中,母公司负责企业集团总的发展战略和重大财务决策,子公司负责经营管理活动和较少的财务决策,工厂只负责生产中成本费用的管理。总之,母公司负责对企业集团的资金管理、成本费用的管理、利润的管理和人事管理,是整个企业集团的投资中心,子公司是独立经营的核算单位,是企业集团的利润中心,工厂直接从事生产活动,是企业集团的成本中心。

(二)"日韩模式"企业集团的财务管理体制

1. 日本企业集团的财务管理

(1)财务权限。日本企业集团实行的是集权与分权相结合的财务管理体制,相对于欧美企业集团而言,日本企业集团集权的程度较高,一般采取的是"大权集中,小权分散,战略集中,战术分散"的做法,如企业集团的对外投资、筹资财务制度由集团公司总部(或经理会)决定,而公司本身的财务预算、财务计量、财务考核由各公司进行,具体的生产、产品成本费用管理则由公司下属的公司或事业部完成,独立核算,自主经营。

(2)财务决策机制。日本企业集团的财务管理实行依产权关系自上而下授权、按层次自下而上决策的运行机制,其运作方式是:有关企业投资、筹资以及收入分配等的财务决策,先由基层财务部门同各自的经理人员做出,后逐级上报汇总,由上一级决策部门根据各级决策权限及公司经营战略,做出批准或认同与否的决策。各层次权限依据企业集团类型和子公司大小而定，如许多企业集团对小的子公司规定其投资决策权限为1亿日元以下，而大的公司则可以放宽到5亿日元等。这种决策机制既可以考虑子公司的利益，充分发挥子公司的积极性、主动性、创造性，又可以在企业集团内统一规划重大的财务活动，提高企业集团的整体效益。

（3）财务监督机制。与决策机制相适应，日本企业集团的财务监督采用自上而下、内外结合的机制，即上一级财务部门对下一级财务部门的核算、管理进行监督，内部审计和外部监督相结合，对整个企业集团的财务活动进行监督。企业集团内部高层的监督机构设在企业集团总部，定期对成员企业派员巡回检查，并根据检查结果对各成员企业做出综合评价，外部监督主要有银行、债权人、投资人、政府及注册会计师。这种内外结合、上下贯通的财务监督机制能够有效地促进财务管理效益化、合法化、规范化。

2. 以韩国为代表的家族监控型公司治理体制

家族监控型公司是指在公司的制度框架内，企业内部由血缘、亲缘、地缘、学缘关系所形成的治理机构体系对各利益相关主体进行监控。在此基础上，韩国母子公司管理体制也形成了自己的特点。韩国企业集团的治理结构和管理体制在很多方面与日本企业集团有相似之处，但也有其特殊性。表现出的特点包括四个方面：① 股权集中，企业由家族控制与经营。韩国企业集团是以血缘、亲缘、地缘、学缘关系为基础形成的，其中以家族经营为中心的垄断色彩异常浓厚。即使一些实行了股份制的企业集团，从表面上看，企业集团已经实行了社会化、股份化，但实际上家族统治者只是以家族、亲属、朋友的名义将自己的股份分散开来，其所有权和经营权仍掌握在创办人手里。韩国最大的24家企业中，仅有8家企业的家族控股在40%~50%，其余16家企业均在50%以上，这足以抵御外界对其事务的干涉。② 董事会中外部董事少，难以发挥作用。对于大型上市公司，韩国法律规定的外部董事所占比例是1/4，比例较小。③ 公司治理中，政府起着重要的作用。政府采用优惠贷款和税收等措施，促进企业集团的形成，对于国家所选定的重点扶持的企业集团，政府也拥有较大的控制权，甚至干预企业经营。这使得韩国企业集团养成过分依赖政府的惯性，在政界寻求靠山，甚至对政界人士进行贿赂收买，使得政企勾结丑闻时有发生。④ 针对经理人员的激励机制较弱。由于是家族监控，一般情况是公司的所有权与经营权是不分离或不完全分离的，导致经理激励机制相对较弱，不利于吸引优秀的管理人员。

韩国母子公司管理控制体制：① 集权的管理体制。由于韩国企业集团大多由家族控制和家族经营，母子公司联结的纽带并不是股权，而是企业集团内部的业务交易，其管理体制上集权程度很高。② 四级的组织结构。韩国母子公司组织结构由集团企业内部集团会长、营运委员会、子公司、工厂四级组织结构组成，集团会长是最高领导，在会长之下设营运委员会，相当于顾问委员会。营运委员会作为一个协助会长的管理协调和决策参谋机构，同时还拥有人事任免权、投资决策权和子公司营业计划审批权。子公司是独立法人，独立核算，自负盈亏，自身可以发行股票、募股上市。工厂仅是子公司的生产单位。③ 对子公司的家族控制。韩国企业集团家族控制有两种方式，一是小规模财团的家族主要采取直接控制下属企业的方式，二是大规模财团的家族主要采取间接控制的方式，即家族通过控制核心公司和非营利财团，核心公司再持有下属公司的股份，从而实现间接控制的目的。

由于是家族控制，公司在资金募集上往往不使用发行股票的方式，避免股权的分散化，而是采取较高的负债结构策略。韩国大企业集团积极扩张规模，一是大量兼并，二是过度追求多元化经营。规模和事业扩大所需的资金主要靠贷款,由此造成企业集团过度负债经营。2019年韩国排名前30的大企业集团平均自有资本率仅为24%。不少企业集团债务中短期负债比例过高,有的甚至将短期贷款当作长期投资使用。资本结构中负债率太高,债务约束不力,再加上因对政府的过度依赖而导致企业自身管理能力欠缺,韩国企业抗击市场风险的能力较弱。

第三节 企业集团母子公司财务控制的体系

曼泽斯(P.T. Menzies)于1968年提出了财务控制的概念,他认为财务控制的目的在于了解实际情况与计划的偏差,然后采取正确的行动来纠正偏差,必要的时候需要修改计划来达到目标。20世纪70—90年代,母公司对各子公司的控制尤其是财务控制成了研究核心内容,主要集中在集权与分权的理论研究与对财务控制手段的研究上。汤谷良指出,财务控制是指财务人员(部门)通过财务法规、财务制度、财务定额、财务计划目标等对资金运动进行指导、组织督促和约束,确保财务计划实现的管理活动。杨珊华指出,企业集团是依产权关系建立起来的,母子公司关系是企业集团生存和发展的基础,企业集团的财务控制从本质上讲,即企业集团母公司对子公司的财务控制。

企业集团财务控制是财务管理的重要内容,企业集团针对不同的控制目标制定不同的财务控制内容。本书结合企业集团财务控制的含义,归纳出企业集团财务控制的主要内容。

一、权益性财务控制

母子公司在法律上具有独立平等的法人地位,母子公司之间虽然存在着人事、财务等方面千丝万缕的联系,但在法律上仍然是两个独立的法人,拥有独立的组织机构和公司章程,依法独立行使权利,并独自承担责任。这也是母子公司区别于单一公司的特殊之处,决定了母公司对子公司的控制在理论上和法律实践中不同于单一企业的指令性控制方式,更多是通过对子公司股东会或董事会的控制而实现对子公司的控制,现实中往往表现为母公司对子公司经营方向、投资计划、董事会的组成等重大事项的安排,子公司董事会实际上是母公司在子公司的代表,负责执行贯彻母公司的指示和政策,此时子公司虽然是独立的法人,但其财务自主权是有限的。母子公司的这一特征与子公司的独立法人地位在一定程度上形成了冲突。也就是说,以单一公司为模型设计的法人人格和有限责任功能,在母子公司内部发生了一定程度上的异化。在单一公司情况下,所有权和经营权是分离的,股东并不参与经营。但在母子公司内部,母公司作为母子公司的经营者,几乎总是要为子公司确定财务政策,决定预算,提供管理方面的支持,并且广泛参与子公司的重大财务决策。

权益性财务控制是权威财务控制体系的基础,也是获取权威财务控制机制最直接的方式。母公司对子公司的权益可以影响母公司在子公司财务活动控制中的财务控制决策与运转,当出现冲突时可以使母公司占据强势位置,完成冲突中的纵向财务活动分工整合。

二、制度性财务控制

制度有广义、狭义之分,广义上的制度指的是一种行为规则,这些规则涉及社会、政治及经济行为,狭义上的制度仅指企业组织的科层制管理制度。我们所指的制度是狭义上的制度概念,也是企业组织科层制结构的管理方式。在母子公司中,制度性财务控制是母公司权威财务控制机制中最为常见的控制方式。

著名的经济学家道格拉斯·诺思(Douglass North)认为:"制度是被制定出来的规则、守法程序和行为的道德伦理规范。它包含着一套以章程和规则为形式的行为约束,一套从章程和规则出发来检验偏差的程序,最后还有一套道德、伦理的行为规范,这类规范限定了章程和规则约束方式的轮廓。"[①]可见,制度是一种约束性行为规范,从这一制度含义出发,母子公司财务控制制度就是母公司制定或审定的约束性财务行为规范体系。因此,母子公司制度性财务控制就是利用母子公司财务制度进行的控制,包括母公司投资管理制度、筹资管理制度、资产管理制度、成本费用控制制度、收益分配制度、财务分析制度、财务人员管理制度等。

构建母子公司的制度性财务控制的体系,首先必须搞好财务制度建设,建立统一的财务制度,以制度管理代替人的管理,西方各国母子公司的财务部门都有统一的财务制度,这被称为母子公司内部管理控制的"圣经",子公司必须执行。只有建立了统一的财务制度供母子公司共同遵照执行,母公司对所属子公司进行管理才有根据,也才能保证财务信息的质量,母子公司的财务控制也才能真正落到实处。从一般意义上说,适度的财务制度安排是促进母公司对子公司财务活动适度控制的决定性因素,无效的制度安排则会抑制甚至阻碍母公司对子公司财务控制的适度性。对于一个母公司来说,选择合适的财务制度安排,制度性财务控制的作用毋庸置疑。但如何判断这种具体方式是否适度呢?我们认为具有适度性的制度性财务控制至少应当有如下两个基本特征:第一,制度性财务控制应能够最大限度地消除子公司财务活动"搭便车"的可能性,从而使每个子公司财务部门的努力和收益率尽可能地公平;第二,适度的制度性财务控制能够给每个子公司发挥自己财务能力的最充分自由,从而使整个母子公司财务能力的潜力得到最充分的发挥。

鉴于制度性财务控制规范没有严格的界限,按照财务制度规范涉及的层次和约束的不同内容,可以分为财务基本制度、财务具体制度、财务技术规范、财务业务规范四种类型。

1. 财务基本制度

财务基本制度主要包括子公司的法律和财产所有形式、子公司章程、股东大会、董事会、监事会、高层管理组织等方面的财务制度和规范。它确定了子公司所有者、经营管理人员、企业组织成员各自的权利、义务和相互关系,确定了财产的所有关系和分配方式,制约着子公司财务活动的范围和性质,是涉及子公司所有层次、决定子公司财务的根本方式。

2. 财务具体制度

财务具体制度是对子公司财务活动各基本方面规定活动框架、调节子公司财务活动分

---

① 道格拉斯·诺思.制度、制度变迁与经济绩效[M].刘守英,译.上海:三联书店,1994:229.

工整合的制度。财务具体制度是比财务基本制度层次略低的制度规范,它是用来约束子公司具体财务活动的体系和行为规范,主要针对子公司具体财务活动的分工整合,如各子公司财务部门和各层次的职权、职责,以及相互间的配合协调、信息沟通、命令服从关系等。

3. 财务技术规范

财务技术规范是涉及某些具体财务技术标准、程序的规定,它反映财务业务流通环节中的内在财务技术要求、科学性和规律性,子公司财务活动必须遵循。财务技术规范涉及的内容很多,从各类财务技术标准到财务业务流程都有其内在规律。由于财务技术的特殊性质和与其他相关职能的相关性,制度性财务控制运作过程要严格遵守财务技术规范。

4. 财务业务流程规范

财务业务流程规范是针对财务业务活动过程中那些大量存在、反复出现而且又能摸索出科学处理方法的事务所制定的财务作业处理规定。财务业务流程规范所规定的对象具有可重复性,这使得母公司可以通过一些规则和程序直接控制子公司的决策,如预算和资本支出方面的规则。财务业务流程规范多是定性的,程序性强,是用来处理子公司财务活动常规化、重复性问题的适度手段。

三、协议性财务控制

协议性财务控制就是母公司与子公司签订财务控制协议的控制方式。母公司是子公司的出资方,对其子公司拥有一定的财务和经营战略控制权,而由于子公司在法律上是独立法人,所以母公司对其实行权威财务控制的财务活动须履行一些法律手续。

母公司承包子公司的财务控制是一种事先约定的协议,在子公司财务活动运转之前对各种机会主义行为进行预判与规制,约束子公司的机会主义行为动机。协议性财务控制需要构筑一个完整的协议体系,一方面对子公司财务活动进行适度激励,另一方面对各种风险漏洞进行防范。之所以认为这种形式属于权威财务控制机制的具体控制方式,是因为这种协议中母子公司不是完全平等的主体,这种长期契约是对母子公司之间权威层级的协议化,本身也就具有上层与下层之间的权威关系,带有科层性质。尽管母公司与子公司之间的财务控制协议会面临讨价还价,但双方的讨价还价是不同于同等地位财务主体之间谈判的另一种形式的不对等地位的博弈,具有分层的权威特征,即可以采用一定程度的命令形式影响协议的达成。这就使得讨价还价局限于母子公司科层结构内部,而且权威的存在可以使这种代价降到最低。尽管权威的存在未必会使决策符合各方的利益要求,但通过母公司的权威地位,它是可行的。

协议性财务控制涉及一个协议体系。

1. 利益分配协议

母子公司的利润分配是母公司与各个子公司之间利益分配的核心内容,一般情况下,股权比例与利润分配比例是不一致的,母子公司利益分配包括两部分:一是母公司对子公司的投资形成的股权对应按股份分红的利润分配方式;二是母公司将子公司所增利润按一定比例留在母公司以便满足母子公司整体的长远发展需要,同时子公司自留一定比例的利润保证子公司和职工利益的逐步增加和子公司成长的需要。在现实中,双方要对利益分配问题进行讨论,在协议条款中须设置一些冲突处理条款。

2. 财务人员安排协议

母公司应当在子公司部分高级财务人员任命制度方面进行必要的安排或至少有重要影响,母公司对高级财务人员的安排通常有两种方式:一是由母公司的财务人员直接兼任子公司的重要财务管理职务;二是由母公司向子公司推荐并利用其权威对子公司董事会加以影响。母子公司可以用协议形式将财务人员的安排确定下来。

3. 业绩评价协议

通常由母子公司签订协议规定利润率、成长率、子公司高级管理人员胜任程度等方面的目标体系,然后据以衡量子公司的经营结果和业绩,主要通过经济效益指标(子公司定期编制的利润、净资产和现金流量等指标的报告)来监管财务业绩,达到控制子公司的目的,即通过报告系统规定和监督达到一定的目标和结果,而不是规定和监督子公司的具体财务行为。

4. 财务事务协商协议

以协议形式确定母公司与各个子公司高层经理人员的定期会面次数与时间,对子公司财务活动中常规与突发事件的处理程序做出协商安排。

5. 财务战略设计协议

母公司应当制定母子公司财务发展战略,提出指导性、长期性和全局性财务发展战略,拟定战略重点,确定战略步骤,明确实施方案;通过协议方式管理子公司财务发展战略及评估子公司财务发展战略、发展方向和战略规划;审核中长期财务规划、重大投融资计划等;确定母子公司财务业务范围,进入、退出或调整财务控制领域,并发掘和建立带来财务协同效应的方式。

6. 内部审计协议

母子公司层级结构内在地隐含一个问题,即信息不对称。一方面,基层可能因为得不到母公司发出的全面、正确的信息而不能迅速抢占市场中对我方十分有利的高地;另一方面,母公司如果不能有规律和及时地获得第一线准确的信息反馈,不仅指挥和决策存在障碍,更谈不上控制和预防,长此以往,迟早是要出问题的。内部审计实质上解决的就是母子公司内部管理上下层级之间的信息不对称问题。打个比方,公司审计部门就像一只体积小巧的"信息快艇",异常灵活地穿行在各个子公司之间,把各个子公司的经营管理信息及时准确地传递到决策层,达到信息沟通的目的,完成母子公司赋予它的使命。因此,建立母公司领导的内部审计机构是对子公司进行财务监督、控制的主要适度措施之一,必要时可以与子公司签订内部审计承包协议,直接进行子公司内部审计,比如在母公司的董事会内部设立审计委员会。审计委员会主要由外部董事构成,母公司的审计委员会对子公司的内部审计负有督导责任,子公司的财务报告必须经过母公司审计部门的审计才能上报母公司董事会。

四、资金控制

资金控制是母公司对子公司资金存量和流量的控制,是母子公司财务控制的重点,母子公司整合优势的发挥,很大程度上源自母子公司相对于单个企业更为强大的资金整合优势,母公司可以通过对资金的集中控制来实现母子公司整体的规模效益,避免整个母子公司在资金的筹措、财务信息研究、资本运营、成本费用控制、长期财务决策等方面的低效率重复、内耗等现象。由于母子公司是特殊的经济组织,成员公司都是独立的法人实体,协调和控制的难度很大。资金是企业的血液,母公司只有控制了子公司的财务收支和资金的流动,才能获得知情权,即通过对资金的统一控制来了解各子公司正在做什么,从而对子公司的经营活动实行动态控制。对子公司的收支行为尤其是支付行为进行适度监管,才能使子公司按照母公司所确定的发展战略开展财务活动。同时,母公司往往拥有一批较为优秀的财务专家,母公司通过把子公司分散的资金控制在他们手中,就能更好地利用他们的智慧和才干,根据其战略意图配置给需要资金的子公司,或将暂时闲置的资金集中起来进行证券投资或开发其他投资,提高资金的使用效率。

许多具体的控制手段都与资金控制直接或间接有关,可以说,母公司对子公司财务控制的成效很大程度上都反映为资金控制的过程和结果,从狭义上理解的权威财务控制具体方式就是资金控制。因此,我们将这种财务控制方式单独作为一种权威财务控制机制的具体控制方式单独列示。

1. 资金审批控制

在实际工作中,资金审批控制是常见的资金控制手段,即母公司对各子公司重大的资金流入和流出均需要由各子公司报母公司审批,以尽可能堵塞漏洞。以百事集团的资金控制体系为例,百事集团为了更适度地对全球各子公司的资金实施管理控制,在总部特设了一个独立于财务部的资金管理部门(资金部)。资金部的一个重要职能就是通过掌握重大资金活动的审批权来控制和指导子公司进行科学的资金运作。资金部向全球颁布了一系列的资金管理政策,涉及银行账户、多余资金的利用和财务授权等内容。这些政策不但起到了规范百事集团所有子公司资金活动的作用,还明确了哪些重要资金运作必须获得资金部的审批通过,包括开户银行的选择、账户的开启关闭、银行服务的选择、贷款业务的担保、利用多余资金进行投资、授权金融机构进行资金运作等。审批控制使百事集团母公司得以对各子公司的资金安全实施必要的监控,同时亦使资金部更积极地参与子公司的各项资金活动。审批的目的不是限制,而是更好地充分利用资金部管理人员的专业知识来从母子公司财务战略的高度指导子公司的资金活动,资金部扮演着重要的监控和咨询双重角色。

2. 金融服务控制

子公司的产生、发展都离不开母公司的大力支持。从母公司剥离出的资产通常是子公司最初发展的根本(即使对于并购的子公司,母公司也要投入一些优质资源),此时母公司财务部门执行权威财务控制机制的一些直接控制手段来控制子公司财务活动从理论上和实务上都是可行的。

但是随着母子公司的发展和规模的扩大,各个子公司对资金的需求也会越来越大,子公司资金的筹集、贷款等金融业务复杂性提高,这类财务活动分工的专业性与技术性对母公司的资金控制能力提出了更高的要求,即控制难度加大而且存在法律障碍。此时,面对众多日益复杂的资金审批业务,母公司出现失误或过错的情况增加,使得各个子公司之间资金不能形成相互支持、相互促进、共同发展的局面(有的子公司资金剩余,而有的子公司资金不足);对整个母子公司发展前景至关重要的子公司或者战略地位重要的子公司不能使用其他处于相对不重要地位子公司的多余资金,影响整个母子公司可持续成长的规划。这些问题要求母公司从直接的资金审批控制转向金融服务控制(通过金融中介执行间接权威财务控制机制),之所以仍称其为权威财务控制机制的具体方式,是因为我们认为母子公司层级结构的本质没有发生变化,母公司对子公司仍然具有最终的资金控制权,即权威性没有变化,改变的仅仅是"从幕前走到了幕后",在保证权威地位的基础上提高服务意识。比如,越来越多的大型母子公司(如企业集团)成立财务公司,作为母子公司内部专门从事金融工作的法人单位,它就应成为处理内外融通资金、筹集子公司所需资金的总代理,通过金融服务手段,吸收各个子公司的资金,并对资金往来进行控制,将控制信息反馈给母公司,从而使得母公司实现金融服务型控制。财务公司作为母子公司和商业银行之间的中介,利用其自身的特殊地位,可以代表母子公司对商业银行的贷款实行统贷统还。财务公司可以利用自己在业务上的长处,代理母子公司对外发行股票、债券,直接向社会融资。母公司和子公司是财务公司的股东,因而它们都会关心财务公司的命运和发展,这有利于财务公司与各子公司之间服务与被服务关系的形成。可见,财务公司用资金这条纽带,将母公司和子公司紧密联结成一个有机的整体,母公司通过对财务公司的控制来控制子公司的财务活动并实现自己的战略意图。

本 章 小 结

本章主要围绕企业集团财务管理展开,介绍了企业集团财务管理基本概念、企业集团财务管理体制以及企业集团母子公司财务控制的体系。

企业集团是为了一定的目的组织起来共同行动的团体公司,是指以资本为主要联结纽带,以母子公司为主体,以企业集团章程为共同行为规范,由母公司、子公司、参股公司及其他成员共同组成的企业法人联合体。它与企业集团这一概念有着明显的区别。19世纪末,随着资本主义发展进入垄断阶段,西方国家的企业集团开始出现,而我国的企业集团从改革开放开始以后才逐渐发展,此后不断壮大,但国有企业集团依然是其主要力量。

企业集团作为一种母子公司体制,分为三种基本类型,即产业型集团、控股型集团与混合型集团。企业集团母公司与下属公司之间的关系事实上就是一种控股公司与子公司的关系。一方面,企业集团中,母公司出资作为子公司的投资者,理应享有公司法所规定的三大基本权利。但另一方面,子公司作为独立法人,又必须享有法人财产权。所以,正确处理出资者权利和法人财产权的关系就是解决母子公司关系问题的核心。处于控股地位的母公司利用其管理者的地位,可以通过股权控制、人事控制、战略管理、财务监管、审计监督等方式对子公司进行调节控制。作为企业集团财务管理的核心,集团公司对子公司的财务控制可以通过以下方式实现:① 通过财务董事实现对子公司的产权监控;② 通过财务公司实现对子公司的金融服务控制;③ 母公司与子公司签订财务控制协议;④ 使用集中式财务软件或强化集团内部审计制度等。

财务管理体制的构建是保证企业集团作为一种组织形式能够运转的核心。企业集团财务管理体制有三种,即集权管理模式、分权管理模式和集权分权相结合的管理模式。不同的财务管理体制模式有着不同的利弊,要选择适应我国企业集团的财务管理体制模式,就应该在权衡各种模式优缺点的基础上,结合我国实际做出合理的选择。同时,在企业集团发展的不同阶段,财务管理体制有不同的特点,在设计企业集团财务管理体制时,应当遵循一定的原则,并且要从企业集团的多个因素和角度进行分析,这样选择的财务管理体制才能既发挥规模经济效益,又调动子公司的积极性。在此过程中,我们还可以借鉴和吸收西方企业集团财务管理的实践经验,根据理财环境的特征,结合自身实际情况选择科学、合理的财务管理体制。

企业集团针对不同的控制目标制定不同的财务控制内容。本书结合企业集团财务控制的含义，归纳出企业集团财务控制的主要内容，包括权益性财务控制、制度性财务控制、协议性财务控制和资金控制。

复习思考题

1. 母公司对子公司的调控方式有哪些？
2. 简述企业集团财务管理体制选择应考虑的因素。
3. 企业集团财务控制的主要内容有哪些？请简要阐述。
4. 请分别简述产业型集团、控股型集团和混合型集团的主要控制内容。
5. 请阐述企业集团财务管理体制的种类及其应用范围。
6. 试述企业集团内部各成员企业的财务关系。
7. 试论集团总部对子公司实行财务监事委派制的优缺点及改进方法。

第十章　国际财务管理

> **引导案例**
>
> 希尔顿全球酒店集团起源于1919年康莱德·希尔顿（Conrad Hilton）收购的Mobley酒店，经历了100多年的成长和发展，该品牌已遍布全球113个国家，覆盖五大洲的各个城市，管理着超过5 600家酒店，在全球范围内共设有913 000多个酒店客房，是全球最大的酒店企业。希尔顿以万分热情提供超凡出众的客户服务为价值观，致力于酒店服务，得到世界范围内的认可和赞赏，在全球享有盛誉。然而，并非所有的跨国经营都是成功的。沃尔玛（Wal-Mart）公司是一家美国的世界性连锁企业，主要涉足零售业，雇员数量全球最多，直至2020年，沃尔玛连续八年蝉联《财富》美国500强榜首。然而其海外市场业务的扩张却并非一帆风顺。1997年，沃尔玛采用并购的方式进入德国市场后，成为德国的第四大零售商，但是之后却由于当地零售市场竞争激烈、商业模式与当地文化不符等原因，一直举步维艰。2006年7月28日，世界头号零售商沃尔玛宣布，将把位于德国的85家百货商店出售给麦德龙（Metro），损失高达10亿美金，可谓其在发展史上的重大挫折。
>
> 沃尔玛在德国市场投资失败，归根结底就是国际财务管理的失败，这充分说明国际理财环境的复杂性和国际财务管理的高难度。那么，企业应如何理解国际财务管理？在进行国际财务管理时企业应该注重哪些方面？这正是本章的主要内容。

学习目的和要求

本章从国际财务管理的基本理论出发，对国际财务管理涉及的主要内容进行了较为全面、详细的介绍。通过本章的学习，应了解国际财务管理的含义与特点，熟悉国际财务管理的主要内容，掌握国际企业筹资管理、国际企业投资管理和外汇风险管理，熟悉国际企业营运资金管理和税收管理的主要内容和方法。

第一节　国际财务管理概述

一、国际财务管理的概念

作为现代财务管理的新领域，国际财务管理的理论体系并不十分成熟，国内外学者对于国际财务管理概念的表述也存在着不同的看法。从目前国内外学者研究结果看，对国际财务管理的定义可概括为以下三种主要观点。

第一种观点认为，国际财务管理应当研究能在全世界范围内普遍适用的原理与方法，使世界各国的财务管理逐渐走向统一，国际财务管理就是世界财务管理。这种观点距离现实太遥远，只能作为国际财务管理发展的最终目标。

第二种观点认为，各国的政治、经济、法律、文化教育等方面存在着很大差异，各国财务管理的目标、内容和方法也不尽相同。国际财务管理应在研究和制定适合各国财务管理的基本理论和方法的同时，比较不同国家在组织财务收支、处理财务关系方面的差异，以便在解决国际财务问题时不把自己国家的原则和方法强加给对方，而力求互利互惠、共同发展，国际财务管理就是比较财务管理。该种观点缺乏实质性的内容，仅仅是对各国财务管理的特点进行汇总和比较而已。

第三种观点认为，国际财务管理主要研究跨国公司在组织财务活动、处理财务关系时所遇到的特殊问题，国际财务管理就是跨国公司财务管理。此种观点把国际财务管理仅仅限制在跨国公司的范围内，未能完整概括国际财务管理的内容。

上述三种观点都有其可取之处，但都没有全面反映国际财务管理的确切含义。跨国公司财务管理是国际财务管理研究的重点内容，但仅仅局限于此是不够的。国际财务管理的主体应该是国际企业，而不仅仅是跨国公司；对象是国际企业在组织财务活动、处理财务关系时所遇到的特殊问题。国际企业是相对国内企业而言的，它泛指一切超越国境从事生产经营活动的企业，包括跨国公司、外贸公司、合资企业以及其他多种形式的处于不同国际化演进阶段的企业。可以说，国际企业是从事国际经营活动的经济实体的统称。因此，一个国际企业可能不是跨国公司，但任何跨国公司都属于国际企业。跨国公司是国际企业发展的较高阶段，是企业国际化程度较高的组织形式。

综上所述，我们认为国际财务管理研究的是在国际经济条件下，从事跨国生产经营活动的国际企业所面临的特殊领域的财务管理问题，它是遵循国际惯例和国际经济法规的有关规定，根据国际企业财务收支活动的特点，组织国际企业财务活动、处理国际企业财务关系的一系列经济管理活动。

二、国际财务管理的形成和发展

财务管理的历史本来就是一部国际化的历史，国际财务管理是在财务管理的基础上不断演进和发展起来的。通常，人们都认为财务管理于 19 世纪末产生于美国，并迅速传入西欧。英国把财务管理的原理传入了印度及其他英联邦国家。与此同时，苏联在吸收欧美财务管理基本原理的基础上，结合社会主义国家财务活动的特点，建立了社会主义国家的财务管理体系，并将其迅速传入中国等社会主义国家，推动了社会主义国家财务管理的形成和发展。

由于受到社会制度、政治、经济等多种因素的影响，财务管理在发展过程中还是会留有某一特定国家的政治、经济和民族色彩。但是，国际财务管理的发展将有助于协调财务管理在发展过程中存在的差异，并将促进各国财务管理不断交流和融合，使财务管理进一步走向国际化。

国际贸易的发展为国际财务管理理论体系的形成和发展奠定了基础。国际贸易是商品经济国际化最早出现的形式。第二次世界大战后,世界市场容量迅速扩大,导致交易商品的种类和数量大大增加,商品结构和地域布局发生了重大改变。工业制成品在进出口业务中所占比重上升,一些新兴工业、高科技产品比重越来越大,越来越多的发展中国家也成为国际贸易伙伴。由于世界产业结构的变化,第三产业迅速发展,加上日益兴旺的国际旅游,无形贸易的增长大大超过整个国际贸易的增长。从事国际贸易,必然引起外汇资金的收支结算,通过长期实践,形成了一整套外贸业务财务管理的理论和方法。

生产国际化大大促进了国际财务管理的形成和发展。随着世界经济的发展,各国之间的经济联系很快突破流通领域,进入生产领域,于是出现了与国际投资联系在一起的生产国际化。生产国际化是生产过程的全球化,是从生产要素的组合到产品销售的全球化,在生产国际化方面,跨国公司起着重要的作用,成为国际化生产的主体。由于跨国公司规划全球化生产,它必然实行内部更合理的生产组织体系,从原材料的供应、加工工序到零部件的制造,一切都是在全球范围内进行的。以跨国公司为主体的国际化生产必然要求其财务管理与之相适应,这就极大促进了国际财务管理的形成和发展。

金融全球化更是极大地推动了国际财务管理的形成和发展,丰富了国际财务管理的理论,充实了国际财务管理的内容。在金融领域,同样由于科技革命的影响,生产的国际化大大推动了资本的国际化,国际资金借贷活动日益频繁,国际资本流动规模不断增大,国际金融市场在第二次世界大战以后迅速发展。当今世界经济是一个规模巨大、高度发达的金融化经济,国际金融本身已成为重要的国际产业。国际证券融资的制度障碍、货币障碍和政策障碍等越来越少。20世纪70年代后,一大批新兴国际金融市场迅速崛起,金融市场国际化大大加快了财务管理的国际化,国际金融市场的形成和发展为企业进行筹资和投资开辟了新的途径和领域,形成了国际筹资和国际证券投资等一系列国际财务管理理论和方法。

三、国际财务管理的内容

国际财务管理与一般公司财务管理一样,都要涉及公司的投资、融资、股利分配决策、公司的日常财务管理等内容。但是,由于国际财务管理面对的是一个全球一体化、具有不完全性的国际市场,面临着特殊的政治风险和外汇风险,这些特殊性决定了国际财务管理特殊的研究内容。本章主要阐述国际企业的筹资管理、投资管理、营运资金管理和税收管理。对于外汇风险管理,读者可参考第七章衍生金融工具与风险管理的相关内容。

(一)国际企业筹资管理

国际企业的筹资渠道范围比国内企业宽阔得多,筹资的方式也更灵活多样,尤其是货币和资本市场全球一体化进程的进一步加快为国际企业在筹资风险和成本的组合上提供了更多选择。因此从总体上讲,通过国际筹资风险和成本组合的管理,国际企业可以获得比国内企业综合资本成本更低的资金。除了企业内部的资金和总部所在国的各种资金外,国际企业还可以利用子公司和分部所在国的各种资金以及其他国际资金。国际企业可以根据不同资金来源地的特点,利用不同筹资方式,构建最优资本组合,降低筹资成本。

(二)国际企业投资管理

国际投资是把筹集到的资金用于国际生产经营活动,以获取收益的行为。国际企业投资,按投资方式可分为直接投资和间接投资,按时间长短可分为短期投资和中长期投资。国际企业投资往往要涉及比较复杂的环境因素和冒相当大的风险。所以,为了正确做出投资决策,国际财务管理就要研究投资机会,并进行评估和分析,掌握可行性研究的方法。

(三)国际营运资金管理

国际企业营运资金管理是国际企业财务管理中的一个重要环节。由于国际企业理财环境的复杂性,国际企业营运资金的管理更多地受到汇率变动、外汇管制、税收等因素的影响。与国内企业营运资金管理相比,国际企业营运资金管理除了现金、应收账款、存货的最佳存量管理之外,更加强调营运资金流量的管理。

(四)国际企业税收管理

跨国公司组织机构的特点使跨国公司具有内部转移资金的渠道,可以利用法律上存在的产权关系,在子公司之间进行商品、劳务和技术交易或者在公司内部互相提供贷款。利用这些资金转移的渠道,跨国公司可以在全球范围内调配财源,把资金投放到最有利可图的地方;可以利用转移定价调节收入和费用,减少税收。另外,跨国经营所得也可能会产生重复征税,使纳税人承担沉重的税收负担。所以,国际税收问题越来越受到人们的重视,并成为国际财务管理中的关键内容。

四、国际财务管理的特点

国际财务管理是国内财务管理向国际经营的延伸,因而它与国内财务管理的基本原理、目标和方法等方面都有相似之处。但是由于国际企业的业务范围遍及许多国家,其经营活动受到不同国家经济政策、法律和文化环境的影响,所以国际财务管理比国内财务管理更为复杂丰富,并具有以下四个方面的显著特征。

(一)国际企业理财环境的复杂性

国际企业的理财活动涉及多国,而各国的政治、经济、法律和文化环境都有很多差异,从而形成了复杂的理财环境。国际企业在进行财务管理时,不仅要考虑本国各方面环境因素,而且要密切注意国际形势和其他国家的具体情况。特别要注意如下问题:① 汇率的变化;② 外汇的管制程度;③ 通货膨胀和利息率的高低;④ 税负的轻重;⑤ 资本抽回的限制程度;⑥ 资金市场的完善程度;⑦ 政治上的稳定程度。

(二)国际企业筹资渠道和方式的多选择性

国际企业与国内公司相比,筹资渠道具有更大的选择空间。国际企业既可以利用母国的资本市场筹集资金,也可以利用子公司所在国的金融市场筹资,还可以利用国际金融市场融通资金,国际企业可以利用这种多方融资的有利条件,选择最有利的资金来源,以降低企业的资金成本。因此,国际企业财务管理人员应从众多的筹资渠道中选择对企业最有利的,能够实现企业筹资战略目标和企业目标的筹资渠道。

(三)国际企业委托代理关系的多层次性

国际企业通常是由母公司、子公司、孙公司等构成的企业集团,同时也形成多层次的委托代理关系。由于国际企业的成员企业分散于世界各国,其代理成本往往高于一般公司。这就要求财务管理人员根据国际企业的组织结构、内外部环境的变化,形成较为合理的财务控制体系,将集权与分权有效地结合,实现企业的最终目标。

(四) 国际企业财务风险管理的特殊性

通常情况下,国际企业面临比国内企业更大的风险,也就是说,国际企业除面临国内企业所具有的风险外,还面临更大、更新的风险。这是由国际企业所处的经营环境所决定的,它面临着政治和经济环境中的各种风险。这些风险包括两大类:一是经济和经营方面的风险,具体来说,主要有汇率变动的风险、利率变动的风险、通货膨胀的风险、经营管理的风险和其他风险;二是政治风险,具体来说主要有政府变动的风险、政策变动的风险、战争因素的风险、法律方面的风险和其他风险。一般来说,政治风险属于国际企业无法左右的风险,而经济和经营风险则可以通过企业有效经营来加以避免和克服。这就要求国际企业的财务管理人员从企业整体出发,正确认识这些风险,根据世界经济和国际金融市场的变化,形成完善的风险管理与控制体制,合理配置资源,有效地运用资金。

第二节 国际企业筹资管理

国际企业筹资管理是指国际企业通过科学的谋划和合理的组合,以最有利的条件筹集资金,并寻求建立和实现最佳的资本结构。国际企业在进行跨国筹资时会受到各国政治状况、经济环境、社会文化环境等的影响。因此,国际企业的筹资管理比国内企业的筹资管理复杂得多,管理难度更大。

一、国际企业筹资渠道

国际企业为了实现理财目标,要在全球范围内通过一定的渠道和方式筹措所需的资金。企业的筹资渠道是指企业在金融市场筹集资本的方向和通道,体现了企业资本的来源和流量。企业要想筹集到所需的资本数额,必须充分开拓和利用各种筹资渠道,这就要求企业弄清楚筹资渠道的种类以及每种筹资渠道的特点。国际企业还应该根据企业的筹资战略目标,选择适当的资金来源。在市场经济条件下,国际企业的资金来源及其途径是多方面的,主要有公司集团内部资金来源、国际企业母公司所在国资金来源、国际企业子公司所在国资金来源、国际金融市场资金来源等。

(一) 公司集团内部资金来源

公司集团内部资金来源是指母公司与子公司之间、子公司与子公司之间相互提供的资金。除了在国外子公司创建初期,母公司投入足够的股权资本,以保持对该子公司的所有权和控制权之外,有时母公司还以贷款形式向国外子公司提供资金,因为这样汇回的利息可以免税。国际企业的内部资金不仅包括未分配利润,还包括国际企业内部积存的折旧基金。内部相互融通资金对于国际企业的重要性已越来越明显,通过这种渠道所筹集的资金,国际企业不需要支付筹资费用,可以降低筹资成本。

(二) 国际企业母公司所在国的资金来源

国际企业可以利用与其母公司所在国(简称母国)经济发展的密切联系,从母国银行、非银行机构、有关政府机构、企业甚至个人处获取资金。归纳起来,主要有四条途径。

1. 从母国金融机构获得贷款

国际企业从外部获取资金的重要途径就是从母国金融机构获得贷款,国际企业经常会向一些跨国银行申请银行贷款,获取所需资金。通常,跨国银行更愿意贷款给母国的主要国际企业,它们通常与其母国的主要国际企业存在极为密切的关系,因而会以支持这些公司的业务活动作为它们的国际战略。德国、日本和瑞士的银行就是突出的代表。它们的跨国经营不仅仅是为了扩张其国际资产,占领国际金融市场,而且是为了在全球范围内支持其本国国际企业的业务活动。国际企业与跨国银行的这种关系不仅表明国际企业是跨国银行资金的主要供应者,而且表明国际企业也是跨国银行信贷的最大获得者。

2. 在母国资本市场上通过发行债券筹资

通过发行债券筹资是国际企业一种较为传统和有效的筹资渠道。如美国投资银行、英国商业银行都为其本国国际企业经办这类业务。它们不仅向本国国际企业提供银行信贷,还为其承办债券发行筹资业务,在母国资本市场上发行债券筹资所筹措的资金数量较多。

3. 通过母国有关政府机构或经济团体组织获得贸易信贷

政府资金主要是来自各国的财政拨款,并通过财政预算进行资金收付。此类资金的拨付需要经过严格的审批手续,而且这些完备的立法手续是由各国中央政府制定的。这类资金通常为专项贷款,只能用于采购国外设备、技术和为贷款国提供的技术服务和培训付款等。绝大多数都是约束性贷款,其筹资条件比较优惠,利率低,期限长,附加费少,并伴有赠款。具体形式主要有政府贷款、政府混合贷款和政府赠款三种。

各国经济团体组织主要包括各国国内的企业、国际企业、商业银行和各种基金组织等。这些机构存有大量的游资,需要寻找好的投资机会进行投资,国际企业正可以利用这样的机会进行筹资。

4. 在母国民间筹集资金

民间资金主要来自民间个人的资金。随着世界经济的发展,人民生活水平不断提高,人们手中持有更多的剩余货币,人们的投资理念和习惯也随着经济的发展而慢慢改变,投资于企业成为许多人投资的新渠道。因此,在现代经济条件下,国际企业在民间筹集资本也是一个非常有潜力的资本来源渠道。

(三)国际企业子公司所在国的资金来源

国际企业在有的时候所需的资金较多,一般来源于企业内部和母国的资金不能满足资金的需求,这个时候国际企业子公司所在国的资金就成为重要的补充来源。

国际企业子公司所在国和地区的经济状况和条件会影响资金筹集的程度。如果子公司地处发达国家和地区,国际企业能够更容易和方便地筹集到所需资金。发达国家和地区经济基础较好,资本市场比较成熟和发达,资金相对充裕,这都为国际企业资金的筹集提供了便利;如果子公司设立在欠发达国家和地区,这些地区经济相对落后,证券业起步较晚,资本市场不健全,那么国际企业通过资本市场筹措的资金就会相当有限。

(四)国际金融市场资金来源

在国际领域中,国际金融市场十分重要,商品与劳务的国际性转移、资本的国际性转移、黄金输出入、外汇的买卖乃至于国际货币体系运转等各方面的国际经济交往都离不开国际金融市场,国际金融市场上新的融资手段、投资机会和投资方式层出不穷,金融活动也凌驾于传统的实体经济之上,成为推动世界经济发展的主导因素。

国际企业除了可以利用内部资金、母国资金和子公司所在国资金外,还可以从第三国或国际组织获取资金。国际金融市场是国际企业筹措资金的主要渠道。具体来说,国际企业通过国际金融市场筹资的方式主要有两种。

(1) 向第三国或国际金融机构借款。当国际企业向第三国购买货物时,一般可向该国银行获取出口信贷。目前,许多国家都设立进出口银行,为本国或他国国际企业办理进出口融资。此外,国际企业还可向国际金融机构(如世界银行、亚洲开发银行、国际金融公司等)借款。

(2) 向国际资本市场筹资。这种筹资的对象主要是一些大型跨国银行或国际银团。国际企业可以在国际股票市场上发行股票,由一些银行或银团购买,也可以在国际债券市场上发行中长期债券筹资。此外,国际企业还可以在国际租赁市场上融资。

二、国际企业筹资方式

筹资方式是指企业筹集资本所采取的具体形式,体现着企业筹资性质。对于上述各种渠道的资本,国际企业可以采取不同的方式加以筹集。充分认识筹资方式的种类以及每种筹资方式的资本属性有利于企业选择适宜的筹资方式,以较低的成本、较快捷的时间和较优惠的条件筹集到所需资本。

(一) 国际信贷筹资

国际信贷是指国家间以多种方式互相提供的信贷,通常是指一个或几个国家政府、国际金融机构以及公司企业向其他国家的政府、金融机构、公司企业以及国际机构提供的贷款。正确利用好国际信贷这种筹资方式,有利于国际企业顺利地完成资本筹措。国际企业利用国际信贷筹资,主要有两种方式。

1. 国际银行信贷

国际银行信贷是指国际企业在国际金融市场(如欧洲美元市场、亚洲美元市场)上向外国贷款银行借入资金的一种信贷方式。贷款的主要提供者是一些大型商业银行。国际银行信贷按贷款期限的长短不同分为短期银行信贷和中长期银行信贷。

2. 国际商业信用

国际商业信用筹资是指发生在国际贸易中、以商业信用为基础、来自商业伙伴的各种形式的融资,主要包括参与国际贸易的企业在生产链各个阶段发生的赊购商品、预收货款、应付票据等,是企业短期融资的重要方式。也就是说,国际企业除了从金融机构获得融资以外,还可从贸易伙伴那里获得融资,这不仅有助于实现企业筹资渠道多元化、降低融资成本,还在很大程度上解决了许多国际企业融资难的问题。因此,对于国际企业尤其是非上市公司以及那些难以从金融机构获得贷款的中小国际企业来说,商业信用是一种非常重要的筹资方式。

(二) 国际证券筹资

国际证券筹资是企业在国际证券市场上,通过发行国际证券,直接向公众筹集资金的信用行为,又称为直接筹资。国际证券筹资具有筹资主体主动、筹资对象广泛、筹资用途灵活、筹集的资金使用期限较长等特点。国际证券筹资可以分为欧洲债券筹资、外国债券筹资和国际股票筹资三种类型。

1. 欧洲债券筹资

欧洲债券是指一国政府、金融机构或企业等在某一外国债券市场上发行,但不以发行所在国货币为面值的债券,如日本公司在瑞士发行的美元债券。其特点是债券发行人属于一个国家,债券在另一个或另几个国家金融市场上发行,债券面值用非发行地所在国货币表示。

欧洲债券市场是指欧洲债券发行和销售的场所,欧洲债券市场只是一个名词,欧洲债券市场的地理范围并不限于欧洲,还包括亚洲等地的欧洲债券市场。在欧洲债券市场中,债券的发行费用和利息成本较低,有利于国际企业降低其资本成本,同时欧洲债券市场具有安全度高、可选择性强、流动性大以及可免税性和不记名性等特征,非常吸引投资者。

2. 外国债券筹资

除欧洲债券外,外国债券是国际债券中另一种重要的债券。外国债券即一国政府、金融机构或企业等在某一外国债券市场上发行,以发行所在国货币为面值的债券,如我国在日本债券市场上发行的日元债券。其特点是债券发行人属于一个国家,而债券的面值货币和发行市场则属于另一个国家。美国的"扬基债券"、日本的"武士债券"和香港的"龙债"等都是比较著名的外国债券。

外国债券市场是指外国债券发行和销售的场所。目前,这种市场主要位于美国、德国、瑞士和日本四个国家,它们占外国债券市场的绝大部分。外国债券和欧洲债券这两种国际债券都有两种发行方式:一种是私募发行,即在有限范围内对特定的投资者发行债券;另一种则是公募发行,即对社会各单位和广大公众发行债券。发行方式不同,发行程序也不完全一样。国际企业在跨国发行债券筹资时,必须认真分析各国的有关规定。

3. 国际股票筹资

国际股票筹资是指国际企业通过在国际资本市场上发行以外国货币为面值或以外国货币计价的股票而向社会筹集资金的一种方式。由于股票不可退股,只能转让,所以国际股票筹资筹集的是长期性资本,国际股票筹资活动属于世界资本市场的活动。随着20世纪80年代融资证券化趋势的出现,国际股票筹资在国际筹资中的地位逐渐上升。有理由相信,随着全球经济一体化和金融市场国际化的发展,国际股票筹资将在国际筹资中占据更大的份额。

国际股票筹资具有资金的非偿还性、融资金额大和融资成本低等特性,并且国际股票融资还具有一系列优点,比如可以为上市公司在海外树立形象,还可以改善公司的资产负债结构等。正是因为国际股票筹资具有这些特性和优点,大多数国际企业才选择这种筹资方式。采用国际股票所筹集到的资金是国际企业资金来源的基础,国际企业主要是用其创建新的企业和拓展原有的业务。

(三) 国际租赁筹资

国际租赁筹资是国际企业通过国际租赁市场向国际租赁公司租赁本企业所需设备,以支付租金的形式,取得设备使用权。在这种筹资方式下,由于跨越国界,承租人和出租人分属不同的国家,故又称跨国租赁。

国际租赁筹资按租赁协议中承租人和出租人双方所承担的责任及租赁期间资产的使用价值占该资产全部使用价值的比重,可分为经营性租赁和融资性租赁两种基本形式。经营性租赁又称服务租赁,是指出租人将自己经营的租赁资产反复出租给不同承租人使用,由承租人支付租金,直至资产报废或淘汰为止的一种租赁方式。经营性租赁是一种短期的租赁,服务性强,如租赁物的维修、保养和管理等,均由出租人负责提供。融资性租赁也称金融租赁,它是租赁公司购买国际企业所要求的设备,在较长的契约或合同期内,将此设备租给国际企业使用的信用业务。融资租赁是融物、融资相结合的一种独特的筹资方式。租赁期满,承租人对设备有多种处置选择,包括留购、续租、转租和退回。国际租赁筹资一般就是指这种租赁业务。

国际筹资租赁作为利用外资的一种特殊形式,具有资金融通和贸易相结合的特点,可以发挥投资、融资和促销三重作用。国际企业应该根据企业的经营情况,选择适当的租赁形式来筹措所需资本。

(四) 国际贸易筹资

国际贸易筹资是指进出口国际企业办理国际贸易业务时,银行对其提供的资金融通便利。国际贸易筹资为贸易的开展提供资金便利,与国际贸易相辅相成。它是促进进出口贸易的一种金融支持手段,其种类随着金融业的创新而不断发展。国际企业主要通过出口汇押、票据贴现、打包放款、福费廷、国际保理和供应链融资等国际贸易筹资方式来筹措资本。

国际贸易筹资的影响和意义是多方面的。一方面,它收益率高,利润丰厚,具有综合性效益,是现代银行有效运用资金的一种较为理想的方式;另一方面,它有效地解决了企业从事进出口贸易活动所面临的资金短缺,增强了进出口商在谈判中的优势,使之有可能在更大范围和更大规模上发展国际贸易。同时,它也是国家贸易政策的组成部分,是鼓励出口的积极手段之一,不仅可以调节进出口结构,而且对一国有效地参与国际经济可以起到促进作用。

随着全球金融创新大发展,国际贸易筹资形式和国际结算形式都发生了巨大的变化。国际贸易额以前所未有的速度增长,这就使得它对更加安全、高效的结算和筹资工具的需求越来越高,贴现、打包放款等传统筹资方式越来越难以打动进出口企业,取而代之的是国际保理、福费廷、供应链融资等新型先进的融资工具。

(五) 国际项目筹资

国际项目筹资是指向一个特定工程项目提供贷款,贷款人以该项目所产生的收益作为还款的资金来源,并将经营该项目的资产作为贷款人附属担保物的一种跨国筹资方式。项目筹资主要适用于大型基础设施项目的建设,如能源、交通、采矿、油气田开发等。国际项目筹资是一个庞大的系统工程,法律关系错综复杂,涉及项目所在国政府、项目主办人、项目公司、项目贷款人、项目建筑商、项目设备及原材料供应商、项目经营公司以及项目的其他参与人。国际项目筹资的一个重要法律特征在于政府对项目的参与。政府在国际项目筹资中具有特殊地位,起着主导作用,并主要表现在政府特许、政府承诺、政府推动和政府监管等方面。

项目筹资模式是国际项目筹资整体结构中的核心部分,是对国际项目筹资各要素的具体组合和构建。国际项目筹资主要有直接筹资模式、"设施使用协议"项目筹资模式、项目公司筹资模式、"生产支付"项目融资模式、"黄金贷款"项目筹资模式、"杠杆租赁"项目筹资模式、BOT项目筹资模式、ABS项目筹资模式八种筹资模式。其中,BOT项目筹资模式和ABS项目筹资模式是近几十年来比较盛行的两种项目筹资模式。BOT项目筹资是一种利用外资和民营资本兴建基础设施的有效筹资模式。ABS 项目筹资模式即资产支持证券化，是以项目所拥有的资产为基础，以该项目资产可以带来的预期收益为保证，通过资本市场发行债券筹集资金的一种项目筹资方式。

国际企业的筹资渠道和筹资方式有着密切的关系。一定的筹资方式可能只适用于某一特定的筹资渠道，但同一渠道的资金往往可以采取不同的筹资方式。因此，国际企业筹集资金时，必须实现两者的合理配合。

三、国际金融市场及金融机构

（一）国际金融市场

1. 国际金融市场的概念

国际金融市场是国际上从事各种国际货币和金融业务活动的场所的总称，主要由经营国际货币业务的一切金融机构组成。国际金融市场有广义和狭义之分。广义的国际金融市场是指各种国际金融业务活动的场所。这些业务活动包括长短期资金的借贷，以及外汇与黄金的买卖。这些业务活动分别形成了货币市场（money market）、资本市场（capital market）、外汇市场（foreign exchange market）和黄金市场（gold market）。这几类国际金融市场不是截然分离，而是互相联系着的。狭义的国际金融市场是国际资金借贷或融通的场所，因而亦称国际资金市场（international capital market）。

以下将从广义的概念出发来研究国际金融市场。

2. 国际金融市场的作用

国际金融市场是在生产国际化的基础上，随着国际贸易和国际借贷关系的发展而逐步形成和发展起来的，它既是经济国际化的重要组成部分，反过来又对世界经济的发展产生极其重要的作用。国际金融市场的作用是广泛的，主要包括四个方面。

（1）推动世界经济全球化的巨大发展。首先，国际金融市场能在世界范围内把大量闲散资金聚集起来，从而满足国际经济贸易发展的需要，同时通过金融市场的职能作用，把"死钱"变为"活钱"，由此推动生产与资本的国际化。其次，欧洲货币市场促进了当时的联邦德国和日本经济的复兴，亚洲美元市场对亚太地区的经济建设也起了积极的作用，发展中国家的大部分资金也都是在国际金融市场上筹集的。最后，货币市场的形成与发展又为跨国公司在国家间进行资金储存与借贷、资本的频繁调动创造了条件，促进了跨国公司经营资本的循环与周转，由此推动世界经济全球化的巨大发展。

（2）有利于保持国际融资渠道的畅通。从市场的一般功能看，国际金融市场有利于保持国际融资渠道的畅通，为世界各国提供一个充分利用闲置资本和筹集发展经济所需资金的重要场所。它不仅曾经为某些工业国家的经济振兴做出过重要贡献，而且也在一定程度上推动了发展中国家的经济建设进程。

（3）加速生产和资本的国际化。国际金融市场的存在和发展为国际投资的扩大和国际贸易的发展创造了条件，从而加速了生产和资本的国际化。一方面，跨国公司及其遍布世界各地的子公司在推进生产国际化的过程中，要求生产发展到哪里，商品就运销到哪里，力求得到必不可少的资金供应和资金调拨的便利；另一方面，跨国公司在全球性的生产、流通过程中暂时游离出来的资金，也需要通过金融市场得到更有效率的利用。

（4）有利于调节各国的国际收支。国际金融市场的产生与发展为国际收支逆差国提供了一条调节国际收支的渠道，即逆差国可到国际金融市场上举债或筹资，从而能更灵活地规划经济发展，也能在更大程度上缓和国际收支失衡的压力。

3. 国际金融市场的构成

国际金融市场主要是由外汇市场、欧洲货币市场、国际股票市场、国际债券市场、国际黄金市场和金融衍生市场六大市场构成。

（1）外汇市场。外汇市场是进行跨国界货币支付和货币交换的场所，是规模最大的国际金融市场。世界外汇市场是由各国际金融中心的外汇市场构成的，这是一个庞大的体系。目前世界上约有外汇市场30多个，其中最重要的有伦敦、纽约、巴黎、东京、瑞士、新加坡、中国香港地区等，它们各具特色，分别位于不同的国家和地区，并相互联系，形成了全球的统一外汇市场。

外汇市场的主要参与者有商业银行、个人和公司、中央银行和外汇经纪人。商业银行是外汇业务的主体和中心，它们在零售市场进行外汇买卖是为客户服务，以赚取价差为主；个人和公司由国际贸易进出口商、外汇投机商和旅游者等构成，它们一般以投机和保值为目的；中央银行的作用是干预市场，保持货币汇率稳定；外汇经纪人主要是充当外汇交易的中介，他们以佣金为主要收入。

外汇市场作为规模最大的国际金融市场，其功能也是多方面的，主要功能有：一是清算功能，这是外汇市场最基本的功能；二是兑换功能，在外汇市场买卖货币，把一种货币兑换成另一种货币作为支付手段，实现不同货币在购买力方面的有效转换；三是授信作用，利用外汇收支时间差，为国际贸易提供多种形式的贷款和资金融资；四是保值作用，可以利用套期保值和掉期交易来规避风险；五是投机作用，投机者可以利用汇价的变动牟利，产生"多头"和"空头"，对未来市场行情下赌注；六是窗口作用，汇率和交易量可以反映货币资本在国际上的流动状况。

（2）欧洲货币市场。欧洲货币市场是国际金融市场的核心，它产生于20世纪50年代的冷战开端时期，历经了几十年的风风雨雨，对世界经济的发展可谓功不可没。欧洲货币市场的概念是基于欧洲货币之上的，欧洲货币是指存放在某一国境外（主要是欧洲）银行中的该国货币，如存放在欧洲银行中的美元是欧洲美元，存放在英国其他欧洲银行中的英镑是欧洲英镑等。这些存款最初是存在欧洲，所以统称为欧洲货币，其中以欧洲美元为主，而经营欧洲货币的市场就成为欧洲货币市场。随着欧洲货币和欧洲货币市场的发展，它已经扩展到了中东、远东、加勒比海地区和加拿大等，形成一个世界性的货币市场。因此，现在所说的欧洲货币和欧洲货币市场实际上并不以欧洲为限，但主要部分还是在欧洲。

欧洲货币市场的基本金融工具是存款工具和贷款工具。存款工具有欧洲美元定期存款、可转让欧洲美元定期存单、浮动利率中期债券、远期欧洲美元定期存单和欧洲美元利率期货等。贷款工具主要有银团贷款、贷款参与证和票据发行便利。银团贷款主要用来满足政府和跨国公司长期巨额贷款；贷款参与证用于证明一家银行参与某项贷款，可转让；票据发行便利是银行与借款人签订在未来一段时间内由银行以连续承购短期票据的形式向借款人提供信贷资金的协议，具有法律效力。

（3）国际股票市场。国际股票市场（又称国际股权市场）是指在国际范围内发行并交易股票的市场。国际股票通常是指外国公司在一个国家的股票市场发行，用该国或第三国货币表示的股票。股票交易市场的行情常被誉为一国经济的"晴雨表",而国际股票市场的行情不仅反映市场所在国的经济状况,而且可以反映世界经济的发展状况。

在国际股票市场中,股票的发行和买卖交易是分别通过一级市场和二级市场实现的。国际主要股票价格指数有道琼斯工业平均指数(Dow Jones Industrial Average,DJIA,简称道指)、标准普尔500指数(S&P 500 Index)、日经225指数(Nikkei 225)、金融时报30指数(FTSE-30 Index)、纳斯达克指数(NASDAQ)等。

(4) 国际债券市场。国际债券是筹资者在国外市场上以外币为面值货币所发行的债券,其目的是满足中长期的资金需要,故债券的期限一般在一年以上。欧洲债券和外国债券是国际债券中最重要的两种国际债券,国际企业也经常使用这两种债券进行筹资。

随着世界经济的不断发展,国际债券市场的发展也呈现出一些新的趋势:首先,国际债券发行量持续增长;其次,欧元债券来势汹汹,大有后来居上的趋势;再次,发展中国家主权债券与美国国债的收益率之间的差额重新回落;最后,国际债券市场也将逐渐实现电子化交易。

(5) 国际黄金市场。国际黄金市场是指集中进行国际黄金买卖和金币兑换的交易场所。黄金买卖既是国家调节国际储备的重要手段,也是居民调整个人财富和财富保值的一种方式。目前国际上主要有英国的伦敦、美国的纽约和芝加哥、苏黎世、日本、中国香港地区等发达国家和地区的黄金市场,以及中国内地、印度、土耳其等新兴经济体的黄金市场。各国的黄金市场在发展历程、交易品种、参与主体以及市场监管等方面各有特色。英国、美国等发达国家的黄金市场经过长期发展,目前已经发展成为市场环境成熟、机制健全、交易规模较大且各具特色的黄金市场。新兴的黄金市场,如印度、迪拜等地的黄金市场,虽然市场规模不大,但发展速度惊人。

20世纪70年代以前,黄金价格基本由各国政府或中央银行决定,国际上黄金价格比较稳定。70年代初期,黄金价格不再与美元直接挂钩,黄金价格逐渐市场化,影响黄金价格变动的因素日益增多,具体来说,可以分为三个方面,即供给因素、需求因素和其他因素。供给因素主要包括黄金存量、年供应量和新金矿的开采成本等;需求因素主要是指黄金实际需求量、保值的需要和投机性需求等;美元汇率、通货膨胀和各国货币政策等因素也会影响黄金的价格。

(6) 金融衍生市场。金融衍生市场是以金融衍生工具为交易对象的市场,具体包括场内交易市场和场外交易市场。场内交易指在交易所统一标准下进行买卖;场外交易指买卖双方通过经纪人,按照订立的合约进行交易。金融衍生市场是与金融衍生工具联系在一起的。金融衍生工具又称金融派生产品,是与基础金融产品相对应的一个概念,指建立在基础产品或基础变量之上,其价格随基础金融产品的价格(或数值)变动的派生金融产品。

常见的金融衍生工具有远期合同、互换合同、期货合约和期权合约。远期合同是最简单的衍生工具,指合同双方约定在未来某一日期以约定价值,由买方向卖方购买某一数量的标的项目的合同。互换合同是指合同双方在未来某一期间内交换一系列现金流量的合同。按合同标的项目不同,互换可以分为利率互换、货币互换、商品互换、权益互换等。期货合约实质上是一种标准化的远期交易。在期货合约中,交易的品种、规格、数量、期限、交割地点等都已标准化,从而大大加强了期货合约的流动性。期权合约是指合同的买方支付一定金额的款项后即可获得的一种选择权合同。证券市场上推出的认股权证属于看涨期权,认沽权证则属于看跌期权。

(二) 国际金融机构

1. 国际金融机构简介

国际金融机构是为了协调各国经济运行的矛盾、贯彻国际货币制度、实现国际货币金融合作、调节各国国际收支和稳定汇率而建立的从事国际金融管理和经营活动的超国家性质的金融组织。其基本职能是从事国际金融事务的协调和管理,以及为稳定和发展世界经济而开展国际金融业务。

目前,国际上众多的国际金融机构按其范围可分为两种类型(见图 10-1):一是全球性国际金融机构,包括国际货币基金组织、国际清算银行和以国际复兴开发银行为核心的世界银行集团;二是区域性的国际金融机构,如亚洲开发银行、泛美开发银行和非洲开发银行等,它们的成员主要在区域内,但也有区域外的国家参加。

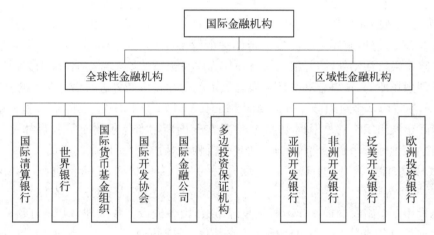

图 10-1 国际金融机构分类

2. 国际金融机构的作用

国际金融机构建立以来,在加强国际合作及发展国际经济方面起到一定的积极作用。具体表现在:① 提供短期资金,调节国际收支逆差,在一定程度上缓和了国际支付危机;② 提供长期建设资金,促进了发展中国家的经济发展;③ 稳定汇率,有利于国际贸易的增长;④ 调节国际清偿能力,创造新的结算手段,解决了不少国家国际结算手段匮乏的问题。

但也应看到,国际金融机构的活动仍具有一定的局限性,全球性的国际金融机构仍在几个资本大国的控制之下,贷款条件比较苛刻,不符合发展中国家的利益。另外,有些国际金融机构往往通过贷款过多干预了发展中国家的财经政策和发展规划,在某种程度上妨碍了这些国家民族经济的自由顺利发展。

3. 全球性国际金融机构

(1) 国际清算银行(Bank for International Settlements,BIS)。国际清算银行是英国、法国、德国、意大利、比利时、日本等国的中央银行与代表美国银行界利益的摩根银行、纽约和芝加哥的花旗银行组成的银团,根据海牙国际协定于 1930 年 5 月共同组建,总部设在瑞士巴塞尔。刚建立时只有 7 个成员,现已发展至 45 个。国际清算银行最初创办的目的是处理第一次世界大战后德国的赔偿支付及相关的清算等业务问题。

国际清算银行是为经济合作与发展组织成员之间进行结算的代理机构,是与各国中央银行进行业务往来的国际性金融机构,实际上是世界多数国家中央银行的中央银行。其宗旨是:"促进中央银行之间的合作并向它们提供更多的国际金融业务的便利;在国际清算业务方面充当受托人或代理人。"

国际清算银行是以股份公司的形式建立的,因而它的组织机构符合一般股份公司组织机构的特点,即包括股东大会、董事会和办事机构。股东大会是最高权力机关,股东大会每年 6 月在巴塞尔召开一次,只有各成员中央银行的代表参加表决。选票按有关银行认购的股份比例分配,而不考虑在选举当时掌握多少股票。董事会是国际清算银行的经营管理机构,由 13 名董事组成。此外,国际清算银行下设银行部、货币经济部、法律处、秘书处、风险控制部和金融稳定研究所等办事机构。

国际清算银行是各国中央银行进行磋商的场所,接受各中央银行的委托开展各种业务,主要有:接受各中央银行的存款,并向中央银行发放贷款;代中央银行买卖黄金、外汇和发行债券;为各国政府间贷款充当执行人或受托人;同有关国家中央银行签订特别协议,代办国际清算业务。此外,它还是欧洲货币合作基金董事会及其分委员会和专家组等机构的永久秘书。除了银行活动外,国际清算银行还作为中央银行的俱乐部,是各国中央银行之间进行合作的理想场所,其董事会和其他会议提供了就国际货币局势进行信息交流的良好机会。

(2) 国际货币基金组织(International Monetary Fund,IMF)。国际货币基金组织是政府间的国际金融组织。它是根据 1944 年 7 月在美国新罕布什尔州布雷顿森林召开的联合国与联盟国家国际货币金融会议上通过的《布雷顿森林协定》而建立起来的。1945 年 12 月 27 日正式成立,1947 年 11 月 15 日成为联合国的一个专门机构,负责促进汇率和国际货币体系稳定,同世界银行、世界贸易组织一起构成战后国际经济秩序的三大支柱。

国际货币基金组织的最高权力机构是理事会,由各成员方各派理事和副理事一人组成,理事和副理事由各成员方的中央银行行长或者财政部部长担任。执行董事会是国际货币基金组织负责处理日常事务的常设机构,该机构由 24 名成员组成。董事会另设主席 1 名,主席即国际货币基金组织总裁,总裁是国际货币基金组织的行政首脑,每 5 年选举 1 次。总裁在通常情况下不参加董事会的投票,但若双方票数相等,总裁可投一票决定结果。

其业务活动主要包括以下五个方面:一是向成员提供贷款;二是在货币问题上促进国际合作;三是研究国际货币制度改革的有关问题;四是研究扩大基金组织的作用;五是提供技术援助和加强同其他国际机构的联系。

该组织的宗旨:第一,为成员在国际货币问题上进行磋商与协作提供所需要的机构,以促进国际合作;第二,促进国际贸易的均衡发展,达到高水平的就业与实际收入,并扩大生产能力;第三,促进汇率的稳定和有条不紊的汇率安排,以避免竞争性的货币贬值;第四,为经常性交易建立一个多边支付和汇兑制度,并设法消除对世界贸易的发展形成障碍的外汇管制;第五,在临时性的基础上和具有保障的条件下为成员融资,使它们在无须采取有损于本国和国际经济繁荣的措施的情况下,纠正国际收支的不平衡;第六,争取缩短和减轻国际收支不平衡的持续时间和程度。

(3) 世界银行集团(World Bank Group,WBG)。世界银行集团是若干全球性金融机构的总称,目前由世界银行本身即国际复兴开发银行(International Bank for Reconstruction and

Development，IBRD)、国际开发协会(International Development Association，IDA)、国际金融公司（International Finance Corporation，IFC)、多边投资担保机构（Multilateral Investment Guarantee Agency，MIGA)和解决投资纠纷国际中心(International Centre for Settlement of Disputes，ICSID)组成。其主要业务活动是向发展中成员提供长期贷款,向成员方政府或经政府担保的私人企业提供贷款和技术援助,资助他们兴建某些建设周期长、利润率偏低,但又为该国经济和社会发展所必需的建设项目。

世界银行是按股份公司的原则建立起来的企业性金融机构,凡成员都应认缴银行的股份,世界银行成员的投票权大小取决于其认缴股份的多少,每一成员均拥有基本投票权250票,每认缴一股(一股10万美元)另外增加投票权一票。世界银行的最高权力机构是理事会,由每一成员委派理事和副理事各一名组成,理事人选一般由该成员方财政部长或中央银行行长担任,任期5年,可以连任。负责组织银行日常业务的是执行董事会,由21名执行董事组成。

世界银行的资金来源主要由三个方面构成。其一,成员实际缴纳的股金。目前,已认缴股本达到2 010亿美元,其中,实缴资本260亿美元,待缴股本1 750亿美元。其二,国际金融市场筹集的资金。向国际金融市场借款,尤其是在资本市场发行中长期债券,是世界银行的主要资金来源。其三,留存净收益。世界银行由于资信卓著、经营得法,每年利润可观。

(4) 世界银行附属机构。世界银行的附属机构有国家开发协会、国际金融公司和多边投资保证机构。

国际开发协会是一个专门从事对欠发达的发展中国家提供期限长和无息贷款的国际金融组织。世界银行的成员均可成为开发协会的成员。其主要手段是以比通常贷款更为灵活、给借款国的收支平衡带来的负担也较轻的条件提供资金,以满足发展中国家的资金需求,对世界银行贷款起补充作用,从而促进世界银行目标的实现。

国际金融公司(International Finance Corporation，IFC)是世界银行集团专门向发展中国家私人部门投资的窗口,也是联合国的专门机构之一。凡是世界银行的成员均可申请成为该公司的成员。截至2006年5月,共有成员178个。公司总部设在美国华盛顿。其宗旨是向发展中国家的私人企业提供不需要政府担保的贷款或投资,帮助发展地区资本市场,促进国际私人资本流向发展中国家,以推动这些国家私人企业的成长,促进经济发展。

多边投资保证机构(Multilateral Investment Guarantee Agency，MIGA)是1988年新成立的世界银行附属机构,共有151个会员国。其宗旨是向外国私人投资者提供政治风险担保,包括征收风险、货币转移限制、违约、战争和内乱风险担保,并向成员政府提供投资促进服务,加强成员吸引外资的能力,从而推动外商直接投资流入发展中国家。

4. 区域性国际金融机构

(1) 亚洲开发银行(Asian Development Bank，ADB)。亚洲开发银行简称亚行,是亚太地区国家和部分工业发达国家合办的区域性国际金融机构。它根据联合国亚洲及太平洋经社委员会的决议于1966年8月20日成立,同年12月开始营业。总部设在菲律宾首都马尼拉,现有成员65个,其中47个来自亚太地区,18个来自其他地区。其宗旨是通过发放贷款进行投资,提供技术援助,以促进亚太地区的经济增长与合作,并协助本地区的发展中国家加速经济发展的进程。我国于1986年3月正式加入该行。

普通资金是亚行开展业务的主要资金来源,包括成员认缴的股本、国际金融市场借款、普通储备金、特别储备金、净收益和预缴股本六个组成部分。亚洲开发基金也是亚行的资金来源之一,该资金来源是发达成员方的捐赠,用于亚太地区贫困成员方的优惠贷款。亚行还有一资金来源就是技术援助特别基金,此资金用于资助发展中国家提高人力资源素质和加强执行机构的建设。1987 年由日本政府出资设立的日本特别基金也是亚行资金来源的组成部分,旨在加速发展中成员方的经济增长,该基金的使用方式是赠款和股本投资。

该机构的业务经营活动主要有三个方面:① 提供贷款。普通贷款属于硬贷款,贷款对象是较高收入的发展中国家,主要用于工业、农业、电力、运输、邮电等部门的开发工程,贷款期限为 10~30 年,贷款利率低于市场利率并随金融市场调整。特别贷款属于软贷款,主要贷给较贫困的发展中国家,期限可长达 40 年,不收利息,仅收 1% 的手续费,具有经济援助的性质。亚行贷款原则与世界银行相似。② 股本投资。该业务通过购买私人企业股票或私人金融机构股票等形式,向发展中国家的私人企业提供融资便利。③ 技术援助。亚行提供给成员方的技术援助包括咨询服务、派遣长期或短期专家顾问团协助拟订和执行开发计划等。此外亚行对涉及区域性发展的重大问题,还提供资金举办人员培训班和区域经济发展规划研讨会等活动。

(2) 非洲开发银行(African Development Bank,AFDB)。非洲开发银行是非洲国家政府合办的互助性国际金融机构,其宗旨是向非洲成员方提供贷款和投资以及技术援助,充分利用非洲大陆的人力和自然资源,促进非洲各国经济的协调发展和社会进步,从而尽快改变非洲大陆贫穷落后的面貌。

资金主要来自成员方的认缴,截至 2006 年年底,非洲开发银行核定资本相当于 329 亿美元,实收资本相当于 325.6 亿美元。其中,非洲国家的资本额占 2/3。这是为了使领导权掌握在非洲国家手中而做的必要限制。

非洲开发银行的主要业务活动是向成员方提供贷款(包括普通贷款和特别贷款),以发展公用事业、农业、工业项目以及交通运输项目。普通贷款业务包括用该行普通资本基金提供的贷款和担保贷款业务;特别贷款业务是用该行规定专门用途的特别基金开展的贷款业务。后一类贷款的条件非常优惠,不计利息,贷款期限最长可达 50 年,主要用于大型工程项目建设。此外,银行还为开发规划或项目建设的筹资和实施提供技术援助。

(3) 泛美开发银行(Inter-American Development Bank,IADB)。泛美开发银行是由美洲及美洲以外国家联合建立的向拉丁美洲国家提供贷款的区域性金融机构,成立于 1959 年 4 月,行址设在美国华盛顿。其宗旨是集中美洲内外的资金,向成员方政府及公私团体的经济、社会发展项目提供贷款,或向成员方提供技术援助,以促进拉丁美洲国家的经济发展与合作。

泛美开发银行的资本来源于下列途径:成员方分摊;发达成员方提供;在世界金融市场和有关国家发行债券。1960 年开业时拥有资金 8.13 亿美元。认缴股份较多的国家如下:美国占 30.008%;阿根廷和巴西各占 10.752%;墨西哥占 6.912%;委内瑞拉占 5.761%;加拿大占 4.001%。各成员方的表决权依其加入股本的多寡而定。由于美国认缴的股本最多,美国在泛美开发银行拥有最多的投票权。

2009 年 1 月 12 日,中国正式成为泛美开发银行集团下属的泛美开发银行、泛美投资公司和多边投资基金的成员国。在金融危机背景下,中国加入泛美开发银行集团对促进拉美及加勒比地区的减贫和发展事业意义重大。

(4) 欧洲投资银行(European Investment Bank，EIB)。欧洲投资银行是欧洲经济共同体各国政府间的一个金融机构，成立于1958年1月，总行设在卢森堡。该行的宗旨是利用国际资本市场和共同体内部资金，促进共同体的平衡和稳定发展。为此，该行的主要贷款对象是成员方不发达地区的经济开发项目。从1964年起，贷款对象扩大到与欧共体有较密切联系或有合作协定的共同体外的国家。

该行资金来源主要由各成员方分摊，也从共同体内外资本市场筹措，还有成员方提供的特别贷款。银行成立之初资本为10亿美元，由六个成员国即联邦德国、法国、意大利、比利时、荷兰和卢森堡按比例分摊。1973年1月英国、爱尔兰和丹麦加入共同体，1981年1月希腊加入，1986年1月葡萄牙和西班牙加入，共同体扩大为12国，欧洲投资银行的成员也扩大为12国。1979年欧洲货币体系成立，计价资本改为欧洲货币单位。截至1987年年底，12国认缴资本总额为188亿欧洲货币单位，其中已缴25.959亿，同期该行资产总额为428.753亿。

该行的业务活动包括三个方面：其一，对工业、能源和基础设施等方面促进地区平衡发展的投资项目，提供贷款或贷款担保；其二，促进成员方或共同体感兴趣的事业的发展；其三，促进企业现代化。其中，提供贷款是该行的主要业务，包括两种形式：一是普通贷款，即运用法定资本和借入资金办理的贷款，主要向共同体成员方政府或私人企业发放，贷款期限可达20年；二是特别贷款，即向共同体以外的国家和地区提供的优惠贷款，主要根据共同体的援助计划，向同欧洲保持较密切联系的非洲国家及其他发展中国家提供，贷款收取较低利息或不计利息。

第三节　国际企业投资管理

国际投资是一种国家间资本的流动。从投资者的角度看，对外投资可扩展生产规模，获得更高利润；从东道国角度看，吸引投资可利用外资来帮助本国经济发展。国际投资是存在一定风险的，国际企业应该根据企业的实际情况谨慎适当地投资。研究分析每项投资的有利因素和不利因素、预期收益和潜在风险，以及如何采取有效措施，争取实现预期收益，减少潜在风险造成的损害，是国际投资管理的中心环节。

一、国际投资的特点

国际投资是指国际企业为获取较本国投资更高的收益而投放资本于国外的行为，是一种国际投资行为。国际投资是随着金融资本的逐渐形成而出现的。国际投资经历了两个发展阶段。第一个阶段是间接投资阶段，它是国际投资的出现、形成阶段，大约是在19世纪70年代到第一次世界大战期间。从20世纪初开始，尤其是第二次世界大战以后到现在，是直接投资阶段，这是第二阶段。国际主体呈多元化趋势，资金来源渠道多元化。随着国际金融市场的深入发展，国际投资已成为国际经济活动中的重要力量。与国内投资相比，国际投资具有七个方面的特点。

(一) 投资目的的多元化

国际投资的目的比国内投资更为广泛和复杂，有的是为了占领国外市场，有的是为了利用国外资源,有的是为了降低生产成本、实现资本增值,还有的是为了实现企业的整体战略性目标等。

（二）投资主体的一元化

国内投资的主体众多,既包括政府、企业和各种经济组织,又包括私人、个体户等,而国际企业对外投资时其主体是单一的,并日益加剧国际资本的竞争。

（三）投资资本形态和投资方式的多样化

国际投资中既有以实物资本形式表现的资本,如机器设备、商品等,也有以无形资产形式表现的资本,如商标、专利、管理技术、情报信息、生产诀窍等,还有以金融资产形式表现的资本,如债券、股票、衍生证券等。

（四）投资地域的广泛性

国际企业对外投资以国际市场为舞台,是全球性的经济活动,投资地域相当广泛,需要在境外设立机构,既可以是生产经营性机构,也可以是服务经营性机构。

（五）投资环境的复杂多样性

国际投资实际上是将资本投放到一个不确定的国际环境,各个国家的政治、经济、社会、文化等相差悬殊,投资者会面临比国内投资更多的多变因素和约束条件,如汇率变动、税收差异、金融制度差异等,它们会随着国际投资的发生而成为国际企业必须面对的问题。

（六）投资资金来源的多样性

由于国际资本存在双向流动,既包括本国对外投资,又包括外国对本国投资,这就必然导致投资资金来源和形式的多样性和广泛性,不仅包括企业的净资产,而且包括各国政府、单位和个人吸收东道国的政府、单位、私人的投资和信贷资金,以及向当地金融市场和国际金融市场筹集的资金。

（七）投资风险的多重性

国际企业对外投资的风险包括投资中的政策风险、政治风险、经济风险、技术风险和其他风险。政策风险是指东道国政府有关证券市场的政策发生重大变化或是有重要的举措、法规出台,引起证券市场的波动,从而给投资者带来的风险。政治风险是指由于东道国或投资所在国国内政治环境或东道国与其他国家之间政治关系发生改变而给外国企业或投资者带来经济损失的可能性。经济风险是指国际上各国的市场情况、投资状况、税率、汇率和通货膨胀的各种变化给投资者带来的不确定性。技术风险是指由于科技进步导致资产更新速度快、资产相对贬值而给国际企业对外投资带来的效果的不确定性和投资损失。其他风险是指除上述以外的风险,如自然风险、人为风险等。

二、国际投资的方式

国际投资的方式是企业进行国际投资时所采用的具体形式。国际企业对外投资的方式也是多种多样的,目前,各国通行的对外投资方式主要包括国际直接投资、国际间接投资、国际灵活投资等。

（一）国际直接投资

1. 国际直接投资的概念

国际直接投资是指一国或地区的对外直接投资者通过垄断优势（主要表现为无形资产）

的国际转移,获得部分或全部外国企业的经营控制权,以实现最终目标与直接目标高度统一的长期投资行为。国际直接投资是国内直接投资的延伸、扩展和特殊表现形式。从理论上讲,凡是发展对外直接投资的公司、政府、个人和机构都是对外直接投资者。但在国际直接投资研究中,主要关注大型跨国公司,因为其在国际直接投资领域占据主导地位,对外直接投资行为具有典型意义。

2. 国际直接投资的形式

国际直接投资的特点在于具有投入资本的所有权和资本在使用过程中的经营权和决定权,其形式主要有三种。

(1) 在国外创办新企业。投资者可以直接到国外进行投资,建立新厂或子公司和分支机构,以及收购外国现有企业或公司等,从事生产与经营活动。

(2) 购入控制权。通过购买外国公司的股票控制外国企业的股权,从而拥有控制的权利。至于需要多少股权才算直接投资,目前尚无统一标准。国际货币基金组织规定拥有25%的股权为直接投资。

(3) 利润再投资。投资者把通过直接投资所获得的利润的一部分或全部用于对原企业的追加投资,或重新建立一个企业。这种形式的直接投资,随着国际投资的深入越来越成为直接投资的重要形式。

3. 国际直接投资的特点

国际直接投资与其他投资相比,具有实体性、控制性、渗透性和跨国性的重要特点。具体表现在三个方面。

(1) 国际直接是长期资本流动的一种主要形式,它不同于短期资本流动,要求投资主体必须在国外拥有企业实体,直接从事各类经营活动。

(2) 国际直接投资表现为资本的国际转移和拥有经营权的资本国际流动两种形态,既有货币投资形式又有实物投资形式。

(3) 国际直接投资是取得对企业经营的控制权,不同于间接投资,通过参与、控制企业经营权获得利益。当代的国际直接投资又有规模日益扩大、由单向流动变为对向流动、发展中国家国际直接投资日趋活跃、区域内相互投资日趋扩大、国际直接投资部门结构发生重大变化、跨国并购成为一种重要的投资形式等特点。

(二) 国际间接投资

1. 国际间接投资的概念

国际间接投资是指一国投资者不直接参与国外所投资企业的经营管理,而是通过证券、信贷等形式获取投资收益的国际投资活动。国际间接投资的主体包括国际金融组织、外国政府、外国私人商业银行、机构投资者以及一般的私人投资者。国际间接投资是一种传统的投资形式,也是国际资本流动的重要形式,具有很长的历史。国际间接投资是在国际分工的基础上产生和发展起来的。进入20世纪90年代以来,随着世界经济发展的主流由总量增长型向质量效益型转变,世界经济一体化步伐加快,国际资本的流动性空前增大,国际间接投资重新受到重视并活跃起来,并相应地呈现出若干新趋势。

2. 国际间接投资的特点

国际间接投资有几个比较明显的特点,其最大的特点就是投资对于投资者而言的间接性,以及筹资对于被投资者而言的直接性。此外,间接投资还具有四个特点。

（1）流动性。这个流动性有两层含义。一是资本能够自由交易，国际间接投资以获得最大的投资利润或寻找安全的场所为目的，如短期游资，其流动速度之快是众所周知的。二是资本的变现性，国际间接投资是以证券为媒介的投资，是通过货币形式的资本转移来获取利息或股息的。

（2）灵活性。在国际间接投资中，各种有价证券可以在国际市场上相当方便地转移、变现和交易。

（3）政策性。国际直接投资往往是一个企业为追求经济利益而进行的投资，相较而言，国际间接投资比较复杂，兼具商业性和政策性。

（4）风险性。国际间接投资面临的投资风险相对比较大，主要有预期的利润不能实现等风险。证券的市场价格同其票面金额之间往往存在价格差异，并会随着各种内外部因素变动而变动，从而使证券资产的收益不确定。

3. 国际直接投资与国际间接投资的区别

从理论上讲，国际直接投资与国际间接投资的根本区别在于是否获得所投资企业的有效控制权，具体表现为四个方面的区别。

第一，投资的主要直接目标不同。国际直接投资的主要直接目标是获得被投资企业的有效控制权；国际间接投资的主要直接目标则是获得较高的股息收益和利息收益。

第二，对外投资者的权限不同。国际直接投资者亲自到东道国新建或购并企业，参与被投资企业的经营管理，拥有被投资企业的有效控制权；国际间接投资者仅拥有被投资企业的小部分股份，并不参与被投资企业的经营管理，无有效的控制权。

第三，资本的构成不同。国际直接投资与国际间接投资是国际投资的两种主要方式，都表现为资本在各国间的流动，但流动主体（即资本）的构成不同。前者表现为"一揽子"生产要素（如货币、原材料和零部件、设备、技术知识管理能力和劳动力等）由投资国流向东道国，处于核心地位的是无形资产，货币资本的流动处于非常次要的地位；后者则表现为单一的货币资本由投资国流向东道国。

第四，对东道国宏观经济中短期波动的敏感程度不同。国际直接投资对东道国宏观经济中的短期波动反应迟钝；国际间接投资对东道国宏观经济中的短期波动反应十分敏感。

（三）国际灵活投资

所谓国际灵活投资，是指与国际贸易相结合的各种资金形态、实物形态、技术形态的国际技术经济合作。这类业务活动把投资与贸易活动紧密结合在一起，将投资行为和目的实现隐含在商品或劳务的贸易活动之中。它们一方面和国际直接投资或间接投资相联系，另一方面又与国际贸易、国际金融、国际技术转让以及国际经济合作等相融合，并不断适应发达国家与发展中国家的实际情况而推陈出新。国际灵活投资的方式多种多样，主要有国际信托投资、国际租赁、三来一补、风险投资、BOT

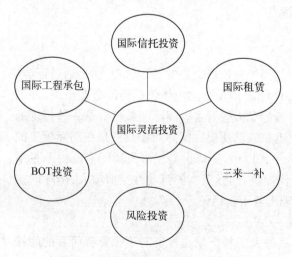

图 10-2　国际灵活投资的各种方式

投资和国际工程承包六种方式。

国际信托投资是指委托人基于信任而将自己的财产所有权或使用权放心地转交给受托人（信托机构或个人）掌握，受托人按照委托人的意愿，以自己的名义全权管理或处理这些信托财产，并为双方实现商定好的指定受益人谋取信托财产收益；国际租赁是指一国的租赁公司（出租人）将机器设备等物品长期出租给另一国的企业或组织（承租人）使用，在租期内承租人按期向出租人支付租赁费的一种国际投资形式；三来一补是指来料加工、来样加工、来件装配和补偿贸易，是中国大陆在改革开放初期尝试性地创立的一种企业贸易形式，它最早出现于1978年的东莞；风险投资是指在创业企业发展初期投入风险资本，待其发展相对成熟后，通过市场退出机制将所投入的资本由股权形态转化为资金形态，以收回投资，取得高额风险收益；BOT投资又称为公共工程特许权，即建设-经营-转让（build-operate-transfer）的一种国际投资新方式，是基础设施建设的一类方式，也是一种私营机构参与基础设施的开发和运营的方式；国际工程承包是指在国际承包市场上通过投标等方式承建工程建设项目，它是一项综合性的出口业务，也是国际企业对外投资的一种常见方式。

三、国际投资分析

（一）投资环境评价

1. 国际投资环境的概念

国际投资环境是国际投资者所面临的东道国环境的总称，它是由东道国的政治、经济、法律、自然条件和社会文化等多种因素共同决定的。这些因素相互依存、相互制约，形成一个有机整体。对企业来说，投资环境是不可完全控制的因素，企业必须努力认清其所处的环境，并努力适应环境，利用环境提供的有利条件，回避不利因素。因此，正确判断和评估投资对象国的投资环境，从而选择最佳投资点，成为投资者决策前的重要一环。从影响国际投资的因素出发，国际投资环境可分为五大部分。

（1）自然环境。自然环境是指自然或历史上长期形成的与投资有关的自然、人口及地理等条件。它由地理位置、气候、自然资源与人口等因素组成。

（2）经济环境。经济环境是指东道国经济发展现状、经济发展前景以及影响投资的设施状况。就贸易顺向式直接投资者而言，经济发展现状及设施状况较为重要；对贸易逆向式直接投资者来说，经济发展前景则更为重要。

（3）政治环境。政治环境一般包括政治制度、政权稳定性、当政者、政策连续性、政府状况、治安以及国际关系。

（4）法律环境。法律环境主要指法律秩序的稳定，法律制度的完善性、稳定性、连续性，司法机关的独立性，国家机关公职人员严格执法、自觉守法的情况，以及人民群众的法律意识、法治观念等。

（5）社会文化环境。社会文化环境是指东道国社会结构、社会风俗和习惯、信仰和价值观念、行为规范、生活方式、文化传统、人口规模等因素。由于地理和历史的原因，各国的社会文化背景是不同的，在有些国家甚至还存在地区间的差别。

2. 国际投资环境的特点

随着经济全球化趋势的日益明显，国际直接投资发展非常迅速，国际直接投资在各国经济发展中的地位越来越重要。国际投资环境作为影响国际投资活动的各种外部因素的综合体，有其自身的特点。

(1) 综合性。国际投资的特点和现代经济社会的复杂性决定了国际投资环境这个整体是由多种因素综合构成的。这一特点就是国际投资环境的综合性。国际投资环境因素依据不同的划分标准和粗细程度会有不同的结果，但不论怎样划分环境因素，都应具有完备性，应包括影响国际投资活动的各种因素，否则，对投资环境的认识就是不全面的。投资环境的综合性要求人们在评价投资环境或进行投资决策和改善投资环境时，要全面考虑各种环境因素，不能只注意一个或某几个因素。

(2) 系统性。构成国际投资环境的各个因素既有各自独立的性质和功能，又是相互连接、相互作用的，它们共同构成国际投资环境系统，整个系统功能的强弱不仅取决于各个因素的状况，而且还取决于各种因素相互间的协调程度。这就是国际投资环境的系统性特点。

(3) 相对性。同样的外部条件对于不同类型的投资、不同行业的投资或生产不同产品的投资会产生不同的影响，也就是说，对不同的投资活动，同样一个投资环境会发挥不同的功能作用，对某种投资来说较好的投资环境对另一投资来说可能是较差的投资环境。这就是国际投资环境的相对性。

(4) 动态性。一方面，随着时间的推移，国际投资环境的各种构成因素在不断地发生变化，从而使整个投资环境不断地变化；另一方面，投资项目会进入项目周期的不同阶段，从而使得同样的环境因素对同一投资项目的影响力也发生变化。这两种变化共同形成了国际投资环境的动态性特点。

3. 国际投资环境的分析方法

由于投资环境对投资者至关重要，所以在东道国开展投资前，必须对当地投资环境进行分析评价，目前常用的分析评价方法主要有五种。

(1) 投资环境等级评分法。该方法是由美国经济学家罗伯特·斯托伯(Robert Stobaugh)提出的。等级评分法着眼于东道国政府对外商投资的限制与鼓励政策，将确定的投资环境要素由优至劣分为不同等级，然后再根据各要素的重要程度逐一评分，最后汇总得到投资环境的总评分。它从抽回资本自由度、外商股权比例、对外商的管制程度、货币稳定性、政治稳定性、给予关税保护的态度、当地资金的可供程度、近五年的通货膨胀率八个方面进行投资环境的等级评分。

投资环境等级评分法的优点是对投资环境的主要因素进行定量分析，避免了单纯的定性分析导致的模糊概念。但是，此方法的评分具有主观倾向性，并且评价因素不够全面，如对东道国基础设施、法律制度、行政机关办事效率等因素未进行考虑。

(2) 投资环境冷热比较分析法。美国学者伊西阿·利特法克(Isiah Litvak)和彼得·班廷(Peter Banting)根据他们对20世纪60年代后半期美国、加拿大等国工商界人士进行的调查，通过七种因素对各国投资环境的影响进行综合分析后提出了"国别冷热比较法"，又称"投资环境冷热比较分析法"。这七个因素是政治稳定性、市场机会、经济发展与成就、文化一元化、法令障碍、实质障碍以及地理与文化差异，其中前四个属于热因素，后三个属于冷因素。热因素越大，冷因素越小，一国投资环境越好(即热国)，外国投资者在该国的投资参与成分越大；反之，一国投资环境越差(即冷国)，外国投资成分越小。

(3) 投资环境动态分析法。投资环境动态分析法也叫道氏评估法，该方法认为投资环境不仅因国别或地区不同而存在较大差异,在同一国家或地区也会因不同时期而发生变化。因此,从动态、发展变化的角度去考察、分析、评价目标国的投资环境是非常必要的。

道氏公司认为,投资者在国外投资所面临的风险分为两类。第一类是正常企业风险或称竞争风险。例如,自己的竞争对手也许会生产出一种性能更好或价格更低的产品。这类风险存在于任何基本稳定的企业环境,它们是商品经济运行的必然结果。第二类是环境风险,即某些可以使企业所处环境本身发生变化的政治、经济及社会因素。这类因素往往会改变企业经营所遵循的规则和采取的方式,对投资者来说,这些变化的影响往往是不确定的,既可能是有利的,也可能是不利的。

据此,道氏公司把影响投资环境的诸因素按其形成的原因及作用范围的不同分为两部分,即企业从事生产经营的业务条件和有可能引起这些条件变化的主要压力。这两部分又分别包括40项因素。在对这两部分的因素做出评估后,通过比较投资项目的预测方案,可以选择出具有良好投资环境的投资场所。

(4) 障碍分析法。障碍分析法主要对影响投资环境的不利因素进行评价,是依据潜在的阻碍投资运行因素的多寡与程度来评价投资环境优劣的一种方法。投资者依据投资环境的内容结构,分别列出阻碍直接投资的主要因素,并在潜在的东道国之间进行比较,障碍少的国家被认为具有良好的投资环境,反之则为投资环境恶劣的地区。

障碍分析法简单易行,以定性分析为主,立足于障碍因素分析,有利于减少投资风险和增强投资活动安全性。但该方法过于看重不利因素而忽视其有利条件,不符合风险决策规律,评价时应注意结合有利因素,尤其是一些特别突出的优势因素往往可以弥补障碍因素之不足,从而改变整个评价结果,这是在运用此法时应注意的问题。

(5) 抽样评估法。抽样评估法对东道国的外商投资企业进行抽样调查,了解其对东道国投资环境的一般看法。其程序如下:首先,随机选定不同类型的外商投资企业若干个,同时列出影响投资环境的要素;其次,由所选择的外商投资企业的高级企业人员通过填写调查表的形式对这些要素进行评估;最后,由组织者收回调查表汇总,统计得出最终有关投资环境的评价结论。

该方法最大的优点在于使调查人员能够得到第一手信息资料,它的结论对于潜在的投资者来说具有直接的参考价值。但缺点就是评估项目的因素往往不能列举很多,因而不可能全面,并且评估结果中还带有评估人的主观色彩。

(二) 投资效益分析
1. 国际投资收益简介
国际投资效益是指国际投资者投资活动所取得的成果与所占用或消耗的投资之间的对比关系。无论是对投资的宏观调控,还是每一个具体投资项目管理,都要重视提高投资效益。

国际投资收益需要通过数值形式来反映,这种数值形式就是国际投资效益指标。该指标由指标名称和数值两部分组成。指标的数值可以是绝对数,也可以是相对数。由于国际直接投资的复杂性,往往一个指标不能全面反映事物的全部实质,所以需要同时运用多种指标或者说指标体系,从数量上反映和表示经济效果的大小。这些指标不是孤立的,而是相互联系、相互依存地构成一个完整的指标体系。进行国际直接投资经济分析,挖掘提高国际直接投资效益的潜力,要求有一套科学的国际直接投资效益指标体系,否则就无从论证和评价国际直接投资的经济效益。因此,制定国际直接投资效益指标体系就成为国际直接投资工作中的一项重要工作。

2. 国际投资效益分析指标

(1) 投资利润率。投资利润率是一种相对简单的分析指标,是指投资项目投产后每年利润总额与总投资额相比的值。年利润总额通常为项目达到正常生产能力的年利润总额,也可以是生产期平均年利润总额。

虽然投资利润率的计算相对简单,但这一指标却是考核投资项目经济效益的一个重要的综合性指标。若投资利润率较高,说明该项目盈利能力强,投入的资本回报率较高;反之,若投资利润率较低,说明该项目盈利能力一般,投入的资本回报率较低。企业在进行财务评价时,还经常将投资利润率与行业平均投资利润率对比,以判断项目单位投资盈利能力是否达到本行业的平均水平。

(2) 投资建设工期。投资建设工期是计算、比较、评价投资经济效果的重要指标之一,是指完成投资项目所需的全部时间,即投资项目从开始施工到全部建成投产所耗用的全部时间。该指标能够综合反映项目的建设速度,为企业提供一个可衡量的分析指标。项目建设工期的长短关系到企业的资金回收和持续发展问题,所以企业应该在保质保量的基础上尽可能缩短项目建设工期,减少建设投资的占用,这样还可以减少在银行贷款情况下的利息支出,节省投资,早日让投资项目产生效益。

(3) 投资回收期。投资回收期也称为返本期,是反映项目投资回收能力的重要指标,分为静态投资回收期和动态投资回收期。

静态投资回收期是指在不考虑资金时间价值的条件下,以项目的净收益回收其总投资(包括建设投资和流动资金)所需要的时间,一般以年为单位。项目投资回收期一般从项目建设开始年算起,若从项目投产开始年计算,应予以特别说明。

动态投资回收期是把项目各年的净现金流量按基准收益率折现后,再用来计算累计现值等于零时的年数。

(4) 出口创汇率。出口创汇率是指国际企业每年产品出口创汇额与总投资之比。这个指标主要用来考察项目外汇收入的水平。

(5) 净现值。净现值是指在项目计算期内,按行业基准折现率或其他设定的折现率计算的各年净现金流量现值的代数和,也是指投资方案所产生的现金净流量以资金成本为贴现率折现之后与原始投资额现值的差额。

其计算公式如下:

$$NPV = \sum_{t=0}^{n} \frac{(CI-CO)}{(1+i)^t}$$

其中:CI 为现金流入;CO 为现金流出;$(CI-CO)$ 为第 t 年净现金流量;i 为基准收益率。

(6) 财务内部收益率。财务内部收益率是指使项目收益现值总额与成本现值总额相等、净现值等于零时的贴现率。内部收益率是项目经济评价中的一项主要指标,其经济含义是以项目每年净收益回收全部投资后所能达到的最大投资收益率,在财务上表示项目投资的最大盈利能力。

内部收益率随项目或方案而异,不是事先规定的,而是根据项目或方案的具体数据,通过一定的方法计算而得,是衡量项目盈利能力的指标。

(三)投资风险分析

1. 国际投资风险的种类

国际投资风险是指国际投资在特定的环境和特定的时间内,由于各种不确定因素的存在,客观上国际投资项目的实际收益和预期值之间的差距或国际投资的经济损失。国际投资风险主要包括政治风险、经营风险和外汇风险三类。

(1)政治风险。政治风险是指在国际经济往来活动中,未能预测到的政治因素的变化导致所在国投资环境的变动,从而造成经济损失的风险,主要包括没收或征用风险、战争风险、资金转移风险等。

(2)经营风险。经营风险是指东道国对国际企业在当地业务的政策的不确定性引起的风险,包括环境保护政策的变化、对生产本地化的要求、最低工资法的变化等带来的风险。

(3)外汇风险。外汇风险亦称汇率风险,是因汇率变化而导致的投资者资产价值的变化。主要表现有外汇买卖过程中汇率变化带来的外汇买卖风险、汇率变化给国际投资主客之间用外币结算带来的外汇交易风险,以及汇率变化使子公司和母公司的资产价值在进行会计结算时发生变化的会计结算风险。

2. 影响国际投资风险的因素

国际投资是一种跨国界的投资,其风险比国内投资要大得多。影响风险的因素有的来自内部,有的来自外部,一般包括以下五个方面。

(1)东道国的投资环境。东道国的投资环境对于国际投资环境的影响是比较重要的,因为不同的投资环境所面临的投资风险是不同的。

(2)投资者制定的目标的合理性。投资项目的目标要求越高,构成越复杂,实际投资效果与预期目标产生差异的可能性就越大,风险也就越大,所以要制定合理的目标。

(3)投资项目的合理性。国际投资项目一般要经过严格的可行性研究,如果经研究各种投资渠道畅通,技术可行,一切可以达到预期,那么投资具有较高的合理性,该项投资风险较小;反之,投资项目不合理,投资风险就大。

(4)投资者的经营管理水平。如果投资项目管理不善,劳动生产率低下,生产成本过高,出现流动资金不足等问题,就会降低投资收益,造成损失。

(5)投资项目的寿命周期。投资项目的寿命周期越长,所面临的投资风险就越大。

3. 国际投资风险的防范策略

(1)国际投资风险防范的基本策略。主要包括风险回避、风险抑制、风险自留、风险集合和风险转移。

风险回避,即事先预测风险产生的可能性程度,判断导致其实现的条件和因素,在国际投资活动中尽可能地避免或改变投资的流向。这是风险防范最彻底的方式,有效的风险回避措施可以完全消除某一特定风险。

风险抑制,即采用各种措施减少风险实现的概率和经济损失的程度。这是在认真分析风险的基础上力图维持原有决策,实施风险对抗的积极措施。

风险自留,即对一些无法避免和转移的风险采取现实的态度,在不影响国际投资者根本或大局利益的前提下承担下来,这是一项积极的风险控制手段,要求投资者为承担风险损失事先做好各种准备,反复修改自己的行动方案,努力将风险损失降到最低程度。投资者自身承受风险的能力取决于其经济实力,因此,投资者要根据自己的实力和所面临的风险大小来决定是否承担风险。

风险集合,即在大量同类风险发生的环境下,投资者联合行动来分散风险损失,降低防范风险发生的成本。如某一发展中国家建设一大型水电站需要大笔国际贷款,银行间可以进行"联合融资"或提供"混合贷款""辛迪加贷款"等,通过风险集合手段减少风险。

风险转移,即风险承担者通过若干技术和经济手段将风险转移给他人承担。其一,投资者可向保险公司投保,以交纳保险费为代价,将风险转移给保险公司承担,当承保风险发生后,其损失由保险公司赔偿。其二,投资者也可不向保险公司投保,而是通过其他途径将风险转移给别人,如投资者将具有风险的生产经营活动转包给别人,这样就把风险转给承包者来承担。

(2)投资者风险自我防范的策略。国际投资风险的防范更主要的是投资者的风险自我防范,风险自我防范策略包括两大方面。第一,建立风险自我防范体制。跨国企业进行风险自我防范首先要根据公司本身的经济实力、管理经验、海外子公司的国别等建立适宜的风险防范体制,或由总公司统一集中防范,或以海外机构为主体,分别设立风险的防范机构,或设立处理受险部分业务的专门公司等。第二,调整投资经营政策,即为适应政治、经济和社会等因素突然变化而建立一套有效、灵活的投资与经营政策的调整策略。一是投资分散化策略,即投资客体的分散,也就是投资地域、行业、产品等的分散或多样化。二是共同投资、共担风险策略,即把风险分散在投资主体之间,如与当地政府或企业进行合资经营,将投资者自身承担的风险转移给东道国政府或企业。三是投资方式的调整策略,如股权与债权互换。当东道国国有化风险增大时,投资者可将股权出卖或转为银行信贷、母公司的买方贷款等债权形式;而当债务危机风险增大时,投资者又可将其贷款转换成股份投资等。四是灵活的货币支付策略。当东道国发生货币贬值而汇率下跌时,可采取"二拖加二催"的办法,即拖延以东道国货币计价的应付账款和货物款项的支付,拖延升值货币国应收款项(如利息、红利等),催促硬通货的应付账目和东道国软货币的应收款项;当东道国的货币升值而汇率上升时,则宜采取与以上相反的"二催加二拖"措施。五是经营策略的调整,当投资企业的经营活动与当地政府的政策发生冲突时,经营策略能否及时调整直接关系到投资者的生存和发展。

第四节 国际企业营运资金管理

国际营运资金管理是指国际企业对营运资金的管理,是国际企业财务管理中非常重要的一个环节。由于国际企业理财环境的特殊性和复杂性,与国内企业相比,国际企业在营运资金管理方面更多地受汇率波动、外汇管制和税收等因素的影响,这是国际企业营运资金管理的特殊之处,也要求国际企业的财务人员在营运资金管理方面必须具有更强的风险意识和更好的应变能力。

一、现金管理

(一)国际现金管理的内容

这里的现金包括库存现金、银行存款、各种存单及有价证券等,其特点是变现能力最强,但盈利能力较差,即使银行存款,其利率也非常低。因此,国际企业在现金管理方面至少包括两个方面的内容。

(1) 确定现金的持有形式、时间及币种。现金持有形式是指现金余额在库存现金、银行存款、有价证券等持有形式之间如何分配;现金持有时间是指各种形式的现金持有多久;现金持有币种是指有何种货币的问题。由于国际企业的分支机构遍及全球,各东道国的金融市场情况不一样,各种货币币值高低起伏,汇率波动很大,所以国际企业在现金的持有形式、时间及币种方面应视各东道国的环境和具体情况而定。

(2) 合理调度和转移现金。从国内企业角度看,调度和转移现金仅涉及转移成本和利息损失问题,但从国际企业的角度看,现金在调度和转移过程中还面临着汇率风险。因此,国际企业必须设计符合全球业务活动需要的现金调度和转移网络,以便从企业整体利益出发统一调度现金,减少风险。

(二) 国际现金管理的目标

1. 以最少量的现金支持公司在全球范围内的生产经营活动

现金置存过少,将不能应付业务开支;但如果置存过量,将会使这些资金无法参与正常的盈利过程而遭受损失。企业现金管理的重要职责之一就是要在资产的流动性和盈利性之间做出抉择。

2. 尽量避免通货膨胀和汇率变动所带来的损失

持有过多现金可能因持续通货膨胀而遭受贬值;如果企业置存的是"软货币",则将承受汇率变动的风险。因此,币种的选择是国际现金管理的一项重要决策。

3. 从整体上提高现金调度、使用和储存的经济效益

由于各国银行存款的利率和短期投资收益率的不同,存放在不同地点或不同证券上的现金会产生不同的报酬。因此,跨国经营的国际企业应选择最有利的投放地点和投资形式,最大限度地提高现金收益率,以部分地弥补持有现金的损失。

(三) 国际现金管理的方法

国际企业现金管理的方法主要有集中现金管理、多边净额结算、多国现金调度系统等。

1. 现金集中管理

受汇率和利率经常波动、组织结构和经营活动越发复杂等因素的影响,国际企业通常会选择高度集中的现金管理模式,即国际企业从总体利益出发对母公司及各国子公司现金余缺进行统一调度。在该模式下,国际企业一般会设立现金管理中心,要求各子公司及分支机构平时只保留进行日常经营活动所需的最低现金余额,其余部分均转移至现金管理中心的账户加以统一调度和运用。现金集中管理模式如图10-3所示。

集中现金管理模式有三大好处:第一,可以在不影响公司正常经营活动的前提下,减少公司所需的最低现金结余水平,从而提高公司资金的使用效率;第二,在集中现金管理模式下,国际企业的整体筹资成本会降低,从而提高营运资金的效益;第三,从公司整体的角度提高现金管理的效率。

但是,现金集中管理模式也有其不利之处,主要表现为子公司或分支机构的财务经理可能会因此失去工作上的主动性和创造性,过分依赖现金管理中心。为克服这一缺陷,可由总部制订现金管理中心的借贷利率,通过这一利率反映各分支机构和子公司上交或借用现金的机会成本,借以评估各分公司在现金运用上的业绩。

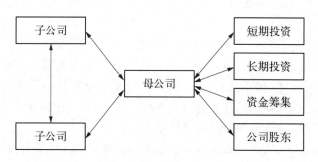

图 10-3　集中现金管理方式

2. 多边净额结算

由于国际企业对遍及全球的子公司现金进行集中管理,而母公司之间、子公司之间购销商品和劳务的收付款业务很繁杂,为了减少外汇暴露风险和资金转移成本,国际企业可以在全球范围内对公司内部的收付款进行综合调度及多边净额结算。

根据涉及主体的多少,又可分为双边净额结算与多边净额结算。双边净额结算是指两家公司有业务往来,需要进行相互结算,公司间仅就净额部分进行支付。多边净额结算是双边净额结算的扩展,是指有业务往来的多家公司参加的往来账款的抵消结算。由于国际企业的内部贸易结构比较复杂,多个公司之间相互有业务往来,款项很大,双边净额结算制度难以有效运行,就需要采用多边净额结算。

多边净额结算系统可以给企业带来许多好处。首先,从数量上看,实际资金转移数量的减少可以大大减少各种费用的支出。其次,由于多边净额结算一般是以固定的汇率在确定的日期统一进行,可以充分利用国际企业外汇风险管理和现金集中管理的优势。最后,可以使国际企业建立起规则的支付渠道,使本身的业务进一步规范化、专业化,同时还与银行建立起更稳定的合作关系。

国际企业在实行多边净额结算系统时应该注意三点。一是净额支付的结算时间。一般来说,净额支付的结算时间可选择 30 天、60 天或者 90 天结算一次,应根据内部交易的具体情况而定。二是外汇管制问题。在建立净额支付系统之前,必须了解有关国家对净额支付是否有限制。三是净额支付系统的优化设计。国际企业必须根据企业的实际情况进行系统的优化设计。

3. 多国现金调度系统

多国现金调度系统是指现金管理中心根据事先核定的各子公司每日所需现金和子公司的现金日报及短期现金预算,同意调度子公司的现金,调剂余缺。该系统是在多边净额结算的基础上建立的,其作用是可以从全球角度进行战略思考,合理配置资金。

现金管理中心进行多国现金调度的程序包括:

(1) 核定各子公司每日所需的最低现金余额;

(2) 每日终了时,汇总各子公司的现金日报与短期现金预算;

(3) 比较各子公司当日现金余额与核定的最低现金余额,确定现金余缺;

(4) 由现金管理中心发出资金转移指令,资金溢余的,或汇往管理中心,或直接汇往现金短缺的子公司,或积储在当地进行短期投资,而现金短缺的子公司将获得援助。

二、应收账款管理

公司的应收账款是由企业赊销产品或劳务而形成的应收而未收的款项,它在公司的总资产中往往占有相当大的比重。由于有一个时间差,对跨国公司来讲,应收账款产生于两种不同类型的交易过程中:一是国际企业母公司或者各子公司与国际企业外的独立法人之间在经济往来过程中形成的应收账款;二是公司内部的应收账款,它是由公司之间内部转移交易形成的,是国际企业内部财务往来的一种形式。

(一)独立客户的应收账款管理

独立客户的应收账款也可称为国际企业外部的应收账款,它是一般意义上的应收账款,反映了公司的商业信用政策,管理的重点或目标是在保证公司产品市场竞争力的前提下尽可能降低应收账款的投资成本。对于独立客户的应收账款管理,国际企业应该做好三方面的工作。

1. 确定合理的信用政策

不论是在国内贸易还是国际贸易中,信用政策都是企业需要考虑的首要问题。国际企业执行赊销政策的目的在于扩大销售、减少存货,或在激烈的市场竞争中保持和开拓市场。值得注意的是,持有一定的应收账款必须有相应的成本支出,这些成本包括持有应收账款造成的资金的机会成本、应收账款的管理成本、坏账成本和汇率变动所带来的风险。因此,在制定或者修改信用政策时,必须对每一种政策所对应的成本和收益进行比较,确定其利弊。国际企业进行成本收益分析的步骤如下:第一,计算应收账款的当前成本;第二,计算新信用政策下应收账款的成本;第三,根据前两步的信息,计算新信用政策下的增量应收账款成本;第四,不考虑应收账款成本,计算新信用政策下的增量利润;第五,只有在增量利润大于增量成本的情况下,才选择新信用政策。

2. 确定交易币种

国内销售通常以当地通货进行,而外销必须考虑应该以进口商还是以出口商或者第三国的通货进行。一般来说,出口商比较喜欢以硬通货报价,而进口商比较喜欢以软通货报价。

如果双方都考虑自己的风险,结果是出口商为了用硬通货取得订单,会给予进口商一些折扣或延长付款期,或者进口商以软通货付款,但必须付出更多而且付款时间宽限短。

除非对于货币的软硬双方有不同的看法,或某方的财务状况发生亏损,否则双方谈判的立场会有相当大的分歧。例如,出口商有软通货的负债,也许会愿意以软通货报价,因为这样销售能在没有损失的情况下偿还负债。但如果从机会成本的观点来看,出口商放弃了外汇利益。另外,如果进口商打算以硬通货再将货物销售出去,则进口商可能愿意以硬通货来支付。

3. 确定付款时间

对应收账款管理的另外一个因素是付款时间。如果采用软通货支付,则销售商希望越早付款越好,以最大限度地减少在销售日与付款日之间的汇兑损失。以硬通货结算支付的应收账款,则可能被允许延长付款期。如果国际企业的某子公司预期所在国货币急剧贬值,而且所在国政府要求将即期外汇收入兑换成本国货币,则该子公司应尽可能地鼓励进口方以硬通货标价的应收账款的支付。

（二）国际企业内部的应收账款管理

内部应收账款管理是国际企业调控内部资金流动的手段之一。国际企业的内部应收账款与独立客户的应收账款差别体现在：一是前者无须考虑资信问题；二是付款时间不完全取决于商业习惯，而是取决于国际企业的全球性战略。因此，国际企业内部应收账款的币种和付款条件是国际企业资金配置的政策性问题。一般来说，在国际企业内部，应收账款的管理有两种技巧可以运用，即提前或延迟付款和再开票中心。

1. 提前或延迟付款

国际企业内部应收账款的提前或者延迟支付是国际企业转移资金的常用手段，是指国际企业通过改变企业内部应收账款的信用期限来调剂资金。运用这种手段的原因在于付款方与收款方的资金机会成本不同。

应收账款在付款方实际支付款项之前可视为收款方提供的一种无息贷款。对收款方而言：如果当时资金充裕，收到的账款可以存入银行或通过其他投资渠道获利；如果当时资金紧缺，收到的账款可以减少从银行的借款，减少利息费用。对付款方而言：如果当时资金紧缺，就必须通过从银行借款等融资渠道来筹集资金，从而增加资本成本；如果当时资金充裕，支付账款则会减少利用上述资金从事短期投资获利的机会。所以，如果仅考虑自身利益，收款方一般总是希望缩短信用期限，尽可能延迟支付应付款项。如果付款方与收款方是相互独立的非关联方，则上述选择是理所当然的。但是，如果双方是同一国际企业内部的子公司，或母公司与子公司，则上述选择可能会损害国际企业的整体利益。此时，国际企业会从企业整体利益出发，根据收付款双方的机会成本来决定是否采用提前或延迟付款策略。如果收款方因收回应收账款所得利益大于付款方付出款项所受损失，则应采用提前付款策略；反之，则采用延迟付款策略①。

例如，假定A子公司和B子公司所在两国的存款和贷款利率如表10-1所示。

表10-1 A、B两国存贷款利率

子公司	银行存款利率	银行贷款利率
A国	5.5%	6.5%
B国	5.9%	6.8%

假设A子公司向B子公司购入6 000万美元的商品，赊销期可视情况提前或延迟90天，那么根据两子公司的资金余缺状况，可以有多种组合。

第一种：如果A、B两子公司都资金充裕，那么A公司应尽早付款给B公司。这样可多获得利息收入：$6\,000 \times (5.9\% - 5.5\%) \times 90/360 = 6$（万美元）

第二种：如果A、B两子公司都资金短缺，那么A子公司应延迟付款，这样可节省利息费用：$6\,000 \times (6.8\% - 6.5\%) \times 90/360 = 4.5$（万美元）

---

① 王建英.国际财务管理学[M].北京：中国人民大学出版社，2011.

第三种：如果 A 公司资金充裕，而 B 子公司资金短缺，那么应提前付款，这样可节省利息费用：$6\,000 \times (6.8\% - 5.5\%) \times 90/360 = 19.5$（万美元）

第四种：如果 A 子公司资金短缺，而 B 子公司资金充裕，那么应该推迟付款，这样可节省的利息费用：$6\,000 \times (6.5\% - 5.9\%) \times 90/360 = 9$（万美元）

总之，提前或延迟付款在国际企业内部应收账款管理中是普遍适用的一种技巧。这种技巧的运用有利于减少外汇风险，提高企业的整体偿债能力。但是，只有在母公司对子公司拥有绝对控制权的情况下，这种技巧才具有可行性，提前或延迟付款的使用才能发挥令人满意的效用。

2. 再开票中心

再开票中心是一种由跨国公司资金管理部门设立的贸易中介公司。其主要职能是当跨国公司集团成员从事贸易活动时，商品和劳务直接由出口部门提供给国外进口商，但有关收支交易都通过这个中介公司来完成。其运作原理如图 10-4 所示。

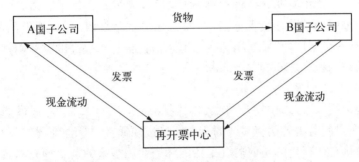

图 10-4　再开票中心的运作原理

再开票中心的设置实质上是将本来涉及两方的业务转为涉及三方的业务。中介公司并不涉及货物的接收、保管、装配加工、仓储和发运等实际业务，真正的业务活动实际上是在千里之外的其他国度完成的。

通过再开票中心管理营运资金有三个优点。

其一，有利于集中管理跨国公司内部的应收、应付账款，减少资金转移费用。再开票中心从销货子公司买进货物，然后以较高价格卖给购货子公司，起着买卖中介的作用。在上述过程中，货物由销货子公司直接运往购货子公司，并不通过再开票中心。再开票中心的作用是把跨国公司内部成员不同地区的贸易活动和应收、应付账款集中起来管理，从而有效地促进跨国公司内部的贸易往来。同时，通过再开票中心，可以更灵活、更有效地使用双边或多边净额结算，即两家或两家以上子公司参与相互交易的账款抵销结算，最后只交割所剩的净头寸，从而降低外汇暴露风险和资金转移费用。

其二，有利于提高跨国公司的整体税后利润水平。再开票中心一般设立在低税管辖区或避税港。跨国公司通过设立再开票中心，借助转让定价手段，把有关子公司的部分利润转移至低税国家，从而减轻税负，增加公司的整体税后利润。

其三，有利于有效进行外汇风险管理。母公司资金部门通过再开票中心，可以使所有的贸易货币都采用开票中心指定的货币，从而对交易风险实行集中管理。再开票中心还可以采取套期保值等手段进行风险管理。

虽然再开票中心有众多优点，对国际企业的帮助与作用很大，但是，国际企业在决定设立再开票中心的时候,应该清楚地认识到其面临的障碍。比如,建设一个再开票中心的成本较高,而且再开票中心的设立还会导致当地税务部门的频繁检查,以确定是否有逃税行为,这就会增加法律咨询费等专项费用。

三、存货管理

(一) 国际存货管理的主要内容

国际存货管理是从跨国公司总体的角度研究总公司及其所属各个分公司存货资金占用的最优配置。与国内企业相比,其主要内容包括:① 提前购置存货。跨国公司在许多发展中国家缺乏外币的远期合约交易条件,对资金汇出或剩余资金转换成硬通货存在许多限制条件。提前购置存货是为了防止预期的货币贬值导致进口商品的当地货币价格相应提高而采用的一种存货保值措施,即在相关货币贬值之前,提前购买所需要的商品。② 存货存储。这是跨国公司在当地货币有明显贬值可能的情况下,为了防止货币贬值导致以当地货币表示的价格上升而采取的一种存货保值措施,即在相关货币贬值之前,累积存货,增加存货储备量。但是,这有一个限度,涉及累积拥有当地货币价格趋于提高的存货与放弃在当地进行短期投资获得收益的机会之间的权衡问题。

(二) 存货的超前购置

在许多发展中国家,外币期货合约受到限制或根本不存在;此外,还可能有各种政策限制外汇汇款,从而限制跨国公司将多余的资金转换成硬通货。这种情况之下,抵补手段之一便是存货的超前购置。存货的超前购置是指国际企业用多余的资金预先购置将来所需的存货。作为国际企业一种重要的存货策略,超前购置存货的重要性主要体现在三个方面。

其一,有利于降低国际企业的存货成本。当国际企业预测到国际市场上某项存货的价格将大幅上涨时,超前购置存货将发挥它的作用,能以较低的代价获得将来所需存货,这将大大降低企业的存货成本。

其二,有利于国际企业全球战略的实施。如果某子公司所在国能够提供某种质优价廉的原材料,而该原材料正是母公司或其他子公司急需的,那么该子公司存货超前购置战略将作为国际企业全球战略的重要组成部分,起着不可忽视的作用。

其三,有利于国际企业避免外汇管制。如果国际企业受到东道国政府的外汇管制,那么国际企业就可以利用无适当投资机会的闲资超前购置存货,再将超前购置的存货低价出口,这样就可以起到避免东道国政府外汇管制的作用。

国际企业在制定存货超前购置决策时,应该充分考虑超前购置存货的成本,要对成本效益进行权衡。若超前购置成本大于延迟购置成本,则不应该进行存货的超前购置,尽量保持较低的存货量;反之,则应超前购置。

(三) 反通货膨胀策略

国际企业的许多子公司经常处在一个通货膨胀的生产经营环境中,这对于国际企业存货的管理是非常不利的。因此,国际企业应该根据不同的生产经营情况制定不同的生产经营策略,以尽可能降低存货管理的风险。

如果国际企业子公司主要依赖进口购置存货,在预期通货膨胀发生的情况下,应该提前尽可能多地购置存货,因为当通货膨胀发生时,子公司所在国的货币将贬值,这样会大大增加企业的进口成本。如果国际企业子公司主要从当地购置存货,在预期通货膨胀发生的情况下,应该尽量降低原材料、半成品等的存货储备。因为当本地货币发生贬值时,会大大降低以母公司所在国货币表示的当地存货价值;如果国际企业子公司既从国外进口存货,又在当地购置存货,在预期通货膨胀发生的情况下,应该努力减少当地存货的存量,同时超前购置进口存货,降低外汇风险。

(四) 存货贮存问题

供货短缺是许多依赖进口购置存货的企业面临的严重问题,因为货物的供给受到运输工具、运输距离和货币限制等因素的影响。因此,国际企业制定与实施最佳存货政策将有利于解决供货短缺的问题,为企业的正常生产提供保障。一些国际企业会提前订货,储存大量的存货,然而持有大量存货是非常昂贵的。事实上,制定一个合理的低存货政策才是有效的存货管理。

第五节 国际企业税收管理

国际企业经营活动中的税收问题是一个非常复杂的问题,许多国际企业在其经营中都不同程度地遇到过税收问题,并为此付出了一定的成本和代价。国际企业纳税涉及各国税制和各个国家之间的税收关系,因而往往比国内企业的纳税更为复杂和烦琐,同时也为国际企业的纳税筹划提供了一些可操作的条件。可以说,国际企业税收管理是国际财务管理的一个重要内容。

一、国际税收及其负担原则

(一) 国际税收概述

国际税收是指两个或两个以上国家政府在对跨国纳税人行使各自的征税权力而形成的征纳关系中,发生的国家之间的税收分配关系。从本质上看,国际税收中表现出来的种种税收现象,其背后隐含的是国与国之间的税收关系,主要表现在以下两个方面:一是国与国之间的税收分配关系;二是国与国之间的税收协调关系。国际税收管理即利用国与国之间的税收分配和税收协调关系进行统一的纳税筹划的一种管理活动,其目标是纳税额的最小化。

国际税收作为一个相对独立的税收领域,其特征主要表现在三个方面。第一,国际纳税涉及的纳税人具有跨国性。国际纳税涉及的纳税人通常跨国从事经济活动,并且又是在两个或两个以上国家对同一课税对象同时负有纳税义务的企业或个人,又称跨国纳税人。第二,国际税收涉及的课税对象具有跨国性。国际企业跨国所得或财产都存在两个或两个以上国家的税收管辖权。第三,国际税收分配关系和国际税法具有双重性。国际税收体现了税收征纳和税收权益分配双重关系。

(二) 税收负担原则

国际税收负担是指对跨国纳税人跨国所得课税占其课税依据的比例。受各国政府国际税负原则的制约,按照各国政府对外国跨国纳税人与本国跨国纳税人区别对待的情况,国际税收负担的基本原则大体可以归纳为三种不同的类型,即优惠型、平等型和限制型。

269

国际税收负担的优惠型实施鼓励原则,赋予外国跨国纳税人低于本国跨国纳税人税收负担的特殊优惠权利。在各国的对外税收交往中,发展中国家多数实行优惠型税收负担以取得发达国家民间企业和私人的援助,为发展本国经济提供资金和技术。

国际税收负担的平等型实施平等原则,规定外国跨国纳税人与本国跨国纳税人享受同等税收待遇,按照相同的征税范围和税率缴纳所得税。实行平等负担原则的多数是发达国家,他们提倡平等竞争,反对在国际税收上用优惠和限制的方法进行经济干预。另外一些发展中国家对于从事工业生产的跨国纳税人选择平等负担的原则,一方面是为了吸引外资、引进技术,另一方面也支持民族工业的正常发展。

国际税收负担的限制型实施限制原则,与鼓励原则相反,规定外国纳税人要承担比本国跨国纳税人高得多的税收负担,以达到限制外国跨国纳税人从事经营活动的最大限度。实行限制原则的多数是资源丰富的贫穷国家。一些发展中国家对某些特定所得也施行限制的税收措施。

各国政府从本国的实际情况出发,可以实行某一种原则,也可以同时实行几种原则。同一国家在不同的经济发展阶段,可以实行不同的国际税收负担原则,以促进本国经济的迅速发展。

二、国际税收惯例及国际避税

(一) 国际税收惯例

国际税收惯例是在国际经济交往中处理国家间税收权益关系,反复出现并被各国所接受,但不具有法律约束力的惯常行为和做法。它是世界各国在长期的税收交往中所形成的一些习惯和原则,包括国际税收管辖权惯例、税收不歧视原则、利润再调整原则、独占征税原则和优先征税原则等。

1. 国际税收管辖权惯例

国际税收管辖权皆采用居民税收管辖权和所得来源地税收管辖权。所谓居民税收管辖权,是指国家根据属人原则,依据一定的标准,对本国居民和公司的环球所得(世界各地所得)行使征税权。不论本国居民和公司的所得来源于何处,都有义务向居住国纳税。所得若产生或来源于外国并在那里缴纳了所得税,则可以申请外国税收抵免或免税。所谓所得来源地税收管辖权,是指来源国家对居民以外的非居民,仅对其本国来源的所得行使征税权,对其来源于其他国家的所得或收入不征税。

2. 税收不歧视原则

所谓税收不歧视原则,又称税收无差别待遇,是指一个国家内税法规定的税率、税基、扣除项目等主要税收事项应统一适用于纳税居民和非居民,不能因为纳税人的国籍或资本来自不同而有所差别。实行税收无差别待遇,不仅要求外国资本或纳税主体的税收待遇不能高于本国资本和纳税主体的待遇,还要求外国与外国纳税主体的待遇也要平等,也就是税收意义上的国民待遇和最惠国待遇。

3. 利润再调整原则

利润再调整原则是指"联属企业"或"关联企业"之间的业务往来,应当按照独立企业之间的业务往来收取或支付价款、费用,否则,税务机关有权按独立竞争原则对其应纳税所得额进行合理调整。这个原则主要针对跨国公司利用子公司与母公司、总公司和分公司关系，以转让定价方法进行的避税行为，其适用范围相当广泛，方法也相当灵活，是同国际避税活动进行斗争的有力武器。凡是经济比较发达的国家几乎都有这一规定，但具体措辞以及实施方法则略有所不同。

4. 独占征税原则

独占征税原则是指在签订国际税收协定时，将某项税收客体排他性地划归某一国，由该国单独行使征税权力的一项原则，用以调整由国际经济活动产生的国家与纳税人之间的税收法律关系和国家之间的税收权益分配关系。独占征税原则在国际税收实践中，一般是签订税收协议的双方明确将征税项目归属于收入来源国或纳税人居住国征税，另一国不再行使征税权，以此来解决重复征税的问题。如对营业所得的征税，通常规定对缔约国一方境内企业取得的所得只能由缔约国一方独占征税。又如对退休金的征税，通常只能由居住国或支付国征税。

5. 优先征税原则

优先征税原则指在国际税收关系中，确定将某项课税客体划归来源国，由来源国优先行使征税权的一项原则。在国际税收实践中，尽管可以实行不同的税收管辖权，但是通常都倾向于运用来源地原则，因为对一个国家而言，采取来源地原则更直接、更有效。如果不承认收入来源地的国家优先征税，就无法对跨国纳税人在其他国家取得的收益予以课税，也无法行使优先征税的权力。因此，在签订国际税收协定时，通常规定对常驻代表机构的所得和非独立个人的劳务所得、董事费以及表演家和运动员的所得，由来源国优先征税。

(二) 国际避税

1. 国际避税的方法

国际避税是指国际企业利用两个或两个以上国家的税法和国际税收协定的差别、漏洞、特例和缺陷，规避或减轻其总纳税义务的行为。国际避税是国内避税在地域范围上的延伸。跨越国界的避税涉及两个或两个以上国家的税收管辖权，因此其影响也跨越了国界，不但影响有关国家的税收权益，而且对国际经济往来与发展以及跨国纳税人之间和国家之间的税收公平都产生影响。

国际避税的存在对国际经济交往和有关国家的财权利益以及纳税人的心理都产生了不可忽视的影响。如何有效地防止国际避税行为的发生，无疑成为国际税收活动中的一个重要问题。下面就简单介绍国际避税常用的五种方法。

第一，利用转让定价避税。转让定价避税是国际上最普遍的避税形式，它以其独特的隐蔽性博得了广大跨国避税者的喜爱。跨国公司主要利用各关联公司所在国的所得税税率和税收原则的不同，采取转移价格的方式，将盈利所得由高税率国家的公司偷逃到低税率国家的公司，从而减少向高税率所在国政府缴纳的税额，降低整个跨国公司的纳税总额，进而提高跨国企业集团的整体利益。

第二，利用资本弱化避税。资本弱化又称资本隐藏、股份隐藏、收益抽取等，是指国际企业为了减少税额，采用贷款方式替代募股方式进行的投资或者融资。股东以股份形式进行投资，对其分配所得的股息要缴纳个人所得税，如果股东为公司，其所在国实行重叠征税制度，股东要缴纳两次所得税。此外，各国对跨国股息的分配一般都要征收预提所得税，而且这种股息预提所得税在股东住所地国可能得不到相应的抵免。但如果投资人通过贷款形式进行投资,则不会受到这样的多重征税。

第三,利用国际避税地避税。国际避税地,也称避税港或避税乐园,是指一国为吸引外国资本流入,繁荣本国经济,弥补自身资本不足和改善国际收支情况,或为了引进外国先进技术以提高本国技术水平,在本国或确定范围内,允许外国人在此投资和从事各种经济活动取得收入或拥有财产可以不必纳税或只需支付很少税收的地区。这些国家或地区通常具有一定程度的政治稳定性、便利的国际航空和通信服务、大量的税收优惠、宽松的外汇管制及较少的政府干预,也存在严格保护商业秘密和银行秘密的法律制度。跨国公司通过设立基地公司(即在避税港设立但实际受外国股东控制,并且其全部或主要的经营活动在避税港境外进行的公司)来避税。

第四,滥用国际税收协定避税。在经济生活日益国际化的今天,由于各国税收制度的差别,特别是国际税收协定网络尚未在全球普及,而且双边税收协定之间还存在着差别,有些缔约国的非居民,也就是无资格享受协定待遇的第三国居民,为了尽量地减轻税收负担,采取种种巧妙手段,谋取税收协定所提供的优惠。对这种非缔约国居民设法享受税收协定中优惠待遇的现象,国际上称之为"滥用税收协定"。

第五,利用电子商务避税。电子商务的出现打破了传统的交易模式,引起了稽查方式、稽查方法、审计方法、审计方式等一系列重大变化。这些使得国际税收中传统的居民定义、常设机构、属地管辖权等概念无法对其进行有效约束,无法准确区分销售货物、提供劳务或是转让特许权,因而电子商务的迅速发展既推动世界经济的发展,也给避税行为提供了新的更好的空间,同时成为世界各国政府进行国际反避税的新课题。

2. 国际反避税的方法

为了防止利用国际避税地进行避税和逃税,许多国家和地区付出了很大的努力,采取了种种有力的反措施。

第一,强化税收立法,完善各类反避税条款。根据国际上许多国家防范避税斗争的成功经验,为有效地防范国际企业的避税活动,首先要完善税收立法,尽可能地减少税收立法上的不足,以防为国际企业所利用。再加上各类反避税条款的制定,国际反避税的措施就能达到很好的效果。

第二,由转让定价税制向预约定价税制过渡。预约定价税制要求税务部门与国际企业就转让定价事先达成协议,根据正常贸易原则设定一个双方都可接受的价格区域,作为以后核查的标准。每年国际企业必须向税务部门提交有关资料和凭证,如果能够证明实际价格在预先设定的价格区域内,则在年度结算申报时税务部门对该国际企业的转让定价不予调整。因此,预约定价税制可以很好地起到防止国际避税的作用。

第三,加快信息更新速度。现在国际企业为了追求利润最大化,减少税负已经成为其重要手段之一。国际企业以其雄厚的资金条件网络精英人才,不断地寻找法律漏洞、缺陷,通过各种手段避税。当某一法律漏洞被税务当局发现并更改以后,跨国公司会寻求新的方式和方法来避税,所以掌握和了解最新的避税方式,是防范避税行为的重中之重。在一定程度上,国家税收制度的不完善使纳税人有空子可钻,致使避税行为不断发生。因此,我们要迅速掌握避税信息,尽快找出相应对策,尽快在完善税收立法方面着手。

第四,加强国际税收协作。由于国际避税特殊性,其必然涉及两个或两个以上的国家,因此,仅靠一个国家的反避税立法和税务行政管理是远远不够的,还需要在有关国家之间签订反避税的税收协定,并加强在税务管理上的国际协作。

三、国际税收协定

（一）国际税收协定的概念与种类

国际税收协定的概念有广义与狭义之分。狭义上的国际税收协定指专门协调缔约国之间在对跨国纳税人的跨国所得和财产价值征税时的税收权益分配关系和税务行政合作关系的国际税收协定。广义上的国际税收协定还包括不以跨国所得课税的国际协调为主要调整对象,但有专列条款处理所得税征纳方面矛盾和冲突的国际条约。如中国与古巴1980年12月20日签订的政府贸易协定,就有互免企业所得税和其他任何形式税收的规定。

国际税收协定可划分成不同类型。

1. 双边税收协定与多边税收协定

按照协定缔约方的数目,可以分成双边税收协定与多边税收协定两种。前者通常指由两个国家缔结的协调相互间税收关系的条约,是目前国际所得税协调与合作的主要形式;后者指两个以上国家参加缔结的协调相互间税收关系的协定,如北欧税收协定。目前,世界范围内,所得税方面的多边税收协定数量较少,影响也远不如双边所得税协定。

2. 综合性税收协定与单项性税收协定

按照协定涉及的内容范围,国际税收协定可分成综合性税收协定与单项性税收协定两种类型。前者旨在全面解决有关国家对跨国所得课税过程中所出现的各种矛盾和冲突。最典型的例子为避免对所得和财产国际双重征税协定,其内容包括避免双重征税、消除税收歧视、加强税务行政合作以及防止跨国逃避税等方面。单项性税收协定是为了协调某一特定所得或有关国家对跨国所得课税过程中某一特定问题而缔结的书面协议。如中国与澳大利亚于1985年11月签订的关于空运企业在国际空运中取得的所得和收入避免双重征税的协定。

（二）国际税收协定的作用

国际税收协定的产生与发展适应了税收方面国际协调与合作的需要,极大地促进了国际经济的合作与交流,其重要作用突显在三个方面。

1. 利于国家之间税收管辖权的协调

国家之间税收管辖权的冲突加重了跨国纳税人的税收负担,严重阻碍着国际投资活动的开展。在这种情况下,税收协定的签订可以顺利地节制和约束缔约国税收管辖权的行使范围,基本上避免和消除了国际重复征税的现象。

2. 有助于加强国家之间的税务合作,防止国际逃、避税

跨国纳税人的逃、避税活动通常具有广泛国际化的特点,而与此相对的是一国税收管辖权行使范围却受到极大的制约。因此,仅在一国范围内打击跨国纳税人逃、避税的措施具有很大的局限性,但是通过缔结国际税收协定,缔约各方自愿承担税收情报交换义务,有助于协同打击跨国纳税人的逃、避税行为。

3. 有助于消除税收的国际歧视问题,保护纳税人的税收利益

国际税收协定当中的一项重要内容就是实行税收无差别待遇以避免税收歧视,这将有助于改善征税国的投资环境,消除税收差别待遇。

(三) 国际税收协定面临的新问题

不可否认,国际税收协定在其发展过程中,对于减除重复征税、防止偷逃税发挥了重要作用。但是,进入21世纪后,随着经济全球化日益向纵深方向发展及跨国经济活动的增加,特别是电子商务的发展,国际税收协定的内容、原则及功能都面临着新的挑战,需要解决一些新的问题。

1. 税收协定中的基本概念问题

为使缔约国各方政府对协定各条款中所涉及的基本用语有统一的认识,以便处理发生在缔约国之间的税收征纳关系,两个著名的协定范本(即 OECD 范本和联合国范本)对具有特定含义和作用的用语一般都进行了解释。但随着各国经济的发展尤其是电子商务在各国的普遍推行,现行协定中的一些概念已不能适应税收实践的要求,需要考虑重新界定。

2. 各种所得征税权的划分问题

划分税权是国际税收协定的重要内容。为了规范各国地域管辖权的行使,现行税收协定将所得分成不同种类,主要包括营业所得、投资所得、劳务所得和财产所得等。每种所得都规定了可以由非居住国征税的条件。但随着经济全球化程度的加深和知识经济的到来,税收协定中按所得类别不同分别设置条件而征税的做法日益受到国际税收实际的冲击。

3. 双边税收协定问题

尽管目前多边协定的缔结有增加的趋势,但双边国际税收协定涉及的国家少,谈判和缔结较为容易,所以在21世纪,双边税收协定还会广泛存在。但现行各缔约国缔结的双边税收协定尚存在缺陷,需要进一步研究解决。

4. 面临的其他问题

除了上述三个主要的问题外,国际税收协定的发展还面临着一些其他问题。如推动所得和财富的合理国际再分配、促进国际税制趋同和协调一致、拆除双重征税以外的国际税收壁垒等也是亟待解决的问题。

本 章 小 结

国际财务管理是在财务管理的基础上不断演进和发展起来的,它是按照国际惯例和国际经济法的规定,围绕国际企业超越国境的财务活动进行的一种工作。国际财务管理比国内财务管理更为复杂丰富,并且表现出一系列不同于国内财务管理的特点。国际财务管理包括国际企业筹资管理、国际企业投资管理、国际营运资金管理、外汇风险管理、国际企业税收管理五个方面的内容。

国际企业筹资管理是指国际企业通过科学的谋划和合理的组合,以最有利的条件筹集资金,并寻求建立和实现最佳的资本结构。国际企业的资金主要来源于公司集团内部、国际企业母子公司所在国、国际金融市场等。企业要想筹资到所需资金,还要通过一定的筹资方式,国际企业的筹资方式主要有国际信贷筹资、国际证券筹资、国际租赁筹资、国际贸易筹资、国际项目筹资五种。国际金融市场和金融机构对于国际企业的筹资有很大的帮助,国际金融机构又分为全球性金融机构和区域性金融机构。

国际投资是指国际企业为获取较本国投资更高的收益而投放资本于国外的行为,是一种国际的投资行为。与国内投资相比,国际投资的环境更为复杂多变,投资表现出更多的不同特点。国际企业对外投资方式主要有国际直接投资、国际间接投资、国际灵活投资等。国际企业在进行投资时,应该对其投资环境、投资效益和投资风险进行分析评价。

国际营运资金管理是指国际企业对营运资金的管理,是国际企业财务管理中非常重要的一个环节。国际企业在进行现金管理时,应该清楚认识到企业现金管理的目标,寻找企业行之有效的现金管理的方法。应收账款的管理也是国际企业营运资金管理的一个重要内容,国际应收账款的管理主要由独立客户的应收账款管理和国际企业内部的应收账款管理两部分组成。此外,国际企业还应该对存货进行有效的管理,存货管理主要就是对存货的购置和存货的贮存进行管理。

国际企业税收管理也是国际财务管理中的一个重要内容。国际税收中比较重要的一个原则就是税收负担原则。国际税收负担是指对跨国纳税人跨国所得课税占其课税依据的比例,有优惠型、平等型和限制型三种类型。随着国际经济和税收的发展,国际上逐渐形成了国际税收管辖权惯例、税收不歧视原则、利润再调整原则、独占征税原则和优先征税原则等。国际避税和国际反避税是国际税收的重要组成部分,国际税收协定的产生与发展适应了税收方面国际协调与合作的需要,极大地促进了国际经济的合作与交流,其作用是多方面的。但是,随着经济全球化日益向纵深方向发展及跨国经济活动的增加,国际税收协定的发展出现了一些新问题。

复习思考题

1. 国际财务管理的内容包括哪几方面?国际财务管理有什么特点?
2. 国际企业筹资渠道有哪几种?
3. 国际金融市场有哪些?它有哪些作用?
4. 在进行国际投资分析时,要对哪几方面进行分析评价?
5. 简述国际现金管理的目标和方法。
6. 什么叫国际税收负担?其类型有哪些?
7. 简述国际避税与国际反避税的方法。

参 考 文 献

［1］陈建安.国际直接投资与跨国公司的全球经营[M].上海：复旦大学出版社,2016.
［2］陈小悦,贺颖奇,陈武朝.财务管理：基础理论与实务专题[M].北京：中国财政经济出版社,2006.
［3］陈志军.集团公司管理[M].2版.北京：中国人民大学出版社,2020.
［4］刘淑莲.高级财务管理理论与实务[M].3版.大连：东北财经大学出版社,2015.
［5］陆正飞,朱凯,童盼.高级财务管理[M].3版.北京：北京大学出版社,2018.
［6］门明.金融衍生工具原理与应用[M].2版.北京：对外经济贸易大学出版社,2008.
［7］企业内部控制编审委员会.企业内部控制基本规范及配套指引案例讲解[M].上海：立信会计出版社,2021.
［8］沈乐平,张咏莲.公司治理学[M].2版.大连：东北财经大学出版社,2015.
［9］斯科特,马丁,佩蒂.现代财务管理基础[M]. 金马,译. 北京：清华大学出版社,2004.
［10］汤谷良,王佩.高级财务管理[M].2版.北京：清华大学出版社,2017.
［11］胡晓明,许婷,刘小峰.公司治理与内部控制[M].2版.北京：人民邮电出版社,2018.
［12］王化成.高级财务管理学[M].4版.北京：中国人民大学出版社,2017.
［13］王淑敏.财务管理体系设计全案[M].北京：人民邮电出版社,2012.
［14］王淑秀,李建军.财务通则与企业财务管理规章制度设计[M].上海：立信会计出版社,2010.
［15］杨雄胜.高级财务管理[M].2版.大连：东北财经大学出版社,2009.
［16］张鸣.高级财务管理[M].2版.上海：上海财经大学出版社,2010.
［17］张先治.高级财务管理[M].4版.大连：东北财经大学出版社,2018.
［18］汤谷良,韩慧博.高级财务管理[M].北京：清华大学出版社,2010.
［19］谢香兵,张肖飞.高级财务管理[M].北京：经济科学出版社,2019.
［20］李维安.公司治理学[M].北京：高等教育出版社,2005.
［21］吴淑琨,席酉民.公司治理模式探讨[J].经济学动态,1999(01)：72-76.
［22］吴佳颖.不同事业合伙人制度的公司治理模式研究[D].南昌：南昌大学,2018.
［23］佚名.德日模式本质特征[EB/OL].中国公司治理网,[2014-12-09],http://www.cg.org.cn/n/4278.html.
［24］许杰锋.公司外部治理机制及其作用分析[D].武汉：武汉理工大学,2005.
［25］王凤彬. 领导者与现代企业组织[M].北京：经济管理出版社,1997.
［26］梁立群.美国证券市场结构的演进与发展[D].长春：吉林大学,2013.
［27］龙小波,吴敏文.证券市场有效性理论与中国证券市场有效性实证研究[J].金融研究,

1999(03):54-59.

[28] 冯鲍.政府干预视角下供应链金融信贷市场主体关系演化机理研究[D].南宁:广西大学,2020.

[29] 刘映春.中小股东权利保护若干问题[J].中国青年政治学院学报,2006(05):99-103.

[30] 蒋凤霞.上市公司薪酬委员会的有效性研究[D].长沙:湖南大学,2010.

[31] 王志芳.上市公司经营者激励约束机制研究[D].成都:四川大学,2003.

[32] 吴敬琏.现代公司与企业改革[M].天津:天津人民出版社,1994.

[33] 陈文浩.公司治理[M].2版.上海:上海财经大学出版社,2011.

[34] Bruner R. Where M&A Pays and Where It Strays: A Survey of The Research[J]. Journal of Corporate Finance, 2004, 16(04): 63-76.

[35] Weber A P. Shareholder Wealth Effects of Pooling-of-Interests Accounting: Evidence from the SEC'S Restriction on Share Repurchases Following Pooling Transactions[J]. Journal of Accounting & Economics, 2004, 37(1): 39-57.

[36] Roll R. The Hubris Hypothesis of Corporate Takeover[J]. Journal of Business, 1986, 59(02): 197-216.

[37] Black F, Scholes M. The Pricing of Option and Corporate Liabilities[J]. Journal of Political Economy, 1973, 81(03): 637-654.

[38] Modigliani F, Miller M H. Corporation Income Taxes and The Cost of Capital: A Correction[J]. The American Economic Review 1963, 53(03): 433-443.

[39] Gorden M J. The Investment, Financing and Valuation of The corporation[M]. Homewood: Irvin, 1962.

图书在版编目(CIP)数据

高级财务管理/张绪军主编.—2版.—上海:复旦大学出版社,2023.6
(信毅教材大系.会计学系列)
ISBN 978-7-309-16506-7

Ⅰ.①高… Ⅱ.①张… Ⅲ.①财务管理-高等学校-教材 Ⅳ.①F275

中国版本图书馆 CIP 数据核字(2022)第 193778 号

高级财务管理(第二版)
GAOJI CAIWU GUANLI
张绪军　主编
责任编辑/李　荃

复旦大学出版社有限公司出版发行
上海市国权路 579 号　邮编:200433
网址:fupnet@fudanpress.com　http://www.fudanpress.com
门市零售:86-21-65102580　　团体订购:86-21-65104505
出版部电话:86-21-65642845
上海四维数字图文有限公司

开本 787×1092　1/16　印张 18　字数 438 千
2023 年 6 月第 2 版
2023 年 6 月第 2 版第 1 次印刷

ISBN 978-7-309-16506-7/F・2926
定价:58.00 元

如有印装质量问题,请向复旦大学出版社有限公司出版部调换。
版权所有　侵权必究